公路工程施工安全预控与环境保护技术

主　编　赵之仲　代凤娟

中国矿业大学出版社
·徐州·

内容提要

本书以公路工程施工过程为研究对象，全面梳理和总结安全预控与环境保护中涉及的预防预控理念、管理方法、预警技术和预防措施等内容，以期为施工技术人员提供系统全面的预防、预警和预控的管理与技术支持。其中，安全预控部分主要介绍公路工程施工安全风险源辨识、安全风险动态辨析和评价、安全隐患自动排查、安全违章心理基础及预防等内容；环境保护部分主要介绍公路环境影响评价、施工期生态保护措施、声环境保护措施、大气环境保护措施、水环境保护措施及路基施工中具体预防措施等内容。

本书可供在校本科生和研究生学习参考，也可作为公路工程施工技术和管理人员的安全环保培训教育教材。

图书在版编目(CIP)数据

公路工程施工安全预控与环境保护技术 / 赵之仲，代凤娟主编. —徐州：中国矿业大学出版社，2020.6

ISBN 978-7-5646-4642-4

Ⅰ. ①公… Ⅱ. ①赵… ②代… Ⅲ. ①道路施工—安全管理②道路施工—环境保护 Ⅳ. ①U415.12②X322

中国版本图书馆 CIP 数据核字(2020)第 084725 号

书　　名　公路工程施工安全预控与环境保护技术
主　　编　赵之仲　代凤娟
责任编辑　吴学兵
出版发行　中国矿业大学出版社有限责任公司
（江苏省徐州市解放南路　邮编 221008）
营销热线　(0516)83884103　83885105
出版服务　(0516)83995789　83884920
网　　址　http://www.cumtp.com　**E-mail**:cumtpvip@cumtp.com
印　　刷　苏州市古得堡数码印刷有限公司
开　　本　787 mm×1092 mm　1/16　**印张** 17　**字数** 424 千字
版次印次　2020 年 6 月第 1 版　2020 年 6 月第 1 次印刷
定　　价　55.00 元

《公路工程施工安全预控与环境保护技术》
编委会

主　　编　赵之仲　代凤娟

副 主 编　卢林果　曹丽娜

　　　　　　董丽娜　李　健

参　　编　潘磊磊　张　弛

前　言

“十三五”期间，安全与环保的理念已经深入公路工程建设的每一个环节。安全风险预控、安全隐患排查治理及违章作业预控成为安全管理工作的重点内容；环境保护的力度愈来愈大，环保执法也已成为常态。从业者如何提高安全预控能力，如何深入掌握环境保护的基本原理、方式和治理措施，已经成为目前公路工程施工中安全和环保管理的重点。

本书从公路工程项目安全预控和环境保护两方面入手，对安全管理涉及的基本理论、风险预控基本方法和流程、工程建设过程中常见的风险和隐患进行系统梳理，并对违章作业的心理基础和预防措施进行分析；对环境保护基本原理、各种污染源评价标准和治理方式等进行系统阐述，以期达成“平安交通”“绿色交通”的目标。本书遵循理论联系实际的原则，以国家和行业最新颁布的政策、文件和规范为依据，结合实际工程项目，在总结多年教学改革成果的基础上编写而成。

本书由山东交通学院赵之仲、代凤娟担任主编；山东省交通科学研究院卢林果，山东交通学院曹丽娜、董丽娜，山东省住房和城乡建设厅执业资格注册中心李健担任副主编。其中，第1篇第1、2章由赵之仲编写，第3章由代凤娟编写，第4章由董丽娜编写；第2篇第5章由李健编写，第6、7、9章由曹丽娜编写，第8、10、11章由卢林果编写。山东省建筑设计研究院有限公司潘磊磊和山东省高速路桥养护有限公司张弛积极参与了本书的资料收集、格式整理及写作。全书由赵之仲统稿。

山东交通学院王琨教授、山东高速集团王娜研究员审阅本书并提出许多宝贵意见，本书在编写过程中亦参考了国内许多最新研究成果，在此一并表示感谢。由于公路工程管理新方法、新技术层出不穷，加之编者水平有限，书中难免存在不妥之处，敬请广大师生和读者批评指正。

编　者

2019年12月

目　录

第1编　公路工程施工安全预控技术

第2编　公路工程环境保护技术

第 1 编　公路工程施工安全预控技术

第 1 章　安全管理基础知识

1.1　公路工程施工安全管理现状

国家制定并颁布实施了建设工程领域的安全生产法律法规，如《建设工程安全生产管理条例》，明确规定了施工单位的安全生产责任。交通行业部门也相继出台了公路工程施工安全生产监督管理办法，对公路工程施工安全生产管理的要求予以了明确。省级交通行业部门也相应根据实际出台了有关公路工程施工安全生产管理办法或实施细则，为公路工程施工项目的安全管理指明了方向。公路工程施工项目也结合实际采取了一系列关于加强安全生产工作的措施，做了大量工作，摸索出了各具特色的安全管理方法或途径，使安全工作不断得到加强，从业人员安全意识不断增强，施工安全组织、制度体系初步形成，施工安全管理逐步趋于规范，施工安全状况从总体上得到改善。但是必须清醒地认识到，当前施工安全事故尤其是重特大安全事故时有发生，造成人员伤亡严重、经济损失巨大，安全形势不容乐观。公路工程施工项目安全管理存在的一些问题也不容忽视，主要表现在以下 4 个“不适应”。

1. 安全认识与当前安全形势不适应

从全国情况来看，当前正处于公路工程建设的高峰期，容易发生安全事故；从安全发展的规律看，我国目前正处于经济的转型期，是经济发展的快速增长期，也是安全事故高发期。因此，安全形势非常严峻。当前，有的施工企业对施工项目安全认识不到位，没有真正树立“安全发展”理念，没有真正坚持“安全第一、预防为主、综合治理”方针，重施工生产、轻安全，搞进度第一，片面强调施工进度，追求施工质量和成本，忽视施工安全；没有真正把安全生产工作摆在第一的位置，不是将安全与施工生产同步规划、同步部署、同步实施、同步推进，而是“说起来重要、做起来次要、忙起来不要”；对当前安全生产形势的严峻性、复杂性和反复性缺乏重要认识，存在麻痹松懈思想和侥幸心理。

2. 安全管理方式与安全发展要求不适应

目前，有的公路工程施工高资质企业，如特级、一级等，存在转变成纯管理型企业的迹象，有的甚至已经转变成纯管理型的企业，虽然具有一定的管理能力和水平，但总的来看并无过硬的施工队伍。一旦工程中标，便分包给有关的专业队伍施工，企业仅派相关技术人员配合加强施工现场管理，给工程施工埋下了安全隐患。有的施工项目以包代管现象较为普遍，导致安全管理水平低下，安全管理手段落后，安全责任不明确，安全管理制度缺失。项目部编制的安全施工方案、安全保证体系、突发事件应急预案，往往是为了应付检查、东拼西凑而成的，安全管理方案没有针对具体工程项目的实际情况，非常空洞，也无法落实。项目部不设专职安全员，没有人来做安全管理方面的工作，有的安全岗位由其他管理人员兼任，有的安全管理人员素质偏低，起不到安全监督和管理的作用。这些都将导致安全管理“双基”薄弱、现场混乱、“三违”严重、责任缺失、管理失控、监督不力。

3. 施工现场管理与现场文明施工要求不适应

当前公路工程施工项目的施工现场管理混乱是一个普遍存在的现象，与现场文明施工要求明显不适应，主要表现在：各类主材、地材规格和型号不分，堆放混乱；钢筋制作场、发电房、拌合站布置不尽合理；施工临时用电管理不规范，管线架设不符合要求；现场安全防护设施不符合要求；现场通风和照明条件较差；作业环境不整洁等。

4. 从业人员素质与安全管理要求不适应

目前，我国公路工程施工行业大部分从业人员来自农村，文化程度偏低，而且这些农民工流动性大，大都没有经过系统的安全教育与培训，且其自身的安全意识淡薄，安全生产知识缺乏，技术技能低，造成从业人员的安全素质低，管理混乱，违章作业现象严重，事故发生频繁。有的施工项目不注重从业人员素质的提高，抓培训教育只注重形式、走过场，大量从业人员尤其是农民工安全意识淡薄，自我保护、逃灾避险、自救互救能力低。安全管理人员短缺或配备的安全管理人员文化程度较低，专业技术素质较差，与安全管理要求不适应。

1.2 安全管理理论知识

1.2.1 安全事故致因模型

公路交通作为交通运输体系的重要组成部分，正以它独特的方式影响着中国经济的发展和城市化的进程。城市的发展也影响着公路工程建设，近年来我国公路总里程数和公路网密度都实现了巨大的飞跃。与此同时，我国对公路工程建设的投入也越来越大，但公路工程的高速发展也带来了更多的安全事故。

为了防止和减少安全事故的发生，更好地贯彻我国现阶段“安全第一、预防为主、综合治理”的安全生产管理方针，必须深入了解和认识事故发生的原因，研究和探索事故发生的规律，建立事故致因模型。事故致因模型是对事故演变路径的简化和抽象，是事故致因机理的形象表达，可为事故防控提供理论依据。常用的事故致因模型有以下几种理论。

1. 海因里希事故因果连锁理论

20 世纪初，资本主义工业化大生产飞速发展，机械化的生产方式迫使工人适应机器，包括操作要求和工作节奏，这一时期工伤事故频发。1936 年，美国学者海因里希调查研究了 75 000 件工伤事故，发现其中的 98%都是可以预防的。在这些可以预防的事故中，以人的不安全行为为主要原因的事故占 89.8%，而以设备和物质不安全状态为主要原因的事故只占 10.2%。

海因里希在《工业事故预防》一书中提出了著名的“事故因果连锁理论”，他认为伤害事故的发生是一连串的事件按照一定的因果关系依次发生的结果。

(1) 海因里希把工业伤害事故的发生、发展过程描述为具有一定因果关系的事件的连锁，即：

① 发生人员伤亡是事故的结果；

② 事故的发生产生于人的不安全行为和物的不安全状态；

③ 人的不安全行为或物的不安全状态是由人的缺点造成的；

④ 人的缺点是由不良环境诱发的，或者是由先天的遗传因素造成的。

(2) 海因里希最初提出的事故因果连锁过程包括如下5个因素：

① 遗传因素及社会环境。遗传因素及社会环境是造成人的性格上缺点的原因。遗传因素可能造成鲁莽、固执等不良性格；社会环境可能妨碍教育、助长性格上的缺点发展。

② 人的缺点。人的缺点是使人产生不安全行为或造成机械、物质不安全状态的原因，它包括鲁莽、固执、过激、神经质、轻率等性格上的、先天的缺点，以及缺乏安全生产知识和技能等后天的缺点。

③ 人的不安全行为或物的不安全状态。所谓人的不安全行为或物的不安全状态，是指那些曾经引起过事故，或可能引起事故的人的行为，或机械、物质的状态，它们是造成事故的直接原因。例如，在起重机的吊钩下停留，不发信号就启动机器，工作时间打闹，拆除安全防护装置等都属于人的不安全行为；没有防护的传动齿轮，裸露的带电体，或照明不良等都属于物的不安全状态。

④ 事故。事故是由于物体、物质、人或放射线的作用或反作用，使人员受到伤害或可能受到伤害的、出乎意料的、失去控制的事件。坠落、物体打击等能使人员受到伤害的事件是典型的事故。

⑤ 伤害。伤害指直接由于事故产生的人身伤害。

海因里希用多米诺骨牌来形象地描述这种事故因果连锁关系，得到如图1-1所示的多米诺骨牌系列。在多米诺骨牌系列中，第一块骨牌倒下(事故的根本原因发生)，会引起后面的连锁反应，其余的几块骨牌相继被碰倒，第五块骨牌倒下则意味着发生伤害事故。如果移去其中的一块骨牌，则连锁被隔断，发生事故的过程被中止。

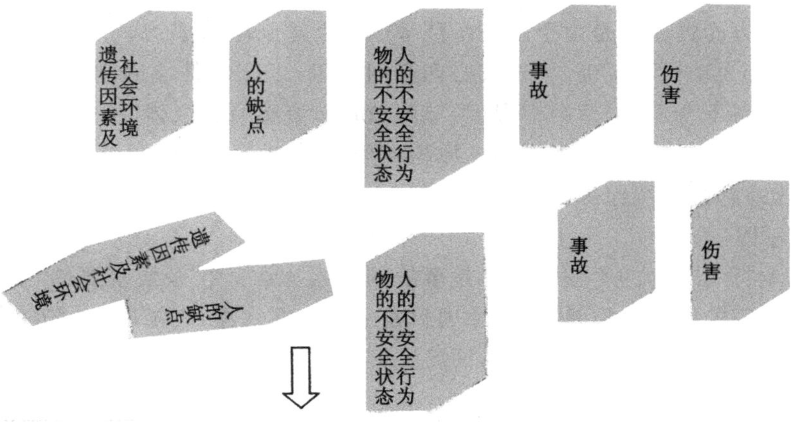

图1-1 事故因果连锁关系的多米诺骨牌系列

该理论的最大价值在于使人认识到：如果抽出了第三块骨牌，也就是消除了人的不安全行为或物的不安全状态，即可防止事故的发生。企业安全工作的重心就是防止人的不安全行为，消除机械的或物质的不安全状态，中断事故连锁的进程从而避免事故发生。

海因里希的工业安全理论阐述了工业事故发生的因果连锁论，人与物的关系，事故发生频率与伤害严重度之间的关系，不安全行为的原因，安全工作与企业其他管理机能之间的关系，以及安全与生产之间的关系等工业安全中最重要、最基本的问题。该理论曾被称作"工业安全公理"。

但海因里希理论也有明显的不足，如它对事故致因连锁关系的描述过于绝对化、简单化。事实上，各块骨牌(因素)之间的连锁关系是复杂的、随机的；前面的骨牌倒下，后面的骨牌可能倒下也可能不倒下；事故并不是全都造成伤害，不安全行为或不安全状态也并非必然造成事故，等等。尽管如此，海因里希的事故因果连锁理论促进了事故致因理论的发展，成为事故研究科学化的先导，具有重要的历史地位。

2. 博德事故因果连锁理论

博德在海因里希事故因果连锁理论的基础上，提出与现代安全观点更加吻合的事故因果连锁理论。

博德事故因果连锁过程同样有5个因素，但每个因素的含义与海因里希所提出的含义都有所不同。

(1) 管理缺陷

对于大多数生产企业来说，由于各种原因，完全依靠工程技术措施预防事故既不经济也不现实，需要具备完善的安全管理工作，才能防止事故的发生。如果安全管理上出现缺陷，就会使得导致事故的基本原因出现。必须认识到，只要生产没有实现本质安全化，就有发生事故及伤害的可能。因此，安全管理是企业的重要一环。

(2) 基本原因

为了从根本上预防事故，必须查明事故的基本原因并采取对策。基本原因包括个人原因及与工作有关的原因。其关键在于找出问题的基本的、背后的原因，而不仅仅是停留在表面的现象上。这方面的原因是由于上一个环节——管理缺陷造成的。个人原因包括缺乏安全知识或技能，行为动机不正确，生理或心理有问题等；工作条件原因则包括安全操作规程不健全，设备、材料不合适，以及存在温度、湿度、粉尘、有毒有害气体、噪声、照明及工作场地状况(如湿滑的地面、障碍物、不可靠的支撑物)等有害作业环境因素。只有找出并控制这些原因，才能有效地防止后续原因的产生，从而防止事故的发生。

(3) 直接原因

人的不安全行为或物的不安全状态是事故的直接原因。它是最重要的、在安全管理中必须重点加以追究的原因。但是，直接原因只是一种表面现象，是深层次原因的表征。在实际工作中，不能停留在这种表面现象上，而要追究其背后隐藏的管理缺陷，并采取有效的控制措施，从根本上杜绝事故的发生。

(4) 事故

从实用的目的出发，往往把事故定义为最终导致人员肉体损伤、死亡、财物损失的不希望的事件。但是，越来越多的安全专业人员从能量的观点把事故看作是人的身体或构筑物、设备与超过其限值的能量的接触，或人体与妨碍正常施工生产活动的物质的接触。因此，防止事故就是防止接触。通过对装置、材料和工艺的改进来防止能量的释放，训练工人提高辨识和回避危险的能力，通过个体防护(佩戴个人防护用具)来防止接触。

(5) 损失

人员伤害及财物损坏统称为损失。人员伤害包括工伤、职业病和精神创伤等。

在许多情况下，可以采取适当的措施使事故造成的损失最大限度地减少。例如，对受伤者进行迅速正确的抢救，对设备进行抢修，以及平时对有关人员进行应急训练等。

3. 亚当斯事故因果连锁理论

亚当斯事故因果连锁理论是亚当斯提出的一种与博德事故因果连锁理论类似的因果连锁模型，在该理论中，事故和损失因素与博德理论相似。这里把人的不安全行为和物的不安全状态称作“现场失误”，其目的在于提醒人们注意人的不安全行为和物的不安全状态的性质。亚当斯事故因果连锁模型用图文的形式表现如图 1-2 所示。

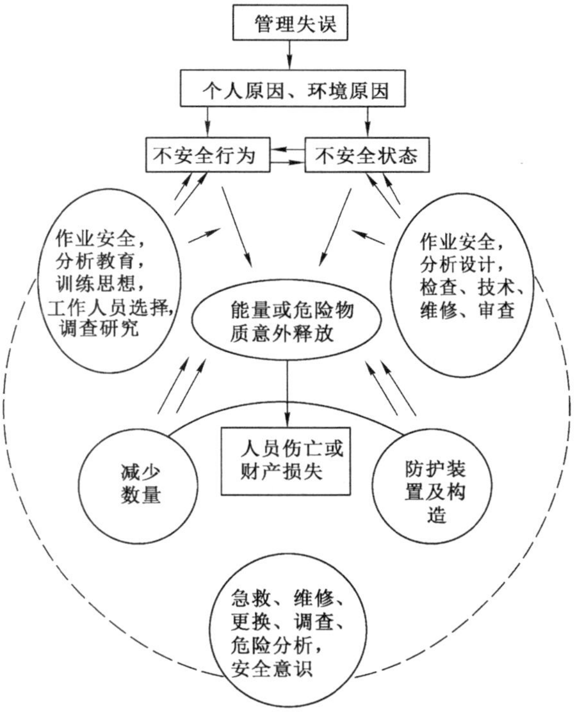

图 1-2　亚当斯事故因果连锁模型

亚当斯事故因果连锁理论的核心在于对现场失误的背后原因进行了深入的研究。操作者的不安全行为及生产作业中的不安全状态等现场失误，是由于企业领导者及事故预防工作人员的管理失误造成的。管理人员在管理工作中出的差错或疏忽，企业领导人决策错误或没有作出决策等失误，对企业经营管理及安全工作具有决定性的影响。管理失误反映企业管理系统中的问题。它涉及管理体制，即如何有组织地进行管理工作，确定怎样的管理目标，如何计划、实现确定的目标等方面的问题。管理体制反映作为决策中心的领导人的信念、目标及规范，它决定各级管理人员安排工作的轻重缓急、工作基准及指导方针等重大问题。

4. 人机轨迹交叉理论

轨迹交叉理论的基本思想是：伤害事故是许多相互联系的事件顺序发展的结果。这些事件概括起来不外乎人和物（包括环境）两大发展系列。当人的不安全行为和物的不安全状态在各自发展过程中（轨迹），在一定时间、空间发生了接触（交叉），能量转移于人体时，伤害事故就会发生。而人的不安全行为和物的不安全状态之所以产生和发展，又是受多种因素作用的结果。

轨迹交叉理论的示意图如图 1-3 所示。图中，起因物与致害物可能是不同的物体，也可能是同一个物体；同样，肇事人与受害人可能是不同的人，也可能是同一个人。

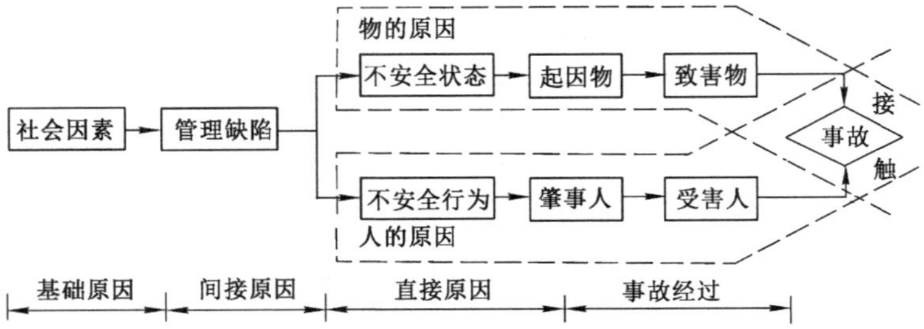

图 1-3　轨迹交叉事故模型

轨迹交叉理论反映了绝大多数事故的情况。在实际生产过程中，只有少量的事故仅仅由人的不安全行为或物的不安全状态引起，而绝大多数的事故是与两者同时相关的。例如，日本劳动省通过对 50 万起工伤事故调查发现，只有约 4％的事故与人的不安全行为无关，而只有约 9％的事故与物的不安全状态无关。

在人和物两大系列的运动中，二者往往是相互关联、互为因果、相互转化的。有时人的不安全行为促进了物的不安全状态的发展，或导致新的不安全状态的出现；而物的不安全状态可以诱发人的不安全行为。因此，事故的发生可能并不是如图 1-3 所示的那样简单地按照人、物 2 条轨迹独立地运行，而是呈现较为复杂的因果关系。

人的不安全行为和物的不安全状态是造成事故的表面的直接原因，如果对它们进行更进一步的考虑，则可以挖掘出二者背后深层次的原因。这些深层次原因的示例如表 1-1 所列。

表 1-1　事故发生的原因

基础原因（社会因素）	间接原因（管理缺陷）	直接原因
遗传、经济、文化、教育培训、民族习惯、社会历史、法律	生理和心理状态、知识技能情况、工作态度、规章制度、人际关系、领导水平	人的不安全行为
设计、制造缺陷，标准缺乏	维护保养不当、保管不良、故障、使用错误	物的不安全状态

轨迹交叉理论作为一种事故致因理论，强调人的因素和物的因素在事故致因中占有同样重要的地位。按照该理论，可以通过避免人与物 2 种因素运动轨迹交叉，来预防事故的发生。同时，该理论对于调查事故发生的原因亦是一种较好的工具。

5. 扰动理论

本尼尔认为,事故过程包含着一组相继发生的事件。所谓事件,是指生产活动中某种发生了的事物一次瞬间的或重大的情况变化,一次已经避免了或已经导致了另一事件发生的偶然事件。因而,可以把生产活动看作是一组自觉地或不自觉地指向某种预期的或不测的结果的相继出现的事件,它包含生产系统元素间的相互作用和变化着的外界的影响。这些相继事件组成的生产活动是在一种自动调节的动态平衡中进行的,在事件的稳定运动中向预期的结果方向发展。

事件的发生一定是由某人或某物引起的,如果把引起事件的人或物称为"行为者",则可以用行为者和行为者的行为来描述一起事件。在生产活动中,如果行为者的行为得当,则可以维持事件过程稳定地进行;否则,可能中断生产,甚至造成伤害事故。

生产系统的外界影响是经常变化的,可能偏离正常的或预期的情况。这里称外界影响的变化为扰动,扰动将作用于行为者。

当行为者能够适应不超过其承受能力的扰动时,生产活动可以维持动态平衡而不发生事故。如果其中的一个行为者不能适应这种扰动,则自动动态平衡过程被破坏,开始一个新的事件过程,即事故过程。该事件过程可能使某一行为者承受不了过量的能量而发生伤害或损坏;这些伤害或损坏事件可能依次引起其他变化或能量释放,作用于下一个行为者,使下一个行为者承受过量的能量,从而发生串联的伤害或损坏。当然,如果行为者能够承受冲击而不发生伤害或损坏,则依据行为者的条件、事件的自然法则,过程将继续进行。

综上所述,可以把事故看作由相继事件过程中的扰动开始、以伤害或损坏为结束的过程。这种对事故的解释叫作扰动理论。如图 1-4 所示为该理论的示意图。

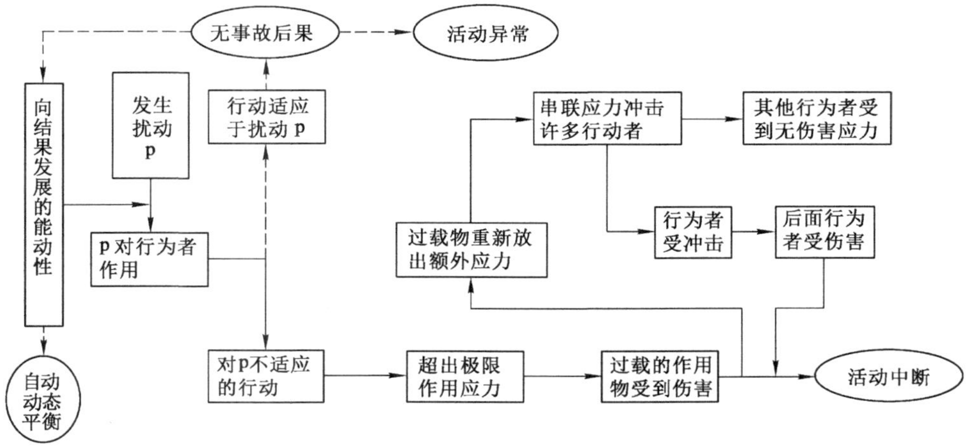

图 1-4　扰动理论

6. 瑟利人因系统理论模型

系统理论方法的焦点集中于人与其工作任务间相互关系的细节。要说明在这种相互作用中的心理逻辑过程,最重要的是与感觉、记忆、理解和决策有关的过程,并要辨识事故将要发生时的状态特性。

对于一个事故，瑟利(1969)模型考虑2组问题，每组包含3个心理学的成分：对事件的感知、对事件的理解(认识活动)、行为响应。第一组问题关注危险的构成，第二组问题关注危险的放出。在此期间，如果不能避免危险，则将产生损坏或伤害。如图1-5所示为瑟利模型示意图。

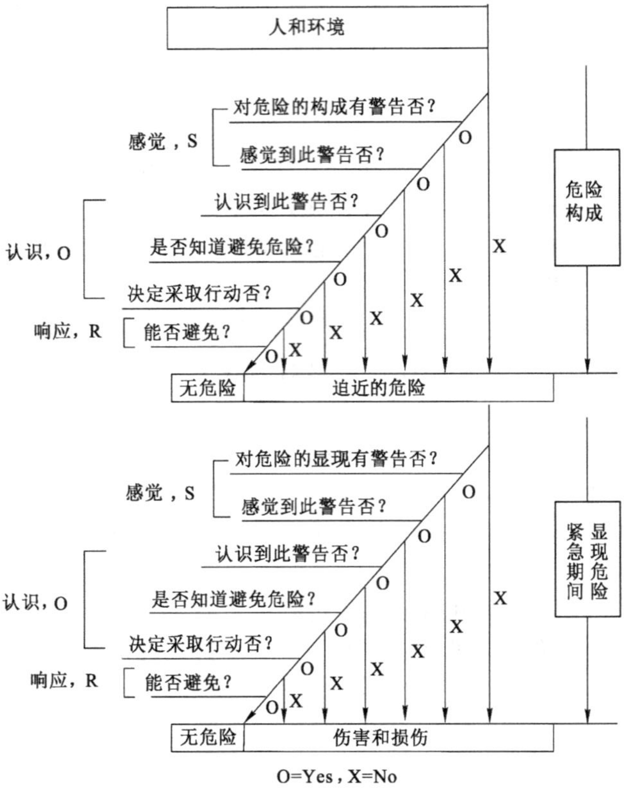

图 1-5　瑟利模型

3个心理学成分共有6个问题，按感觉→认识→行为响应的顺序排列。如果前面对任何一个问题的处理失败，则都立即导致不希望的形势(危险迫近、造成伤害或物质损坏)出现；如果每步都处理成功，则最后导致无危险或无损坏(伤害)。在第一组中如处理成功，使危险不能构成，就不存在第二组的问题(危险放出)。当危险构成部分(第一组)处理失败之后，在危险放出期间若能处理成功，也不会导致人受伤害或物质受损坏。

海尔(1970)认为，当人们在对付事情的真实状况时失效，或者说对事情的真实状况不能作出适当的响应时，事故就会发生。像瑟利一样，海尔模式也集中于“进行中”的系统运行，集中于操作者与运行系统间的相互作用。这一点通过把模式描述成一个闭环而清楚地显示出来。他们的反馈环考虑了以下内容：① 情况被察觉；② 信息被处理；③ 操作者采取行动以改变形势；④ 新的察觉、处理、响应。

把人因系统理论方式成功地引向调查方法论的，是法国的莫尼托和美国的贝尔。表1-2给出了几种致因理论对事故调查和预防的指导意义。

表 1-2　几种致因理论对事故调查和预防的指导意义

致因理论	对调查的指导	对预防的指导
单因素理论	目标：鉴定单个原因或主要原因； 调查只需很少时间	针对伤害的原因加以简单的预防措施（个体防护，需要注意的提示，危险机械的防护）
违章论	着重于查责任者，查违章和错误，而很少涉及产生失误的条件	预防措施通常是提醒违章的要求
线性多米诺模型	鉴定"危险条件"和"危险行动"的时间； 接序性； 经常使用检查表； 调查结果很大程度上取决于调查者的经验； 预防的成分弱	结论通常与危险行动有关
多因素理论	费力地研究以收集事实（环境、当事人、媒介等）； 着重于每个事故的偶然特性； 在收集事实方面没有相应的标准； 需要复杂的统计处理	对各个案例的判断分析作用不大，而更适用于统计（趋向、表、图等）

1.2.2　安全管理要素

安全文化、安全法制、安全责任、安全科技和安全投入是保障安全生产的"五要素"。

1. 安全文化

安全文化即安全意识，是安全生产的灵魂。建设安全文化，就是提高全民的安全素质，最终保障员工的生命安全。围绕安全生产建设安全文化，其重点就是要加强安全宣传教育，普及安全常识，强化全社会的安全意识，强化公民的自我保护意识。提高全体职工的自我保护意识，提高全员、全过程、全方位、全天候的安全意识，树立安全生产的理念，就职工而言，就是不要去伤害别人、不要伤害自己、同时不要被别人伤害。企业必须树立"以人为本"的安全生产工作理念，创造本企业的安全文化，把职工的生命安全放在第一位，提高企业安全意识，改善企业安全条件，促进企业安全文化发展。

2. 安全法制

安全法制是安全生产的利器。要保证安全生产工作顺利进行，必须坚持依法治安，用法律法规来规范生产工作者的行为，使安全生产工作有法可依、有章可循，建立安全生产法制秩序。坚持依法治安，必须立法、懂法、守法、执法。立法，要建立、修订、完善安全生产管理相关的规定、办法、细则等，为强化安全生产管理提供法律依据。懂法，要实现安全生产法制化，立法是前提，懂法是基础，只有生产工作者学法、懂法、知法，才能为依法治安打好基础。守法，要把依法治安落实到安全生产管理全过程，必须把各项安全规章制度落实到安全生产管理全过程。执法，要坚持依法治安，离不开监督检查和严格执法，为此，要依法进行安全检查、安全监督，维护安全法规的权威性。

3. 安全责任

安全责任是安全生产的核心，必须层层落实安全责任，逐级抓实安全生产中的人、机、料、环、法等工作，把握好安全方针、原则、政策和方向，加强检查，落实隐患整改，做到心中有数，抓好"三同时"，严密、科学、合理执行安全生产问责制。牢固树立安全责任意识，要以全面落实安全生产责任制为核心,坚持事前预防、事中监督、事后处理,多管齐下,使各个环节、各个阶段、各个岗位的安全责任都能得到有效落实。

4. 安全科技

安全科技是安全生产的动力。发展安全生产必须依靠先进的科学技术,创新安全科技,将劳动者从繁重的体力、脑力劳动中解放出来,从风险大、危害大的作业环境和生产岗位上解放出来。应用先进的安全装置、防护设施和预测报警技术都是解放生产力、保护生产力、发展生产力的最重要途径,安全科学技术是安全生产的先导,是科学生产的延伸,是安全生产的强力技术支持和巨大动力源泉。

5. 安全投入

安全投入是安全生产的保障,也是安全生产的物质及非物质保障,是保护和提高生产力的重要表现形式。安全生产的硬件、软件的改造与更新,以及安全生产环境的改善,都离不开投入,有投入才会有更高的回报。唯有如此,才能做到最关键的本质安全,做到安全无欠账、隐患无小事,实现安全生产管理的最高境界。《中华人民共和国安全生产法》第二十条规定:"生产经营单位应当具备的安全生产条件所必需的资金投入,由生产经营单位的决策机构、主要负责人或者个人经营的投资人予以保证,并对由于安全生产所必需的资金投入不足导致的后果承担责任。"有计划的安全投入一方面要见其实效,但另一方面不可忽视安全投入的滞后效应和公益效应及其厚积薄发的巨大潜力。

1.2.3 国外安全生产管理理念和模式

1. 国外安全生产管理理念

安全问题是伴随着社会生产而产生和发展的,只要有生产,就会有不安全因素,就会有杜绝伤害、保障劳动者健康与安全的要求。

安全生产管理理念是在社会大生产的过程中,伴随着人们的生产安全与健康意识的提高和科学技术的进步而逐渐发展起来的,从最初的宿命思想到可控思想,从单独因素到系统因素,从单一关注伤亡到将健康与安全统一考虑,这些都是不断进步的表现。从事故学理论的产生、后来的风险控制论,直到现在的安全哲学理论、安全逻辑科学、安全法学理论、安全信息理论、安全行为科学理论、安全心理学、安全经济理论、安全工程理论、安全仿生理论、安全文化理论和事故灾变理论等,其他学科的理论也不断与安全生产理念相结合,这些对于现代安全管理水平的提高和科技进步都发挥着重要作用。

(1) 安全系统工程

安全系统工程最早起源于航空部门,第二次世界大战后,复杂的火箭导弹技术迅速发展,同时在其制作、维护和运用中发生的事故使人们认识到没有"系统安全"的系统是个无用的废物,因此提出在系统的构思、设计、制作、使用和维护全过程中考虑安全保障子系统的问题,形成"安全工程"的思想,逐步形成安全系统的工程体系。

现代化大生产的细密分工使得人们必须建立一个生产系统才能使生产得以顺利进行,从而使生产具有系统性,随之生产事故也因此具备了系统性,也使生产事故的影响波及整个生产系统以至波及社会。生产安全及生产事故的控制管理必须由生产系统中安全保障子系统来负担,即必须从系统性这一点上来处理生产安全问题。所谓系统性,是指生产系统的总体性决定生产安全的总体性,即对事故的总体控制采用4E科学,从法规(Enforcement)、工程(Engineering)、教育(Education)、经济(Economic)方面入手。系统性包括生产系统内外的各种关联性,这些关联性包括了复杂性、非线性、模糊性和随机性等特性。这些关联性必须得到很好的协调,否则将产生内部或外部的冲突而发生事故。

(2) 安全经济学

安全经济学是近几年发展起来的一门科学,研究生产安全中的经济关系、经济形式,分析并阐述安全生产投资、安全生产效益、安全生产事故损失的数量与变化,从而在人、财产、安全 3 方面取得最佳效益,研究用经济手段调整与生产事故有关的各种关系及人的活动,从而对生产事故实现最优控制。

安全经济学将安全状态划分为绝对安全和相对安全。绝对安全观认为:安全就是无事故,无危险。但这种理想状态是不存在的。相对安全观认为:安全是指客体或系统对人类造成的可能的危害低于人类所能允许的承受限度的存在状态。美国哈佛大学劳伦斯教授认为:“安全就是被判断为不超过允许限度的危险性,也就是指没有受到伤害或危害,或损坏概率低的通常术语。”即安全是相对危险,世界上没有绝对安全。安全即意味着人员和财产遭受损失的可能性是可以接受的,若这种可能性超过了可以接受的水平即为不安全。

安全经济学研究的是事故发生、预警、预防三者间的经济关系,对生产事故的控制有重要的意义。从理论上讲,安全有两大经济功能:第一,安全能直接减轻或免除事故或危害事件给人、社会和自然造成的损害,实现保护人类财富、减少无益消耗和损失的功能;第二,安全能保障劳动条件和维护经济增值过程,实现其间接为社会增值的功能。安全经济学研究经济投入与产出的关系,发现生产安全是有经济效益的。这个效益包括企业自身安全生产所产生的效益以及对社会的安全作用而提供的社会效益。生产安全的投入所产生的效益与产品产生利润的时间规律有所不同。对产品而言,只要产品售出,利润即产生,而生产安全的投入一般分为投资无利期、微利期、持续强利期、利益萎缩期和失效期 5 个时期。

当安全投入量为零时,无安全可言或完全处于自然状态。投入量越大,安全度越高。一般而言,安全投入量与安全程度的关系是非线性的,根据经济学中边际效用递减规律,当其他条件不变时,随着投入量的加大,每增加一个单位的投入量所提高的安全度是递减的。在安全经济学中为了考察生产安全与经济增益之间的关系,综合上述两层关系提出安全程度与经济效益的关系:生产事故产生损失,称之为负效益,生产安全使之避免损失,负效益的减少与效益的增加等效。当安全程度为 1 时,即绝对安全,不存在生产事故损失。当安全程度为 0 时,无丝毫安全可言,此时损失极大。一般而言,损失额随安全程度的变化是指数型的,显然,要求的安全程度越高则需要的经济投入越多,即安全标准越高,安全成本越高,从经济学的角度可看出它们的关系是指数型的。安全利润曲线表明,对于一个生产系统而言,太低的安全度不仅带来对人和环境以及社会的伤害,而且在经济上也是不合理的。但追求极高的安全度,在经济上也是不合理的,因为此时的安全成本可能达到负担不起的水准。

依据抽样调查安全生产基本数据的研究,我国在 20 世纪 90 年代的安全生产贡献率大约是 3%。而实际不同行业由于危险性及安全生产作用的不同,其经济的贡献也不一样,高危险行业则高达 7%。在安全经济学上,预防性的“投入产出比”高于事故整改的“产出比”,即 1 元事前预防=5 元事后投资,这一安全经济的基本定量规律是指导安全经济活动的重要基础。在工业实践中,还可以得到一个安全效益的“金字塔法则”,即设计时考虑 1 分的安全性,相当于加工和制造时考虑 10 分的安全效果。

(3) 行为安全理论

根据国外专家对事故的统计,事故中98%的原因是人为的,而只有2%的原因是自然的,即人的不正常行为导致了事故的后果。如果人们在生产中能够按照理性进行工作,排除利益和其他外界环境的干扰,则人为的不利因素将会在事故中不复存在,生产安全就可以实现。安全监管监察部门若能把握职工及管理人员决策过程中的认知行为及其原因,则无疑有利于采取主动的预防措施,从而提高预防的效果。行为安全理论正是据此产生,它是生产安全实践发展的结果,是现代安全科学与心理学、决策科学相结合而产生的一种交叉性、边缘性的新兴理论。它从心理学的角度来研究行为主体的认识行为和决策过程,并以这种对决策心理研究的成果为依据去探讨人们行为的微观过程,从而能很好地解释安全事故的原因所在。

从生产事故统计可知,绝大多数的事故是人为造成的,而只有少量的事故是自然事故,所以应加大对从业人员的行为监察,通过法律法规制定严格约束人们行为的条款,规范人们的行为,使他们理性化操作。建立安全教育培训体系,加大对从业人员的培训和教育,提高他们的素质,是保障安全生产的重要措施之一。

(4) 事故致因理论

据美国20世纪50年代统计,在75 000件伤亡事故中,天灾仅占2%,即98%的事故是可以预防的。在可以防止的事故中,从人的系列分析,由于人的不安全行为造成的事故占88%,与不安全行为无关的占12%;从物的系列分析,属于机械不安全状态和物质危害所造成的事故占78%。日本1969年制造业歇工8天以上的事故中,因人不安全行为产生的占86%,因机械物质不安全状态产生的占14%。日本1997年制造业歇工4天以上的104 638件事故统计表明,从人的系列分析,属于不安全行为产生的有98 910件,占94.5%,不属于不安全行为产生的占5.5%;从物的不安全状态分析,由于物的不安全状态而发生的事故有87 317件,占83.4%,不属于物的不安全状态的占16.6%。在人的连锁系列中,不安全行为是基于生理、心理和动作几个方面而产生的,并与遗传、社会环境密切相关。人有行动自由性,使生产劳动易受环境条件改变而造成心理上的影响,因而易于发生误动作。人同机器相比,因易于自由行动,故其可靠性差。但是,正因为人有行动自由性,才使得人具有积极研究安全生产手段的特有功能。

生产现场包含着来自人和物两方面的多种隐患,为确保安全作业,就必须分析和查清隐患并加以消除,将事故消灭在发生之前,做到预防为主。在多数情况下,由于企业管理不善,工人缺乏教育和训练或者机械设备缺乏维护、检修以及安全装置不完备,导致了人的不安全行为或物的不安全状态。人的不安全行为和物的不安全状态的产生和发展,是受多重因素作用的结果,同时人与物两因素又互为因果。如有时设备的不安全状态导致人的不安全行为,而人的不安全行为又促进设备出现不安全状态。但从构成伤亡事故的人与物两方面来看,人的失误占绝大多数,即使某类伤亡事故完全来自机械或物质的危害,但机械还是由人设计和操纵的,物也是由人支配的。从设计开始,经过现场的种种加工程序,直到使用的整个过程中,各阶段都可能产生不安全状态。事故发生的原因有:① 设计上的缺陷——设计中产生的事故隐患;② 制造上的缺陷——包括使用材料的缺陷及加工方法、工艺和技能上的缺陷;③ 维修、保养和使用上的缺陷——机械系统随着时间的延续,产生磨损、耗伤和腐蚀等故障,致使发生事故的可能性增大;④ 使用时超过机械的定额负荷、操作技术不熟练以及缺乏安全作业的技巧等都能导致不安全状态，增大机械伤人的可能性。人和物轨迹相交的时间和地点，就是发生伤亡事故的“时空”。若排除了机械设备或处理危险物质过程中的人的隐患，消除了人的疏忽，则 2 个连锁系列进行的方向发生转变，事故系列的连锁中断，两系列运动轨迹则不能相交，危险就不会出现，即可达到安全生产。从这一意义上说，构建人力资源保障体系，加强人员的教育培训，提高人员的素质，是消除和减少人的不安全行为的直接有效办法；建立安全装备保障体系，对危险和重要装备进行安全认证以及加强在用设备的管理，是消除物的不安全状态的有效措施。

由此可见，事故是由多重原因决定的，任何特定事故都具有若干事件和情况联合存在或同时发生的特点。构成事故最基本的因素有人、物、自然环境和社会环境，事故不是处在真空之中，它总是与某种自然环境、劳动条件、社会因素及各级管理机构等有关因素紧密联系的。这些因素以及它们之间所有的复杂相互关系，都是值得认真研究的。

2. 国外安全生产管理模式

鉴于安全生产在社会化大生产中的重要作用，国外发达国家经过几十年的努力，已普遍建立较为完善的管理模式和科学的运行机制，并加大资金保障力度，对促进安全生产整体水平的提高发挥着重要作用。这主要体现在以下几个方面：

(1) 用法律手段规范安全管理

在安全生产法律法规方面，国外安全法规十分完备，具有很强的实用性和可操作性，并根据实际情况的发展，适时对安全生产法律法规、标准规范进行及时修改、补充和完善，以正确调整各种关系。

在 20 世纪 60 年代至 70 年代期间，美国政府除了管理价格和企业标准外，国会通过了一系列法律保护安全、健康和环境，国家试图通过越来越严格的社会管制保护从业人员的健康和安全。美国的建筑安全法律属于整个职业安全与健康法律体系的一部分。1970 年颁布的《职业安全与健康法》是美国现有的职业及建筑安全法规体系的基础。美国的职业安全及建筑安全法规体系如图 1-6 所示。

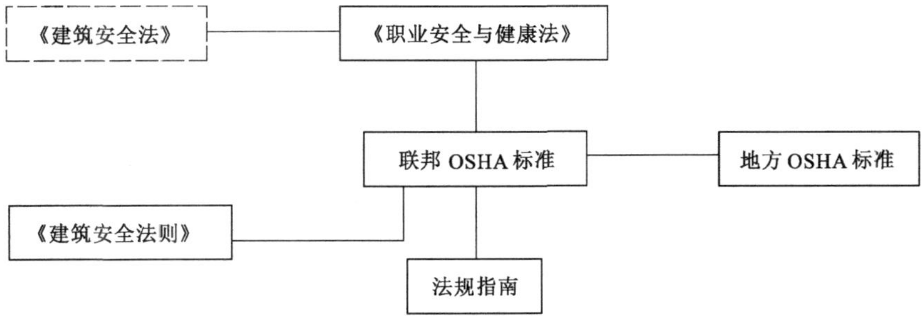

图 1-6　美国的职业安全及建筑安全法规体系

英国现有的健康与安全法规是在《劳动健康安全法》(HSWA1974)的基础上发展起来的。英国职业及建筑安全法规体系可以分为 4 个层次，如图 1-7 所示。

(2) 用经济手段促进安全管理

美国和英国作为发达国家，政府对安全问题的干涉除了通过法律手段以外，主要依靠根据劳工赔偿法建立的保险体系。利用保险机制保障，劳动人员因职业原因遭遇工伤事故伤

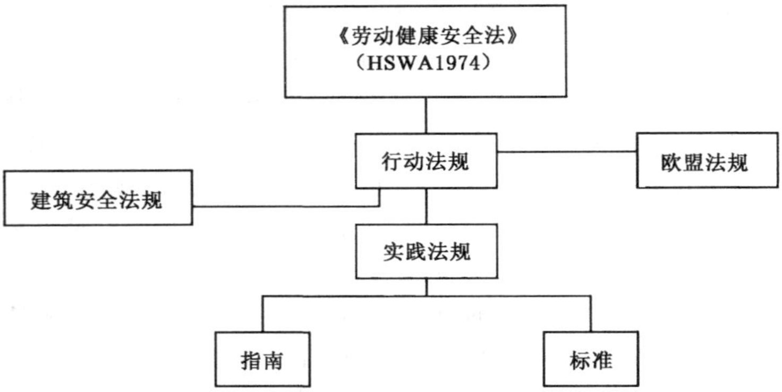

图 1-7　英国职业及建筑安全法规体系

害后可及时获得经济补偿，这是国际通用的方法。发达国家职业伤害保险制度中普遍强调重视工伤事故的预防，并通过多种措施来达到这一目的。职业安全法规体系与保险体制的结合是发达国家安全管理的主要特点。而以职业安全法规体系为主还是保险体系为主，不同国家有不同的选择。

国外没有专门针对建筑行业实施的强制性的职业伤害保险制度，建筑行业的雇员与其他行业的雇员一样处于职业伤害保险制度的保障范围之内。但由于建筑行业的事故高发性，职业伤害保险管理部门会在建筑行业的工伤预防方面重点投入人力、物力和财力。

美国没有全国统一的职业伤害保险立法，各州自行制定相关法律，根据各州劳工补偿法，职业伤害保险属于强制性保险，称为劳工补偿保险，各州设劳工补偿保险局管理劳工补偿保险。

英国的职业伤害保险制度由国民保险计划和雇主责任保险 2 部分构成，没有特别的经济刺激机制。

但是，在大多数欧洲大陆的国家，如德国、法国和西班牙等，劳工伤害保险制度和根据法规建立的机构体系，是进行安全管理的主要依据。

在政府财政支持方面，发达国家也普遍加大对安全生产保障的资金支持力度，使安全生产保障有足够的、长期的、稳定的财政资金投入，将保证安全生产作为公益性的工作予以支持。美国职业安全与健康管理局（Occupational Safety and Health Administration，简称 OSHA）2001 财政年度经费为 4.26 亿美元，主要用于支持职业安全健康方面的各项工作。美国联邦矿山安全健康监察局（Mine Safety and Health Administration，简称 MSHA）财政拨款每年大约 2 亿美元，其中一半左右用于矿山安全和健康技术保障。联邦政府向国家职业安全与健康研究所提供的资金支持也多达 2.12 亿美元。除此之外，美国的 26 个州也分别有自己的经费投入，如阿拉斯加州 2000 年在职业安全方面的投入为 262.2 万美元，其中联邦政府投入 131.1 万美元。英国的职业安全健康工作主要由英联邦健康与安全委员会（Health and Safety Commission，简称 HSC）和健康与安全执行局（Health and Safety Executive，简称 HSE）负责管理，2001—2002 年度，实际由 HSE 执行完成的经费为 2.027 亿英镑。澳大利亚每年投入大量资金进行安全科研工作，1985 年煤炭科研经费为 3 710 万美元，1995 年增加到 6 140 万美元，经费大部分来自国家财政拨款。日本、韩国等国家的安全科研机构都会从国家得到大量的财政资金支持。

(3) 用文化手段加强安全管理

在安全技术培训体系方面，国外发达国家十分重视职工的安全技术培训工作，不仅在法律法规方面有明确、具体的要求，建立有较完备的安全培训机构，也确实重视和加强安全技术培训的监督管理，使其为安全生产发挥应有的重要作用。如美国就建立了完善的管理体系、培训体系和制约保障机制。美国职业安全与健康管理局负责技术培训的部门是教育、政策与发展司，其主要职能是贯彻执行为促进全国安全和健康而制订的安全与健康教育及培训方案，并实施州拨款计划，每年培训经费大约1 000万美元。美国职业安全与健康管理局还充分利用Internet建立远程安全培训体系，充分利用MSHA的安全培训环境，提高安全技术培训的时效性。为了保证从业人员必备的安全素质，国外对从业人员安全资格都有明确的要求和法定的认证程序。在英国，成为一名正式矿工前后要用3年左右的时间，经过地面知识培训、井下知识培训、生产实习和实际操作等多个环节，并必须取得采矿合格证书。在德国，矿长必须由现职工程师提拔，26岁以上，持有采矿毕业证书和国家高级采矿学位证书，通过采矿资格审查委员会采矿法的考试和采矿工程师学会准会员考试部门的考试，才能正式上岗。技术工人必须为正式职工，再经过3年的学习培训，考试合格取得技工证书。

在安全生产宣传教育方面，国外发达国家均十分重视安全生产的宣传教育，充分利用各种传媒，采用各种手段开展安全生产宣传教育。在美国，一些安全教育资源(影视片、资料、书籍等)免费提供。随着信息技术、网络技术的不断发展，国外已开始大量利用网络进行安全宣传教育和远程安全技术培训。国外职工的安全意识和自我保护能力普遍很强，这是国外长期重视和加强安全生产宣传教育的结果。

(4) 用科技手段支持安全管理

在技术保障方面，国外普遍建立了较完备的安全技术保障体系，应用先进的现代信息传输系统，公布相关安全信息和技术支持内容，以促进各种新技术迅速在现场得到推广，加强了技术与实践的结合。美国安全技术科学研发工作由政府科研机构、企业研究与发展机构、高等院校和民间咨询机构4部分组成。较大的公司一般设有研究与发展部，高等院校按政府合同开展基础研究和技术开发。此外，还有一支重要的研究与开发力量，即各类民间科技咨询公司。以矿山安全技术支持体系为例，美国矿山安全技术支持体系以MSHA匹兹堡安全健康技术中心、国家职业安全与健康研究所为主体，其他研究机构、高等院校和中介机构也为矿山安全生产提供技术支持。匹兹堡安全健康技术中心在围绕MSHA的职能范围，为日常安全监察、事故救灾处理和调查职能提供各种技术支持的同时，也注意为矿山日常安全生产管理提供技术支持。国家职业安全与健康研究所除获得联邦政府科研拨款外，还建立了全国职业安全与健康研究计划，吸收了500家公司、机构和个人提供的资助和委托项目资金。

在装备保障方面，发达国家都建立了完善的设备安全认证体系。美国矿山设备材料安全认证由MSHA技术保障司下属认证中心负责。美国《联邦法典》"矿产资源"卷对认证标准、技术要求和认证申请程序有明确具体的规定。法国职业安全与卫生实行双元制监察体制，劳动和社会保障部下设16个地区监察机构并建有16个测量实验室。法国矿山设备安全监察执行欧盟的《机械安全指令》(Directives 98/37/EC)，并实行CE安全标志(CE，Conformite Europeenne，欧洲统一)。除CE标志外，法国政府和欧盟其他成员国还要求对某些特别危险设备如木工机械、矿山设备、冲压机等机械设备的制造厂进行质量管理体系认证和产品形式安全认证。欧盟各成员国都认可了这类第三方认证机构;荷兰执行欧盟的《机器设备安全指令》,低风险设备或产品由制造商自己认证,高风险设备或产品由授权的认证机构认证,法律要求强制性认证的机器设备或产品,必须由就业与社会事务部指定的机构进行检测和认证。

在信息保障方面,发达国家信息已成为最重要的一种资源,是生产力、竞争力和经济增长的关键因素。信息还是政府决策和管理的基础,在市场经济条件下尤其重要。发达国家采用 Internet 网作为技术平台进行技术交流,优点突出,充分利用现代网络信息技术的研究成果,消除了传统技术交流方式的欠缺之处。MSHA 设置了项目评估与信息资源机构,对相应的信息给予管理。MSHA 共有 2 000 多名安全监察人员,主要通过信息网络对全国 2 000 多个煤矿的安全监察执法进行管理;通过跨地区分支机构和地区办事处采集第一时间的事故隐患,采取强有力的行政执法措施,减少和避免事故发生。对灾害事故救护也大量采用现代通信、信息网络、数据库、视频等技术,大大提高了救护效率。MSHA 认证中心将所有被认证的产品用文件方式通过 Internet 网公布,读者可以任意下载。

(5) 用应急救援手段支持安全管理

在事故应急救援方面,体系非常完整。在工业发达国家,应急救援工作已经成为整个国家危机处理的一个相当重要的组成部分。尤其是进入 20 世纪 90 年代以后,一些工业发达国家把应急救援工作作为维护社会稳定、保障经济发展、提高人民生活质量的重要工作内容。事故应急救援已成为维持国家管理正常运行的重要支撑体系之一。例如,美国、日本和欧盟的一些国家都已经建立运行良好的应急救援管理体制,包括应急救援法规、管理机构、指挥系统、应急队伍、资源保障和公民知情权等,形成比较完善的应急救援系统,并且逐渐向建立标准化应急管理体系方向发展,使整个应急管理工作更加科学、规范和高效。国外对各类事故、事件的应急救援高度重视。根据国家对应急管理的集中程度,各国应急体制基本分为 3 种类型:第一类,高度集中管理——主要体现在国家层面上的高度集中,成立了专门负责规划、协调应急工作的政府部门,代表性的国家有美国和俄罗斯;第二类,相对集中,分类统一——国家设有专门的常设机构,负责自然灾害、事故灾难、公共卫生和社会安全等领域,但不同部门的重大突发事件应急管理工作分属各部门进行管理,代表性的国家有日本等;第三类,地方、部门分散管理——国家层面没有专门的常设机构,应急管理以地方政府或国家部门为主,各地方、各部门按照明确的相关法律、法规、预案等要求维系应急机制的通畅,一些法律健全的小国多采用这种方式,如瑞士等。应该说,发达国家的安全生产管理经过了一百多年的发展,已经取得很大的成就并日趋成熟,这些先进的安全生产管理理念和模式十分值得我们借鉴和学习。

3. 国外安全生产监管模式

在政府监管方面,发达国家安全生产监督管理总体上具有立法和执法分开、依法设立机构、机构相对集中的特点,职业安全与职业健康统一由一个机构管理,事故调查处理一般集中由权威机构来承担。

(1) 美国的监察手段

在美国,职业安全与健康监督管理由劳工部负责,劳工部设立职业安全与健康局和矿业安全与健康局,交通运输安全则由其他监察等机构负责,与公路交通有关的是警察局、交通局、车检所,它们都是独立的政府部门。国家运输安全委员会(National Trans-potation

Safety Board，简称 NTSB）是 1972 年由国会成立的运输事故调查机构，不属于政府的运输部门，每年预算由国会直接拨款，与政府部门资金上没有任何关系，其总部设在华盛顿，核心部门是事故调查办公室和事故善后办公室，分别负责航空、铁路、公路、水运、管道等运输行业的事故调查以及事故善后工作。

美国职业安全与健康管理局（OSHA）负责对建筑工地实施监察以保证雇主遵守相应的职业安全与健康标准，并按照《职业安全与健康法》中的“一般条款”要求保证雇员在安全与健康的环境中工作。对工作现场的监察是由 OSHA 的监察员进行的。这些人员经过专门的 OSHA 标准培训，可以识别出工作现场的危险源。OSHA 的监察活动一般包括检查、检查结果、申诉和咨询服务等方面。

OSHA 的检查一般都不事先通知，而且将检查根据情况的重要和紧急程度划分为 6 个优先级，第一优先级是可能马上导致事故的重大隐患的报告，第二级是导致 3 人以上住院的严重伤害事故，第三级是雇员的投诉，第四级是其他政府机构的建议，第五级是目标导向的检查，第六级是常规例行检查。根据建筑安全专项检查计划，如果承包人可以提供合格的项目安全与卫生计划，并且为之配备能胜任的人选，那么 OSHA 的监察员就会重点做 2 件事：一是事先检查项目安全计划是否有效，二是到现场检查四大伤害危险源。通过这样的方式，监察员的监察能更加有效。

另一方面，为了加强对煤矿安全监察工作的督察，联邦矿山安全健康监察局（MSHA）于 2007 年 6 月 28 日组建了直接对劳工部副部长负责的监察办公室，其职责是对联邦矿山安全健康监察局的矿山安全监察活动进行执法监督检查。这一新部门的工作人员经常深入矿山一线进行安全监察复查，履行职责，以保证联邦矿山安全健康监察局的一线执法活动体现联邦政府的意志和政策，符合办案程序。

在这个执法领域里，美国煤矿安全生产监督机构强调独立性，其成功之处为垂直的煤矿安全监管体制架构，轮岗式的监管人事制度，雷霆式的监管执法力度，并在机制上防止监察人员与矿主、地方政府形成共同利益同盟。MSHA 在美国 11 个地区设有办公室和 65 个矿厂办公室，这些办公室与矿主没有利益关系，也和各州、县政府没有从属关系，各地的联邦安全监察员每两年必须轮换对调。任何煤矿发生 3 人以上死亡事故，当地的安全监察员不得参与事故调查，而需由联邦办公室从外地调派安全监察员进行事故调查。联邦矿山安全健康监察局通过强制性执行采矿业安全与健康作业标准，来消除采矿业死亡事故、减少严重性非死亡事故的发生率，最终达到有效改善全国矿山作业条件、减少安全事故的目标。

（2）英国的监察手段

英国现行的健康与安全监管体制，是依据 1974 年颁布的《工业场所健康与安全法》建立起来的。英联邦健康与安全委员会（HSC）是相对独立的机构，主席由政府任命，9 位副主席分别由企业业主、工会和有关独立中介机构各 3 名代表组成。该委员会的宗旨是使从事危险工作的经营者负责保护工人和公众免受相关危害，其主要职能是健康与安全方面的立法及法律的修订工作、保护工人健康安全和保障工人福利、保护公众不受因工作导致的健康和安全方面的影响、监控易燃易爆等危险品的使用和储存安全、资助健康与安全方面的科研和培训，并提供相关服务。

英联邦健康与安全委员会下设健康与安全执行局（HSE），对危险性行业的职业健康与安全工作实行国家监察、垂直管理，是相对独立的健康与安全行政执法机构。HSE 的雇员有 4 000 多人，包括监察员、政策专家、技术专家、科学专家和医疗专家，其中监察员有 1 000 多人。

HSE 中的现场监察处由 7 个地区科和 1 个全国建筑科组成。全国建筑科由一线监察员组成，主要负责对各建筑工地的安全活动给予建议和支持，进行日常检查和事故调查，并处理雇员投诉。全国建筑科的负责人也是 HSE 的建筑安全总监察，负责每年建筑安全监察活动的计划和总结等工作。此外，HSE 的安全政策处下设负责制定管理政策的部门。

在有工人投诉、公众成员质询、继续原先检查或调查事故时，HSE 不作事先通知便有权进入工作场所进行预防性检查活动，而且监察员可以根据 HSC 出版的《执法政策说明》自行决定采取何种执法方式。HSC 政策要求监察力度应该与存在的危险成正比，以最严重的危险或危险物为主要检查目标。

为了区分优先检查程度，HSE 广泛应用了电脑系统。许多数据库记录了从以前的接触和检查中了解的雇主、雇员和活动场所的信息，以及危险过程、危险物和事故历史等。也正是由于 HSE 的各机构将更多的时间用在对公司进行绩效评估和守法支持方面，数据表明 1991 年英国有 1/2 的工作场所已 3 年未被检查。

(3) 日本的监察手段

日本政府多年来在一切经济活动中通过制定和完善有关法律法规，实施一系列的安全对策和措施，使生产过程中的事故大幅下降，伤亡人数不断减少，成为世界上安全生产成本最低的国家之一。为了加强安全生产和减少伤亡事故的发生，日本政府制定了《劳动安全卫生法》《矿山安全法》《劳动灾难防止团体法》等一系列法律法规。由于法律健全、措施得当、各方重视，日本的安全生产问题基本得到有效控制。

实际上，日本人认为，比制定安全生产法律法规更重要的是建立一支强有力的安全监督队伍。根据《矿山安全法》，日本建立了一整套独立的矿山安全监察体系，实施高效的监督管理。监察人员严格按照有关法律，对安全业务、设施状况和应急机制等进行检查，发现问题立即彻底解决。

值得一提的是，日本的监察机构十分重视安全的超前管理和过程管理。不是事故发生以后再去调查、追究责任，而是事先监督、落实各种防范措施，消灭事故隐患。因此，日本矿山在实施某些特殊的项目时，必须事先制订方案，并报政府安全监督部门批准。在实施过程中，政府安全监督部门的人员现场监督指导，有效地防止了不安全因素的产生和扩大。

1.3 公路工程施工安全管理体系

1.3.1 安全生产法规体系建设情况

1. 安全生产法规体系组成

建设工程安全生产法规体系，是指国家为改善劳动条件，实现建设工程安全生产，保护劳动者在施工生产过程中的安全和健康而制定的各种法律、法规、规章和规范性文件的总和，是必须执行的法律规范。

近年，国家陆续颁布实施了《中华人民共和国建筑法》《中华人民共和国安全生产法》《中华人民共和国公路法》《中华人民共和国港口法》《建设工程质量管理条例》《建设工程安全生产管理条例》等法律法规，我国的安全立法不断增多，已经形成一个由安全生产基本法、专门法以及相关法所构成的相互配套、相互衔接的安全法律法规体系，其中包括 37 个法律、36 个行政规章、55 个部门规章、114 个党中央和国务院的部门文件。安全生产法规体系组成如表 1-3 所列。

表 1-3　安全生产法规体系组成

类别	颁布单位	名称	时间
法律法规	全国人大及其常委会	中华人民共和国安全生产法	2014 年
		中华人民共和国建筑法	2019 年
		中华人民共和国消防法	2019 年
		中华人民共和国刑法	2017 年
	国际劳工组织	建筑业安全卫生公约(第 167 号公约)	1988 年
	国务院	建设工程安全生产管理条例	2003 年
		安全生产许可证条例	2014 年
		生产安全事故报告和调查处理条例	2007 年
		国务院关于特大安全事故行政责任追究的规定	2001 年
		特种设备安全监察条例	2009 年
部门规章	住房和城乡建设部	危险性较大的分部分项工程安全管理规定	2018 年
		建设行政处罚程序暂行规定	1999 年
		实施工程建设强制性标准监督规定	2000 年
		建筑业企业资质管理规定	2015 年
		建筑工程施工许可管理办法	2018 年
		建筑施工企业主要负责人、项目负责人和专职安全生产管理人员安全生产管理规定	2014 年
标准规范	住房和城乡建设部	施工企业安全生产评价标准(JGJ/T 77—2010)	2010 年
		建筑施工安全检查标准(JGJ 59—2011)	2011 年
		施工现场临时用电安全技术规范(JGJ 46—2005)	2005 年
		建筑施工高处作业安全技术规范(JGJ 80—2016)	2016 年
		龙门架及井架物料提升机安全技术规范(JGJ 88—2010)	2010 年
		建筑施工扣件式钢管脚手架安全技术规范(JGJ 130—2011)	2011 年

2. 安全生产法规规定

(1) 宪法

宪法是国家的根本大法，具有最高法律效力，其他任何法律法规都不能与之相抵触，只能体现宪法意图、保证宪法实现。宪法对于保障安全生产只是做出了原则性、方向性、普遍性、根本性的规定，在现实中对于保障安全生产发挥具体作用的是一些具体的部门法律、法规、规章、条例等。

(2) 法律

这里所说的法律是指狭义的法律，是指全国人大及其常务委员会制定的规范性文件，在全国范围内施行，其地位和效力仅次于宪法。

全国人大及其常务委员会作出的具有规范性的决议、决定、规定、办法等也都属于此处所指的狭义的法律。

在法律层面上，《中华人民共和国建筑法》(以下简称《建筑法》)和《中华人民共和国安全生产法》(以下简称《安全生产法》)是构建建设工程安全生产法规体系的两大基础。

①《建筑法》

《建筑法》于 1998 年 3 月 1 日起施行，在《安全生产法》出台之前，《建筑法》是规范建筑工程安全生产的唯一一部法律。

《建筑法》规定了建筑施工企业应当履行以下安全生产职责：

a. 制定安全技术措施。

b. 采取安全防护措施。

c. 注意环保安全。

d. 对施工现场的安全负责。

e. 为职工办理有关保险。

f. 对房屋拆除工程的安全负责。

②《安全生产法》

《安全生产法》自 2002 年 11 月 1 日起施行，是安全生产领域的基本法，对于“三类人员”而言，主要掌握如下 6 个方面：

a. 安全生产管理的基本方针：

——对“安全第一”的认识；

——在思想认识上，安全高于其他工作；

——在组织机构上，安全权威大于其他组织或部门；

——在资金安排上，安全生产资金投入的重视程度高于其他工作所需的资金；

——在检查考评上，安全的检查评比严于其他考核工作；

——当安全与生产、经济、效益发生矛盾时，安全优先；

——对“预防为主”的认识：强调预防为主就是要把预防生产安全事故的发生放在安全生产工作的首位，做到安全生产管理防患于未然，生产经营活动和各项工作要严格遵守有关安全生产的法律法规和操作规程，加强安全生产的监督和管理。

b. 生产经营单位主要负责人的七大安全生产职责：

建立、健全本单位安全生产责任制；组织制定本单位安全生产规章制度和操作规程；组织制定并实施本单位安全生产教育和培训计划；保证本单位安全生产投入的有效实施；督促、检查本单位的安全生产工作，及时消除生产安全事故隐患；组织制定并实施本单位的生产安全事故应急救援预案；及时、如实报告生产安全事故。

c. 从业人员安全生产的 8 项权利(图 1-8)。

d. 从业人员安全生产的三大义务(图 1-9)。

e. 5 种监督管理方式：

——工会民主监督；

——社会舆论监督；

——公众举报监督；

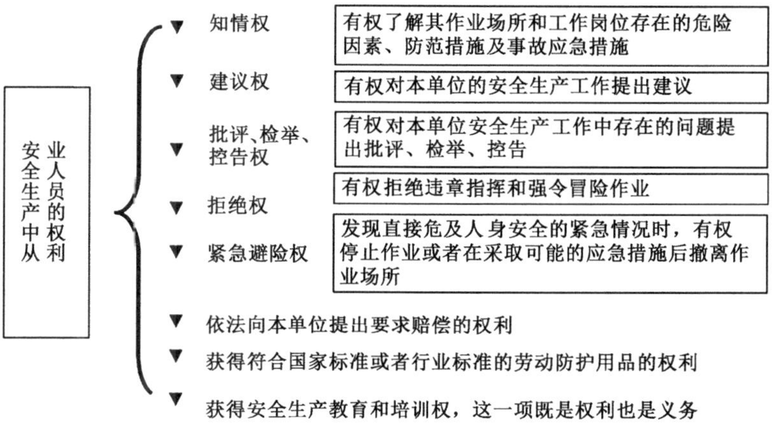

图 1-8　从业人员安全生产的 8 项权利

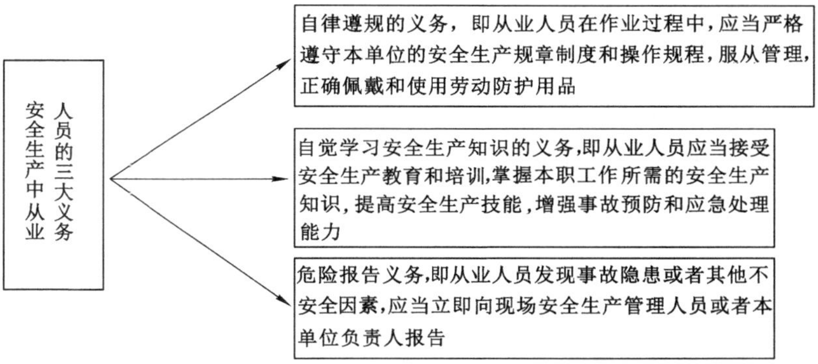

图 1-9　从业人员安全生产的三大义务

——社区报告监督；

——政府监督管理。

f. 安全事故五大罪名：

——罪名一：重大责任事故罪；

——罪名二：重大劳动安全事故罪；

——罪名三：工程重大安全事故罪；

——罪名四：消防责任事故罪；

——罪名五：谎报、瞒报事故罪。

1.3.2　规范和标准化体系

1. 安全生产监督管理体制相关规定

(1) 国务院负责安全生产监督管理的部门依照《安全生产法》的规定，对全国建设工程安全生产工作实施综合监督管理，其综合监督管理职责主要体现在对安全生产工作的指导、协调和监督上。

(2) 国务院建设行政主管部门对全国的建设工程安全生产实施监督管理。

2. 安全生产监督管理体制主要内容

(1) 安全生产责任体系。

(2) 安全生产管理体系。

(3) 安全生产执法监督体系。

(4) 建设系统安全生产法规体系。

(5) 建设工程安全生产监管制度。

(6) 安全生产应急救援体系。

(7) 日常安全生产监督管理。

(8) 认真查处事故,强化责任追究。

(9) 安全生产基础工作。

3.《公路水运工程施工安全标准化指南》相关规定

为了解决当前建设任务日益繁重与管理力量相对有限这一矛盾,更为了进一步规范施工安全管理,防范生产安全事故,交通运输部质监局组织编写了《公路水运工程施工安全标准化指南》(以下简称《指南》)。

《指南》以"基础管理、场地布设和施工防护"为重点,针对施工安全生产薄弱环节和事故易发多发部位,有针对性地提出了现阶段施工安全标准化的重点建设内容,为推行施工安全标准化管理提供了技术支撑和制度保障,对提高施工作业"本质安全"要求,推进"平安工地"建设具有重要指导作用。

安全生产标准化的内涵,就是把工程管理的相关要素最大限度地整合优化,明确设定符合实际、符合规范要求的操作性标准,并推动落实到安全生产各个环节,从而实现项目管理更加规范、施工场地更加有序、管理流程更加合理、安全施工更加到位。推行安全生产标准化,不仅是解决当前建设任务日益繁重与管理力量相对有限这一矛盾的有效举措,更是夯实筑牢安全生产基础的重要途径。

《指南》共20章,涵盖了安全生产责任体系、安全生产专项费用管理、安全生产风险评估、安全生产检查与评价、安全生产应急管理、安全生产技术管理与培训、场站建设、标志标牌、临时用电、个体安全防护、特种设备及专用设备防护、常用设备及机具防护、施工船舶、临边防护、支撑体系防护、脚手架防护、跨线施工安全防护、沉箱出运安全防护、隧道施工作业防护等内容。

(1) 安全生产责任体系

① 责任制是安全生产的核心,是改进安全状况的根本途径、基本方法和工作平台。工程参建单位应按照"安全第一、预防为主、综合治理"的方针和"建设单位主导、监理单位督促、施工单位负责"的原则,构建工程项目安全生产责任体系。责任体系主要包括但不局限于项目安全生产目标、组织管理机构、安全生产条件、安全生产责任及安全生产管理制度等重点内容。

② 安全生产管理必须坚持"管生产必须管安全""谁主管谁负责"的原则,坚持全员参与、全面覆盖和全过程管理的原则。

③ 工程项目应成立由项目建设单位牵头,勘察设计、施工、监理等单位项目负责人共同参与的项目安全生产领导小组(或项目安全生产委员会),负责规范、指导、协调工程参建单

位的安全生产行为。

④ 工程参建单位应建立内部安全生产责任体系，依法设立安全生产组织管理机构，完善安全生产管理制度，明确安全生产条件，确定安全考核指标，开展安全检查和隐患排查工作，落实安全生产责任。

⑤ 安全生产责任制是安全生产责任体系的重要载体。建设单位应与勘察设计、施工、监理等单位每年签订一次安全生产责任书。

⑥ 工程参建单位应落实“一岗双责”要求，细化各岗位职责，按年度层层签订安全生产责任书，并定期组织考核。

⑦ 在施工过程中，当责任人发生变更时，应重新签订安全生产责任书。

（2）安全生产目标

安全生产目标应以“减少危害，预防事故，尽量避免生产过程中的人身伤害、财产损失、环境污染等”为准则设定。

安全生产目标应通过设立相应的考核指标，强化落实。

① 安全生产考核指标

a. 项目安全生产领导小组应确定安全生产总目标。工程参建单位应对安全生产总目标进行分解，制订各自的安全生产考核指标。

b. 安全生产考核指标包括以下几类。

管理类：安全生产总目标、安全管理人员到位率、培训教育覆盖率、设备完好率等；

事故类：事故起数、重伤人数、死亡人数、设备事故率等；

隐患类：重大事故隐患整改率等。

② 安全生产目标实施

为确保安全生产目标达到预期效果，一般从以下几个方面组织实施：

a. 制订实施计划，分解总目标。依据工程项目安全生产总目标，结合社会形势、施工环境、气候变化和工程进展等情况，提出年度、季度、月度分项目和考核指标，并分解到各参建单位、各类管理人员和作业队、班组，制订相对应的安全生产管理措施，认真组织实施。

b. 落实主体责任，分级考核控制。安全生产总目标的实现，主要依靠各级目标责任者根据设定的考核指标自我控制来完成。在实施安全生产总目标保证措施计划的过程中，积极发挥参建单位的主体作用，落实自我管理、自我控制的分级考核措施。

c. 组织考评验收，管理缺陷整改。在安全生产总目标管理过程中，应对分项目标的实施情况加强检查、考核与评价，并提出下一阶段的分项目标及措施。结合工程进展情况，对分项目标措施的实施情况，每个月检查验收1次，利用安全工作例会讲评1次；每个季度考评1次，以通报形式排出名次，分出优劣；结合半年和年度工作总结讲评1次。每次检查、考核、验收和讲评，应紧紧围绕有关薄弱环节，利用通报或“隐患整改指令”的方式，按照“三定一落实”（定人、定时、定措施、复查确认落实）的原则组织缺陷整改。做到认真考核，严格验收，整改到位。

d. 兑现目标奖惩，推动循环活动。在实施安全生产总目标管理过程中，将各级领导、各个部门、各类人员的安全生产考核指标成果与经济利益挂钩，按照考评情况兑现奖惩。通过目标分解、检查考评、缺陷整改、兑现奖惩，实现安全生产总目标管理向前滚动发展。

（3）项目安全生产领导小组

① 项目安全生产领导小组组长由建设单位项目负责人担任，副组长由建设单位主管安全的项目负责人、监理单位总监理工程师等担任，勘察设计、施工、监理等单位项目负责人为小组成员。领导小组办公室一般设在建设单位安全管理部门，安全管理部门负责人为领导小组办公室主任。

② 项目安全生产领导小组应贯彻落实国家、行业有关安全生产方针政策、法律法规和技术标准，制订安全生产指标和安全工作计划，落实项目安全生产条件，规范施工安全管理程序，开展安全检查评价，定期组织应急演练，督促落实企业安全生产责任。

(4) 施工单位安全生产责任体系

① 组织管理机构

工程项目施工单位安全生产领导小组，组长由项目经理担任，副组长由安全总监、副经理、总工程师担任，成员由各部门负责人以及分包单位负责人组成。安全生产领导小组下设办公室，主任由安全管理部门负责人兼任。

② 安全生产条件

a. 取得有效的施工企业安全生产许可证，具备法律法规等规定的相关资质和资格。

b. 建立健全安全生产责任制，制定相应的安全生产管理制度和操作规程。

c. 保证安全投入并规范使用。

d. 设置专职安全生产管理机构，施工现场应按照每 5 000 万元施工合同额配备 1 人的比例配备专职安全管理人员，不足 5 000 万元的至少配备 1 人。

e. 企业主要负责人、项目负责人和专职安全生产管理人员（简称“三类人员”）必须取得交通运输主管部门颁发的“安全生产考核合格证书”；特种作业人员应经有关业务主管部门考核合格，取得特种作业操作资格证书，所有从业人员应按规定参加安全生产教育培训。

f. 应依法参加工伤保险，为从事危险作业的人员办理意外伤害险。

g. 按照“平安工地”考核标准，每月组织自查，作业场所和安全设施、设备、工艺等符合有关安全生产法律法规和标准规范的要求，为从业人员配备符合国家、行业标准的劳动防护用品。

h. 按规定开展施工安全风险评估工作，实施重大风险源监控管理。

i. 制订生产安全事故应急救援预案，为应急救援组织或应急救援人员配备必要的应急救援器材、设备。

③ 安全生产责任

a. 施工单位安全生产责任。

——施工单位是安全生产责任主体，主要负责人依法对本单位安全生产工作全面负责。项目负责人应由取得相应执业资格证书的人员担任，经授权对相应的工程项目施工安全生产负责。

——工程项目实行施工总承包的，总承包单位对施工现场安全生产负总责。总承包单位依法将建设工程分包给其他单位的，应在分包合同中明确各自的安全生产的权利义务，总承包单位和分包单位对分包工程的安全生产承担连带责任。

——列入工程概算的安全作业环境及安全施工措施所需费用，应用于施工安全防护用具及设施的采购和更新、安全施工措施的落实、安全生产条件的改善。安全施工措施费应单列，专款专用，不得挪作他用。

——施工组织设计应明确安全技术措施，危险较大的分部分项工程还应编制专项施工方案，并附安全验算结果，经施工单位技术负责人、总监理工程师签字后实施，超过一定规模的危险性较大的分部分项工程，施工单位应组织专家对专项施工方案进行论证、评审。施工单位应按规定制订临时用电组织设计方案。

——施工单位应将施工现场的办公、生活区与作业区分开设置，并保持安全距离；现场临时搭建的建筑物符合安全使用要求，使用装配式活动房屋应具有产品合格证；施工单位不得在尚未竣工的建筑物内设置员工集体宿舍。职工的膳食、饮水、休息场所等应符合卫生标准。

——施工单位应在施工现场出入口、沿线各交叉口、施工起重机械所在处、拌合场、临时用电设施所在处、爆破物及危险有害气体和液体存放处，以及孔洞口、隧道口、基坑边沿、脚手架边沿、码头边沿、桥梁边沿等危险部位，设置明显的符合国家标准的安全警示标志或者必要的安全防护设施。

——施工单位应建立健全消防安全管理制度，确定消防安全责任人，制定用火、用电、使用易燃易爆材料等各项消防管理制度和操作规程，设置消防通道，配备相应的消防设施和灭火器材，并在施工现场入口设置明显标志。

——工程施工前，施工单位应将有关施工安全技术要求分 3 级向施工项目部各职能部门、施工作业班组、一线作业人员进行安全技术交底，向作业人员书面告知危险岗位的操作规程和应急措施，并由双方签字确认。

——施工单位应定期开展安全检查评价和隐患治理工作，消除安全事故隐患。专职安全员应按规定每日巡查施工现场安全生产，并做好检查记录，发现安全事故隐患时，应及时向项目安全管理机构负责人报告；对违章指挥、违章操作的，应立即制止；一时难以消除的事故隐患，施工单位应制订治理方案，明确治理的措施、时限、资金、验收和责任人等安全内容。

——施工单位应根据不同施工阶段、周围环境及季节、气候的变化，在施工现场采取相应的安全施工措施。施工现场暂时停止施工的，应做好现场防护，所需费用由责任方承担，或按合同约定执行。

——施工单位对因工程施工可能造成损害的毗邻建筑物、构筑物和地下管线等，应进行安全风险论证并采取专项防护措施。

——施工单位应当遵守有关环境保护法律、法规的规定，在施工现场采取措施，防止或减少粉尘、废气、废水、固体废物、噪声、振动和施工照明对人和环境的危害及污染。

——施工现场的安全防护工具、机械设备、施工机具及配件必须由专人管理，定期进行检查、维修和保养，建立相应的资料档案。采购、租赁的安全防护用具、机械设备、施工机械及配件，应具有生产(制造)许可证、产品合格证，在进入施工现场前进行查验。

——安装、拆卸施工起重机械，整体提升脚手架、模板等自升式架设设施，必须由具有相应资质的单位承担。使用前，应组织有关单位进行验收，也可以委托具有相应资质的检验检测机构进行验收(并出具相关验收合格证明文件)；使用承租的机械设备、施工机具及配件的，应由施工总承包单位、分包单位、出租单位和安装单位共同进行验收，验收合格的方可使用；使用起重机械等特种设备，在验收前应经有相应资质的检验检测机构监督检验合格。

——施工单位在签订的起重机械租赁合同中，应明确租赁双方的安全责任，要求租赁单位提供起重机械等特种设备制造许可证、产品合格证、制造监督检验证明、备案证明和自检合格证明，提供安装使用说明书。

——施工单位不得租用有下列情形之一的起重机械：属国家明令淘汰或者禁止使用的；超过安全技术标准或者制造厂家规定的使用年限的；经检验达不到安全技术标准规定的；没有完整安全技术档案的；没有齐全有效的安全保护装置的。

——作业人员应遵守安全施工的规章制度、强制性标准和操作规程，正确使用安全防护用具、机械设备。有权对施工现场的作业条件、作业程序和作业方式中存在的安全问题提出批评、检举和控告，有权拒绝违章指挥和强令冒险作业。发生危及人身安全的紧急情况时，有权立即停止作业或者在采取必要的应急措施后撤离危险区域。

——施工单位应建立安全培训教育制度，对管理人员和作业人员每年至少进行 1 次安全生产教育培训，作业人员进入新的岗位、新的施工现场前或在采用新技术、新工艺、新设备、新材料时应接受安全生产教育培训。未经教育培训或者教育培训考核不合格的人员，不得上岗作业。

——施工单位应针对本工程项目特点制订生产安全事故应急预案，定期组织演练。发生事故时，施工单位应立即采取措施减少人员伤亡和事故损失，启动应急预案，并按有关规定及时、如实地向建设单位、监理单位和事故发生地的公路水运工程安全生产监督管理部门以及地方安全监督部门报告。

b. 分包单位安全生产责任。

——分包单位必须具有相应的资质，并在其资质等级许可的范围内承揽施工业务。严禁个人承揽分包工程业务。

——分包单位应与总承包单位就所承建的工程签订安全分包合同，约定双方权利义务。

——分包单位应服从总承包单位的安全生产管理，遵守总承包单位的安全生产管理制度，分包单位不服从管理导致生产安全事故的，由分包单位承担主要责任。

——禁止分包单位将其承包的工程再分包。

c. 施工单位内部各岗位安全生产责任书。

施工单位应根据岗位职责签订如下安全生产责任书：

——项目经理安全生产责任书；

——项目副经理安全生产责任书；

——项目总工程师安全生产责任书；

——项目安全总监安全生产责任书；

——项目各职能部门部长（处长）安全生产责任书；

——项目各部门管理人员安全生产责任书；

——班组长安全生产责任书；

——分包单位安全生产责任书。

(5) 安全生产管理制度

施工单位安全生产管理制度是安全生产工作的行为准则，制度应明确施工单位安全生产各阶段管理的内容、程序与职责分工等，包括但不局限于表 1-4 所列出的各项制度，一般以汇编形式印发。施工单位主要安全生产管理制度如表 1-4 所列。

表 1-4　施工单位安全生产管理制度

制度名称	主要内容
安全生产会议制度	会议领导小组会议、安全例会和安全生产专题等形式，会议制度应包括制度适用范围、职责和工作程序，重点明确会议频次、参会人员、讨论议题、会议签到、会议记录和纪要等
安全生产责任制及考核制度	制度明确施工单位项目部各层级之间、与分包单位之间所签订的安全生产责任书(或安全合同)的内容、签订频次、履行情况的考核、奖惩等内容
安全生产专项费用使用制度	制度应明确安全生产专项费用适用范围，费用年度计划、费用支取申报程序与阶段，会计科目及票据，形成的固定资产管理等内容
安全生产检查评价制度	制度应明确检查的目的、要求、依据、标准、形式、内容、分工职责、频次、整改以及对检查效果的评价、奖惩等内容

第2章　公路工程施工安全风险管控

2.1　风险管控的基本知识

2.1.1　风险与风险管理的含义

1. 风险

风险是指损失的不确定性，对于工程项目管理而言，风险是指可能出现的影响项目目标实现的不确定因素。

（1）风险的内涵

对风险内涵的理解主要包括以下 3 个方面：

① 风险与不确定性

不确定性是某一事件的预期结果与实际结果之间的变动。由于不确定因素的影响，对于某个特定的事件或活动，人们不能确知最终会产生什么样的结果或者事先辨识各种可能结果，并且难以确定或估计它们发生的概率，这就是不确定性。风险是有条件的不确定性，只是不确定未来是何种状态，而对每种状态发生的概率以及每种状态的后果是知道的，或者是可以估计的。

② 风险与损失

不确定性的结果是多样的。风险是一种必然会导致不良后果的不确定性，即损失的不确定性。不会产生不良后果的不确定性一般不称为风险。

③ 风险的可测性

不确定性的可能结果是多样的，难以度量的，而风险是可以度量的。具体的风险事件是很难预测的，但可以对其发生的概率进行分析，并可以评估其发生的影响，同时利用分析预测的结果为人们的决策服务，预防风险事件的发生，减少风险发生造成的损失。风险的可测性是风险管理学科建立和发展的基础。

（2）风险的特性

① 客观性

风险是一种客观存在，即它的存在与否是人类所无法决定的，也就是说，它是不以人的意志为转移的。就像我们所熟知的自然灾害、意外事故、生老病死、决策失误等风险，虽然我们知道这些风险的存在，也能够部分地控制它们，但我们无法完全消除它们，即风险是无法完全被控制和排除的。尽管风险是无法完全被控制与排除的，但就风险的发生而言，它是有一定规律性的，而这种规律性又为我们提供了认识风险、评估风险和进行风险管理从而将风险所造成的损失降到最低的可能性。

② 随机性

风险虽然客观存在，但就某一具体风险而言，风险事故的发生是偶然的，或者说是随机的。在发生之前，人们难以准确预测风险何时会发生以及发生的后果。风险发生的偶然性还意味着其在时间上具有突发性，在后果上往往具有灾难性。“天有不测风云”这句话就是对风险偶然性的概括。

③ 相对性

不同主体对风险的承受能力是不一样的，风险承受能力受主体的地位和所拥有的资源等因素的影响，如业主方和保险公司对工程风险的承受能力是不一样的，保险公司甚至可以从风险管理中获利。

④ 可变性

风险的性质和后果随着活动或事件的发展而变化。一是风险性质的变化，随着时间的推移，某些风险事件或因素可能不再成为风险；二是随着人们对风险的认识、预测和防范水平的提高，风险量会降低；三是随着管理水平的提高、技术的进步以及采取风险管理措施，原有的风险因素将会发生变化，某些风险因素可能会消除，也可能会导致新的风险因素产生。

2. 风险量

风险量是指不确定的损失程度和损失发生的概率。若某个可能发生的事件其可能的损失程度和发生的概率都很大，则其风险量就很大，如图 2-1 中的风险区 A。

若某事件经过风险评估，它处于风险区 A，则应采取措施，降低其概率，即使它移位至风险区 B；或采取措施降低其损失量，即使它移位至风险区 C。风险区 B 和 C 的事件则应采取措施，使其移位至风险区 D。

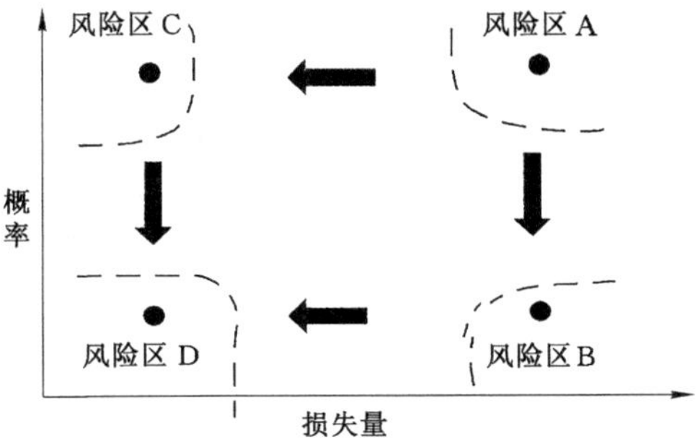

图 2-1　事件风险量的区域

3. 风险管理

风险管理是指为了达到一个组织的既定目标，而对组织所承担的各种风险进行管理的系统过程，即一个组织通过风险识别、风险分析和风险评估去认识风险，并在此基础上合理地使用回避、抑制、自留或转移等方法和技术对活动或事件所涉及的风险实行有效的控制，妥善地处理风险事件造成的后果，以合理的成本保证实现预定的目标。

2.1.2　工程项目风险及安全风险的概念

1. 工程项目风险

工程项目都是在一定的约束条件(时间、费用、质量等)下，为实现特定目标而进行的。工程项目在设计、施工和竣工验收等各个阶段都可能遭到不同种类的风险。结合工程特点和工程项目管理的基本含义，根据风险的基本含义，工程项目风险可定义为：工程项目风险是一种不确定的事件或条件，一旦发生，就会对一个或多个项目目标造成积极或消极的影响，如进度、成本和质量等。

2. 工程项目风险的特点

工程项目风险与工程项目全寿命过程紧密相关。同其他一般产品生产过程相比，工程项目的施工工艺和施工流程是非常复杂的，相关因素也很多，因而期间潜伏的工程风险就具有不同于一般风险的特殊属性，具体表现在如下 4 个方面。

(1) 工程风险管理对工程方面的专业知识要求较高

要识别工程建设中出现的风险，首先需要具备建筑安装方面的专业知识，如土方工程中经常发生的挖方边坡滑坡、塌方、基地扰动、回填土沉陷，填方边坡塌方、冻胀、融陷、出现橡皮土等情况，只有具备了建筑安装工程的基础知识，才能凭借工程专业经验识别出这些风险。其次，工程风险的估计和评价更需要工程专业知识，这样才能比较准确地估计风险发生概率的大小以及风险可能给整体工程造成的损失。此外，对基础工程、钢筋混凝土结构工程、钢结构、砌体工程、建筑幕墙等施工过程中可能出现的风险，皆需要具备深厚的建筑工程专业知识和经验，才能发现和解决工程建设中出现的问题，实施有效的工程风险管理。

(2) 工程风险发生频率高

由于建筑安装工程建设周期长，施工工艺复杂，施工现场的危险因素也很多，因此一些危险因素相互集结，最终形成危害整体项目管理目标实现的风险。在一些工程项目，尤其是大型工程的施工过程中，人为原因和自然原因造成的工程事故频发。施工期内经常出现建筑工人意外伤亡及建筑材料和设备丢失损坏的事故，工程施工设计或现场管理不当也成为导致工程缺陷或事故的人为风险源。此外，地震、洪水和其他不可抗力自然风险源引发的工程风险事故的发生频率也是比较高的。

(3) 工程风险的承担者具有综合性

当一项工程风险的发生给工程整体造成损失时，一般按照谁造成损失谁负责的原则，由责任方承担相应的损失责任。在判定责任时，需要辨识和分析风险源、风险转化的条件等，据此来判断是谁造成的风险损失。建筑安装工程项目的施工过程往往涉及众多责任方，如建筑材料和构件由供应商供给，施工机械由承包商提供，施工图由设计单位提供，工程施工由若干承包商参与施工，业主负责采购，有些项目还涉及提供贷款的银行、担保公司等。因此，一项工程风险事故的责任可能涉及业主、承包商、分包商、设计方和材料设备供应商等多方。例如，工程工期延误了，可能是业主资金或物资不到位造成的，可能是承包商施工组织不力造成的，也可能是供应商供货延期造成的，或者是这些原因共同造成的。总之，一项工程风险事故的发生通常有多个风险承担者。

(4) 工程风险造成的损失具有关联性

由于工程建设涉及面较广，同步施工和接口协调问题比较复杂，各分部分项工程之间关联度很高，因此各种风险相互关联形成了相关分布的灾害链，使得建筑安装工程产生特有的风险组合。

3. 安全风险

《职业健康安全管理体系 要求及使用指南》(GB/T 45001—2020/ISO 45001:2018)对职业健康安全风险的定义是："与工作相关的危险事件或暴露发生的可能性与由危险事件或暴露而导致的伤害和健康损害的严重性的组合。"

本书采用交通运输部《公路桥梁和隧道工程施工安全风险评估指南(试行)》中对"风险"的定义："某一事故发生的可能性和严重程度的组合。"

2.1.3 工程项目风险管理及风险管理的目标

风险管理是为了达到一个组织的既定目标，而对组织所承担的各种风险进行管理的系统过程，其采取的方法应符合公众利益、人身安全、环境保护以及有关法规的要求。风险管理包括策划、组织、领导、协调和控制等方面的工作。

建筑工程项目的风险管理是一个体系和制度，通过它，项目的管理方能做到：

（1）识别项目中可能带来问题的因素，并在这些因素真正发生之前进行控制，减少风险带来的影响。

（2）注重项目的统一目标，使所有过程都围绕着项目目标而努力，并且能够事先考虑那些影响项目安全的各种因素。

（3）利用“上兵伐谋”的道理，在项目早期对影响项目的因素进行分析，并在今后的决策中对这些因素继续进行监控、分析。

（4）制订明确的过程来管理风险，而且融入项目管理过程中，使得项目管理过程更加完善。

（5）为今后的项目管理积累经验和历史数据，以获得更高的项目管理水平。

2.1.4　工程项目风险管理的程序

工程项目风险管理是一个连续不断的过程。工程项目风险管理可以面向建设全过程，也可以面向某个阶段或某项任务，如施工阶段的投资控制。工程项目风险管理一般包括以下几个步骤。

1. 风险识别

对影响工程项目的各种因素进行分析，发现、确认和描述项目风险。

2. 风险分析与评估

对存在的单个风险进行量化分析，估算风险事件的损失程度和发生的概率，确认风险出现的时间和影响范围，衡量其风险量，在此基础上形成风险清单；综合考虑各种风险对项目目标的影响，确定不同风险的严重程度顺序，确定风险应对措施及各种措施的成本，论证风险成本效益。

3. 风险应对

风险应对是指选择并执行一种或多种改变风险的措施，包括改变风险事件发生的可能性或后果的措施。风险应对是风险管理过程的一个重要子过程，是风险评估的目的之一。组织对一个风险评估完成后，会对其作出风险是否需要应对的决定。某风险被评估后，如果其风险等级在组织的可接受或可容忍的范围之内，就不用启动风险应对，直接进入监测与评审过程；否则，就要设计、选择、实施风险应对。风险应对方式包括规避风险、增大风险（针对正面的机会风险）、消除风险、改变可能性、改变后果、分担风险和保留风险等方式。

4. 风险控制

在项目实施过程中，评估风险应对工作的效果，及时发现和评估新的风险，监视风险的变化情况，在此基础上对风险管理方案进行调整。

2.2　辨识模块划分

在安全管理中最重要的问题就是对风险源的辨识是否全面与清晰，施工作业程序分解是非常重要的一点。首先将公路工程分解为单位工程、分项工程和分部工程，然后将分部工程的过程区域中的风险源按照人、机、环、管进行划分，这样就可以将风险源清晰地划分出来。

单位工程：这样的工程具备独立施工条件并能形成独立使用功能；对于规模较大的单位工程，可将其能形成独立使用功能的部分划分为一个子单位工程。

分部工程：这样的工程不能独立发挥能力或效益，又不具备独立施工条件，但具有结算工程价款条件。分部工程是单位工程的组成部分，通常一个单位工程可按其工程实体的各部位划分为若干个分部工程。

分项工程：这样的工程作为构成分部工程的基本项目，又称工程子目或子目，通过较为简单的施工过程就可以生产出来并可用适当计量单位进行计算。一般按照选用的施工方法、所使用的材料、结构构件规格等不同因素划分施工分项工程。

工程划分应注意规模均匀、主次区别、层次清晰，如表 2-1 和表 2-2 所列。

表 2-1　一般建设项目的工程划分

单位工程	分部工程	分项工程
路基工程（每 10 km 或每标段）	路基土石方工程（1～3 km 路段）	土方路基，石方路基，软土地基，土工合成材料处治层等
	排水工程（1～3 km 路段）	管节预制，管道基础及管节安装，检查（雨水）井砌筑，土沟，浆砌排水沟，盲沟，跌水，急流槽，水簸箕，排水泵站等
	小桥及符合小桥标准的通道，人行天桥，渡槽（每座）	基础及下部构造，上部构造预制、安装或浇筑，桥面，栏杆，人行道等
	涵洞、通道（1～3 km 路段）	基础及下部构造，主要构件预制、安装或浇筑，填土，总体等
	砌筑防护工程（1～3 km 路段）	挡土墙，墙背填土，抗滑桩，锚喷防护，锥、护坡，导流工程，石笼防护等
	大型挡土墙，组合式挡土墙（每处）	基础，墙身，墙背填土，构件预制，构件安装，筋带，锚杆、拉杆，总体等
路面工程（每 10 km 或每标段）	路面工程（1～3 km 路段）	底基层，基层，面层，垫层，联结层，路缘石，人行道，路肩，路面边缘排水系统等
桥梁工程①（特大、大、中桥）	基础及下部构造（每桥或每墩、台）	扩大基础，桩基，地下连续墙，承台，沉井，桩的制作，钢筋加工及安装，墩台身（砌体）浇筑，墩台身安装，墩台帽，组合桥台，台背填土，支座垫石和挡块等
	上部构造预制和安装	主要构件预制，其他构件预制，钢筋加工及安装，预应力筋的加工和张拉，梁板安装，悬臂拼装，顶推施工梁，拱圈节段预制，拱的安装，转体施工拱，劲性骨架拱肋安装，钢管拱肋制作，钢管拱肋安装，吊杆制作和安装，钢梁制作，钢梁安装，钢梁防护等
	上部构造现场浇筑	钢筋加工及安装，预应力筋的加工和张拉，主要构件浇筑，其他构件浇筑，悬臂浇筑，劲性骨架混凝土拱，钢管混凝土拱等
	总体、桥面系和附属工程	桥梁总体，桥面防水层施工，桥面铺装，钢桥面铺装，支座安装，搭板，伸缩缝安装，大型伸缩缝安装，栏杆安装，混凝土护栏，人行道铺设，灯柱安装等
	防护工程	护坡，护岸②，导流工程，石笼防护，砌石工程等
	引道工程	路基，路面，挡土墙，小桥，涵洞，护栏等

表 2-1(续)

单位工程	分部工程	分项工程
互通立交工程	桥梁工程(每座)	桥梁总体,基础及下部构造,上部构造预制、安装或浇筑,支座安装,支座垫石,桥面铺装,护栏,人行道等
	主线路基路面工程(1～3 km 路段)	见路基、路面等分项工程
	匝道工程(每条)	路基,路面,通道,护坡,挡土墙,护栏等
隧道工程	总体	隧道总体等
	明洞	明洞浇筑,明洞防水层,明洞回填等
	洞口工程	洞口开挖,洞口边仰坡防护,洞门和翼墙的浇(砌)筑,截水沟、洞口排水沟等
	洞身开挖	洞身开挖(分段)等
	洞身衬砌	(钢纤维)喷射混凝土支护,锚杆支护,钢筋网支护,仰拱,混凝土衬砌,钢支撑,衬砌钢筋等
	防排水	防水层、止水带、排水沟等
	隧道路面	基层、面层等
	装饰	装饰工程
	辅助施工措施	超前锚杆、超前钢管等
环保工程	声屏障(每处)	声屏障
	绿化工程(1～3 km 路段或每处)	中央分隔带绿化,路侧绿化,互通立交绿化,服务区绿化,取、弃土场绿化等
交通安全设施(每 20 km 或每标段)	标志(5～10 km 路段)	标志
	标线、突起路标(5～10 km 路段)	标线、突起路标等
	护栏、轮廓标(5～10 km 路段)	波形梁护栏,缆索护栏,混凝土护栏,轮廓标等
	防眩设施(5～10 km 路段)	防眩板、网等
	隔离栅、防落网(5～10 km 路段)	隔离栅、防落网等
机电工程	监控设施	车辆检测器,气象检测器,闭路电视监视系统,可变标志,光电缆线路,监控(分)中心设备安装及软件调测,大屏幕投影系统,地图板,计算机监控软件与网络等
	通信设施	通信管道与光电缆线路,光纤数字传输系统,数字程控交换系统,紧急电话系统,无线移动通信系统,通信电源等
	收费设施	入口车道设备,出口车道设备,收费站设备及软件,收费中心设备及软件,IC 卡及发卡编码系统,闭路电视监视系统,内部有线对讲及紧急报警系统,收费站内光、电缆及塑料管道,收费系统计算机网络等
	低压配电设施	中心(站)内低压配电设备,外场设备电力电缆线路等
	照明设施	照明设施
	隧道机电设施	车辆检测器,气象检测器,闭路电视监视系统,紧急电话系统,环境检测设备,报警与诱导设施,可变标志,通风设施,照明设施,消防设施,本地控制器,隧道监控中心计算机控制系统,隧道监控中心计算机网络,低压供配电等

注:① 斜拉桥和悬索桥可参照表 2-2 进行划分。

② 护岸参照挡土墙。

表 2-2　特大斜拉桥和悬索桥为主体建设项目的工程划分

单位工程	分部工程	分项工程
塔及辅助、过渡墩（每座）	塔基础	钢筋加工及安装，扩大基础，桩基，地下连续墙，沉井等
	塔承台	钢筋加工及安装，双壁钢围堰，封底，承台浇筑等
	索塔	索塔
	辅助墩	钢筋加工，基础，墩台身浇（砌）筑，墩台身安装，墩台帽，盖梁等
	过渡墩	
锚碇	锚碇基础	钢筋加工及安装，扩大基础，桩基，地下连续墙，沉井，大体积混凝土构件等
	锚体	锚固体系制作，锚固体系安装，锚碇块体，预应力锚索的张拉与压浆等
上部构造制作与防护（钢结构）	斜拉索	斜拉索制作与防护
	主缆（索股）	索股和锚头的制作与防护
	索鞍	主索鞍和散索鞍制作与防护
	索夹	索夹制作与防护
	吊索	吊索和锚头制作与防护等
	加劲梁	加劲梁段制作，加劲梁防护等
上部构造浇筑与安装	悬浇	梁段浇筑
	安装	加劲梁安装，索鞍安装，主缆架设，索夹和吊索安装等
	工地防护	工地防护
	桥面系及附属工程	桥面防水层的施工，桥面铺装，钢桥面板上防水黏结层的洒布，钢桥面板上沥青混凝土铺装，支座安装，抗风支座安装，伸缩缝安装，人行道铺设，栏杆安装，防撞护栏等
	桥梁总体	桥梁总体
引桥	参见表 2-1“桥梁工程”	
引道	参见表 2-1“路基工程”和“路面工程”	
互通立交工程	参见表 2-1“互通立交工程”	
交通安全设施	参见表 2-1“交通安全设施”	

2.3　风险辨识

2.3.1　风险辨识的概念

风险辨识是进行风险分析时要首先开展的重要工作，指对给定系统进行危险辨识、概率计算、后果估计的全过程。在系统中可能产生风险的因素有很多，其后果严重程度也各异。在分析过程中，不应漏掉任何一个主要因素，但也不能对每一个因素都予以考虑，要抓住主要矛盾，对系统进行科学的分析与专家调查。

风险辨识要回答以下问题：

（1）有哪些风险应当考虑？

（2）引起这些风险的主要因素是什么？

（3）这些风险所引起后果的严重程度是什么？

2.3.2　风险辨识的一般步骤

在进行风险辨识之前，首先应该明确进行分析的系统，进行系统界定；其次是将复杂的系统分解成比较简单的容易认识的事物；最后就可以根据收集的资料和分析人员的衡量，采用一定的方法对系统进行风险辨识，找出风险影响因素，具体步骤如图 2-2 所示。

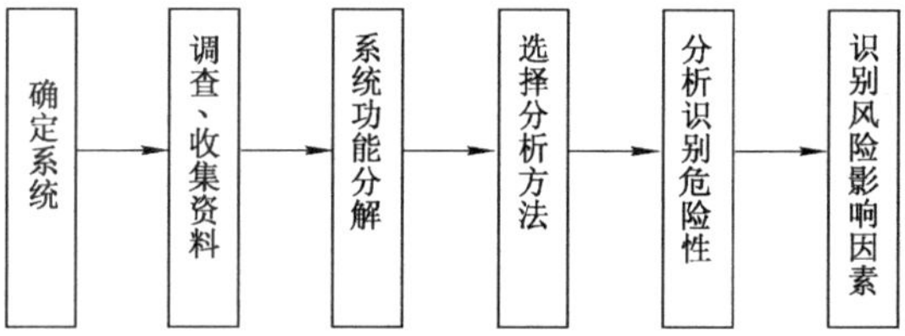

图 2-2　风险辨识程序

1. 确定系统

明确所分析的系统，并界定系统的功能和分析范围。

2. 调查、收集资料

调查生产目的、工艺过程、操作条件和周围环境。收集设计说明书，本单位的生产经验，国内外事故情报及有关标准、规范、规程和各种基本数据库信息等资料。

3. 系统功能分解

一个系统是由若干个功能不同的子系统组成的，如动力、设备、燃料供应、电力供应、控制仪表和信息网络等，其中还有各种连接结构，同样子系统也是由功能不同的子系统或部件、元件组成的，为了全面分析，按系统工程的原理，将系统进行功能分解，并给出功能框图，表示它们之间的输入、输出关系。功能分解框图如图 2-3 所示。

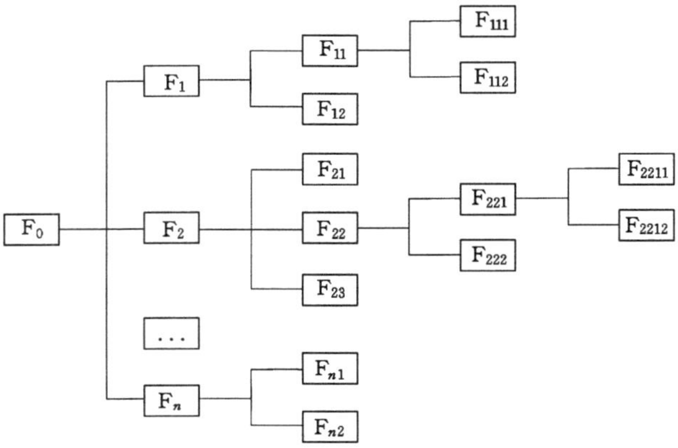

图 2-3　功能分解框图

4. 选择分析方法

适于风险辨识的方法有很多，如失效模式、事故树和能量转换等，这些方法各有所长，分析者应根据自己对各种方法的熟悉程度和具体的分析对象选择适合的分析方法。

5. 分析识别危险性

确定危险类型、危险来源、初始伤害及其造成的风险性，对潜在的危险点要仔细判定。

6. 识别风险影响因素

在分析、识别危险性的基础上，找出具体的危险因素，即风险影响因素，区别主次，从而建立合理的风险评价指标体系。

2.3.3 风险辨识的方法

1. 智暴法

集思广益是头脑风暴的意译，可以在一个小组内进行，也可以由各个单位人完成，然后将他们的意见汇集起来。如果采取小组开会的形式，参加人以 5 人左右为宜。参加人应没有压力和约束，如不要有直接领导人参加等。智暴法用于风险辨识，就要提出类似这样的问题：如果进行某项工程，会遇到哪些危险，其危害程度如何。可以看出，这种会议比较适合于所讨论的问题比较单纯、目标比较明确的情况。如果问题牵涉面太广，包含的因素太多，则要首先进行分析和分解，然后再采用此法。当然，对智暴产生的结果还要进行详细的分析，既不能轻视，也不能盲目接受。一般来说，只要有少数几条意见得到实际应用，就算很有成绩了，有时一条意见就可能带来很大的社会经济效益。即便除原有分析结果外所有智暴产生的新思想都被证明不实用，那么智暴作为对原有分析结果的一种讨论和论证，对领导决策也是很有好处的。

2. 德尔菲方法

德尔菲方法表示集中众人智慧预测的意思，是专家估计法之一，可用于很难用数学模型描述的某些风险的辨识中。德尔菲方法有参加者之间相互匿名、对各种反应进行统计处理、带动反馈地反复征求意见 3 个特点。为保证结果的合理性，应避免个人权威、资历、财产、劝说和压力等因素的影响。在处理预测结果时，主要应考虑专家意见的倾向性和一致性。所谓倾向性，是指专家意见的主要倾向是什么，或大多数意见是什么，统计上称此为集中趋势。所谓一致性，是指专家意见在此倾向性意见周围分散到什么程度，统计上称此为离散趋势。意见的倾向性和一致性这两个方面对风险辨识或其他预测和决策者都是需要的，专家的倾向性意见常被作为主要参考依据，而一致性程度则表示这一倾向性意见参考价值的大小，或其权威程度的大小。

在使用德尔菲方法时，有时还要考虑专家意见的相对重要性，这通常是用专家积极性系数与专家权威程度来表示的。所谓专家积极性系数，是指专家对某一方案关心与感兴趣程度。由于任何一名专家都不可能对预测中的每一个问题都具有足够的专业知识和权威性，这应当成为意见评定时的严格参考因素。换句话说，对于参加预测的各个专家，由于知识结构不同，各自意见的重要性也就不同，这可通过加权系数来解决。

德尔菲方法实际上就是集中许多专家意见的一种方法，这比某一个人的意见接近客观实际的概率要大，但从理论上并不能证明这一意见能收敛于客观实际，也没有算出有多少人参加最为合理。为了检验德尔菲方法预测结果的准确性和可信度，美国加利福尼亚大学采用了实验的方法。实验结果表明，采用匿名反馈的德尔菲方法，其结果还是比较可信的。一般说来，预测的时间越长，准确性也越差。关于预测的可靠性或有效度的问题，也做了一些实验，即由 3 个专家组对同一组问题进行预测，结果表明，意见基本一致。德尔菲方法的不足之处表现在：

（1）受预测者本人主观因素的影响，特别是整个过程的领导都对选择条目及工作方式等起着较大影响，因而有可能使结果产生偏差。

（2）它有一个取得一致意见的趋势，但从理论上并没有证明为什么这个意见是正确的。

（3）这种方法从根本上讲还是"多数人说了算"的方法，一般来讲是容易偏保守的，可能妨碍新思想的产生。

（4）如果不采取措施，参加者会感到不耐烦，使意见的回收率降低，因而给予参加者一定的报酬常是必要的。

3. 情景分析法

（1）情景分析法的基本含义

情景分析法就是通过有关数字、图表和曲线等，对项目未来的某个状态或某种情况进行详细的描绘和分析，从而识别引起项目风险的关键因素及其影响程度的一种风险识别方法。它注重说明某些事件出现风险的条件和因素，并且还要说明当某些因素发生变化时，又会出现什么样的风险，产生什么样的后果等。

（2）情景分析法的主要功能

情景分析法在识别项目风险时主要表现为以下 4 个方面的功能：

① 识别项目可能引起的风险性后果，并报告提醒决策者。

② 对项目风险的范围提出合理的建议。

③ 就某些主要风险因素对项目的影响进行分析研究。

④ 对各种情况进行比较分析，选择最佳结果。

（3）情景分析法的主要过程

情景分析法可以通过筛选、监测和诊断，给出某些关键因素对项目风险的影响。

① 筛选。所谓筛选，就是按一定的程序将具有潜在风险的产品过程、事件、现象和人员进行分类选择的风险识别过程。

② 监测。监测是在风险出现后对事件、过程、现象、后果进行观测、记录和分析的过程。

③ 诊断。诊断是对项目风险及损失的前兆、风险后果和各种起因进行评价与判断，找出主要原因并进行仔细检查。

如图 2-4 所示是情景分析法工作示意图。该图表述了风险因素识别的情景分析法中的 3 个过程使用着相似的工作元素，即疑因估计、仔细检查和征兆鉴别 3 种工作，只是在筛选、监测和诊断这 3 个过程中，这 3 项工作的顺序不同。具体顺序如下：

筛选：仔细检查→征兆鉴别→疑因估计；

监测：疑因估计→仔细检查→征兆鉴别；

诊断：征兆鉴别→疑因估计→仔细检查。

4. 事故树法

事故树法（Fault Tree Analysis，简称 FTA）是由美国贝尔电话实验室的维森提出的，最先用于民兵式导弹发射控制系统的可靠性分析，天津大学用来分析油气管道事故的原因。

事故树分析是一种表示导致灾害事故的各种因素之间的因果及逻辑关系图。也就是在

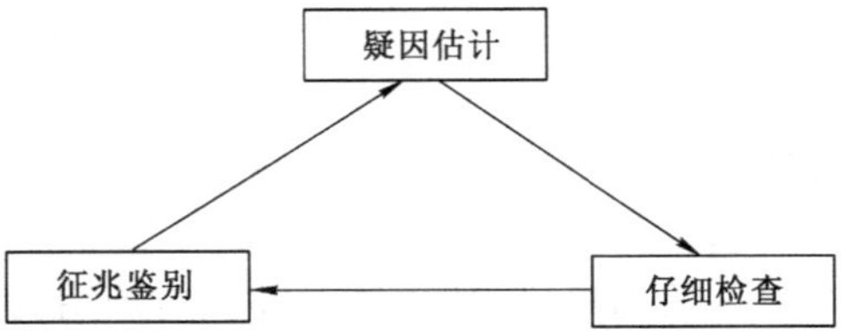

图 2-4 情景分析法工作示意图

设计、运营或作业过程中，通过对可能造成系统事故或导致灾害后果的各种因素（包括硬件、软件、人和环境等）进行分析，从而确定故障原因的各种可能组合方式。

（1）事故树分析方法的特色

① 事故树分析是一种图形演绎方法，是故障事件在一定条件下的逻辑推理方法。它可以就某些特定的故障状态，做逐层次深入的分析，分析各层次之间各因素的相互联系与制约关系，即输入（原因）与输出（结果）的逻辑关系，并且用专门符号表示出来。

② 事故树分析能对导致灾害或功能事故的各种因素及其逻辑关系作出全面、简洁和形象的描述，为改进设计、制定安全技术措施提供依据。

③ 事故树分析不仅可以分析某些元、部件故障对系统的影响，而且可对导致这些元、部件故障的特殊原因（人的因素、环境等）进行分析。

④ 事故树分析可作为定性评价，也可定量计算系统的故障概率及其可靠性参数，为改善和评价系统的安全性和可靠性、减小风险提供定量分析的数据。

⑤ 事故树是图形化的技术资料，具有直观性，即使不曾参与系统设计的管理，操作和维修人员通过阅读也能全面了解和掌握各项风险控制要点。

（2）事故树分析的程序

事故树分析的程序，常因评价对象、分析目的和粗细程度的不同而不同，但一般可按如下程序进行，如图 2-5 所示。

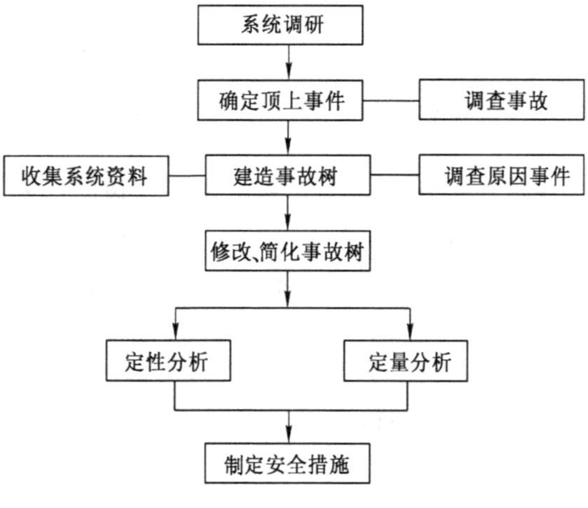

图 2-5 事故树分析的一般程序

① 熟悉系统

全面了解系统的整个情况，包括系统性能、工作程序、各种重要的参数、作业情况及环境状况等，必要时可绘出工艺流程图及其布置图。

② 调查事故

尽量广泛地了解系统的事故，既包括分析系统已发生的事故，也包括未来可能发生的事故，同时也要调查外单位和同类系统发生的事故。

③ 确定顶上事件

所谓顶上事件，就是我们要分析的对象事件——系统失效事件。对调查的事故，要分析其严重程度和发生的概率，从中找出后果严重且发生概率大的事件作为顶上事件。也可事先进行危险性预先分析、故障模式及影响分析、事故树分析，从中确定顶上事件。

④ 调查原因事件

调查与事故有关的所有原因事件和各种因素，包括机械设备故障，原材料、能源供应不正常（缺陷），生产管理、指挥和操作上的失误与差错，环境不良，等等。

⑤ 建造事故树

这是事故树分析的核心部分之一。根据上述资料，从顶上事件开始，按照演绎法，运用逻辑推理，一级一级地找出所有直接原因事件，直到最基本的原因事件为止。按照逻辑关系，用逻辑门连接输入输出关系（即上、下层事件），画出事故树。

⑥ 修改、简化事故树

在事故树建造完成后，应进行修改和简化，特别是在事故树的不同位置存在相同基本事件时，必须用布尔代数进行整理、化简。

⑦ 定性分析

求出事故树的最小割集或最小径集，确定各基本事件的结构重要度大小。根据定性分析的结论，按轻重缓急分别采取相应对策。

⑧ 定量分析

定量分析应根据需要和条件来确定，包括确定各基本事件的故障率或失误率，并计算其发生概率，求出顶上事件发生的概率，同时对各基本事件进行概率重要度分析和临界度分析。

⑨ 制定安全措施

建造事故树的目的是查找隐患，找出薄弱环节，查出系统的缺陷，然后加以改进。在对事故树进行全面分析之后，必须制定相应的安全措施，控制灾害的发生。安全措施应在充分考虑资金、技术和可靠性等条件的基础上，选择最经济、最合理、最切合实际的对策。

(3) 事故树构成

事故树中使用的符号通常分为事件符号和逻辑门符号，有时事故树规模很大，则可以用转入和转出符号来简化。

① 事件符号

事件符号一般有 4 种，如图 2-6 所示。

② 逻辑门符号

逻辑门符号是表示相应事件的连接特性符号，用它可以明确表示该事件与其直接原因事件的逻辑连接关系。一般可以用如图 2-7、图 2-8 所示的 2 种逻辑门连接。

一般事故树如图 2-9 所示。

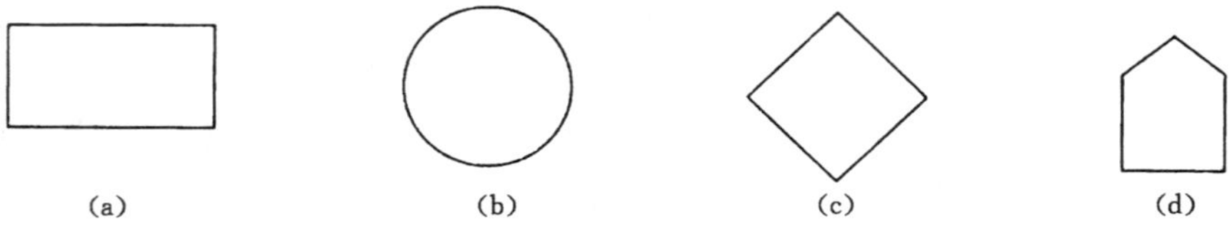

(a) 矩形符号——顶上事件或中间事件；(b) 圆形符号——基本原因事件，即基本事件；
(c) 菱形符号——省略事件或二次事件；(d) 房形符号——正常事件。

图 2-6　事件符号

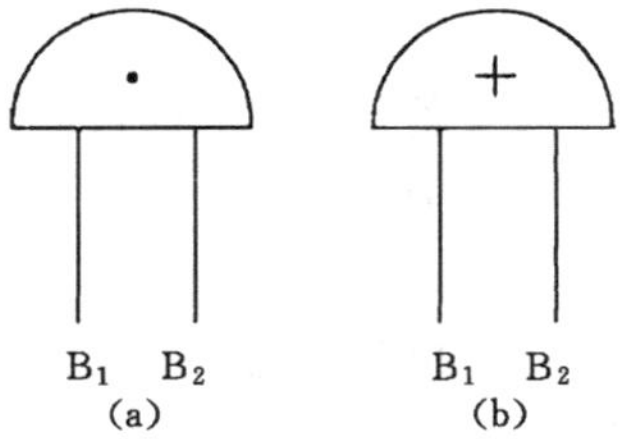

图 2-7　逻辑门符号(一)

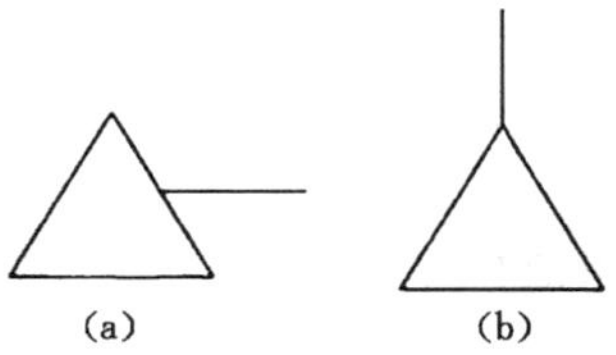

图 2-8　逻辑门符号(二)

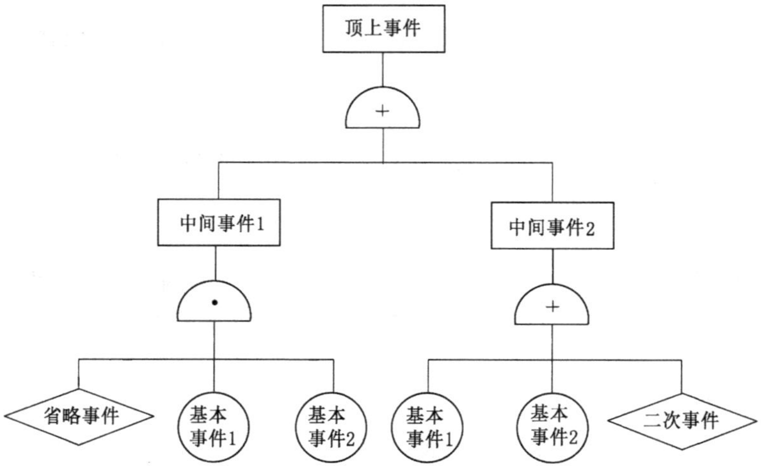

图 2-9　事故树分析图

5. 事件时序树分析法

(1) 基本概念

事件时序树分析法(Event Tree Analysis，简称 ETA)是利用树形图进行事故因果关系分析的方法。这种方法是从认为是失效原因的初始事件出发，按时间顺序追踪，到成为设备或系统失效的最终事件为止(相当于事故树法中的顶上事件)，按照事件的功能和应用的顺序，把在阻止事件发生中是成功的或者是失败的事件展开成树形图。它是从原因到结果，其分析方向是正向，刚好与事故树法相反。ETA 法包含事件发生的时间进程，是一种动态分析，而前面所介绍的几种方法都是不包含时间顺序的静态分析。

这种方法曾在美国商用核电站的风险评价中发挥过很重要的作用。现在，许多国家已把它当作事故分析的标准化分析方法，日本厚生劳动省已正式把它颁布为“化工工厂安全评价”六阶段中的一个程序。

一般事件时序树的形状如图 2-10 所示。图中的大写英文字母代表事件，每个事件都可能有 2 种状态，即完好和故障状态。例如，A、B、C、D 分别代表 4 个不同事件的完好状态，$\overline{A}$（读作“非 A”）、$\overline{B}$、$\overline{C}$、$\overline{D}$ 就代表这些同一事件的故障状态。A 为初始事件，按照事件发生的次序，依次与各事件的 2 种状态连接起来构成树枝状的事件时序树。树中的每一条连接线就是一个事件序列。

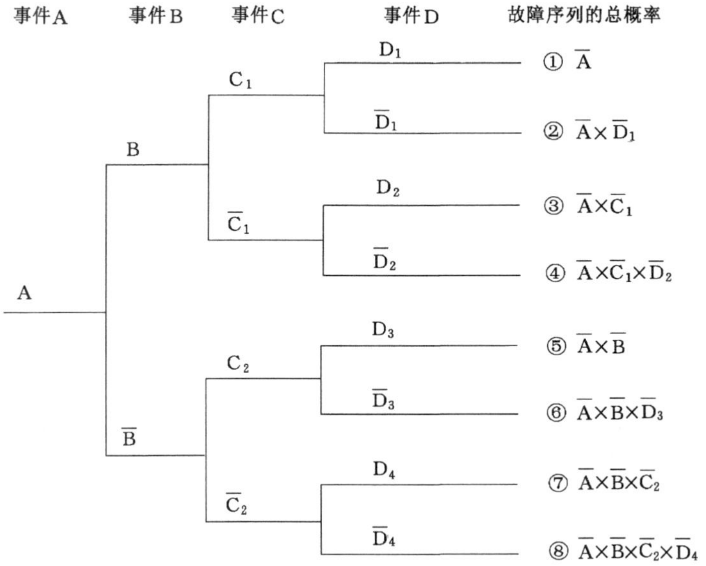

图 2-10　事件时序树

（2）最终事件的概率

事件时序树中每个分支代表偶然事件序列发生的概率，由该分支上所有事件（包括完好和故障事件）的概率决定，并等于它们的乘积，如图 2-10 中最右边一项所示。

例如，分支①的故障概率由 $\overline{A}$、B、C_1、D_1 决定，并且等于 $\overline{A}\times B\times C_1\times D_1$。因为一个事件的事故概率通常都小于 0.1，于是完好的概率等于 1－0.1≈1，故通常都假定完好概率等于 1。因此：

$$\overline{A}\times B\times C_1\times D_1=\overline{A}$$

同理，分支③的概率由 $\overline{A}$、B、$\overline{C}_1$、D_2 决定，等于 $\overline{A}\times\overline{C_1}$。以此类推，分支⑧的概率等于 $\overline{A}\times\overline{B}\times\overline{C}_2\times\overline{D}_4$。

2.3.4　风险辨识中存在的问题

风险辨识中存在的问题主要有以下 3 个方面：

（1）可靠性问题，即是否有严重的危险未被发现。

（2）成本问题，即为了风险辨识而进行收集数据、调查研究或科学实验所消耗的费用。

（3）偏差问题，如在进行社会调查时，主持人的意见可能会引起调查结果的偏差等。

2.4 风险评价

2.4.1 风险评价的含义

国际标准化组织《风险管理 术语》(ISO Guide 73:2009)对风险评价的定义是:"把风险分析结果与风险准则相比,以决定风险和/或其大小是否是可接受的或可容忍的过程。"

风险评价的目的是协助决策。风险评价利用风险分析过程中所获得的对于风险的认识对未来的行动进行决策。这些决策包括:某个风险是否需要应对,风险应对的优先次序,是否开展某项应对活动,对选择的应对活动应该采取哪种途径去实施。

风险评价的主要内容包括:检查风险分析的结果,并把得到的风险等级与风险准则相比较,决定是否需要风险应对;对需要风险应对的风险按优先次序进行排序;在识别出危险源后,进行风险评价,给出安全生产风险,按照安全生产的实际情况和管理要求确定可接受风险标准,为采取风险控制措施提供科学依据。因此,风险评价是安全生产风险管理的主要内容。

2.4.2 风险评价的作用

(1) 通过风险评价,确定风险大小的先后次序。对工程项目中各类风险进行评价,根据它们对项目目标的影响程度及风险出现的概率和后果,确定它们的先后次序,为风险控制先后和风险控制措施的选择提供依据。

(2) 通过风险评价,确定各风险事件间的内在联系。工程项目中各种各样的风险事件乍看是互不相干的,但当进行详细分析后,便会发现某一些风险事件的风险源是相同的或有着密切的关联。例如,某工程项目由于使用了不合格的材料,承重结构强度严重达不到规定值,引发了不可预见的重大质量事故,造成工期拖延、费用失控、工程技术性能或质量达不到设计要求等多种后果。对于这种情况,从表面上看,工程进度、费用和质量均出现了风险,但其根源只有一个,即材料质量控制不严格,在以后的管理中只要注重材料质量控制,就可消除此类风险。

(3) 通过风险评价,可进一步认识已估计的风险发生的概率和引起的损失,降低风险估计过程中的不确定性。当发现原估计和现状出入较大,必要时可根据工程项目进展现状,重新估计风险发生的概率和可能的后果。

(4) 风险评价是风险决策的基础。风险决策是指决策者在风险决策环境下,对若干备选行动方案,按照某种决策准则(包括决策者的风险态度),选择最优或满意的决策方案的过程。例如,承包商对工程项目施工总承包,与分项施工承包相比,存在较大的不确定性,即具有较大的风险性,如对某些子项目没有施工经验。但如果承包商把握机会,将部分不熟悉的施工子项目分包给某一个有经验的专业施工队伍,对总包而言,这可能会挣得更多的利润。当然还要注意到,原认为是机会的东西,在某些条件下也可能会转化为风险。

2.4.3 风险评价的步骤

工程项目风险评价一般可按下列步骤进行:

（1）确定项目风险评价标准。工程项目风险评价标准就是工程项目主体针对不同的项目风险确定的可以接受的风险率。一般而言，对单个风险事件和工程项目整体风险均要确定评价标准，可分别称为单个评价标准和整体评价标准。

（2）确定评价时的工程项目风险水平，包括单个风险水平和整体风险水平。工程项目整体风险水平是综合了所有风险事件之后确定的。确定工程项目整体风险水平后，总是要与工程项目的整体评价标准相比较，因此，整体风险水平的确定方法要与整体评价标准确定的原则和方法相适应，否则两者就缺乏可比性。

（3）比较，即将工程项目单个风险水平与单个评价标准以及将整体风险水平与整体评价标准进行比较，进而确定它们是否在可接受的范围之内，或者考虑采取什么样的风险应对措施。

2.4.4　常用风险评价方法

按照风险评价结果的量化程度，评价方法可分为定性风险评价方法和定量风险评价方法。

（1）定性风险评价方法

定性风险评价方法主要是根据经验和直观判断能力对生产系统的工艺、设备、设施、环境、人员和管理等方面的状况进行定性的分析，评价结果是一些定性的指标，如是否达到了某项指标、事故类别和导致事故发生的因素等。属于定性风险评价方法的有安全检验表、专家现场询问观察法、因素图分析法、事故引发和发展分析、作业条件危险性评价法（格雷厄姆-金尼法或 LEC 法）、故障类型和影响分析、危险可操作性研究等。

定性风险评价方法的特点是容易理解、便于掌握，评价过程简单。目前定性风险分析方法在国内外企业安全管理工作中被广泛使用。但定性风险评价方法往往依靠经验，带有一定的局限性，评价结果有时因参加评价人员的经验和经历等而有相当大的差异。同时，由于评价结果不能给出量化的危险度，因此不同类型的对象之间评价结果缺乏可比性。

（2）定量风险评价方法

定量风险评价方法是运用基于大量的实验结果和广泛的事故资料统计分析获得的指标或规律（数学模型），对生产系统的工艺、设备、设施、环境、人员和管理等方面的状况进行定量的计算，评价结果是一些定量的指标，如事故发生的概率、事故的伤害（或破坏）范围、定量的危险性、事故致因因素的事故关联度或重要度等。

2.4.5　风险评价方法的选择原则

在进行风险评价时，应该在认真分析并熟悉评价系统的前提下，选择风险评价方法。风险评价方法选择应遵循充分性、适应性、系统性、针对性和合理性的原则。

（1）充分性原则。充分性是指在选择评价方法之前，应该充分分析评价的系统，掌握足够多的评价方法，并充分了解各种评价方法的优缺点、适应条件和范围，同时为评价工作准备充分的资料。

（2）适应性原则。适应性是指选择的评价方法应该适应评价的系统。要评价的系统可能是由多个子系统构成的复杂系统，评价的重点各子系统可能有所不同，各种评价方法都有其适应的条件和范围，应该根据系统和子系统、工艺的性质和状态，选择适用的评价方法。

(3) 系统性原则。系统性是指评价方法与评价的体系所能提供的风险评价初始条件和边界条件应形成一个和谐的整体，也就是说，评价方法获得的可信的评价结果，是必须建立在真实、合理和系统的基础数据之上的，评价的系统应该能够提供所需的系统化数据和资料。

(4) 针对性原则。针对性是指所选择的评价方法应该能够提供所需的结果。由于评价的目的不同，需要评价提供的结果可能是：危险有害因素类别、事故发生的原因、事故发生的概率、事故后因、系统的危险性等，评价方法能够给出所要求的结果才能被选用。

(5) 合理性原则。在满足评价目的、能够提供所需的评价结果的前提下，应该选择计算过程最简单、所需基础数据最少和最容易获取的评价方法，使评价工作量和要获得的评价结果都是合理的，不要使评价出现无用的工作和不必要的麻烦。

2.4.6 风险评价方法的选择过程

不同的评价系统选择不同的风险评价方法，风险评价方法选择过程有所不同，一般可按图 2-11 所示的步骤选择风险评价方法。

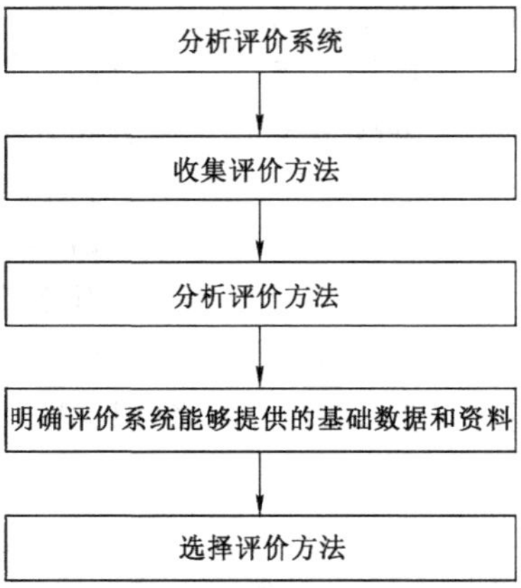

图 2-11 评价方法的选择过程

在选择评价方法时，应首先详细分析评价系统，明确通过评价要达到的目标，即通过评价需要给出哪些、什么样的评价结果；然后应收集尽量多的评价方法，将评价方法进行分类整理；再就是明确评价系统能够提供的基础数据、工艺和其他资料；最后根据评价要达到的目标以及所需的基础数据、工艺和其他资料，选择适用的评价方法。

2.4.7 事故风险等级评价方法

(1) 风险大小的计算

根据风险的概念，用某一特定危险情况发生的可能性和它可能导致后果的严重程度的乘积来表示风险的大小，可以用式(2-1)表达：

$$R = \rho f \tag{2-1}$$

式中　R——风险的大小；

ρ——危险情况发生的可能性；

f——发生危险造成后果的严重程度。

(2) 风险等级的划分

根据式(2-1)计算风险的大小，可以用近似的方法来估计。首先把危险发生的可能性(ρ)分为“很大”“中等”“极小”3 个等级；然后把发生危险造成后果的严重程度(f)分为“轻度损失(轻微伤害)”“中度损失(伤害)”“重大损失(严重伤害)”3 个等级；ρ 和 f 的乘积就是风险的大小(R)，可以近似按级别分为“可忽略风险(Ⅰ)”“可容许风险(Ⅱ)”“中度风险(Ⅲ)”“重大风险(Ⅳ)”“不容许风险(Ⅴ)”共 5 级，如表 2-3 所列。

表 2-3　风险等级评估表

级别	后果		
	轻度损失(轻微伤害)	中度损失(伤害)	重大损失(严重伤害)
很大	Ⅲ	Ⅳ	Ⅴ
中等	Ⅱ	Ⅲ	Ⅳ
极小	Ⅰ	Ⅱ	Ⅲ

(3) 危险情况发生的可能性

在确定危险情况发生或造成伤害的可能性时，应以法规和行为准则所要求的危险源控制措施为指导，考虑已实施和已符合要求控制措施的充分性。此外，除了对常见的危险源提示表列出设问的信息外，还宜考虑以下方面的因素：

① 暴露人数。

② 暴露在危险源中的频次和持续时间。

③ 服务(如供电、供水)中断。

④ 装置、机械部件和安全装置的失灵。

⑤ 暴露于恶劣气候。

⑥ 个体防护装备所提供的保护和个体防护装备的使用率。

⑦ 不安全行为(无意识的错误或故意违反程序)，通常包括以下几个方面：

a. 可能不知道哪是危险源；

b. 可能不具备执行工作任务所需的知识、体能或技能；

c. 低估了所暴露的风险；

d. 低估了安全工作方法的实用性和有效性。

对危险情况发生的可能性一般可用很大、中等和极小 3 种情况来判断。在危险情况发生的可能性很小的情况下，还可以用可能、不可能和极不可能 3 种情况来判断。

(4) 发生危险造成后果或产生伤害的严重程度

在确定发生危险造成的后果或造成伤害的严重程度时，除了评价前面所述的危险源提示表所列设问情况造成的后果外，还宜考虑以下方面：

① 可能受到影响的身体部位。

② 伤害的性质，可分为轻微伤害、伤害和严重伤害：

a. 表面损伤、轻微割伤和擦伤、粉尘对眼睛的刺激、烦躁和刺激(如头痛)、导致暂时性不适的疾病属轻微伤害;

b. 划伤、烧伤、脑震荡、严重扭伤、轻微骨折、耳聋、皮炎、哮喘、与工作有关的上肢损伤、导致永久性轻微功能丧失的疾病属伤害;

c. 截肢、严重骨折、中毒、复合伤害、致命伤害、职业癌症、其他导致寿命严重缩短的疾病、急性不治之症属严重伤害。

③ 造成财产损失的大小。

2.5 管控措施

针对公路施工风险事故的原因,施工期间可采取的风险控制措施包括调整施工方案、采取安全措施、提高管理水平和人员素质。

1. 调整施工方案

主要包括合理调整施工顺序、改进施工工艺。

(1) 合理调整施工顺序。为了减少和控制施工过程中发生的风险事故,可对施工工序从时间顺序和空间次序上进行合理安排或调整。

(2) 改进施工工艺,即从施工方法、工艺参数上改进,减少和控制施工过程中发生的风险事故。

2. 采取安全措施

除应执行现行的有关标准、规范外,还应当根据实际工程特点,采取安全有效、便于施工的安全措施,降低施工安全风险,主要包括安全技术措施、安全替代措施和应急救援措施。

(1) 安全技术措施,包括监测预警、对不安全场所进行安全隔离或加固防护、设立警告标志、人工警戒、专人指挥等。

(2) 安全替代措施,对人工直接操作有较大风险的,可以用机械或其他方式替代人工操作。

(3) 应急救援措施,主要指制订应急预案和做好应急准备。

3. 提高管理水平和人员素质

从管理和人员素质方面控制安全风险,主要包括加强管理和提高人员素质。

(1) 加强管理,重点是抓落实,包括安全管理人员落实、安全管理制度落实、安全资金投入落实和现场管理措施落实。

(2) 提高人员素质,主要是进行经常性的安全教育和培训,强化安全意识和观念,提高安全操作技能;对特殊工种进行专门培训,做到持证上岗;对关键风险控制点安排人员巡逻检查;施工人员身体健康状况符合工种要求;施工前做好安全技术交底。

2.6 安全风险评估报告

1. 一般要求

(1) 风险评估报告是施工安全风险评估过程的记录,应反映风险评估过程的全部工作内容，包括风险评估过程中的记录表格、采用的评估方法、获得的评估结果及推荐的控制措施等。

(2) 风险评估报告应内容全面、文字简洁、数据完整、客观公正，提出的风险控制措施应具有可操作性。

(3) 总体风险评估和专项风险评估的最终报告，应作为工程项目竣工文件进行归档管理。

2. 风险评估报告编制内容

(1) 总体风险评估报告应包含以下内容：

① 编制依据：项目风险管理方针及策略；相关的国家和行业标准、规范；项目设计和施工方面的文件；项目立项批复文件；项目可行性研究报告、工程地质勘查报告；项目各阶段审查意见；设计阶段风险评估成果。

② 工程概况：如全线路堑边坡分布和规模；全线地质条件及周边环境；全线路堑边坡采取的主要工程措施等。

③ 评估过程和评估方法。

④ 评估内容。

⑤ 对策措施及建议。

⑥ 评估结论：风险等级；专项风险评估对象；风险控制措施建议；评估结果自我评价及遗留问题说明。

⑦ 附件(评估计算过程、评估人员信息、评估单位资质信息等)。

(2) 专项风险评估报告应包含以下内容：

① 编制依据：项目风险管理方针及策略；相关的国家和行业标准、规范；项目可行性研究报告、工程地质勘查报告、初步设计文件、施工图设计文件以及审查意见；总体风险评估成果及工程前期的风险评估成果；现场调查资料；第三方检测监测资料。

② 工程概况：包括具体的位置、规模、工程措施、地质条件、诱发因素和周边环境等。

③ 评估过程和评估方法。

④ 评估内容：包括风险源普查、辨识、分析以及重大风险源的估测。

⑤ 对策措施及建议。

⑥ 评估结论：重大风险源风险等级汇总；Ⅲ级和Ⅳ级风险存在情况；风险预控措施建议；评估结果自我评价及遗留问题说明。

⑦ 附件(评估计算过程、评估人员信息、评估单位资质信息等)。

(3) 风险评估报告格式应包括：封面、扉页(包括评估项目名称、报告完成日期、评估小组负责人签名等，见图 2-12 和图 2-13)；著录项(评估人员名单，并应亲笔签名)；目录；编制说明；正文；附件。

(4) 施工过程专项风险评估应形成评估报表，包含以下内容：孕险环境或致险因子变化情况；重新评估风险等级及计算过程；拟推荐的风险控制措施等。评估报表格式由评估小组自定。

3. 风险评估报告评审

(1) 总体风险评估报告或专项风险评估报告编制完成后，应组织专家评审。

(2) 总体风险评估报告由建设单位(或工程总承包单位、代建单位)组织专家审查，专项

评估项目名称（二号宋体）

施工安全风险评估报告（一号黑体加粗）

评估报告完成日期（三号宋体加粗）

图 2-12 评估报告封面示例

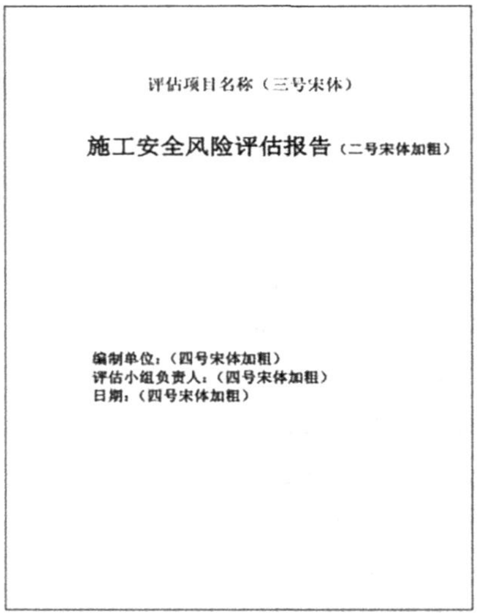

评估项目名称（三号宋体）

施工安全风险评估报告（二号宋体加粗）

编制单位：（四号宋体加粗）
评估小组负责人：（四号宋体加粗）
日期：（四号宋体加粗）

图 2-13 评估报告扉页示例

风险评估报告由施工单位组织专家审查。评审专家组不得少于 5 人，专家应由建设、设计、勘察、监理和施工等单位中具有高边坡勘察、设计、施工管理经验的人员组成。评估小组根据专家评审意见对评估报告进行修改，形成最终报告。

（3）专项风险评估报告评审通过后应向项目建设单位报备。当专项风险评估等级达到Ⅳ级（极高风险）时，建设单位应组织专家论证。

（4）施工过程风险评估报告以报表形式反映。当风险等级达到Ⅳ级（极高风险）时，应向建设单位报告，并由建设单位组织专家论证。

2.7 安全风险评估案例

××合同段桥梁工程施工安全风险评估

2.7.1 桥梁工程风险评估概述

1. 评估目的

公路桥梁工程施工环境条件复杂，施工组织实施困难，作业安全风险居高不下，一直以来是行业安全监管的重点环节。在施工阶段建立安全风险评估制度，通过定性或定量的施工安全风险估测，能够增强安全风险意识，改进施工措施，规范预案预警预控管理，有效降低施工风险，严防重特大事故发生。

桥梁工程风险评估是根据项目施工组织设计内容，辨识和评价该工程施工过程中可能存在的风险源的种类和程度，提出合理可行的安全对策措施及建议。其基本目的是贯彻“安全第一、预防为主、综合治理”的方针，为公路桥梁和隧道工程施工阶段的安全管理提供科学依据，确保建设项目施工期间实现安全生产，降低事故和危害引起的损失。

本次预评估的目的是在对项目建设资料进行研究的基础上，根据同类工程建设过程中发生的相关安全事故特点，辨识该项目××合同段公路桥梁工程施工过程中各项作业活动、作业环境、施工设备、危险物品等所潜在的风险，并对其进行定性、定量分析，以求明确各类危险源的种类及危害程度，进而从安全技术和组织管理等方面提出可行的安全对策措施，提高工程项目施工期间的本质安全度，实现安全生产。

2. 编制依据

①《公路桥梁和隧道工程施工安全风险评估指南(试行)》(交通运输部 2011 年 4 月发布)。

②《公路桥梁风险评估与管理暂行规定》。

③《高速公路工程地质勘察报告》。

④《公路工程技术标准》(JTG B01—2014)。

⑤《公路桥涵施工技术规范》(JTG/T F50—2011)。

⑥《企业职工伤亡事故分类》(GB 6441—1986)。

⑦ 项目公司和总承包安全管理要求。

⑧ 合同段实施性施工组织设计。

⑨ 现场踏勘调查、搜集的实地资料。

2.7.2　工程概况

1. 桥梁工程概况

本合同段共有大桥 4 座，桥长共计 452 m；中桥 6 座，桥长共计 480 m；分离式立交 4 座，桥长共计 460 m；互通式立交 2 座，桥长共计 252 m。桥梁结构形式如表 2-4 所列。

表 2-4　××合同段主要工程量一览表

序号	单位工程名称	结构形式	跨径
1	K154+347 分离立交	上部采用 5×30 m 先简支后连续预应力混凝土组合箱梁，下部结构采用柱式墩、肋式台，钻孔灌注桩基础	150 m
2	K153+659.875(AK0+690.692)互通立交	上部采用预应力混凝土现浇箱梁，左幅 2×20+(24.6+21.4)+2×20 m、右幅 2×20+(21.4+24.6)+2×20 m，下部结构采用柱式墩、肋式台，钻孔灌注桩基础	126 m
3	K157+672.5 分离立交	上部采用 4×20 m 先简支后连续预应力混凝土组合箱梁，下部结构采用柱式墩、肋式台，钻孔灌注桩基础	80 m
4	K149+740 中桥	上部采用 5×16 m 先简支后连续预应力混凝土组合箱梁，下部结构采用柱式墩、肋式台，钻孔灌注桩基础	80 m
5	K158+489 中桥	上部采用 5×16 m 先简支后连续预应力混凝土组合箱梁，下部结构采用柱式墩、肋式台，钻孔灌注桩基础	80 m

2. 主要工程技术标准

公路等级：四车道高速公路；

设计速度：100 km/h；

汽车荷载等级：公路-Ⅰ级；

设计洪水频率：大、中、小桥，涵洞均为1/100；

环境类别：Ⅱ类；

桥梁横断面：双幅分离式；

桥梁宽度：大中桥2×12.5 m，左右幅桥之间相距0.5 m；小桥2×12.75 m，左右幅桥之间相距0.5 m。

3. 工程地质、水文、气候

(1) 地形地貌

本项目所在区域为平原区，地貌单元属冲积平原，地势平坦，土层深厚，坡度平缓。西南高，东北低，南北比降为1/6 000，东西比降为1/4 000，海拔高度30.6～49.0 m。由于历史上河流多次泛滥改道，全县地貌由河滩高地、沙质河槽地、缓平坡地、河间浅平洼地、背河槽状洼地和决口扇形地等组成。项目区主要为缓平坡地和河间浅平洼地。

(2) 气候环境条件

项目所在区域气候属于温带季风气候区，具有显著的季节变化和季风气候特征，属半干旱大陆性气候。大陆度为62.8～64.8，年干燥度为1.7～1.9。春季回暖迅速，干旱多风，光照充足，太阳辐射强；夏季高温多雨，降水集中，易出现水涝；秋季气温下降快，天高气爽，太阳辐射减弱，降水较少；冬季严寒干燥，雨雪较少。

年平均气温为13.1 ℃；1月份最冷，平均气温为－2.5 ℃，极端最低气温为－21.4 ℃；7月份最热，平均气温为26.7 ℃，极端最高气温为41.1 ℃。无霜期平均为193～201 d，年平均降水量为578.4 mm，最多年降水量为1 004.7 mm，最少年降水量为187.2 mm，降水分布东南部多于西北部。年平均相对湿度为67%，其中，7—8月份相对湿度最大，为80%～82%，春季3—5月份最小，为58%～60%，其余月份为60%～80%。年蒸发量平均为1 882 mm，最大为1 994 mm，最小为1 688 mm。

年平均日照时数为2 567 h，日照率约60%，光能资源丰富。

全年平均风速为2.5 m/s，春季风速较大，4月份平均风速最大，为4.5 m/s；夏季风速较小，8月份平均风速为2.5 m/s。平均风速的地理变化是北部偏大、南部偏小，全年最多风向为南风、偏南风，其次为北风、偏东北风，东、西风在全年出现次数较少。

本区域一般在11月下旬开始冻结，3月中旬解冻。据考察，最大冻土深度为47 cm，持续15 d，最浅冻土深度为8 cm。

本区域各月均可能出现雾，但在冬、秋两季为多，平均年雾日在20 d左右，但年际变化较大，多时一年达50余天，少时仅5 d。

(3) 地质构造

本合同段位于鲁西地层分区，主要为泛滥冲积物和洪积物，土质类别主要有黏土、粉质黏土、粉土、粉砂和细砂等。区域内最大的断裂带为××断裂，将勘区分为2个二级构造单元，西部为辽翼台向斜(华北断坳)，东部为鲁西台背斜(鲁西断隆)。××断裂与路线呈小角度斜交、平行或接近重合，对工程建设有一定的影响。

(4) 不良地质灾害

××地区在地震分区上属于华北地震区河北平原地震带，在断块构造分区上分别属于华北断块区的东部和鲁西断陷的西部，路线所经区域横跨华北平原拗陷区和鲁西隆起区 2 个一级新构造区，区内断裂构造发育，这种格局对地震活动起着重要的控制作用，强震大部分发生在沉降区或沉降区与隆起区的边缘地带。如表 2-5 所列。

表 2-5　路线所经地区地震参数

对应推荐线里程	设防烈度	地震基本烈度	地震动峰值加速度	地震动反应谱特征周期/s
K147＋900～K161＋400	8	Ⅷ	0.20g	0.35

根据《中国地震动参数区划图》(GB 18306—2015)及《建筑抗震设计规范》(GB 50011—2010)(2016 年版)，本合同段路线走廊所经区域从南到北分别有 2 个建筑地震设防等级，××市抗震设防烈度为 7 度，其他地区抗震设防烈度为 8 度。地震动峰值加速度为 0.15g～0.20g，地震动反应谱特征周期为 0.35 s。根据《公路桥梁抗震设计细则》(JTG/T B02—01—2008)规定，本项目桥梁的抗震设防类别均属 B 类。

(5) 地震液化

本项目所经地地震动峰值加速度值为 0.2g，根据《公路工程抗震规范》(JTG B02—2013)，地震动峰值加速度值为 0.2g 的路段需要适当考虑地震液化的影响。

测区属强震区，依据《公路桥梁抗震设计细则》(JTG/T B02—01—2008)相关规定进行液化判别；液化判别地下水位深度采用历史最高水位深度。根据对桥涵钻孔资料的液化判别计算，沿线可液化土层不连续分布，主要是局部浅层至中下层的饱和砂土及饱和粉土为可液化土层，液化等级轻微～严重，厚度 1～8 m。

2.7.3　评估过程与评估方法

1. 风险评估过程

根据交通运输部颁布的《公路桥梁和隧道工程施工安全风险评估指南(试行)》(交质监发〔2011〕217 号，以下简称《指南》)所作的明确规定，风险评估过程一般包括以下几个步骤。

(1) 准备阶段：

① 成立专项评估小组，明确职责分工，其中小组负责人应当具有 5 年以上工程管理经验；

② 明确评估对象和范围，收集国内外相关法律和标准，了解同类工程的事故情况；

③ 现场查勘评估对象的地理、水文、气象条件，收集工程建设有关资料。

(2) 开展总体风险评估：根据设计图地质资料和两阶段施工图设计中的风险评价结果(若有)，以及类似结构工程安全事故情况，综合运用定性与定量分析的方法进行评估。用定性和定量相结合的方法初步分析本项目孕险环境与致险因子，估测施工中发生重大事故的可能性，确定项目总体风险等级。

(3) 确定专项风险评估范围：总体风险评估等级达到Ⅲ级(高度风险)及以上的桥梁或隧道工程，应进行专项风险评估。其他风险等级的桥梁或隧道工程可视情况开展专项风险评估。

(4) 开展专项风险评估。

(5) 确定风险控制措施：根据风险接受准则的相关规定，明确重大风险源的监测、监控、预警措施及应急预案。

2. 桥梁总体风险评估的方法

按照《指南》推荐的桥梁施工总体风险评估方法，在开工前根据桥梁的建设规模、地质条件、气候环境条件、地形地貌、桥位特征及施工工艺成熟度等，评估桥梁的整体风险，估测其安全等级。

(1) 总体风险评估指标体系(表 2-6)

表 2-6　总体风险评估指标体系

评估指标	分类		分值	说明
建设规模(A_1)	单孔跨径 L_k(总长 L)超过或达到国内外同类桥型最大单孔跨径 L_k(总长 L)		6～8	应结合各地工程建设经验及水平，综合判定，其中拱桥应按高限取值
	$L_k>150$ m 或 $L>1\ 000$ m		3～5	
	100 m$\leqslant L\leqslant$1 000 m 或 40 m$\leqslant L_k\leqslant$150 m		>1～2	
	$L<100$ m 或 $L_k<40$ m		0～1	
地质条件(A_2)	不良地质灾害多发区域(包括岩溶、滑坡、泥石流、采空区、强震区、雪崩区、水库坍塌岸区等)		4～6	特殊性岩土主要包括冻土、膨胀性岩土、软土等
	存在不良地质灾害，但不频发或存在特殊性岩土，影响施工安全及进度		>1～3	
	地质条件较好，基本不影响施工安全		0～1	
气候环境条件(A_3)	极端气候事件多发区域(洪水、强风、强暴雨雪、台风等)		4～6	应结合施工工艺特征综合判定
	气候环境条件一般，可能影响施工安全，但不显著		2～3	
	气候条件良好，基本不影响施工安全		0～1	
地貌条件(A_4)	山岭区	峡谷、山间盆地、山口等险要区域	4～6	应结合勘察资料，综合判定
		一般区域	0～3	
	平原区		0～1	
桥位特征(A_5)	跨江、河、海湾	通航等级 1～3 级	4～6	跨线桥应综合考虑交叉线路交通量状况
		通航等级 4～6 级	2～3	
		通航等级 7 级及等外	0～1	
	陆地	跨线桥(公路、铁路等)及其他特殊桥	3～6	
施工工艺成熟度(A_6)	新技术、新工艺、新设备国内首次应用		2～3	应考虑施工企业工程经验
	施工工艺较成熟，国内有相关应用		0～1	

(2) 风险计算公式

桥梁工程施工安全总体风险大小计算公式为：

$$R=A_1+A_2+A_3+A_4+A_5+A_6$$

式中 A_1——桥梁建设规模所赋分值；

A_2——工程所处地质条件所赋分值；

A_3——工程所处气候环境条件所赋分值；

A_4——工程所处地貌条件所赋分值；

A_5——桥位特征所赋分值；

A_6——施工工艺成熟度所赋分值。

评估指标体系中各指标所赋分值应结合工程实际，综合考虑各种因素的影响程度而定，数值应取整数。评估指标也可以根据工程实际进行相应的增加或删减，同时风险分级标准也须进行相应调整。计算得到总体风险值 R，对照表 2-7 确定桥梁工程施工安全总体风险等级。

表 2-7　总体风险等级划分标准

风险等级	计算分值 R
等级Ⅳ(极高风险)	14 分及以上
等级Ⅲ(高度风险)	9～13 分
等级Ⅱ(中度风险)	5～8 分
等级Ⅰ(低度风险)	0～4 分

2.7.4　桥梁工程总体风险评估

根据上述桥梁工程总体风险评估办法，计算得出该合同段桥梁工程的总体风险评价等级，如表 2-8 所列。

表 2-8　桥梁工程总体风险评估表

序号	桥梁工程	A_1	A_2	A_3	A_4	A_5	A_6	R 值	风险等级
1	K154＋347 分离立交	2	0.5	1	0	3	0.5	7	Ⅱ
2	K153＋659.875 (AK0＋690.692)互通立交	1	0.5	1	0	3	0.5	6	Ⅱ
3	K157＋672.5 分离立交	0.5	0.5	1	0	3	0.5	5.5	Ⅱ
4	K149＋740 中桥	0.5	0.5	1	0	3	0.5	5.5	Ⅱ
5	K158＋489 中桥	0.5	0.5	1	0	3	0.5	5.5	Ⅱ

通过计算 K154＋347 分离立交和 K153＋659.875(AK0＋690.692)互通立交这几座桥，风险等级属于Ⅱ级，为中度风险桥梁，根据《指南》要进行专业风险评估。

2.7.5　专项风险评估

施工专项风险评估的对象为施工作业活动，评估流程分为风险源辨识、风险分析、风险估测。专项风险评估流程图如图 2-14 所示。

1. 作业活动分解和安全风险源普查

为方便风险评估，先将桥梁工程施工作业活动分解到分项工程，桥梁工程施工作业活动分解如表 2-9 所列。

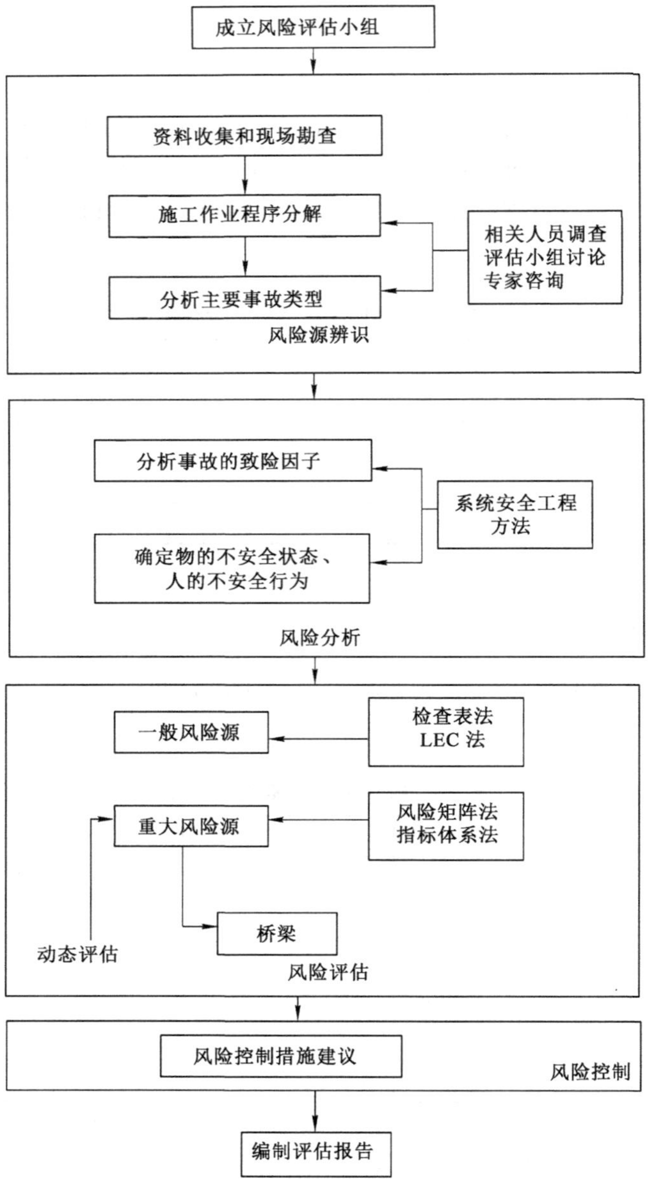

图 2-14　专项风险评估流程图

表 2-9　桥梁工程施工作业活动分解表

序号	施工作业活动	序号	施工作业活动
1	基坑施工	5	墩柱施工
2	灌注桩施工	6	盖梁施工
3	钢筋工程施工	7	钢筋混凝土和预应力混凝土梁式上部结构施工
4	预应力混凝土工程施工		

施工作业程序分解后，通过评估小组讨论、专家咨询等方式，分析评估单元内可能发生的典型事故类型，形成风险源普查清单，如表 2-10 所列。

表 2-10　桥梁施工安全风险源普查清单

序号	风险源	判断依据
1	管理不当	专家咨询
2	施工工人及施工机械	小组讨论
3	材料规格	相关人员调查
4	安全设施	专家咨询
5	操作不当	相关人员调查
6	作业不当	小组讨论
7	物体打击	专家咨询
8	作业环境	小组讨论

2．LEC 风险评价法确定一般危险源

(1) 危险源风险评价方法

LEC 评价法是对具有潜在危险性作业环境中的危险源进行半定量的安全评价方法，该方法采用与系统风险率相关的 3 种因素指标值之积 D 值来评价系统中人员伤亡风险大小。这 3 种因素分别是：L 为发生事故的可能性大小；E 为人体暴露在这种危险环境中的频繁程度；C 为一旦发生事故会造成的损失后果。

对这 3 种因素分别进行客观的科学计算，得到准确的数据，是相当烦琐的过程。为了简化评价过程，采取半定量计值法，即根据施工经验和估计，分别对这 3 种因素划分不同的等级并赋值。具体如表 2-11～表 2-14 所列。

表 2-11　发生事故的可能性大小(L 值)取值表

分数值	事故或危险情况发生的可能性	分数值	事故或危险情况发生的可能性
10	完全可能，会被预料到	0.5	可以设想，但高度不可能
6	相当可能	0.2	极不可能
3	不经常，但可能	0.1	实际上不可能
1	完全意外，极少可能		

表 2-12　暴露于潜在危险环境的频率(E 值)取值表

分数值	出现与危险环境的情况	分数值	出现与危险环境的情况
10	连续暴露于潜在危险环境	2	每月暴露一次
6	逐日在工作时间内暴露	1	每年几次出现在潜在危险环境
3	每周一次或偶然地暴露	0.5	非常罕见地暴露

表 2-13 发生事故产生的后果(C 值)取值表

分数值	发生事故等级	伤亡人数	统计损失/万元	分数值	发生事故等级	伤亡人数	统计损失/万元
100	大灾难	死亡 10 人以上	>1 000	7	非常严重	重伤多人	>50～100
40	灾 难	死亡 3～10 人	>500～1 000	3	严 重	致残至少 1 人	>10～50
15	重 大	死亡 1～2 人	>100～500	1	引人注目	轻伤,需救护	>1～10

表 2-14 危险等级划分(D 值)取值表

分数值	危险程度	分数值	危险程度
>320	极其危险,不能继续作业	>20～70	可能危险,需要注意
>160～320	高度危险,需要立即整改	≤20	稍有危险,可以接受
>70～160	显著危险,需要整改		

(2) 危险源风险评价标准

从危险等级划分表中查取 D 值对应的分数值,以确定重大危险源因素:D≥100 以上的确定为重大危险源因素;D<100 以下的确定为非重大危险源因素。

危险等级的划分是凭经验判断,难免带有局限性,不能认为是普遍适用的,应用时需要根据实际情况予以修正。

利用此法进行该合同段桥梁施工一般危险源及 LEC 风险评价,以脚手架搭设拆除为例列出危险源辨识风险评价,如表 2-15 所列,其他危险源略。

表 2-15 危险源辨识风险评价表

序号	作业活动	危险源	可能导致的事故	涉及相关方	作业条件危险性评价				现有控制措施	备注
					可能性 L	频繁程度 E	后果 C	危险等级 D		
1	脚手架搭设、拆除	错误使用扣件	倒塌	操作人员	3	2	7	42	按规范进行检查把关	
2		使用不合格的钢管扣件	坍塌/高处坠落	操作人员	1	6	3	18	现场检查把关	
3		脚手架底部立杆与锚固杆固定不牢固	倒塌	操作人员	3	10	3	90	按规范进行检查把关	
4		脚手架锚环埋设太浅	倒塌	操作人员	3	10	1	30	按规范进行检查把关	
5		架体与建筑物未按规定拉结或拉结后不符合设计要求	倒塌/高处坠落	操作人员	3	3	7	63	按规范进行检查把关	
6		未按规定设置剪刀撑或剪刀撑搭设不符合设计要求	倒塌/高处坠落	操作人员	3	3	7	63	按规范进行检查把关	
7		未按规定设置安全网或安全网搭设不符合要求	高处坠落/物体打击	操作人员	1	6	7	42	按规范进行检查把关	
8		立杆、大横杆、小横杆间距超过规定要求	倒塌/高处坠落	操作人员	6	10	1	60	按规范进行检查把关	

表 2-15(续)

序号	作业活动	危险源	可能导致的事故	涉及相关方	作业条件危险性评价				现有控制措施	备注
					可能性 L	频繁程度 E	后果 C	危险等级 D		
9	脚手架搭设、拆除	各杆件之间搭接不符合规定	倒塌/高处坠落	操作人员	3	10	1	30	按规范进行检查把关	
10		未使用密目安全网沿外架子内侧进行封闭，网之间连接不牢固，未与架体固定	高处坠落/倒塌	操作人员	1	10	7	70	按规范进行检查把关	

3. 重大危险源风险分析

评估小组从人、机、料、法、环等方面对可能导致事故的致险因子进行分析，致险因子分析应采用系统安全工程的方法，通过评估小组讨论会的形式实施，并采用鱼刺图法进行分析，如图 2-15 所示。

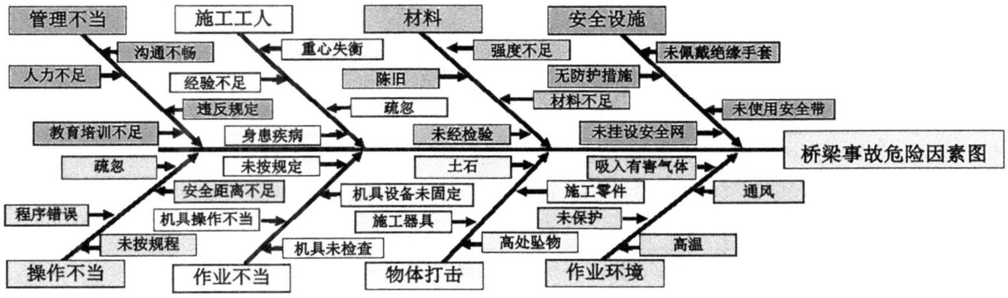

图 2-15　鱼刺图法进行事故致因分析

分析致险因子时应找到可能导致事故发生的物的不安全状态和人的不安全行为，并结合以往施工中发生的典型事故得出如下事故类型对照表和风险源风险分析表，如表 2-16 和表 2-17 所列。

表 2-16　桥梁施工事故类型对照表

施工作业内容	物体打击	高处坠落	触电	起重伤害	机械伤害	车辆伤害	中毒窒息	坍塌	容器爆炸
机械钻孔灌注桩	☆		☆	☆	☆	☆		☆	
墩柱施工	☆	☆		☆	☆	☆		☆	
模板、支架和拱架安装与拆除	☆	☆		☆	☆			☆	
钢筋工程施工作业	☆		☆		☆				
满堂脚手架现浇法施工	☆	☆		☆	☆			☆	
临时设施(龙门架)安装与拆除	☆	☆						☆	
架桥机安装作业		☆						☆	
钢筋混凝土和预应力混凝土梁式桥上部结构施工	☆	☆		☆	☆				

注：☆表示该风险因素对风险事件有影响。

表 2-17　风险源风险分析表

施工作业内容	潜在事故内容	致险因子	受伤害人类型	伤害程度	不安全状态	不安全行为	备注
人工挖孔灌注桩	高处坠落	安全设施	作业人员本身	轻、重伤		☆	
	坍塌	作业环境	作业人员本身及同一场所其他人员	重伤、死亡	☆	☆	
	物体打击	物体打击	同一作业面其他人员	轻、重伤		☆	
	中毒窒息	作业环境	作业人员本身	重伤、死亡	☆		
墩柱施工	高处坠落	安全设施	作业人员本身	轻、重伤		☆	
	坍塌	作业环境	作业人员本身及同一场所其他人员	重伤、死亡	☆	☆	
	起重伤害	作业不当	同一作业面其他人员	轻、重伤，死亡	☆		
	物体打击	物体打击	同一作业面其他人员	轻、重伤		☆	
钢筋工程施工作业	容器爆炸	作业不当	作业人员本身及同一场所其他人员	轻、重伤		☆	
	触电	安全设施	作业人员本身	轻、重伤，死亡		☆	
	物体打击	物体打击	同一作业面其他人员	轻、重伤		☆	
	机械伤害	操作不当	作业人员本身	轻、重伤		☆	
模板、支架和拱架安装与拆除	高处坠落	安全设施	作业人员本身	轻、重伤		☆	
	坍塌	施工人员	作业人员本身及同一场所其他人员	轻、重伤，死亡	☆	☆	
	物体打击	物体打击	同一作业面其他人员	轻、重伤		☆	
临时设施（塔吊、龙门架）拆除	坍塌	施工人员	作业人员本身及同一场所其他人员	轻、重伤，死亡	☆	☆	
	物体打击	物体打击	同一作业面其他人员	轻、重伤		☆	
	高处坠落	安全设施	作业人员本身	轻、重伤		☆	
满堂脚手架现浇法作业	高处坠落	安全设施	作业人员本身	轻、重伤		☆	
	起重伤害	作业不当	同一作业面其他人员	轻、重伤、死亡	☆		
	坍塌	施工人员	作业人员本身及同一作业面其他人员	重伤、死亡	☆	☆	
	物体打击	物体打击	同一作业面其他人员	轻、重伤		☆	
	机械伤害	操作不当	作业人员本身	轻、重伤		☆	
钢筋混凝土和预应力混凝土梁式桥上部结构施工	高处坠落	安全设施	作业人员本身	轻、重伤		☆	
	机械伤害	操作不当	作业人员本身	轻、重伤		☆	
	物体打击	物体打击	同一作业面其他人员	轻、重伤		☆	
	起重伤害	作业不当	同一作业面其他人员	轻、重伤、死亡	☆		

注：☆表示该风险因素对风险事件有影响。

4．风险估测

风险估测是采用定性和定量的方法对风险事故发生的可能性及严重程度进行数量估算。风险估测方法应结合工程施工内容、安全管理方案及可能发生的事故特点等因素确定。

评估小组通过风险矩阵法和指标体系法对本标段桥梁进行了风险估测，形成风险估测汇总表，如表 2-18 所列。

表 2-18　××合同桥梁施工重大危险源汇总表

编号	风险源		风险估测			
	作业内容	潜在事故类型	严重程度		可能性	风险大小
			人员伤亡	经济损失		
1	机械钻孔灌注桩	坍塌	一般	一般	偶然	中度
		物体打击	一般	一般	很可能	高度
		高处坠落	一般	一般	可能	中度
		中毒窒息	一般	一般	不太可能	低度
2	墩柱施工	坍塌	重大	重大	偶然	高度
		物体打击	较大	一般	很可能	高度
		高处坠落	较大	一般	很可能	高度
		起重伤害	较大	一般	偶然	中度
3	模板、支架和拱架安装与拆除	高处坠落	一般	一般	可能	中度
		物体打击	一般	一般	可能	中度
		坍塌	重大	重大	偶然	高度
4	钢筋工程施工作业	容器爆炸	重大	较大	不太可能	中度
		触电	一般	一般	很可能	高度
		物体打击	一般	一般	可能	中度
		机械伤害	一般	一般	很可能	高度
5	现浇箱梁	高处坠落	较大	一般	可能	高度
		起重伤害	较大	较大	偶然	中度
		坍塌	重大	重大	可能	高度
		物体打击	较大	较大	可能	高度
		机械伤害	较大	一般	可能	高度
6	满堂脚手架现浇施工	坍塌	重大	较大	偶然	高度
		物体打击	一般	一般	偶然	中度
		高处坠落	一般	一般	偶然	中度
		起重伤害	较大	一般	偶然	高度
7	临时设施(塔吊、龙门架)拆除	坍塌	重大	较大	偶然	高度
		物体打击	一般	一般	偶然	中度
		高处坠落	一般	一般	偶然	中度
8	钢筋混凝土和预应力混凝土梁式桥上部结构施工	高处坠落	较大	一般	可能	高度
		起重伤害	较大	较大	偶然	中度
		物体打击	较大	一般	可能	高度
		机械伤害	一般	一般	可能	中度

5. 重大风险源风险估测

重大风险源估测按《指南》推荐的风险矩阵法和指标体系法进行动态风险估测。其中事故可能性取决于物的状态引起的事故可能性与人的因素及施工管理引起的风险抵消的耦合。

事故可能性的等级分为 4 级，如表 2-19 所列。

表 2-19　事故可能性等级标准

概率范围	中心值	概率等级描绘	概率等级
>0.3	1	很可能	4
>0.03～0.3	0.1	可能	3
0.003～0.03	0.01	偶然	2
<0.003	0.001	不太可能	1

事故严重程度主要考虑人员伤亡和直接经济损失。根据人员伤亡类别或直接经济损失其等级可以分为 4 级，如表 2-20、表 2-21 所列。

表 2-20　人员伤亡等级标准

等级	1	2	3	4
定性描述	一般	较大	重大	特大
伤亡人数	死亡(失踪)<3 或重伤<10	3≤死亡(失踪)<10 或 10≤重伤<50	10≤死亡(失踪)<30 或 50≤重伤<100	死亡(失踪)≥30 或重伤≥100

表 2-21　直接经济损失等级标准

等级	1	2	3	4
定性描述	一般	较大	重大	特大
经济损失/万元	$Z<10$	$10\leqslant Z<50$	$50\leqslant Z<500$	$Z\geqslant 500$

专项风险等级划分为 4 级，如表 2-22 所列。

表 2-22　专项风险等级标准

可能性等级		严重等级程度			
		一般	较大	重大	特大
		1	2	3	4
很可能	4	高度Ⅲ	高度Ⅲ	极高Ⅳ	极高Ⅳ
可能	3	中度Ⅱ	高度Ⅲ	高度Ⅲ	极高Ⅳ
偶然	2	中度Ⅱ	中度Ⅱ	高度Ⅲ	高度Ⅲ
不太可能	1	低度Ⅰ	中度Ⅱ	中度Ⅱ	高度Ⅲ

(1) 重大风险源事故可能性分析

桥梁工程重大风险源风险估测采用定性与定量相结合的方法。事故严重程度的估测采用专家调查法，事故可能性的评估采用指标体系法。

① 安全管理评估指标，如表 2-23 所列。

表 2-23　安全管理评估指标体系

评估指标	分类	赋分值	得分
总承包企业资质 A	三级	3	
	二级	2	
	一级	1	
	特级	0	0
专业及劳务分包企业资质 B	无资质	1	
	有资质	0	0
历史事故情况 C	发生过重大事故	3	
	发生过较大事故	2	
	发生过一般事故	1	
	未发生过事故	0	0
作业人员经验 D	无经验	2	
	经验不足	1	
	经验丰富	0	0
安全管理人员配备 E	不足	2	
	基本符合规定	1	
	符合规定	0	0
安全投入 F	不足	2	
	基本符合规定	1	1
	符合规定	0	
机械设备配置及管理 G	不符合合同要求	2	
	基本符合合同要求	1	1
	符合合同要求	0	
专项施工方案 H	可操作性较差	2	
	可操作性一般	1	
	可操作性较强	0	0

根据安全管理评估指标分值公式：$M=A+B+C+D+E+F+G+H=2$。

因为人的因素及施工管理能引起风险的抵消，所以根据安全管理评估指标分值 M 找出与之对应的折减系数 γ，如表 2-24 所列。

表 2-24　安全管理评估指标分值与折减系数对照表

计算分值 M	折减系数 γ	计算分值 M	折减系数 γ
$M>12$	1.2	$3\leqslant M\leqslant 5$	0.9
$9\leqslant M\leqslant 12$	1.1	$0\leqslant M\leqslant 2$	0.8
$6\leqslant M\leqslant 8$	1		

得出本项目的安全管理折减系数 $\gamma=0.8$。

② 机械钻孔桩作业事故可能性评估指标，如表 2-25 所列。

表 2-25　人工挖孔桩作业事故可能性评估指标

序号	评估指标	分类	赋分值	得分
1	桩长	$L\geqslant 15$ m	4～6	4
2	地形条件	山岭区	2～3	2
3	土石条件	二类条件(黏性土、密实砂性土等)	0	0
4	地质条件	施工区域地质条件较好	0～1	0
5	地下水	地下水深层分布，施工基本不可能穿越	0～1	1
6	有毒有害气体	无有毒有害气体分布	0	0
7	地下构造物	无地下构筑物分布	0	0
	合计(R)			7

机械钻孔桩事故可能性分值 $P=\gamma R=5.6$，结果四舍五入取 6，参照表 2-26 得出本桥梁人工挖孔桩重大风险源事故可能性等级为 3 级(可能)。

表 2-26　典型重大风险源事故可能性等级标准

计算分值(P)	事故可能性描述	等级
$P\geqslant 14$	很可能	4
$6\leqslant P<14$	可能	3
$3\leqslant P<6$	偶然	2
$P<3$	不太可能	1

③ 墩柱施工事故可能性评估指标，如表 2-27 所列。

表 2-27　墩柱施工事故可能性评估指标

序号	评估指标	分类	赋分值	得分
1	墩柱高度	10 m$\leqslant H<$30 m	1～3	1
2	气候环境条件	气候环境条件一般，可能影响施工安全，但不显著	1～3	1
3	施工方法	支架模板法	1～3	2
4	临时结构设计	采用专业设计方案	0～1	0
	合计(R)			4

墩柱施工事故可能性分值 $P=\gamma R=3.2$，结果四舍五入取 3，参照表 2-26 得出本桥梁墩柱施工重大风险源事故可能性等级为 2 级(偶然)。

④ 满堂脚手架现浇法作业事故可能性评估指标如表 2-28 所列。

表 2-28　满堂脚手架现浇法作业事故可能性评估指标

序号	评估指标	分类	赋分值	得分
1	支架规模	$H \geqslant 8$ m，搭设跨度 18 m 以上，施工总荷载 15 kN/m^2 及以上；集中线荷载 20 kN/m 及以上	4～6	4
2	地形及基础岩土条件	地质条件较好，基本不存在影响施工安全的因素	0～1	0
3	气候环境条件	气候环境条件一般，可能影响施工安全，但不显著	1～3	1
4	支架设计	采用专业设计方案	0～1	0
5	交通状况	跨线公路	3～6	4
	合计(R)			9

满堂脚手架现浇法作业可能性分值 $P=\gamma R=7.2$，结果四舍五入取 7，参照表 2-26 得出该合同段满堂脚手架现浇法作业重大风险源事故可能性等级为 3 级（可能）。

⑤ 模板、支架安装与拆除事故可能性评估指标如表 2-29 所列。

表 2-29　模板、支架安装与拆除事故可能性评估指标

序号	评估指标	分类	赋分值	得分
1	模板、支架规模	$H \geqslant 8$ m	4～6	4
2	地形及基础岩土条件	地质条件较好，基本不存在影响施工安全的因素	0～1	0
3	气候环境条件	气候环境条件一般，可能影响施工安全，但不显著	1～3	1
4	施工方案	采用专业施工方案	0～1	0
5	交通状况	跨线公路	3～6	4
	合计(R)			9

模板、支架安装与拆除作业可能性分值 $P=\gamma R=7.2$，结果四舍五入取 7，参照表 2-26 得出该合同段模板、支架安装与拆除作业重大风险源事故可能性等级为 3 级（可能）。

⑥ 钢筋工程事故可能性评估指标如表 2-30 所列。

表 2-30　钢筋工程事故可能性评估指标

序号	评估指标	分类	赋分值	得分
1	钢筋位置偏差	D 值在公路工程施工技术规范允许范围内	1～3	1
2	气候环境条件	气候环境条件一般，可能影响施工安全，但不显著	1～3	1
3	施工方案	采用专业施工方案	1～3	2
4	钢筋质量情况	符合国家标准及行业标准	0～1	0
	合计(R)			4

钢筋工程事故可能性分值 $P=\gamma R=3.2$，结果四舍五入取 3，参照表 2-26 得出该合同段钢筋工程重大风险源事故可能性等级为 2 级（偶然）。

⑦ 塔吊、龙门吊事故可能性评估指标如表 2-31 所列。

表 2-31　塔吊、龙门吊事故可能性评估指标

序号	评估指标	分类	赋分值	得分
1	高度(H)	2 m$\leqslant H<$8 m	1～3	1
2	气候环境条件	气候环境条件一般，可能影响施工安全，但不显著	1～3	1
3	施工方案	采用专业施工方案	1～3	1
4	地形及基础岩土条件	地质条件较好，基本不存在影响施工安全的因素	0～1	1
5	检验情况	通过专业特种设备检验检测机构检验合格	0～1	0
	合计(R)			4

塔吊、龙门吊事故可能性分值 $P=\gamma R=3.2$，结果四舍五入取 3，参照表 2-26 得出该合同段塔吊、龙门吊重大风险源事故可能性等级为 2 级(偶然)。

⑧ 上部结构施工事故可能性评估指标如表 2-32 所列。

表 2-32　上部结构施工事故可能性评估指标

序号	评估指标	分类	赋分值	得分
1	高度(H)	10 m$\leqslant H<$30 m	1～3	2
2	气候环境条件	气候环境条件一般，可能影响施工安全，但不显著	1～3	1
3	施工方案	采用专业施工方案	1～3	1
4	地形及基础岩土条件	地质条件较好，基本不存在影响施工安全的因素	0～1	0
5	模板、支架风险等级	3 级	1～3	2
6	压浆及养护情况	按规定进行压浆、养护	0～1	0
7	张拉工艺	选择合理的张拉工艺，按要求施工	1～2	1
	合计(R)			7

上部结构施工事故可能性分值 $P=\gamma R=5.6$，结果四舍五入取 6，参照表 2-26 得出该合同段上部结构施工重大风险源事故可能性等级为 3 级(可能)。

(2) 重大风险源风险等级汇总

根据事故发生的可能性和严重程度等级，采用风险矩阵法确定该合同段具体施工作业活动的风险等级，并形成重大风险源风险等级汇总表，如表 2-33 所列。

表 2-33　重大风险源风险等级汇总表

重大风险源	事故可能性等级	严重程度等级		风险等级	评定理由
		人员伤亡	经济损失		
机械钻孔桩坍塌、物体打击	3	1	1	Ⅱ	专家调查法、风险矩阵法
墩柱施工高空坠落、坍塌	2	3	3	Ⅲ	专家调查法、风险矩阵法
模板、支架安装与拆除高空坠落、坍塌	3	3	3	Ⅲ	专家调查法、风险矩阵法
钢筋工程触电、机械伤害	2	1	1	Ⅱ	专家调查法、风险矩阵法
脚手架高处坠落	3	1	1	Ⅱ	专家调查法、风险矩阵法
脚手架坍塌	3	3	2	Ⅲ	专家调查法、风险矩阵法
脚手架起重伤害	3	2	1	Ⅲ	专家调查法、风险矩阵法

表 2-33(续)

重大风险源	事故可能性等级	严重程度等级		风险等级	评定理由
		人员伤亡	经济损失		
临时设施(塔吊、龙门架)拆除坍塌	2	3	2	Ⅲ	专家调查法、风险矩阵法
上部结构施工高处坠落、物体打击	3	2	1	Ⅲ	专家调查法、风险矩阵法
上部结构施工起重伤害	3	2	2	Ⅲ	专家调查法、风险矩阵法

2.7.6　风险控制

根据风险评估结果，按照风险接受准则，提出风险控制措施。公路桥梁工程施工安全风险接受准则如表 2-34 所列。

表 2-34　风险接受准则

风险等级	接受准则	处理措施
低度	可忽略	不需采取风险处理措施和监测
中度	可接受	一般不需采取风险处理措施，但需予以监测
高度	不期望	必须采取风险处理措施降低风险并加强监测，且满足降低风险成本不高于风险发生后的损失
极高	不可接受	必须高度重视，采取切实可行的规避措施并加强监测，否则要不惜代价将风险至少降低到不期望的程度

1. 一般危险源控制

一般风险控制措施应根据有关技术标准、安全管理要求制定。一般危险源应对的触电、高处坠落、物体打击等事故的风险控制措施应简明扼要，明确安全防护、安全警示、安全教育和现场管理等方面的内容。

2. 重大危险源控制

为创造一个安全稳定的施工环境并保证项目管理目标的顺利实现和项目施工过程中方案的科学化、合理化，减少各种经济风险、技术风险和决策风险等不稳定因素，针对本项目的特点，针对可能存在的重大危险源，编制了相对应的专项施工方案、应急预案并举办了相应的安全培训教育。其措施如表 2-35 至表 2-40 所列。

表 2-35　脚手架工程风险控制措施

序号	风险防控对策及建议
1	作业平台有足够的面积，脚手架必须达到稳定、坚固，保证在规定的荷载和不良气候条件下的稳固；使用的材料规格和型号必须符合安全要求；搭设标准符合安全规定，脚手架连接处要固定牢靠；作业层脚手板要铺满、铺稳，探头板要绑扎牢固；必须有完善的安全防护措施，按规定设置防护栏，安装挡板以及安全网等；钢脚手架必须有良好的接地防触电措施和避雷装置
2	架子的底脚必须搭设牢固；缆风绳的设置应符合安全规定；缆风绳的下端必须固定在牢固的地锚上，严禁拴在电杆或树上；为了保证垂直运输的稳定，钢管架高度在 15 m 以下时设一道缆风绳，超过 15 m，每升高 10 m 设一道缆风绳；缆风绳与输电线路保持一定的距离；如穿越输电线路，必须采取防护措施
3	地锚埋设应与现场的土质情况和受力情况相适应；所使用的地锚材料必须合格，引出线要拴牢，地锚的坑深应符合标准；地锚埋设完后，应经过试验才能正式使用，在使用中，应经常进行检查，如发现问题应立即采取措施
4	拆除脚手架时，禁止无关人员进入危险区域；拆除脚手架人员进入作业区后，要系好安全带，安全带必须高挂低用；拆除脚手架要统一指挥，上下呼应，动作协调

表 2-36　高空作业风险控制措施

序号	风险防控对策及建议
1	施工前，应逐级进行安全技术教育及交底，落实所有安全技术措施和人身防护用品，未经落实时不得进行施工
2	作业人员必须定期进行体检，不适宜高空作业的人员不得从事此项工作
3	高处作业人员必须正确佩戴和使用安全防护用品
4	高处作业要做好临边防护，发现有缺陷或隐患时，必须及时解决
5	施工作业场所有坠落可能的物件，应一律先行撤除或加以固定。高处作业中所用的物料，均应堆放平稳，不妨碍通行和装卸。工具应随手放入工具袋；作业中的走道、通道板和登高用具，应随时清扫干净；拆卸下的物件及余料和废料均应及时清理运走，不得任意乱置或向下丢弃。传递物件禁止抛掷
6	雨天和雪天进行高处作业时，必须采取可靠的防滑、防寒和防冻措施。凡水、冰、霜、雪均应及时清除。对进行高处作业的高耸建筑物，应事先设置避雷设施。暴风雪及台风暴雨后，应对高处作业安全设施逐一加以检查，发现有松动、变形、损坏或脱落等现象，应立即修理完善
7	防护棚搭设与拆除时，应设警戒区，并应派专人监护，严禁上下同时拆除

表 2-37　龙门吊风险控制措施

序号	风险防控对策及建议
1	龙门吊应有专人开车，司机应经过专业培训，熟悉本机的结构特点和操作方法，并经考试合格后发给合格证书，才允许开车。司机工作时，只听地面上专门人员指挥(并且只能由 1 人指挥)，但是无论什么人发出停车信号时均应停车，查明情况再开车。不允许长时间吊重于空中停留，龙门吊吊装重物时，司机和地面指挥人员不得离开
2	严禁非司机开车，禁止超负荷使用，禁止人随物品一起升降，禁止倾斜吊运物品，禁止六级以上风力工作
3	每日每次开车前，必须检查所有机械和电气设备是否良好，操作系统是否灵活，并按规定对设备进行保养和润滑
4	每班第一次吊运接近额定负荷的物品时，司机应先将重物起重至不超过 0.5 m 高度，然后下降到接近地面时制动。龙门吊吊运物品时，应鸣铃让人躲开或绕开，禁止从人头顶通过，开车前必须发出开车警告信号
5	交接班时，两个班的司机应共同检查全部的机械设备和电气设备情况，并填写司机日表。检查时应切断电源，且挂“有人检修”的牌子，以免误开车造成重大事故
6	龙门吊工作完毕后，开到指定地点，将所有手柄均转至零位，切断电源。突然断电时，要将主电路开关切断，将所有控制器手柄转至零位

表 2-38　模板工程风险控制措施

序号	风险防控对策及建议
1	承重架所用钢管、扣件必须有租赁方或者生产厂家的质量证明合格证，同时对每批进场材料进行随机抽样送检，经检验合格后方可使用
2	模板及配件进场应有出厂合格证或当年的检验报告，安装前应对立柱、扣件、楞梁、吊环等材质进行检查，不符合要求的不得使用
3	模板施工应设专人负责检查，发现问题时应报告有关人员处理，当遇险情时，立即停工并采取相应的应急措施，待修复或排除险情后，方可继续施工
4	高处安装和拆除模板时，周围应设安全网，搭脚手架，并加设防护栏杆。交通要道地区，应设警示牌、派专人看管

表 2-38(续)

序号	风险防控对策及建议
5	模板和配件不得随意堆放,模板应放平放稳,严防滑落
6	模板安装时,上下应有人接应,随装随运,严禁抛掷
7	支模过程中如遇中途停歇,应将已就位的模板或支架稳固,不得浮搁或悬空。拆模中途停歇时,应将已松扣或已拆松的模板、支架等拆下运走,防止构件坠落或作业人员扶空坠落
8	作业人员严禁攀爬模板
9	当遇到大雨、大雾、沙尘、大雪或台风等恶劣天气时,应停止露天高处作业和高空吊运作业,雨、雪停止后,及时清除模板和地面上的积水及冰雪

表 2-39　钻孔灌注桩风险控制措施

序号	风险防控对策及建议
1	钻孔灌注桩施工前应掌握工程地质和水文地质资料,施工前制定专项施工技术方案和安全生产的措施。对工程地质、水文地质或技术条件特别复杂的钻孔灌注桩,宜在施工前进行工艺试桩,获得相应的工艺参数后再正式施工
2	所有制浆池、储浆池、循环池、沉淀池周围应设防护设施和安全指令标志,必须采用钢管和防护网将泥浆池四周围护,在人员易靠近区域设置"泥浆池危险请勿靠近"的警示标牌,夜间加强照明,防止人员误入泥浆池。桩基施工完毕后,施工现场的泥浆池、储浆池、循环池、沉淀池应清淤回填,分层碾压
3	按设计方案修筑施工便道,钻机的施工场地和走行道路应平坦坚实,满足钻机正常工作和一定的要求
4	按施工专项方案埋设钢护筒,护筒顶面应高出地面 50 cm,孔口周围做好安全防护
5	钻机安装时,机架应垫平,保持平稳,不得产生位移或沉陷,钻架顶端应用缆风绳对称张拉,地锚应牢固
6	钻孔平台上的发电机组、变电箱、配电柜等通过适当提高安装标高、台风来临前用防水布包裹防止浪溅等措施防台风
7	钻机、钻具和吊钻头的钢丝绳应配置适当,使用前应有专人检查维修。吊钻头用的钢丝绳无死弯、无断丝
8	钻杆和材料摆放整齐、堆放不宜过高。钻孔场地设置安全警示标志,无关人员不得进入
9	工程技术人员要对钻机作业人员进行技术交底,现场工程负责人要对作业人员进行安全交底并要有书面材料
10	钻机就位前对护筒中心位置要进行复测,校对好中心位置方可进行钻机就位工作
11	钻孔使用的泥浆应设置泥浆循环净化系统,并注意防止和减少环境污染
12	钻机停钻,必须将钻头提出孔外,置于钻架上,不得滞留孔内
13	冲孔时作业人员不得进入冲击区域范围内。当检测钻孔或泥浆出孔时,钻机应放置在安全位置
14	钻孔过程中,应经常性检查钻渣并与地质剖面图核对,发现不符时应及时采取安全技术措施
15	钻孔作业中发生坍孔和护筒周围冒浆等故障时,必须立即停钻;钻机有倒塌危险时,必须立即将人员和钻机撤至安全位置,经技术处理并确认安全后,方可继续作业
16	钢筋笼沉放: (1) 钢筋笼出场前要对其进行自检、专检、报验等各项工作,检查合格的钢筋笼方可吊运到成孔桩位。 (2) 钢筋笼运输时,车上用制作钢筋笼的胎架做挡板把钢筋笼固定,保持运输过程中的稳定性。 (3) 起重吊装前检查所有工具(吊具、索具、卡环)、设备是否良好,如不符合规定,必须修理或更换。 (4) 吊放钢筋笼作业时的指挥人员和焊接人员必须持证上岗。 (5) 所有施工作业人员必须按规定佩戴好劳动保护用品,吊装钢筋笼时下方不得站人。 (6) 钢筋笼下放时要注意钢筋笼的中心位置不能偏离桩的中心位置。 (7) 打梢钢筋要焊接牢靠,防止钢筋笼掉入孔底出现偏差

表 2-39(续)

序号	风险防控对策及建议
17	灌注水下混凝土： (1) 导管使用前必须做水密性试验，并以油漆按顺序编号，使用时依号连接，以确保接头严密。 (2) 灌注前要对孔内的泥浆进行循环，泥浆管接头要接好，防止泥浆喷出伤人。 (3) 混凝土浇筑过程中，混凝土搅拌运输车倒车时，指挥员必须站在司机能够看到的固定位置，防止指挥员走动过程中栽倒而发生机械伤人事故。轮胎下必须垫有枕木。倒车过程中，车后不得有人
18	桩端后注浆施工： (1) 钢筋笼下放及水下混凝土浇筑过程中，必须保证注浆管路密封，以防泥浆进入管内。 (2) 在注浆过程中，若发生不正常现象时，应暂停注浆，查明原因后再继续注浆。 (3) 专人负责记录注浆的起止时间、注入的浆量、压力，测定桩上台量。 (4) 注浆完毕，必须经监理工程师签字认可后，方可将注浆管路用浆液填充。 (5) 每根桩后注浆施工过程中，浆液必须按规定做试块。 (6) 设立警示牌，非工作人员禁止进入。工作人员应注意站位，按规程操作，防止受到压力液体伤害。 (7) 作业人员应戴好防护眼镜和防护罩，以免高压注浆液喷伤眼睛和防止管道发生意外对操作人员造成伤害。 (8) 后注浆施工应制定安全专项方案，对作业人员进行培训，作业前应进行安全技术交底
19	在桩基施工前，应探明桥位范围内管线准确位置，不能盲目开挖而对地下管线造成破坏，若发现有干扰时，应及时会同相关部门协商解决
20	施工期间，密切关注气候环境变化，尤其是台风、暴雨等不利因素

表 2-40　墩台施工风险控制措施

序号	风险防控对策及建议
1	浇筑墩台混凝土，施工前，必须搭设好脚手架和作业平台，墩身高度在 2～10 cm，平台外侧应设栏杆及上下扶梯；墩台顶必须搭设安全护栏，施工人员应系好安全带作业
2	模板就位后，应立即用撑木等固定其位置，以防模板倾倒砸人。用吊车吊模板合缝，模板底端应用撬棍等工具拨移，不得徒手操作。每节模板支立完毕，应在安好边连结紧固器，支好内撑后，方可继续作业
3	在架立高桥墩的墩身模板过程中，安装模板的作业人员必须系好安全带，并拴于牢固地点。穿模板拉杆，应做到内外呼应
4	整体模板吊装前，模板要连接牢固，内撑拉杆、箍筋应上紧；吊点要正确牢固；起吊时，应拴好溜绳，并听从信号指挥；不得超载
5	用吊斗浇筑混凝土，吊斗提降应设专人指挥。升降斗时，下部的作业人员必须躲开，上部人员不得身倚栏杆推吊斗，严禁吊斗碰撞模板及脚手架
6	在围堰内浇筑墩台混凝土，应安设扶梯或设置跳板，供作业人员上下
7	凿除混凝土浮浆及桩头，作业人员必须按规定佩戴防护用品。人工凿除，应经常检查锤头是否牢固，使用风镐凿除桩头，应先经检查，确认安全可靠，方可作业。严禁风枪对准人
8	采用吊斗出渣，应拴好挂钩，关好斗门。吊车扒杆转动范围内不得站人
9	拆除模板，应划定禁行区，严禁行人通过

3. 评估结论

通过本次风险评估，认识到在施工过程中可能发生高空坠物风险、人员高空坠落风险，这些风险事件均可能对桥梁建设的安全、工期、投资及第三方造成不利影响。该合同段桥梁工程存在Ⅲ级重大风险源，存在的部位为钻孔灌注桩、墩柱、模板、支架安装与拆除、钢筋、满堂脚手架、龙门吊和上部结构施工。主要存在的事故为坍塌、高处坠落和物体打击。

本次风险源分析评估，经过了评估小组严格的讨论和分析，咨询了桥梁施工经验丰富的专家及专业工程师的意见，采用了科学合理的评估办法，并查阅了大量的资料，对该合同段桥梁工程从总体风险评估、专项风险评估、一般危险源及重大危险源评估进行了系统的分析，并针对重大危险源提出专业、可行的风险控制措施，在科学性、可行性、合理性上满足了要求。这仅是风险管理与控制的开始。在下一步的施工过程中还要加强监控，对风险做好动态管理，从而达到控制风险、减少损失、确保施工安全的目的。

第3章　公路工程施工安全隐患管控

事故源于隐患，隐患是滋生事故的土壤和温床。对于公路施工企业来讲，要从贯彻落实“安全第一、预防为主、综合治理”方针的高度，充分认识做好隐患排管控工作的重要性。坚持预防为主、综合治理，就是要主动排查事故隐患，采取各种有效手段，治理各类隐患，把事故消灭在萌芽状态。从这个意义上说，治理隐患管控是落实安全生产方针的最基本任务和最有效途径。

3.1　安全隐患的基本知识

3.1.1　隐患的定义和分类

1. 隐患的定义

为了对安全生产事故隐患进行规范化的管理，原国家安全生产监督管理总局于 2007 年 12 月 28 日发布了《安全生产事故隐患排查治理暂行规定》，规定安全生产事故隐患（以下简称隐患、事故隐患或安全隐患），是指生产经营单位违反安全生产法律、法规、规章、标准、规程和安全生产管理制度的规定，或者因其他因素在生产经营活动中存在可能导致事故发生的物的危险状态、人的不安全行为和管理上的缺陷。

在事故隐患的 3 种表现中，物的危险状态是指生产过程或生产区域内的物质条件（如材料、工具、设备、设施、成品、半成品）处于危险状态，人的不安全行为是指人在工作过程中的操作、指示或其他具体行为不符合安全规定，管理上的缺陷是指在开展各种生产活动中所必需的各种组织、协调等行动存在缺陷。

2. 隐患的分类

① 隐患以隐患的整改、治理和排除的难度及其影响范围为标准，可以分为一般事故隐患和重大事故隐患。一般事故隐患，是指危害和整改难度较小，发现后能够立即整改排除的隐患。重大事故隐患，是指危害和整改难度较大，应当全部或者局部停产停业，并经过一定时间整改治理方能排除的隐患，或者因外部因素影响致使生产经营单位自身难以排除的隐患。

② 安全隐患的类别。按安全隐患可能引发的事故种类划分一般可分为以下 12 种：用电事故安全隐患；火灾事故安全隐患；爆炸事故安全隐患；坍塌事故安全隐患；施工机械和设备倾翻、倾倒事故安全隐患；施工机械和施工设施局部损坏（折断、垮塌等）事故安全隐患；自升（滑升、提升、爬升、倒升）式整体施工装置（模板、脚手架、工作台等）坠落和失控事故安全隐患；窒息和中毒事故安全隐患；高处作业和交叉作业伤害事故的安全隐患；安全防护设施、护品的配置与使用不到位的安全隐患；违章指挥和违章作业事故安全隐患；预防灾害措施不到位事故的安全隐患。

③ 按安全隐患涉及的安全工作方面划分可以划分为5种：安全作业环境和条件缺陷隐患；安全施工措施缺陷隐患；安全工作制度缺陷隐患；安全岗位责任不落实隐患；现场安全监控管理工作不到位隐患。

3.1.2　安全隐患的控制要求

项目部对各类事故隐患应确定相应的处理部门和人员，规定其职责和权限，要求一般问题当天解决，重大问题限期解决。

1. 处理方式

(1) 对性质严重的隐患应停止使用、封存。

(2) 指定专人进行整改，以达到规定的要求。

(3) 进行返工，以达到规定的要求。

(4) 对有不安全行为的人员先停止其作业或指挥，纠正违章行为，然后进行批评教育，情节严重的给予必要的处罚。

(5) 对不安全生产的过程重新组织。

2. 隐患处理后的复查验证

(1) 对存在隐患的安全设施、安全防护用品的整改措施落实情况，必要时由项目部安全部门组织有关专业人员对其进行复查验证，并做好记录。只有当险情排除，采取了可靠措施后方可恢复使用或施工。

(2) 上级或政府行业主管部门提出的事故隐患通知，由项目部及时报告企业主管部门，同时制定措施、实施整改，自查合格报企业主管部门复查后，再报有关上级或政府行业主管部门消项。

事故隐患的控制要按规定表式和内容填写并保存有关记录。

3.2　安全隐患排查和治理

3.2.1　安全隐患排查

隐患排查是指生产经营单位组织安全生产管理人员、工程技术人员和其他相关人员对本单位的事故隐患进行排查，并对排查出的事故隐患，按照事故隐患的等级进行登记，建立事故隐患信息档案。

1. 隐患排查主要内容的划分原则

隐患排查主要内容的划分应遵循以下基本原则：

(1) 唯一性原则。即一种隐患的特征只能用一种分类来解释，而不能既属于这一类别，又属于那一类别，以至在不同的类别中重复出现。这是隐患排查主要内容划分最基本的原则，也是隐患排查主要内容划分必须遵循的原则。

(2) 通用性原则。即任何一种隐患都要有所归属，按其主要标志划归于相应的类型之中，分类的结果必须把全部安全生产事故隐患包括进去，没有遗漏。

(3) 稳定性原则。即隐患排查主要内容的划分应满足今后一段时期内安全生产监督管理的需要，不能因为安全生产监管方式的改变而改变。

(4) 可扩展性原则。在隐患排查主要内容划分类别的扩展上预留空间,保证划分体系有一定弹性,可在本划分体系上进行延拓细化。在保持划分体系的前提下,允许在最后一级划分下制定适用的划分细则。

2. 隐患排查的主要内容

根据隐患排查主要内容的划分原则,结合隐患排查实际工作情况,从现场操作方面对隐患排查的主要内容进行划分,分为基础管理和现场管理两部分。这种划分方法比较适用于企业自查自报工作的开展,如基础管理类的隐患,企业自查时主要通过在安全管理部门查阅资料的方法获得,现场管理类隐患则需要企业对作业现场进行实地检查。

3. 隐患排查的重点部位和危险环节

隐患的排查治理要突出"两查",即查制度措施制定与落实情况,查工程隐患防范情况。

(1) 制度措施制定与落实情况

① 安全生产责任制建立及落实情况。

② 安全生产费用提取、安全生产风险抵押金等政策的执行情况。

③ 隐患排查治理的制度制定和落实情况。

④ 防范生产安全事故的技术措施的制定及落实情况。

⑤ 危险性较大工程施工专项方案的制定及落实情况。

⑥ 施工机械设备、机具检测检验情况。

⑦ 施工现场安全警示标志的设置情况。

⑧ 安全教育培训,特别是生产一线职工(包括农民工)的教育培训,以及施工企业"三员"的持证上岗执行情况。

⑨ 应急预案制定及演练情况。

(2) 危险较大工程隐患防范情况

① 桥梁工程支架垮塌、高处坠落、基础塌陷、吊装设备失稳等事故隐患防范情况。

② 高边坡工程坍塌、高处坠落等事故隐患防范情况。

③ 边通车边施工的工程、交叉施工的工程等衍生事故隐患防范情况。

④ 通航建筑物的结构或岸坡的坍塌、滑移,基础塌陷,吊装设备失稳,高处坠落,淹溺等事故隐患防范情况。

⑤ 水上作业施工船舶倾覆、碰撞、吊装设备失稳、人员落水等事故隐患防范情况。

⑥ 爆破工程引发的事故隐患防范情况。

⑦ 施工临时用电使用不当引发的事故隐患防范情况。

⑧ 施工作业场所选择不当引发的事故隐患防范情况。

⑨ 深基坑工程施工重点要预防挡土桩、止水桩、立柱桩、降水井施工阶段发生的触电、物体打击与深基坑的坍塌事故隐患。

⑩ 大模板工程、高支架、水中作业平台或通道施工中整体坍塌事故隐患。

⑪ 隧道坍塌、涌水突泥、瓦斯爆炸等事故隐患。

⑫ 特种设备重大安全隐患包括:使用非法生产、安装的特种设备;特种设备缺少安全件,或者附件失灵;特种设备超期、超参数使用;特种设备超期不检验;特种设备有明显故障、异常情况,或责令整改而未整改;特种设备发生事故未报告而继续使用。

⑬ 涉水施工的结构或岸坡的坍塌、滑移,吊装设备失稳,大型构件移运设备缺陷,施工

船舶倾覆、碰撞、爆炸，高处坠落，淹溺等事故隐患。

⑭“四新”技术和工艺在使用中的隐患防范情况。

4. 隐患排查的方法

企业是事故隐患排查、治理和防控的责任主体。应当把隐患排查治理工作贯穿到生产活动全过程，建立实时检查、日排查等隐患排查治理制度，明确排查地点、项目、标准和责任，将隐患排查治理日常化。企业主要负责人对本单位事故隐患排查治理工作全面负责。

企业应建立事故隐患排查治理小组，由单位安全生产第一责任人任组长，组织安全生产管理人员、工程技术人员和其他相关人员排查本单位的事故隐患，并逐级落实从主要负责人到从业人员的隐患排查治理的范围和责任，做到不留空当、不留死角。企业应依照有关法律法规和文件要求制定具体方案，对安全生产规章制度、责任落实、管理组织体系、资金投入、人员培训、劳动纪律、现场管理、防控手段、事故查处以及安全生产基本条件、工艺系统、基础设施、技术装备、作业环境等方面组织检查。每月至少组织一次事故隐患排查工作，并下发隐患整改通知，限期整改，落实事故隐患排查治理工作职责。

排查隐患可以采用以下方法：

(1) 看。主要查看管理记录、持证上岗、现场标识、交接验收资料、“三宝”使用情况、“洞”与“临边”防护情况、设备防护装置等。

(2) 量。主要是用卷尺等长度计量器具进行实测实量，如对脚手架各种杆件间距、在建工程与高压线距离、电箱的安装高度等进行测量。

(3) 测。用仪器、仪表实地进行测量，如用经纬仪测量塔吊塔身的垂直度，用接地电阻测试仪测量接地装置的接地电阻等。

(4) 现场操作。由司机/操作工对各种限位装置进行实际动作，检验其使用设施、设备的安全装置的动作灵敏性和可靠性。

隐患排查是施工现场安全管理工作中的重要内容。隐患排查的主要手段，包括日常性检查、定期检查、专业性排查、季节性检查、节假日检查、不定期检查和突击检查等。

(1) 日常性检查

① 日常性检查包括企业各级安全管理人员在施工现场进行的巡查，各级管理人员在现场检查生产、进度、质量和技术时同时进行的安全巡查，班组长和班组兼职安全员进行的班前、班中与班后安全检查，每个作业岗位人员对自己工作范围内的检查。

② 企业各级安全管理员进行日常安全检查主要依靠检查人员所掌握的安全知识、经验，及时发现并制止“三违”现象，及时发现施工现场、各作业点存在的事故隐患和险情。

③ 班组长每天进行“一班三检”，检查内容是：班前检查本班组安全设施和使用设备工具是否牢固、完好，工作环境是否有不安全因素；班中检查工人遵章守纪情况、不安全的事故隐患和苗子；班后巡视现场有无留下事故苗子，如焊渣是否冷却清理，有无朝天钉，设备与电器是否已切断电源，各种物料的堆放是否合理、稳定等。

(2) 定期检查

项目部每月应组织一次定期安全检查，检查应由项目经理或主管安全生产工作的副经理组织，相关部门人员参加；定期安全检查是系统的安全检查，须详细地检查安全意识、安全制度、机械设备、安全设施、安全教育培训、操作行为、劳防用品的使用及安全事故的处理等。

(3) 专业性排查

根据当前安全生产普遍存在的薄弱环节、上级主管部门的要求,公司或项目部每年有针对性地组织专业性排查,专业性排查是针对施工机械、临时用电、脚手架、安全防护设施、大型机械设备和消防安全等专业安全问题进行检查。

(4) 季节性检查

根据季节的特点,在每年的冬季、夏季、雨季开展专门的安全检查。冬季安全检查,主要检查防火、防寒、防冻、防中毒和防滑情况;夏季、雨季安全检查,主要检查防汛、防暑、防台风、防触电、防坍塌及防雷击情况。

(5) 节假日检查

应根据节假日前后施工管理人员和作业人员安全意识不强、思想麻痹等特点,在每年的节假日开展专门的有针对性的检查。节假日检查,主要检查是否有"三违"现象,有无重大事故隐患等。

(6) 不定期检查

不定期检查是指项目部开展的设备、装置试运行、生产过程的检查,设备开工前和停工前的检查,设备设施检修检查,脚手架、物料提升机、塔式起重机及临时用电等使用的检查等。

(7) 突击检查

同行业或兄弟单位发生重大伤亡事故、设备事故、交通、火灾事故,为了吸取教训,采取预防措施,根据事故性质和特点,组织突击检查。

3.2.2 安全隐患治理措施

隐患治理就是指消除或控制隐患的活动或过程。将排查出的事故隐患分级建档,登记编号,对重大事故隐患还应按规定报上级管理部门。当事故隐患等级可能随时间、外界条件变化时,应注重动态监控并在档案中及时调整其等级,对升级为重大事故隐患的进行补报,对降级的事故隐患相应报告。

对排查出的隐患分级后再按照不同隐患的特点有针对性地制定治理措施,做到整改措施、责任、资金、时限和预案"五到位"。

1. 一般隐患治理

对排查出的隐患要建立排查治理台账,进行动态治理。一般隐患应立即组织人员进行治理,在治理的同时仍可进行正常的施工生产。对一般隐患可以不制定书面的治理方案,也不必向政府部门备案,项目部自行建立并保存好相关档案资料即可。

2. 重大隐患治理

重大隐患应建立重大隐患档案,并根据书面的治理方案进行治理。重大隐患档案包括隐患报告和隐患治理方案两个方面。

1) 隐患报告

(1) 对重大事故隐患,企业应建立报告制度,发现重大事故隐患的,应当及时向所在地县(市、区)负有安全生产监督管理职责的部门作出书面报告。书面报告应由本单位主要负责人签字。重大事故隐患报告内容应当包括:

① 隐患的现状及其产生原因。

② 隐患的危害程度和整改难易程度分析。

③ 拟采取的隐患的治理方案。

④ 已采取的防范措施。

⑤ 其他需要报告的内容。

(2) 企业还应当建立事故隐患报告和举报奖励制度，鼓励、发动职工发现和排除事故隐患。对发现、举报和排除事故隐患的有功人员，应当给予奖励和表彰。

(3) 任何单位和个人发现安全生产事故隐患，均有权向负有安全生产监督管理职责的部门举报。

(4) 负有安全生产监督管理职责的部门的监督检查执法人员依法履行事故隐患监督检查职责时，企业应当积极配合，不得拒绝和阻挠。

2) 隐患治理方案

(1) 项目部主要负责人应当组织制定并实施事故隐患整改治理方案，隐患治理涉及复杂疑难技术问题的，应当组织有关专家进行论证。重大事故隐患整改治理方案应当包括以下内容：

① 重大隐患的基本情况。

② 治理的目标和任务。

③ 治理的方法和具体措施。

④ 治理经费和物资保障。

⑤ 负责治理的机构、人员和职责分工。

⑥ 治理的时限和要求。

⑦ 安全措施和应急预案。

⑧ 其他有关事项

(2) 项目部主要负责人应当定期听取事故隐患排查治理情况汇报，保证事故隐患整改所必需的资金，及时协调解决隐患整改治理过程中的问题。

(3) 事故隐患治理过程中，应当采取相应的安全防范措施，防止事故发生。事故隐患排除前或者排除过程中无法保证安全的，应当从危险区域内撤出作业人员，并疏散可能危及的其他人员，设置警戒标志，暂时停产停业或者停止使用；对暂时难以停产或者停止使用的相关生产储存装置、设施、设备，应当加强维护和保养，采取监控措施，防止事故发生。

(4) 生产经营单位将生产经营项目、场所和设备发包、出租的，应当与承包、承租单位签订安全生产管理协议，并在协议中明确各方对事故隐患排查、治理、防控措施和管理职责以及整改资金的投入等方面事项。生产经营单位对承包、承租单位的事故隐患排查治理负有统筹协调和监督管理的职责。

(5) 应当加强对因自然灾害可能导致生产安全事故灾难的事故隐患的预防工作，按照有关法律、法规、标准要求排查治理，采取可靠的预防措施。发生自然灾害可能引发生产安全事故并危及人员安全的情况时，应当采取撤离人员、停止作业、加强监测等安全措施，并及时向当地人民政府及其有关部门报告。

(6) 被负有安全生产监督管理职责的部门责令限期治理整改事故隐患的项目，应当在规定期限内完成。因不可抗力因素无法在规定期限内完成的，应当在进行治理整改的同时，根据有关规定的时限向该部门提出书面延期申请，经该部门同意后，可顺延相应期限。

(7) 对于各级人民政府挂牌督办或者负有安全生产监督管理职责的部门责令全部或者

部分停产停业整改治理的重大事故隐患，治理工作结束后，施工单位或项目部应当委托具备相应资质的安全中介机构组织专家对重大事故隐患的治理情况进行评估、论证；有条件的施工单位也可以组织本单位的技术人员和专家进行评估、论证。

(8) 经评估、论证后整改结果符合安全生产条件的，施工单位或项目部应当向下达责令停产停业监察指令的部门提出恢复生产和摘牌销案的书面申请，经该部门审查同意，并办理挂牌督办的销案手续后，方可恢复生产经营和使用。申请报告应当包括治理方案的项目、内容、整改情况以及对重大事故隐患治理情况的评估、论证报告等。

3.3 公路工程施工中的安全隐患

3.3.1 公路工程安全管理问题

当前，公路工程安全管理主要存在以下问题。

1. 法律法规体系不够健全

我国的公路建设目前已经初步建立了以《中华人民共和国安全生产法》和《中华人民共和国公路法》为核心的法律体系，公路建设安全生产已经初步实现有法可依、有章可循。但是，由于配套法规不健全，许多制度在实践中缺乏可操作性，对公路建设安全生产行为的规制作用有限。

2. 安全管理工作不强

在某些公路建设施工企业当中，领导没能从科学发展观的高度来认识和思考安全管理问题，未将安全责任主体落实到位，相关工作松懈，仍只是重视经济效益，未能将安全规章制度全部落实到位。从全国范围来看，不同的企业在安全经费、培训教育和制度体系等方面存在着较大的差距。

3. 施工人员素质不高

公路施工作业人员大多来自农村，他们一方面缺乏安全常识，不懂得在劳动中合理地保护自己；另一方面维权意识很差，一旦出现安全事故，不懂得用法律武器来保护自己的合法权益，这也导致企业对安全生产的不重视。不少农民工未经培训教育就上岗作业，有的虽然进行了培训，但培训往往流于形式，缺乏针对性和有效性，难以满足施工安全的需要，这也是事故多发的重要因素之一。

4. 施工作业中存在较多的安全隐患

由于部分人员安全意识淡薄，作业路段现场缺乏足够的诱导、警示和安全防护设施，公路施工过程中尚存在着较多的安全隐患，人员伤亡、机械设备损坏时有发生。同时，不少项目在后期需要赶进度，使得公路施工作业人员超负荷工作、疲劳作业，必然导致安全隐患增加。

公路工程施工安全隐患是指可能导致安全事故的缺陷和问题，包括安全设施、过程和行为等诸方面的缺陷问题。因此，对检查和检验中发现的事故隐患，应采取必要的措施及时处理和化解，以确保不合格设施不使用，不合格过程不通过，不安全行为不放过，并通过事故隐患的适当处理，防止职业健康安全事故的发生。

3.3.2 管理隐患

对物(含作业环境)性能控制的缺陷，如设计、监测和不符合处置方面要求的缺陷。对人失误控制的缺陷，如教育、培训、指示、雇佣选择、行为监测方面的缺陷。工艺过程、作业程序的缺陷，如工艺、技术错误或不当，无作业程序或作业程序有错误。用人单位的缺陷，如人事安排不合理、负荷超限、无必要的监督和联络、禁忌作业等。对来自相关方（供应商、承包人等）的风险管理的缺陷，如合同签订、采购等活动中忽略了安全健康方面的要求。违反安全人机工程原理，如使用的机器不适合人的生理或心理特点。此外一些客观因素，如温度、湿度、风雨雪、照明、视野、噪声、振动、通风换气、色彩等也会引起设备故障或人员失误，是导致危险、有害物质和能量失控的间接因素。

以上这些都属于公路工程建设过程中存在的安全隐患。如果能够提前将隐患进行消除、预防、减弱或隔离，则将大大减少安全事故的发生。而危险源是隐患出现的客观条件，所以必须首先弄清危险源。表 3-1 列出了管理方面的危险源。

表 3-1　管理危险源辨识清单

序号	危险源	危险因素	事故类型
1	组织管理	未按规定设置安全生产管理机构或配备符合规定数量的专职安全员	各种伤害
		安全生产管理机构、专职安全生产管理人员未行文上报备案	各种伤害
		安全生产管理人员无安全生产考核合格证或特种作业人员无特种作业操作证，或者虽有证但未按要求进行审核	各种伤害
		未明确安全生产管理机构的职责权限	各种伤害
		未定期召开安全生产专项会议或无会议纪要	各种伤害
		未与重点作业单位、分包单位签订安全生产目标责任书	各种伤害
		安全生产目标责任制内容针对性不强，未进行动态考核	各种伤害
		未按要求开展各类专项安全活动	各种伤害
		进场的所有人员未按规定佩戴安全防护用具	各种伤害
		未对各类进出场人员进行检测	各种伤害
2	安全生产费用	未按规定制定安全生产费用使用计划和管理规定	各种伤害
		未按规定制定安全生产费用使用台账或台账不清	各种伤害
		安全生产费用投入不足	各种伤害
		安全生产费用被挤占、挪用	各种伤害
3	危险源管理	未按规定对桥梁、隧道、高边坡、深基坑、爆破工程进行安全风险评估或评估报告内容不全面、不具体	各种伤害
		未分类编制重大危险源清单和一般危险源清单	各种伤害
		未编制重大危险源标准化管理监控措施或监控措施针对性不强	各种伤害
		施工现场未公示重大危险源	各种伤害
		重大危险源清单编制无针对性、缺项，危险源位置表述不清	各种伤害
		支拆模板未进行安全技术交底	各种伤害
		未针对重大危险源制定应急预案或进行应急演练	各种伤害
		危险源清单未及时进行动态更新	各种伤害
		危险源辨识频率太低	各种伤害

表 3-1(续)

序号	危险源	危险因素	事故类型
4	施工组织设计及专项施工方案	施工组织设计中无安全技术措施	各种伤害
		危险性较大的工程未按要求编制专项施工方案或未按批准方案进行施工	各种伤害
		未按规定制定临时用电方案	各种伤害
		专项施工方案与工程实际不符、针对性不强	各种伤害
		专项施工方案未经相关单位审批	各种伤害
5	安全教育培训	危险性较大工程的作业人员未按规定进行安全教育培训	各种伤害
		危险性较大的施工工序开工前,未进行安全技术交底	各种伤害
		安全生产管理人员未定期组织进行安全教育培训或安全教育培训内容无针对性	各种伤害
6	安全资料	安全生产管理资料收集不全或未分类整理	各种伤害
		安全管理制度的建立有缺项或制度无针对性	各种伤害
		安全检查无记录,隐患整改无回复	各种伤害

3.3.3 危险源的界定及其与事故隐患关系

1. 危险源的定义

危险源是指一个系统中具有潜在能量和物质释放危险的,可造成人员伤害、物质损害,在一定的触发因素作用下可转化为事故的部位、区域、场所、空间、岗位、设备及其位置。它的实质是具有潜在危险的源点或部位,是爆发事故的源头,是能量、危险物质集中的核心,是能量从那里传出来或爆发的地方。危险源存在于确定的系统中,不同的系统范围,危险源的区域也不同。

《公路桥梁和隧道工程施工安全风险评估指南(试行)》中将危险源称为风险源,并将风险源定义为可能导致事故发生的直接因素,如施工方案、作业活动、施工设备、危险物质、作业环境等。

在一般情况下,我们对危险因素和有害因素不加以区分,统称为危险、有害因素。危险、有害因素主要是指客观存在的危险、有害物质或能量超过一定限值的设备、设施和场所,也就是所谓危险源。

2. 危险源和事故隐患的区别与联系

在工作中要注意危险源和事故隐患的区别。事故隐患与危险源不是等同的概念。事故隐患是指作业场所、设备及设施的不安全状态、人的不安全行为和管理上的缺陷。它的实质是有危险的、不安全的、有缺陷的“状态”,这种状态可在人或物上表现出来,如人走路不稳、路面湿滑都是导致摔倒致伤的隐患;也可表现在管理的程序、内容或方式上,如检查不到位、制度不健全、人员培训不到位等。重大事故隐患是指可能导致重大人身伤亡或者重大经济损失的事故隐患,加强对重大事故隐患的控制管理,对于预防重特大安全事故有重要的意义。

危险源的概念见前文,它存在于确定的系统中,不同的系统范围,危险源的区域也不同,例如,从全国范围来说,对于危险行业(如石油、化工等)具体的一个企业(如加油站、炸药库)就是一个危险源;从一个企业系统来说,某个车间、仓库可能就是一个危险源;而对于某个车间系统，某台设备可能是一个危险源，如空气压缩机、锅炉。因此，分析危险源应按系统的不同层次来进行。根据上述对危险源的定义，危险源应由潜在危险性、存在条件和触发因素三个要素构成。危险源的潜在危险性是指一旦触发事故，可能带来的危害程度或损失大小，或者说危险源可能释放的能量强度或危险物质量的大小。危险源的存在条件是指危险源所处的物理、化学状态和约束条件状态，例如物质的压力、温度、化学稳定性，盛装压力容器的坚固性，周围环境障碍物等情况。触发因素虽然不属于危险源的固有属性，但它是危险源转化为事故的外因，而且每一类型的危险源都有相应的敏感触发因素。例如易燃、易爆物质，热能是其敏感的触发因素；又如压力容器，压力升高是其敏感触发因素。因此，一定的危险源总是与相应的触发因素相关联。在触发因素的作用下，危险源转化为危险状态，继而转化为事故。

危险源是将来时，是一种未来的状态，对危险性情况的一种提前预判，针对危险源危险性的不同采取一定的预防预控措施。隐患是现在时，是通过检查、排查，查出来的各种不合规、不合法的一种现实的状况，是需要立即进行治理整顿的。

一般来说，对一个危险源来说，可能存在事故隐患，也可能不存在事故隐患。对于存在事故隐患的危险源一定要及时加以治理，否则随时都可能导致事故。

实际工作中，对事故隐患的控制管理总是与一定的危险源联系在一起的，对危险源的控制，实际上就是消除其存在的事故隐患或防止其出现事故隐患。所以，二者之间既有联系也有区别，只有认识和理解了二者之间的关系，才能更好地对隐患进行监控和消除。

3. 危险源的类型

尽管危险、有害因素各有其表现形式，但从本质上讲，造成危险、有害后果的原因无非是：存在危险、有害的物质或能量（称为第一类危险源）；危险、有害的物质或能量可能失去控制（称为第二类危险源），导致危险、有害物质的泄漏、散发或能量的意外释放。因此，存在危险有害物质、能量，危险有害物质、能量失去控制，是危险、有害因素转换为事故的根本原因。

一起事故的发生往往是 2 类危险源共同作用的结果所造成的。2 类危险源相互关联、相互依存。第一类危险源的存在是事故发生的前提，在事故发生时释放出的危险、有害物质和能量是导致人员伤害或财物损坏的主体，决定事故后果的严重程度；第二类危险源是第一类危险源造成事故的必要条件，决定事故发生的可能性。因此，危险源识别的首要任务是识别第一类危险源，在此基础上再识别第二类危险源。

危险源的分类是为了便于对危险源进行识别和分析。危险源的分类方法有多种。

（1）按诱发危险、有害因素失控的条件分类

危险、有害物质和能量失控主要体现在人的不安全行为、物的不安全状态和管理缺陷 3 个方面。

在《企业职工伤亡事故分类》（GB 6441）中，将人的不安全行为分为操作失误、造成安全装置失效、使用不安全设备等 13 大类；将物的不安全状态分为防护、保险、信号等装置缺乏或有缺陷，设备、设施、工具、附件有缺陷，个人防护用品、用具缺少或有缺陷，以及生产（施工）场地环境不良 4 大类。

（2）按导致事故和职业危害的直接原因进行分类

根据《生产过程危险和有害因素分类与代码》（GB/T 13861）的规定，将生产过程中的危

险、有害因素分为4类，即人的因素、物的因素、环境因素和管理因素。

① 人的因素包括：心理、生理性危险和有害因素（负荷超限、健康状况异常、从事禁忌作业、心理异常、辨识功能缺陷以及其他心理、生理性危害因素）；行为性危险和有害因素（指挥错误、操作错误、监护错误、其他错误以及其他行为性危险和有害因素）。

② 物的因素包括：物理性危险和有害因素（设备、设施、工具附件缺陷，防护缺陷，电伤害，噪声，振动危害，电离辐射，非电离辐射，运动物伤害，明火，高温物质，低温物质，信号缺陷，标志缺失，有害光照）；化学性危险和有害因素（爆炸品，压缩气体和液化气体，易燃液体，易燃固体、自燃物品和遇湿易燃物品，氧化剂和有机过氧化物，有毒品，放射性物品，腐蚀品，粉尘与气溶胶）；生物性危害危险和有害因素（致病微生物、传染病媒介物、致害植物）。

③ 环境因素包括：室内作业场所环境不良（室内地面滑，室内作业场所狭窄，室内地面不平，室内梯架缺陷，地面、墙和天花板上的开口缺陷，房屋基础下沉，室内安全通道缺陷，房屋安全出口缺陷，采光照明不良，作业场所空气不良，室内温度、湿度、气压不适，室内给排水不良，室内涌水）；室外作业场所环境不良（恶劣气候与环境，作业场地和交通设施湿滑，作业场地狭窄，作业场地杂乱、作业场地不平，航道狭窄、有暗礁或险滩，脚手架、阶梯或活动梯架缺陷，地面开口缺陷，建筑物和其他结构缺陷，门和围栏缺陷，作业场地基础下沉，作业场地安全通道缺陷，作业场地安全出口缺陷，作业场地光照不良，作业场地空气不良，作业场地温度、湿度、气压不适，作业场地涌水）；地下（含水下）作业环境不良（隧道/矿井顶面缺陷，隧道/矿井正面或侧面缺陷，隧道/矿井地面缺陷，地下作业面空气不良，地下火，冲击地压，地下水，水下作业供氧不当）；其他作业环境不良（强迫体位，综合性作业环境不良）。

④ 管理因素包括：职业安全卫生组织机构不健全；职业安全卫生责任制不落实；职业安全卫生管理规章制度不完善；职业安全卫生投入不足；职业健康管理不完善。

（3）按引起的事故类型分类

参照《企业职工伤亡事故分类》(GB 6441)，综合考虑事故的起因物、致害物、伤害方式等特点，将危险源及危险源造成的事故分为16类。此种分类方法所列的危险源与企业职工伤亡事故处理调查、分析、统计、职业病处理及职工安全教育的口径基本一致，也易于接受和理解，便于实际应用。

① 物体打击，是指落物、滚石、锤击、碎裂崩块、碰伤等伤害，包括因爆炸而引起的物体。

② 车辆伤害，是指企业机动车辆在行驶中引起的人体坠落和物体倒塌、飞落、挤压伤亡，不包括起重设备提升、牵引车辆和车辆停驶时发生的事故。

③ 机械伤害，是指机械设备运动（静止）部件、工具、加工件直接与人体接触引起的夹碰撞、剪切、卷入、绞、碾、割、刺等伤害，不包括车辆、起重机械引起的机械伤害。

④ 起重伤害，是指各种起重作用（包括起重机安装、检修、试验）中发生的挤压、坠落、（吊具、吊重）物体打击和触电。

⑤ 触电，包括雷击伤害。

⑥ 淹溺，包括高处坠落淹溺，不包括矿山、井下透水淹溺。

⑦ 灼烫，指火焰烧伤、高温物体烫伤、化学灼伤（酸、碱、盐、有机物引起的体内外灼伤）、物理灼伤（光、放射性物质引起的体内外灼伤），不包括电灼伤和火灾引起的烧伤。

⑧ 火灾。

⑨ 高处坠落，是指在高处作业中发生坠落造成的伤亡事故，不包括触电坠落事故。

⑩ 坍塌，是指物体在外力或重力作用下，超过自身的强度极限或因结构稳定性破坏而造成的事故，如挖沟时的土石塌方、脚手架坍塌、堆置物倒塌等，不适用于矿山冒顶片帮和车辆、起重机械、爆破引起的坍塌。

⑪ 放炮，是指爆破作业中发生的伤亡事故。

⑫ 火药爆炸，是指生产、运输和储藏过程中发生的爆炸。

⑬ 化学性爆炸，是指可燃性气体、粉尘等与空气混合形成爆炸性混合物，接触引爆能源时发生的爆炸事故（包括气体分解、喷雾爆炸）。

⑭ 物理性爆炸，包括锅炉爆炸、容器超压爆炸和轮胎爆炸等。

⑮ 中毒和窒息，包括中毒、缺氧窒息和中毒性窒息。

⑯ 其他伤害，是指除上述以外的危险因素，如摔、扭、挫、擦、刺、割伤和非机动车碰撞、轧伤等。矿山、井下、坑道作业还有冒顶片帮、透水和瓦斯爆炸危险因素。

4. 危险源辨识

（1）危险源辨识的原则

① 应考虑本企业适用的法律、法规和其他要求对安全管理的有关规定。

② 应考虑时效性。危险源辨识应具体在特定时间范围内。

③ 应考虑范围。危险源辨识在特定的范围内进行。

④ 应考虑采用的方法。采用的方法应体现科学性、系统性、综合性和适用性原则。

⑤ 应考虑所进行工作的性质。危险源辨识应在不同环境和不同背景下灵活进行，如发生伤害事故后应对风险级别和风险控制策划进行重新评审等。

（2）危险源识别的方法

识别施工现场危险源的方法很多，如现场调查、工作任务分析、安全检查表、危险与可操作性研究、事件树分析和故障树分析等，其中现场调查是安全管理人员采取的主要方法。

① 现场调查。通过询问交谈、现场观察、查阅有关记录，获取外部信息，加以分析研究，可识别有关的危险源。

② 工作任务分析。通过分析施工现场人员工作任务中所涉及的危害，可识别出有关的危险源。

③ 安全检查表。运用编制好的安全检查表，对施工现场和工作人员进行系统的安全检查，可识别出存在的危险源。

④ 危险与可操作性研究。危险与可操作性研究是一种对工艺过程中的危险源实行严格审查和控制的技术，它是通过指导语句和标准格式寻找工艺偏差，以识别系统存在的危险源，并确定控制危险源风险的对策。

⑤ 事件树分析。事件树分析是一种从初始原因事件起，分析各环节事件“成功（正常）”或“失败（失效）”的发展变化过程，并预测各种可能结果的方法，即时序逻辑分析判断方法。应用这种方法，通过对系统各环节事件的分析，可识别出系统的危险源。

⑥ 故障树分析。故障树分析是一种根据系统可能发生的或已经发生的事故结果，去寻找与事故发生有关的原因、条件和规律。通过这样一个过程分析，可识别出系统中导致事故的有关危险源。

上述几种危险源识别方法从着眼点和分析过程上都有其各自特点，也有各自的适用范围或局限性。因此,安全管理人员在识别危险源的过程中,往往使用一种方法还不足以全面地识别其所存在的危险源,必须综合地运用 2 种或 2 种以上方法。

(3) 危险源辨识的步骤

① 找出可能引发事故的生产材料、物品、某个系统、生产工艺、设施或设备、各种能源及施工现场的各种作业活动。

② 对危险源辨识找出的因素进行分析,分析可能发生事故的后果,以及可能引发事故的诱因。

③ 将危险源分出层次,找出最危险的关键单元。

④ 确定是否属于重大危险源。通过对危险源伤害范围、性质和时效性的分析,将其中导致事故发生的可能性较大且事故发生后会造成严重后果的危险源定义为重大危险源。

⑤ 对重大危险源要进行危险性评价和事故后果严重程度评价。评价时要考虑 3 种时态(过去、现在、将来)和 3 种状态(正常、异常、紧急)情况下的危险,通过定量的评价方法分析导致事故发生的可能性和后果,确定危险大小。

⑥ 确定危险源,并进行分类,建立危险源和重大危险源台账。

(4) 危险源识别应注意的事项

应充分了解危险源的分布。

从范围上讲,应包括施工现场内受到影响的全部人员、活动与场所,以及受到影响的社区、排水系统等,也包括分包商、供应商等相关方的人员、活动与场所可施加的影响。

从状态上,应考虑以下 3 种状态:

① 正常状态,指固定、例行性且计划中的作业与程序。

② 异常状态,指在计划中但不是例行性的作业。

③ 紧急状态,指可能或已发生的紧急事件。

从时态上,应考虑以下 3 种时态:

① 过去,指以往发生或遗留的问题。

② 现在,指现在正在发生的并持续到未来的问题。

③ 将来,指不可预见什么时候发生且对安全和环境造成较大的影响。

从内容上,应包括涉及所有可能的伤害与影响,包括人为失误,物料与设备过期、老化、性能下降造成的问题。

① 弄清危险源伤害与影响的方式或途径。

② 确认危险源伤害与影响的范围。

③ 要特别关注重大危险源与重大环境因素,防止遗漏。

④ 对危险源与环境因素保持高度警觉,持续进行动态识别。

⑤ 充分发挥全体员工对危险源识别的作用,广泛听取意见和建议。

3.3.4 路基路面

本项列出路基路面施工所涉及的危险源以及所对应的危险因素、事故类型。

1. 混凝土作业

混凝土作业危险源辨识清单如表 3-2 所列。

表3-2　混凝土作业危险源辨识清单

序号	危险源	危险因素	事故类型
1	拌合站	拌合设备未安装在具有足够承载力、稳定的基础上	坍塌
		拌合场地未设置排水设施或排水不良	坍塌
		水泥储存罐未设置缆风绳	坍塌
		拌合设备和水泥储存罐未设避雷设施	触电
		拌合设备外露转动部分未设置防护罩	机械伤害
		拌合站未设置围挡，人员随意出入	机械伤害
		未设置消防设施	火灾
		未设置车辆专用通道	车辆伤害
		储料仓顶棚未设置防风、防雨、防雪等设施	坍塌
		拌合站操作规程、警示标志未设立或不全	机械伤害
		拌合设备运转时作业人员进行维修、扒料	机械伤害
		拌合设备维修保养时无专人看护、协调	机械伤害
		传输皮带下作业人员站立或穿越、跨越	机械伤害
		作业人员未佩戴或正确使用安全防护用具	机械伤害
		储水池未覆盖或未设置警告标志	淹溺
		水泥罐车倒车时无专人指挥	车辆伤害
		装载机上料坡度大、行驶速度快	车辆伤害
		阴雨、大雾和风力大于6级时进行拌合设备安装、拆除	坍塌
		拌合站建在人员居住区上风口	其他伤害
2	水泥混凝土浇筑	混凝土溜槽没有固定牢靠	坍塌
		站在溜槽边缘进行操作	高处坠落
		泵送混凝土架子搭设不牢靠	坍塌
		输送泵使用前未经检查	机械伤害
		混凝土泵未停放稳当就作业	机械伤害
		垂直泵送管道直接接在泵的输出口上	机械伤害
		泵送管道和支架之间未用缓冲物	坍塌
		泵送管道与钢筋和模板直接连接	坍塌
		作业前未进行耐压试验	机械伤害
		泵机运转时将手或铁锹伸入料斗	机械伤害
		泵送时调整修理正在运行的部件	机械伤害
		输送泵未卸压就检修	机械伤害
		松软地面泵车支腿没有加垫木	机械伤害
		泵车在布料杆全伸状态下移动	机械伤害
		布料软管范围内有人	物体打击
		采用吊车吊装混凝土进行施工时未设置专人指挥、监护	起重伤害
		人站在吊斗下	起重伤害

表 3-2(续)

序号	危险源	危险因素	事故类型
2	水泥混凝土浇筑	吊斗起吊时底下仓门未关严	起重伤害
		料斗在临边时人员站在临边一侧	起重伤害
		高度在 2 m 以上小面积混凝土施工无牢靠立足点	高处坠落
		混凝土高空作业施工未设置安全防护设施	高处坠落
		插入式振动器无漏电保护	触电
		振捣作业人员未穿胶鞋和戴绝缘手套	触电
		插入式振捣器开振时强击模板支撑杆	坍塌
		作业人员长时间操作振捣器	机械伤害
		插入式振捣器电缆线上堆物、挤压	触电
		插入式振捣器电缆线不满足所需长度	触电
		用电缆线拖拉或吊挂插入式振捣器	触电
		插入式振捣器使用前未经检查	机械伤害
		插入式振捣器在检修作业时间段,未切断电源	触电
		插入式振捣器的软管出现断裂	机械伤害

2. 临时用房及临时设施

临时用房及临时设施危险源辨识清单如表 3-3 所列。

表 3-3 临时用房及临时设施危险源辨识清单

序号	危险源	危险因素	事故类型
1	项目部驻地	设置在高压线、滑坡、泥石流、爆破区、洪水位下、强风口、取(弃)土场等危险区域内	触电、坍塌、爆炸、淹溺等
		未设置消防设施或消防设施布置不符合相关要求	火灾
		生活用水不符合国家相关饮用水标准	中毒
		采用复合彩钢板搭建时,芯材燃烧性能等级未达到 B 级及以上	火灾
		未设置临时排水设施或布置不合理	淹溺
		屋顶未采用人字形或未加设缆风绳等其他稳固措施	坍塌
		宿舍及办公用房与在建工程的间距小于 10 m	物体打击
		宿舍及办公用房与厨房操作间、锅炉房、变配电房等组合建造	火灾
		临时用房间距小于消防规定的净距且小于 7 m	火灾
		双层临时用房未设置疏散楼梯	火灾
		容纳 50 人以上的会议室未设置 2 个门且门向里开启	火灾
		食堂操作人员未持身体健康证	其他伤害
		食堂的燃气罐未单独设置存放间	容器爆炸
2	试验室	试验区未与生活区分开设置或间距小于 15 m	火灾
		试验室未配置独立的专用电力线路	触电、火灾

表 3-3(续)

序号	危险源	危险因素	事故类型
2	试验室	标准养护室等湿度大的环境未采用电缆线及密闭照明灯具	触电
		未制定专项的化学物品管理制度	中毒
		对化学物品未指定专人进行保管、检查	中毒
		试验室固定电源插座未高出地面 1 m	触电
		办公用房未按 200 m^2以下配置 2 具 MF/ABC4 灭火器且每增加 100 m^2增配 1 具	火灾
		沥青室、可燃溶剂存放区、配电房未单独配置 2 具灭火器及 0.5 m^3 的消防砂和消防工具	火灾
		操作人员试验过程中擅自离开工作岗位	机械伤害
		压力机、万能试验机等设备未设置金属防护罩或防护网	机械伤害
		试验设备就位后未加固妥当	机械伤害
		沥青室、沥青混合料等存在有害气体的场所未安装大功率通风橱或排气扇	中毒、窒息
		试验人员接触电炉、烘箱等高温设备或进行沥青、化学试验操作时，未正确佩戴相应的防护用品	灼烫、中毒
		仪器设备运行出现异常情况时，未立即切断电源，并排除故障	机械伤害
		易腐蚀的污水未按相关规定进行排放	其他伤害
		易燃物品附近无禁止明火警示牌	火灾
		未派专人定期检查维修仪器设备	机械伤害
3	施工现场临时用房	临时用房未搭建在安全区域或妨碍工程施工	坍塌、物体打击
		现场临时值班室使用电磁炉、电炉、煤气灶等炉具	火灾、触电
		用作堆放材料、工具、小型机具的临时用房内住人或堆放易燃易爆物品	火灾
		室内配线随意悬空拉设	触电
		现场临时值班室与氧气库、乙炔库的间距小于 20 m，与木材加工场、钢筋加工场、木材库的间距小于 15 m，与临时油库的间距小于 50 m	火灾
		现场临时用房未配置灭火器或配置数量少于 2 具	火灾

3. 临时用电

临时用电危险源辨识清单如表 3-4 所列。

表 3-4　临时用电危险源辨识清单

序号	危险源	危险因素	事故类型
1	一般规定	设计的线路和装置的位置走向、负荷计算、平面图、立面图、接线图、电器安全措施和审批手续不齐	触电、火灾
		电工作业人员未经过安全培训和技术考核	触电

表 3-4(续)

序号	危险源	危险因素	事故类型
1	一般规定	电工作业人员在作业时未遵守 JGJ 46 的规定	触电
		安装、巡检、维修或拆除临时用电设备、设施时，未由电工完成且指派专人监护	触电
		雨天操作配电箱或用电线路	触电
		直接接地的 220 V/380 V 三相五线制低压电力系统，未采用 TN-S 接零保护系统或做到“三级配电、二级保护”	触电
		临时用电设施未在醒目位置设置禁止、警告标志牌	触电
2	配电设施	变压器未设置安全防护屏障或网栅围栏	触电
		变压器屏障未采用砖墙砌筑或高度小于 2.5 m	触电
		室内变压器的外廊与变压器墙壁、门的净距分别小于 0.6 m 和 0.8 m	触电
		室内变压器未留足够的检修通道	触电
		变压器台座未高出室外地面 0.6 m 或未设置集中沟、挡油墙	触电
		发电机房堆放杂物、储油桶	火灾
		发电机电源未设短路保护、过载保护及低压保护装置	火灾
		发电机房未采用砖混砌筑或阻燃板材搭建	火灾
		发电机房大门向里开启或排烟管道未伸出室外	中毒、窒息
		配电室耐火等级低于 3 级	火灾
		配电室未设置配电柜布线地沟	火灾
		配电柜周围未设置不小于 0.3 m×0.3 m 的排水沟	触电
		配电室与变压器的水平距离小于 3 m	触电
		配电柜操作和维修通道宽度小于规定要求	触电
		配电室内的裸母线与地面垂直距离小于 2.5 m 时，未采取遮拦隔离措施	触电
		配电室的顶棚与地面的距离低于 3 m	触电
		配电装置的上端距棚顶小于 0.5 m	触电
		配电柜和控制柜未做好接地保护	触电
3	外电线路及电气设备防护	在架空线路正下方搭设临时用房、堆放材料和机具等	触电
		起重机越过无防护措施的外电架空线路作业	触电
		上下脚手架的斜道设在高压线路的一侧	触电
		在建工程周边与外电架空线路边线之间、施工现场的机动车道与架空线路交叉时、起重机与架空线路边线之间、防护设施与外电线路之间的最小安全距离不符合相关规定要求	触电
		现场开挖沟槽的边缘与埋地外电缆沟槽之间的距离小于 0.5 m	触电
		施工中与外电架空线路达不到规定安全距离时，未采取绝缘隔离防护措施	触电
		架空线未采用绝缘导线或电缆线	触电
		架空线未架设在专用电杆上，电杆长度小于 8 m	触电
		电杆埋设倾斜，且埋设深度小于杆长的 1/10+0.6 m	触电
		架空线路未固定在针式绝缘子或蝶式绝缘子上	触电

表 3-4(续)

序号	危险源	危险因素	事故类型
3	外电线路及电气设备防护	电杆未设置拉线或撑杆，拉线与电杆的夹角未在 30°到 45°之间，且拉线埋设深度小于 1 m	触电
		在一个档距内每一层架空线的接头数超过了该层导线数的 50%或一根导线多个接头	触电
		架空线路的档距大于 35 m，线间距小于 0.3 m	触电
		架空线路与邻近线路或设施的距离不符合规定要求	触电
4	配电线路	三相四线制配电电缆线路未采用五芯线缆或各种颜色芯线混用	触电
		电缆线路未采用埋地或架空敷设，在地面明设	触电
		电缆直接埋地敷设深度小于 0.75 m 或电缆穿过建筑物、道路、易受机械损伤、介质腐蚀场所等时未加设防护套管	触电
		进户线的室外端未采用绝缘子固定，过墙未穿管保护	触电
		室内配线敷设时未采用绝缘铜导线、塑料夹，接头未放在接线或分线盒内	触电
		室内线路敷设距地面的高度小于 2.5 m	触电
		室内配线所用导线截面未根据用电设备的计算负荷确定	火灾
		室外灯具距地面小于 3 m 或室内灯具小于 2.4 m	触电
		未经开关控制，直接将相线引入用电设备、灯具	火灾
		配电系统未实行配电柜、分配电箱、开关箱的三级配电	火灾
		分配电箱与开关箱的距离超过 30 m，开关箱与其控制的固定用电设备的水平距离超过 3 m	触电
		动力开关箱与照明开关箱未分别设置	触电
		总配电箱和开关箱未设置漏电保护器	触电
		配电箱、开关箱的电源进线端采用插头或插座做活动连接	触电
5	接地、防雷	在 TN 接零保护系统中，PE 线未单独敷设或 PE 线上装设开关或熔断器	火灾
		采用铝导体做接地体或地下接地线	触电
		施工现场内的防雷设施的冲击接地电阻值大于 30 Ω	触电
		施工现场内的起重机、井字架、龙门架等机械设备以及钢脚手架和正在施工的在建工程等金属结构，未设置防雷装置	触电
6	照明	潮湿场所未选用密闭型防水照明器，有爆炸和火灾危险的场所未选用防爆型照明器	触电、火灾、爆炸
		对夜间影响飞行或车辆通行的在建工程及机械设备，未设置红色信号灯	其他伤害
		施工照明供电电压不符合规定要求：一般场所 220 V；行灯电压不得大于 36 V；高温、有导电粉尘、狭窄场所以及隧道作业地段，不得大于 36 V；潮湿和易触及照明线路场所不得大于 24 V；特别潮湿场所、导电良好的地面、锅炉或金属容器内，不得大于 12 V	触电

4. 施工标志标牌

施工标志标牌危险源辨识清单如表 3-5 所列。

表 3-5 施工标志标牌危险源辨识清单

序号	危险源	危险因素	事故类型
1	标志标牌	未经常检查标志标牌的状态，发现破损、丢失或缺少时，未及时修复或补充到位	各种伤害
		标志标牌的安装不满足抗风、抗拔、抗撞等要求	物体打击
		驻地及施工现场未设置相应的标志标牌	各种伤害

5. 机械作业

机械作业危险源辨识清单如表 3-6 所列。

表 3-6 机械作业危险源辨识清单

序号	危险源	危险因素	事故类型
1	挖掘机	发动机启动后，铲斗内、臂杆、履带和机棚上站人	机械伤害
		挖掘机工作位置湿软、倾斜，工作前履带未制动，车身方向未与挖掘工作面延伸方向一致	机械伤害
		挖掘机操作时进铲过深、提斗过猛	机械伤害
		在高陡的工作面上挖掘夹有石块的土方时，未将较大的石块和杂物除掉	物体打击
		土体挖成悬空状态而不能自然塌落时，用铲斗将悬空土方砸下	机械伤害
		对吊杆顶端的滑轮和钢丝绳进行保养、检修拆换时，未将铲斗和吊杆放落地面后再进行维修	机械伤害
		铲斗从运土车的驾驶室顶上越过	物体打击
		向运土车上卸土时，未降低铲斗高度，防止偏载或砸坏车厢	机械伤害
		铲斗运转范围内，作业人员站立	机械伤害
2	装载机	作业时未使用低速挡	机械伤害
		起步前未将铲斗提升到离地面 0.5 m 左右	机械伤害
		用高速挡行驶时，进行升降和翻转铲斗	机械伤害
		铲斗内载人	机械伤害
		铲斗满载运送时，铲斗未保持在低位	机械伤害
		装料时铲斗未从正面低速插入	机械伤害
		遇推进阻力过大，未稍稍提升铲臂	机械伤害
		装载机在倾斜度超过规定的场地上作业，且运送距离过大	机械伤害
		在松散不平的场地作业，未将铲斗臂放在浮动位置，使铲斗平稳地推进	机械伤害
		向运输车辆上卸土时，铲斗未处在合适的高度，前翻和回位时碰撞车厢	机械伤害
		未经常注意机件运转声响，发现异常时未立即停车排除故障	机械伤害
		当发动机不能运转需要牵引时，未使各转向油缸自由动作	机械伤害
3	载重汽车	未按规定吨位装载，超载、超高	机械伤害
		人货混载，驾驶室内超额坐人	机械伤害
		车辆装土场地平整坚实，汽车就位后未拉紧手闸，装载不均匀	机械伤害
		在陡坡、高坡、坑边或填方边坡卸土时，停卸地点未平整坚实，地面未设反坡，与边缘未保持安全距离	机械伤害

表 3-6(续)

序号	危险源	危险因素	事故类型
3	载重汽车	公路上行驶未遵守公路交通规则	机械伤害
		发动机启动后未检查其翻卸装置,确保良好	机械伤害
		在危险地段卸土,未设有专人指挥	机械伤害
		当装载高度超过车厢栏板时,未平稳行驶,猛力加速、紧急制动	机械伤害
		卸料起斗时,未检查上空有无架空电线电缆	机械伤害
		运载易燃、易爆等危险物品时,未遵守有关规定,除必要的随车人员外,搭乘其他人员	机械伤害
		在驾驶室外进行操作,翻斗内载人	机械伤害
4	压路机	压路机启动前,未检查前后、左右有无障碍物和人员	机械伤害
		压路机靠近路堤边缘作业时,未根据路堤高度留有必要的安全距离	机械伤害
		起振和停振时未在压路机行走时进行	机械伤害
		碾压松软路基,未先在小振动情况下碾压 1～2 遍,然后再振动碾压	机械伤害
		碾压傍山道路时,未由里侧向外侧碾压	机械伤害
		压路机作业利用换向离合器作制动用	机械伤害
		压路机作业时,滚轮未停止便变换压路机前进后退方向	机械伤害
		压路机上坡时未制动就变速,下坡时脱挡滑行	机械伤害
		压路机作业在坚硬路面行走振动	机械伤害
		压路机作业在急转弯时用快速挡	机械伤害
		压路机作业在尚未起振情况下调节振动频率	机械伤害
		压路机在主离合器未脱开时就调整换向离合器、起振离合器或制动器	机械伤害
		两台以上压路机同时作业时,其前后安全间距小于 3 m;在坡道上纵队行驶时,其间距小于 20 m	机械伤害
		压路机在没有熄火、下无三角木支垫的情况下进行机下检修	机械伤害
5	平地机	平地机在公路上行驶时刮刀和松土器未提起,或刮刀超出机侧,行驶时不遵守交通规则或速度超过 20 km/h	机械伤害
		平地机进行刮刀的回转与铲土角的调整时未停机	机械伤害
		平地机在坡道上停放时未使车头朝向下坡方向,或未将刀或松土器压入土中	机械伤害
		遇到坚硬土质需要齿耙翻松时,未缓慢下齿或采用齿耙翻松坚硬旧路面	机械伤害
6	推土机	推土机上下坡时,其坡度大于 30°;在横坡上作业,其横坡度大于 10°	机械伤害
		下坡时,未采用后退下行,在必要时未放下刀片做辅助制动	机械伤害
		推土机下坡空挡滑行	机械伤害
		推土机刀片推坡壁上高于机身的孤石或大土块	机械伤害
		推土机送土终了时,未先换成倒车挡后再提铲刀倒车	机械伤害
		在垂直边坡的沟槽作业时,沟槽深度超过 2 m	机械伤害
		推土机在摘卸推土刀片时,辅助人员未同司机密切配合	机械伤害
		多机在同一作业面作业时,前后两机相距小于 8 m,左右相距小于 1.5 m	机械伤害
		用推土机伐除大树或清除残墙断壁时,未提高着力点	机械伤害
		推土机在陡坡高坎上作业时,无专人指挥或铲刀超出边坡边缘	机械伤害
		两台以上推土机并排作业时,两机刀片之间距离小于 0.2 m	机械伤害

6. 路基土石方工程

路基土石方工程危险源辨识清单如表3-7所列。

表3-7 路基土石方工程危险源辨识清单

序号	危险源	危险因素	事故类型
1	砍伐树木	未按规定操作电锯	机械伤害
		伐木前未对电锯的设备、线路布置等进行检查	机械伤害、触电
		在山坡上同一地段的上下同时进行砍伐作业	物体打击
		树木砍伐时未系防倒绳	物体打击
		在陡坡悬岩处砍伐树木时，未设置防止树木砍伐倒后顺坡溜滑和撞落石块伤人的安全措施	物体打击
		树木预定倒向范围内有人员站立	物体打击
		清除丛草、树木时放火焚烧	火灾
		砍伐树木时未设置警戒，无关人员进入	物体打击
		大风、大雾和雷雨天气进行砍伐树木作业	物体打击、触电
		树木倒向范围内有架空电缆、线路	触电
2	拆除构造物	没有制定拆除方案或编制拆除方案时没有根据建筑物竣工图纸和现况分析结构受力状态，确定拆除方法和程序，违规拆除	坍塌
		拆除施工存在立体交叉作业现象	物体打击
		爆破拆除时，未严格按照GB 6722进行操作	放炮
		非爆破拆除时，采用自下而上、自里而外的程序拆除	坍塌
		高处作业时，作业人员未搭设脚手架	高处坠落
		在高处进行拆除工程时，未设置流放槽，废料随意向下抛掷	物体打击
		作业人员使用大锤等拆除工具前未检查把手拼接等是否牢固	物体打击
		对有倒塌危险的结构物拆除时，未设置可靠的临时支撑加固	坍塌
		拆除石棉瓦及轻型结构屋面时，未使用移动板梯，施工人员直接踩在屋面上作业	高处坠落
		使用推土机拆除房屋、围墙时，被拆物高度大于2 m	坍塌
		拆除梁柱前，未先拆除其承托的全部结构物，采用掏空、挖切和大面积推倒的拆除方法	坍塌
		被拆除建(构)筑物与周边高压架空电线的距离达不到安全距离要求时，未采取安全防护措施	触电
		切割拆除内有易燃、易爆和有毒介质的管道或容器时，未切断供给源，或管道、容器内残留介质未清除干净	火灾、其他爆炸、中毒
		拆除带压容器或管道时，未先泄除压力	容器爆炸
		采用定向爆破时，未按照设计要求采用铁丝网、安全网或者竹笆、麻袋、棉被等覆盖，以致爆炸产生的建筑碎块飞溅	放炮
		在建筑物推倒、倒塌范围内有其他建筑物时，采用推倒方法	坍塌

表 3-7(续)

序号	危险源	危险因素	事故类型
2	拆除构造物	拆除作业前，未将与拆除物有连通的电线及水、气管道切断	触电、中毒
		拆除作业前，未在四周危险区域设置安全护栏、警告标志	物体打击
		使用液压振动锤、挖掘机拆除建(构)筑物时机械与被拆建(构)筑物之间未达到安全距离	机械伤害
		拆除作业时未采取防尘、防噪声的有效措施	其他伤害
3	材料准备	易燃易爆品仓库内明火作业	火灾、其他爆炸
		易燃易爆品仓库内使用违规电源、灯具	火灾、其他爆炸
		材料堆放无序，码放不稳	物体打击
		灯具与易燃易爆品的距离达不到安全距离或高热灯具直接照射易燃物	火灾、其他爆炸
		材料仓库电线线路老化	火灾
		施工区、生活区、材料库房等未分开设置，或未达到防火安全距离	火灾
		易燃易爆品仓库无安全防护措施和警示标志	火灾、其他爆炸
		搭建或拆除临时建筑时，临边、洞口等危险位置无安全护栏	高处坠落
		直接踩踏在不承重的轻型屋面上作业，并无防护措施	高处坠落
		施工驻地地质、地形不良，有滑坡、泥石流、崩塌等潜在威胁	坍塌
4	土方开挖	路基施工未设置临时排水设施	坍塌
		多人作业时，作业间距太小	机械伤害
		多台机械同时作业时，间距过近	机械伤害
		运输机械超速行驶	车辆伤害
		机械作业时，人站在回转半径内	机械伤害
		挖掘土方时，作业人员安全距离不足	物体打击
		开挖工作面未与装运工作面错开，存在上下双重作业现象	物体打击
		开挖工具存在故障未检修而继续使用	机械伤害
		逆坡开挖或开挖边坡度不符合安全要求	坍塌
		未按规定程序开挖、超挖或掏底开挖	坍塌
		人工配合机械作业时，未与机械作业交替进行	机械伤害
		取土场未按标准的规划进行规则取土	坍塌
		违反机械设备安全操作规程	机械伤害
		机械设备进场未进行安全验收，违规投入使用	机械伤害
		未探明地下管线埋置位置	触电、中毒
		与槽边距离不符合安全要求，又无安全防护措施	机械伤害
		不按自上而下的顺序开挖，挖“神仙土”，撬“神仙石”	坍塌
		在靠近建筑物、设备基础及各种脚手架附近挖土时，无安全防护措施	坍塌
		外电架空线路附近开沟槽时无防止电杆倾倒措施	触电、物体打击
		距离电缆管线 2 m 范围内采用机械开挖，未采用人工开挖	触电
		高陡边坡地段施工时，工人无防护措施	物体打击

表 3-7(续)

序号	危险源	危险因素	事故类型
4	土方开挖	高陡边坡地段施工时,上下同时作业	物体打击
		滑坡地段施工未设置位移观测桩	坍塌
		弃土场未设置支挡措施	坍塌
		在落石和岩堆地段施工,未先清理危石和设置拦截设施	物体打击
		泥沼地段施工,无安全防范措施,人、机下陷	淹溺
		机械停放在停机棚内未禁烟火	火灾
		机械在危险地段施工时,未设专人指挥,或驾机人员未按指挥人员发出的规定信号操作	机械伤害
		机械在边坡、边沟作业时,轮胎(履带)与边缘安全距离不够	机械伤害
		配合机械作业的清底、平地、修坡等辅助工作的施工人员未按规定施工,与机械同时作业,或在机械运转时进入作业区	机械伤害
		铲运机停止作业,清理斗内泥土时,推土板未彻底回位	机械伤害
		工作场所发生交通堵塞、工作地面出现陷车、机械运行道路发生打滑、防护设施毁坏失效,或工作面不足以保证安全作业时,未停止施工	机械伤害
		在垂直边坡的沟槽作业时,沟槽深度超出规定或推土机刀片推坡壁上高于机身的孤石或大土块	机械伤害
		在电杆附近挖土时,对于不能取消的拉线地垄及杆身,未保留土台,或土台周围未设警示标杆	触电、物体打击
		铲运机弯道进土	机械伤害
		上方开挖未按照 JTG F90 相关操作要求进行	各种伤害
		铲运机作业时道路不平,或路宽过窄	机械伤害
		铲运机靠路堤边沿填土时,未防止铲运机滑下	机械伤害
		弃土下方和有滚石危险范围内的道路,未设警告标志,作业时坡下未禁止通行	物体打击
		坡面上松动的土、石块未及时清除	物体打击
		滑坡地段开挖,采用全面拉槽开挖,或将弃土堆在主滑区内	坍塌
		施工中发现有山体滑动、坍塌等迹象时,继续施工,人、机未撤离至安全区域	坍塌
		遇山洪暴发、水位暴涨时未立即停工,人、机未撤至安全区域	淹溺
		地下水突出	淹溺
		土质不好,开挖过深	坍塌
		岩溶地区施工,岩溶水涌出	坍塌
		大雨、雪后没有检查现场	淹溺
		未探明地层中有毒有害气体	中毒
5	石方爆破	选择炮位时,炮眼口正对电线、路口或构造物	放炮
		凿打炮眼时,坡面上有浮岩危石未清理	物体打击
		凿打炮眼时,在残眼上打孔	放炮

表 3-7(续)

序号	危险源	危险因素	事故类型
5	石方爆破	人工打眼时，使锤人正对掌钎人，对面使锤	物体打击
		机械扩眼时，凿岩机支架不稳	机械伤害
		机械扩眼时，用胸部或肩膀紧顶凿岩机支架把手	机械伤害
		空压机气压过高或气管爆裂	容器爆炸
		空压机输气管道出气口前方有人作业或站立	物体打击
		空压机运转中，操作人员擅离岗位	机械伤害
		空压机在有荷载的状态下启动	机械伤害
		爆破器材未按要求运输	火药爆炸
		爆破器材未按要求储存	火药爆炸
		爆破器材未按要求检验	火药爆炸
		失效的爆破器材未按要求销毁	火药爆炸
		爆破器材管理不严，剩余爆破器材未当日退库，爆破工人私自收藏，乱丢乱弃	火药爆炸
		用爆炸物品炸鱼、炸兽	火药爆炸
		作业人员在保管、加工、运输爆破器材过程中，穿着化纤衣服	火药爆炸
		使用不符合技术条件的爆破器材	火药爆炸
		炸药与雷管由同一人同时搬运	火药爆炸
		电雷管与带电物品一起携带运送	火药爆炸
		爆破器材运送时，未避开人员密集地段，中途停留，随地存放或带入宿舍	火药爆炸
		制作起爆器材时，未在专用房间或指定的安全地点进行，在爆破器材存放间、宿舍和爆破作业地点加工	火药爆炸
		制作起爆药包时，房间内或棚内有电气、金属设备	火药爆炸
		制作起爆药包时，房间内或棚内有无关人员	火药爆炸
		制作起爆药包时，导火索猛插入雷管，旋转或摩擦	火药爆炸
		制作起爆药包时，雷管管口用牙咬	火药爆炸
		制作的起爆药柱，雷管露在药柱外面	火药爆炸
		加工的起爆器材超过当班爆破作业的需要量	火药爆炸
		起爆药柱送入孔底后，用炮棍在炮眼内捣插	放炮
		爆破作业时，采用先点燃导火索再将药柱抛入孔底的方法	放炮
		多次扩壶时，每次爆破后孔壁岩石未冷却便装药扩壶	放炮
		超过 5 m 的深孔使用导火索起爆	放炮
		刚打成的炮眼未冷却就装药	放炮
		湿炮眼未擦干就装药	放炮
		装炮工作时未禁烟火和明火照明	放炮
		装炮工作时无关人员未撤离现场	放炮
		使用金属器皿装药	火药爆炸

表 3-7(续)

序号	危险源	危险因素	事故类型
5	石方爆破	投掷或冲击装好的炸药包(柱)或硝化甘油类炸药	火药爆炸
		采用无填塞爆破,使用石块或易燃材料填塞炮孔	放炮
		捣固直接接触药包的填塞材料或用填塞材料冲击起爆药包	放炮
		在深孔装入起爆药包后直接用木楔填塞	放炮
		填塞炮眼时破坏起爆线路	放炮
		爆破区域无明显标志和警戒线	放炮
		警戒线安全距离设置过小	放炮
		爆破现场无专人指挥	放炮
		爆破导火索过短	放炮
		同次爆破中使用不同燃速的导火索	放炮
		露天爆破,一人连续点火的导火索根数超过 10 根	放炮
		爆破时采用明火点燃	放炮
		脚踩或挤压已点燃的导火索	放炮
		信号管的长度超过该次被点燃导火索中最短导火索长度的 1/3	放炮
		爆破时,未点清爆炸数是否与装炮数量相符	放炮
		电力起爆时,在同一爆破网路上使用不同厂、不同型号的电雷管,或电雷管的电阻值差超过规定值	放炮
		电力起爆时,爆破网路主线绝缘不良,或未设中间开关,或与其他电源线路未分开敷设	放炮
		在炮孔未全部装填完、无关人员尚未全部撤离至安全点之前连接爆破网路	放炮
		用动力或照明电源起爆时,起爆开关未放在上锁的专用起爆箱里,或起爆箱钥匙保管不严	放炮
		雷雨季节采用电力起爆法	放炮
		电力起爆时,装好炸药包后,未全部撤除工作面的电源	放炮
		裸露爆破时,用石块覆盖裸露药包	放炮
		将炸药包插入石缝中进行爆破	放炮
		起爆后,爆破人员提前进入爆破作业点	放炮
		起爆后,检查人员发现盲炮及其他险情,未及时上报或处理	放炮
		盲炮处理前未在现场设立危险标志并采取相应安全措施,无关人员接近现场	放炮
		残余爆破器材未收集上缴,集中销毁	放炮
		盲炮处理不当	放炮
		爆破后未及时清理爆破现场	放炮
		爆破引起山体滑坡	放炮、坍塌
6	土石方填筑	撬动岩石时将撬棍根端紧抵腹部,把撬棍放在肩上施力	机械伤害
		自卸汽车非工作时间停置在靠近路堑和路堤边缘而未采取安全防护措施	高处坠落

表 3-7(续)

序号	危险源	危险因素	事故类型
6	土石方填筑	推土机整平石方路基时，推石过快，石块滚下路堤	物体打击
		现场多种机械在同一工作面作业时，其前后间距小于 8 m，左右间距小于 1.5 m	机械伤害
		机械设备启动前，没有检查确认机械设备前后、左右有无人员和障碍物	车辆伤害
		机械设备与路基边缘的操作宽度小于 0.3 m	高处坠落
		高填方路基作业时填土边缘未设置安全警示标志，未安排专人指挥	高处坠落
7	抛石挤淤	未探明淤泥性质和深度，机械人员进入	车辆伤害
		抽水时未抽除至指定位置，即开始带水挤淤	车辆伤害
		未标识回填边线	车辆伤害
		抛石后未试压，机械设备即进入作业	车辆伤害
		淤泥呈软塑状即进行碾压	车辆伤害
		运输机械距离淤泥边缘太近	车辆伤害
		淤泥四周未设置安全防护栏、安全警示标志等	高处坠落
8	碎石桩	施工人员在进行成孔时，未按设计要求隔桩跳打	机械伤害
		桩机就位时，未用锤球和钢尺检查导向架与地面垂直度，使垂直偏差大于高度的 1.5%	机械伤害
		桩架未预先移位固定，即进行桩机移位	机械伤害
		管内带料未及时清理	其他伤害
		料斗插入套管时，料斗未稳定，即灌入碎石	物体打击
		桩机顶部未设置避雷设施	触电
		拔管过程中发现软弱段或下料不足段未及时进行反插	其他伤害
		施工过程中震动沉管超出额定功率	机械伤害
		桩管难打开时，未进行检修，而是利用振动冲击打开桩管	机械伤害
		地基较为软弱时未进行垫层处理	机械伤害
		在地面不平、松软的施工场地进行打桩设备移位、就位作业	机械伤害
		当地下存在空洞、岩溶、暗穴等，未对地下情况进行探明	机械伤害
		打桩前未加固邻近建筑物	坍塌
		大风天气停工后，未将桩管插入地下嵌固	机械伤害
9	CFG 桩	长螺旋钻机就位地段不平稳	机械伤害
		孔口堆积重物	坍塌
		进出孔口时，孔口附近站人	机械伤害
		钻具需要立悬或摆放时，未牢固垫稳，人员直接操作	机械伤害
		因故停钻时，孔口未加盖保护	高处坠落
		移动钻机、钻杆时，与高低压架空电线距离小于 2 m	触电
		未用钻机塔身的前后和左右的垂直标杆检查塔身导杆，桩身垂直度较差	机械伤害

表 3-7(续)

序号	危险源	危险因素	事故类型
9	CFG 桩	钻机就位点未进行垫层处理，成孔钻机不平稳，在施工过程中发生倾斜、抖动	机械伤害
		钻进过程中钻进速度太快，存在钻杆摇晃或卡钻继续钻进	机械伤害
		钻进软硬地层交界处时，钻进速度太快	机械伤害
		当钻机电流值接近 140 mA 时，未提升排土，继续钻进	机械伤害
		钻具内无混合料继续提升钻杆	机械伤害
		泵输送混合料前未对输送管进行检查	机械伤害
		长距离泵送时，泵管向下倾斜角度大于 40°	机械伤害
		成孔后副孔未及时回填	高处坠落
		非作业人员在钻机附近逗留	机械伤害
		钻机未设置缆风绳	机械伤害
10	灰土桩	当日成孔未夯填	高处坠落
		夯实人员在处于工作状态的桩机 5 m 范围内进行夯实	机械伤害
		夯实时遇到桩身缩颈，未采取措施而强行拔杆	机械伤害
		桩机移位换点时，桩管提起过高	机械伤害
		因故停钻时，孔口未加盖保护	高处坠落
		桩机就位时，未用锤球和钢尺检查导向架与地面垂直度，使垂直偏差大于高度的 1.5%	机械伤害
		钻孔时未对周围较危险的建筑物进行加固	坍塌
		夯实机夯实时，孔内有积水，未进行处理而直接夯实	机械伤害
		夯机的机座不够平稳牢固，夯具中心和桩位不成一线	机械伤害
		当地下遇到较为坚硬岩石等，未采取处理措施，强行沉管	机械伤害
		在大风天气对石灰进行过筛	其他伤害
		当地下存在空洞、岩溶、暗穴等，未对地下情况进行探明	机械伤害
11	塑料排水板	液压插板机下插时，机前施工人员在机架 10 m 范围内	机械伤害
		未对场地软弱部位进行标记	机械伤害
		插板机在离地面 2 m 高度处未安装挡板	机械伤害
		作业前未对桩机各部件和起吊用的钢丝绳进行检查	机械伤害
		插板机的运动部分、设备或电动工具无防护罩	机械伤害
		遇到软弱场地，履带下未垫放安全辅助物	机械伤害
		卷扬机绳索磨损未检查	起重伤害
		排水板底部无可靠的锚固措施	机械伤害
		移机行走的道路泥土较多而未处理	机械伤害
12	强夯、重夯	各方未就绪即开始提锤夯打	起重伤害
		落锤时，挂钩人员未处于安全地带	起重伤害
		落锤时周围 10 m 范围内有人	起重伤害
		挂钩作业时，下面站人	起重伤害
		挂钩作业时，未等脱钩完全到位即开始挂钩	起重伤害
		强夯时夯机未设置支架	机械伤害
		夯机顶部未设置避雷设施	触电
		未设置作业区域警戒线	机械伤害

表3-7(续)

序号	危险源	危险因素	事故类型
13	土工织物	夯坑底倾斜大于30°时，未将坑底处理水平，继续夯实	机械伤害
		未探明地下电缆线，即进行夯击	触电
		人工搭接土工织物时工具使用不当	物体打击
		土工织物缝制过程中的下脚料直接烧毁	火灾
		缝制机运转过程中违章操作	机械伤害
		土工织物存放点未对火灾引发物实施排查	火灾
14	采空区处理	采空区处理时未加强作业地点的地压监测工作	坍塌
		对稳定性较差的地段未进行支护或支护不到位	坍塌
		采用充填法处理采空区时，对采空区的通道不了解	各种伤害
		天井施工时未考虑戴防毒面具	中毒、窒息
		采用崩落法施工时，未提前与地表或相邻采空区崩透以减小气浪影响	崩塌
15	滑坡治理	抗滑桩施工时桩孔上方散落石块未清理	高处坠落
		没有专人对周围滑坡石进行周期性观测	崩塌
		挡土墙施工时，基坑周围未设置护栏	高处坠落
		挡土墙基坑施工时，上下无专用爬梯	高处坠落
16	黄土陷穴、岩溶洞回填	未探明洞穴深度、周边地质情况就进行施工	坍塌
		未设置安全警示标志、护栏	坍塌
		机械设备在洞穴边缘作业	高处坠落

7. 砌筑防护工程

砌筑防护工程危险源辨识清单如表3-8所列。

表3-8 砌筑防护工程危险源辨识清单

序号	危险源	危险因素	事故类型
1	挡土墙	转运片石时，施工人员未集中注意力	物体打击
		振捣混凝土时，存在过振、漏振的情况，未及时制止	机械伤害
		使用吊斗浇筑混凝土时，长时间未检查吊斗、钢丝绳和卡具	高处坠落
		开挖时未对基坑边坡的稳定性实行监控	坍塌
		挡土墙开挖基坑未根据土质、湿度和挖掘的深度设置安全坡度	坍塌
2	石笼防护	防护前未及时清理坡面的危石、悬石	物体打击
		未检查石笼钢丝强度	坍塌
		钢筋石笼放置时，下部有大块孤石未及时清理	坍塌
		石笼材质选取时，采用易被腐蚀、易破碎的石块	坍塌
		部分石块块径小于网孔孔径而未处理	物体打击

8. 大型挡土墙、组合式挡土墙

大型挡土墙、组合式挡土墙危险源辨识清单如表3-9所列。

表 3-9　大型挡土墙、组合式挡土墙危险源辨识清单

序号	危险源	危险因素	事故类型
1	基础	基坑开挖前，在基坑周围未设置截水沟、排水沟等排水设施	坍塌
		基坑未设置人员上下坡道或安全梯	高处坠落
		间歇时，在基坑坡脚下休息	物体打击
		基坑开挖未采用自上而下分层开挖	各种伤害
		开挖时局部挖深向四周掏土	坍塌
		遇到涌水、涌沙及边坡不稳定时，未采取相应的支护措施即开始施工	坍塌
		挖土深度超过 1.5 m 后，未根据土质放坡或架设支撑	坍塌
2	墙身	在已经砌好的砌体上抛掷、滚动翻转或敲击石块	坍塌
		墙身泄水孔进口未设置反滤层	物体打击
		墙趾部分的基坑未及时回填	坍塌
		未等砂浆强度达到 70%就开始回填挡土墙墙背	坍塌
3	构件预制和安装	构件成品堆放过高	物体打击
		大型预制构件运输无专人指挥	车辆伤害
		精轧螺纹钢筋张拉前，未对锚具、连接器进行检查、试验	机械伤害
		预制构件安装时，导梁刚度不够	起重伤害
		千斤顶使用前未做承载试验，起重吨位小于顶升构件重的 1.3 倍	起重伤害
		钢筋张拉或冷拉时，夹具未有足够夹紧力，锚夹不牢	机械伤害

9. 基层、底基层

基层、底基层危险源辨识清单如表 3-10 所列。

表 3-10　基层、底基层危险源辨识清单

序号	危险源	危险因素	事故类型
1	稳定土拌合	拌合站安装、拆除方案未审批	坍塌
		料仓卸料时，有人员从斗下通过	物体打击
		检修时作业人员从高空扔物品	物体打击
		作业人员未佩戴安全防护用具	机械伤害
		拌合站基础不牢固	坍塌
		拌合站未设置缆风绳或缆风绳不合格	坍塌
		未使用标准配电箱、电线老化或线路布置不合理	触电
		拌合机未设置避雷设施	触电
		拌合站爬梯无安全网	高处坠落
		蓄水池未设置围挡，进出水口未覆盖	高处坠落
		上料料车失控或钢丝绳断裂	物体打击
		检修电路未切断电源	触电
		拌合站传料带无安全网	物体打击

表 3-10(续)

序号	危险源	危险因素	事故类型
1	稳定土拌合	搅拌机料斗无保险钩	物体打击
		运输车辆进出拌合站无指挥人员	车辆伤害
		运转中进行维修、保养工作	机械伤害
		作业人员在维修、清理搅拌仓时无专人看护	机械伤害
		在大风天气进行粉状材料的装卸翻动	其他伤害
		散装粉质材料运输中车厢未采用篷布覆盖	其他伤害
		石灰消解时，操作人员站在下风处或未采取防尘措施	其他伤害
		石灰消解时，在浸水的同时边投料边翻拌	其他伤害
		拌合站选址靠近河岸	坍塌
		拌合站安装、拆卸时，起重机无专人指挥	起重伤害
		拌合站安装、拆卸高处作业无安全措施	高处坠落
2	摊铺碾压	摊铺机上的安全防护设施配置不全	机械伤害
		摊铺作业前未清除障碍物或确认前方无人	机械伤害
		作业时无关人员在驾驶台停留或驾驶员擅离岗位	机械伤害
		摊铺机急剧转向，换挡时机械没有完全停止	机械伤害
		摊铺机操作时强行挂挡和在坡道上换挡或空挡滑行	机械伤害
		摊铺机停车制动时，未将料斗两侧壁完全放下，熨平板未放到地面或用挂钩挂牢	机械伤害
		摊铺机在加热过程中严禁熨平板处无人看管	灼烫
		摊铺机临时停放时，未在机旁设置安全警示标志(夜间需有反光或发光装置)	机械伤害
		摊铺机弯道作业时，熨平装置的端头与路缘石的间距小于 0.1 m	机械伤害
		压路机启动前未检查前后、左右有无障碍物和人员	机械伤害
		两台以上压路机同时碾压时，其前后间距小于 3 m，在坡道上纵队行驶时，其间距小于 20 m	机械伤害
		碾轮刷油人员站在碾轮行走的前方	机械伤害
		摊铺机上的安全防护设施配置不全	机械伤害
		摊铺作业现场中未设置交通管制，非施工车辆随意进出	机械伤害
		摊铺现场未配备急救箱，无防止烫伤、中毒、中暑等措施	其他伤害
		半幅通车路段未设置行车安全警示标志，半幅施工区与行车道之间未设置隔离栅	车辆伤害
		沥青混合料高温摊铺碾压时，工作人员未佩戴安全防护用品或未采取防护措施	灼烫
		夜间施工时现场照明不足，基准线桩附近未设置警示灯或反光标志	机械伤害
3	运输	运料车上载人	车辆伤害
		运料车向摊铺机卸料时，未和摊铺机协调动作、同步行进	机械伤害
		自卸车卸料后，车厢未复位即起步行驶	车辆伤害
		摊铺匝道时遇弯道处横坡面大时，未做好防车辆侧翻措施	车辆伤害
		车辆使用前未对制动、自卸系统进行检查	车辆伤害

10. 沥青混凝土路面

沥青混凝土路面危险源辨识清单如表 3-11 所列。

表 3-11 沥青混凝土路面危险源辨识清单

序号	危险源	危险因素	事故类型
1	沥青混凝土拌合	患有结膜炎、皮肤病及沥青过敏反应者从事沥青作业	中毒、窒息
		从事沥青作业人员的皮肤外漏部分未涂防护药膏	中毒、窒息
		沥青操作工的工作服及防护用品未集中存放，私自穿戴回家和进入集体宿舍	中毒、窒息
		采用液态沥青车运送时，遇有弯道、下坡未提前减速、紧急制动	车辆伤害
		采用吊耳吊装桶装沥青时，未设专人指挥	起重伤害
		人工运送液态沥青时，装油量超过容器的 2/3	起重伤害
		吊起的沥青桶从运输车的驾驶室上空越过或有人站在吊臂旋转半径范围内	物体打击
		加热炉使用前未进行耐压试验或水压力低于额定工作压力 2 倍	容器爆炸
		未对加热炉和设备以及各种仪表是否齐全完好进行全面检查	容器爆炸
		未检查超压、超温报警系统是否灵敏可靠	容器爆炸
		未经常检查循环系统有无渗漏、振动和异响	容器爆炸
		未定期检查膨胀箱的液面是否超过规定以及自控系统的灵敏性和可靠性是否符合 JTG F80 的规定	容器爆炸
		导热油的管道未设置防护设施	灼烫
		未定期清除炉管及除尘器内的积灰	容器爆炸
		搅拌机运行中作业人员靠近各种运转机构，传动部位未设置防护罩	机械伤害
		搅拌机运行中使用工具伸入滚筒内掏挖或清理	机械伤害
		作业人员进入搅拌鼓内工作时，未派专人看护	机械伤害
		料斗升起时，有人在斗下工作或通过	起重伤害
		作业人员检查料斗时，未将保险链挂好	起重伤害
		非操作人员进入拌合楼操作室或在不明状态下擅自启动设备	机械伤害
		搅拌器平台上堆放杂物、工具等	物体打击
		采用皮带输送机上料时，储料仓未设置防护	物体打击
		拌合站机械设备需经常检查的部位未设置爬梯	高处坠落
		在高处维修、更换拌合机的部件时未系安全带	高处坠落
		发现送料斗的轨道、滑轮、钢丝绳等出现异常时未及时更换	物体打击
		进行储油罐的沥青存储量检查时，使用明火进行照明	火灾
		系统停机后未切断动力配电柜的总进电开关	触电
		维修拆除气路系统中的部件时，未停止空压机运转或将系统中压缩空气排净	其他伤害
		拌合站未设置消防设施	火灾
		运输车辆拉料、出料时无专人指挥	车辆伤害

表 3-11(续)

序号	危险源	危险因素	事故类型
2	沥青洒布	工作前未按 JTG F40 的规定检查高压胶管与喷油管连接是否牢固,油嘴和节门是否畅通,机件有无损坏	机械伤害
		喷射沥青时,手握的喷油管部分未加缠旧麻袋或石棉绳等隔热材料	灼烫
		喷射沥青时,喷头向上或喷头附近站人	其他伤害
		喷射沥青时,未注意风向,逆风操作	其他伤害
		发现喷头堵塞或其他故障时,未立即关闭阀门即进行修理	其他伤害
		喷洒黏层后仍有车辆行人通过	其他伤害
		洒布施工现场使用明火	火灾
3	摊铺碾压	参照“路面工程”中“基层、底基层”	各种伤害
4	运输	参照“路面工程”中“基层、底基层”	各种伤害

11. 水泥混凝土路面

水泥混凝土路面危险源辨识清单如表 3-12 所列。

表 3-12　水泥混凝土路面危险源辨识清单

序号	危险源	危险因素	事故类型
1	混凝土浇筑	装卸钢模时,未轻抬轻放、随意抛掷	物体打击
		支模未检查使用工具的牢固、完好性	机械伤害
		打锤时周围有其他人员或扶钎人站在打锤人前面	物体打击
		机械摊铺时,摊铺机支腿臂、磨平板、搓平板上站人	机械伤害
		轨道式摊铺机作业时布料机与振平机组间距离小于 5 m	机械伤害
		将刮板置于与运动方向垂直的位置	机械伤害
		采用轨道式摊铺机作业时,借助整机的惯性冲击料堆	机械伤害
		滑膜摊铺机下坡时,快速行驶和空挡滑行	机械伤害
		滑膜摊铺机上未设置安全警示标志	机械伤害
		振捣器移动时强拉电源线	触电
		排式振捣器使用前未确认各部位连接牢固	机械伤害
		抹平机作业时未检查连接螺栓是否牢固	机械伤害
		车厢尚未放下时,操作人员即上车清理残料	高处坠落
		混凝土料车卸料时,未设专人指挥倒车	车辆伤害
2	混凝土切缝养生	切缝机作业前,未检查刀片或刀片和刀架连接是否符合 JTG F30 的要求	机械伤害
		切缝机未设安全防护罩或安全防护罩破损	机械伤害
		切缝时未先打开冷却水或无冷却水时未立即停止工作	机械伤害
		作业时,作业人员站在刀片正面操作	机械伤害
		现场预留孔洞口未设置安全警示标志,未进行覆盖	高处坠落
		切缝机锯缝时刀片未缓缓进入	机械伤害
		切缝机锯缝遇较大阻力时未停止检查刀片	机械伤害
		喷洒养护溶剂时站在下风处,未穿戴安全防护用品	灼烫
		薄膜养护的溶剂处存在明火	火灾

表 3-12(续)

序号	危险源	危险因素	事故类型
3	摊铺碾压	参照“路面工程”中“基层、底基层”	各种伤害
4	运输	参照“路面工程”中“基层、底基层”	各种伤害

12. 拌合楼和拌合机施工作业

拌合楼和拌合机施工作业危险源辨识清单如表 3-13 所列。

表 3-13 拌合楼和拌合机施工作业危险源辨识清单

序号	危险源	危险因素	事故类型
1	起重、吊装	参照“通用作业”中“起重、吊装”	各种伤害
2	安装	电机接地端未妥善接地	触电、火灾
		电机检查时,未确保输入电源处于关闭 OFF 状态	触电、火灾
		拌合机运转时进行维修	触电、火灾
		电机检查维修时,未在电源开关处挂出标有“作业中,禁止输入电源”的标识	各种伤害

3.3.5 桥梁

1. 起重吊装

起重吊装危险源辨识清单如表 3-14 所列。

表 3-14 起重吊装危险源辨识清单

序号	危险源	危险因素	事故类型
1	起重吊装	吊装作业前未对各种制动装置、限位装置、限制器、焊接件、钢丝绳及各种吊件进行全面检查	起重伤害
		塔吊、龙门吊顶部未设置避雷设施	触电
		塔吊与墩台未进行安全锚固	坍塌
		塔吊安装、拆卸时未按照批准的方案实施,现场无专人指挥	起重伤害
		塔吊与架空线路间距小于安全距离且无防护措施	触电
		起重臂、吊钩、平衡重等转动物体上未标鲜明的色彩标志	起重伤害
		吊钩挂绳处出现表面裂纹、破口、断面磨损超过 10%时进行吊装	起重伤害
		起重机与其他设备或固定建筑物的最小距离小于 0.5 m	起重伤害
		吊装的重物超过吊装机械的最大容许质量	起重伤害
		吊装作业无专人统一指挥、统一信号	起重伤害
		6 级以上大风进行吊装作业	起重伤害
		夜间吊装没有足够的照明	起重伤害
		作业过程中设备出现故障,未立即将重物降落到安全位置	起重伤害
		吊车吊着重物行走	起重伤害

表 3-14(续)

序号	危险源	危险因素	事故类型
1	起重吊装	吊装人员未佩戴安全帽	起重伤害
		架桥机拆除时，未设警戒区和安全防护设施	高处坠落
		起吊作业范围内有人员随意走动	起重伤害
		起吊物从人头顶上通过，起重臂上站人	起重伤害
		龙门吊轨道基础有局部沉陷	坍塌
		龙门吊轨道上未设置限位装置	起重伤害
		龙门吊工作结束后，未开到指定地点将所有手柄均转到零位并切断电源	起重伤害
		龙门吊操作人员上下未设置专用扶梯	高处坠落
		龙门吊空车行走时，吊钩距地面距离小于 2 m	起重伤害
		龙门吊两台同时作业时，相互间距离小于 3 m	起重伤害
		塔吊停止作业时，未松开回转制动装置、未顺风放置起重臂	起重伤害
		塔吊无力矩限制器或力矩限制器不灵	起重伤害
		塔吊无超高、变幅、行走限位装置，或限位不灵	起重伤害
		吊装吊钩无保险装置	起重伤害
		两台以上塔吊作业时，两机之间接近部位空间距离小于 2 m	起重伤害
		塔吊指挥不使用旗语或对讲机	起重伤害
		吊装作业时构件长时间在空中停留	起重伤害
		吊装钢丝绳的安全系数小于规定数值	起重伤害
		起重机作业地面不平整、支脚支垫不牢固	起重伤害
		两台或多台起重机同时吊装重物时，各台起重机超过各自额定 80%的起重能力	起重伤害
		作业人员和重物构件一起升降	起重伤害

2. 高空作业

高空作业危险源辨识清单如表 3-15 所列。

表 3-15　高空作业危险源辨识清单

序号	危险源	危险因素	事故类型
1	高空作业	在大风或雷电等天气恶劣的环境下进行高处施工作业	高处坠落、触电
		高处作业人员酒后或身体不适进行高处作业	高处坠落
		未设置防护栏或防护网	高处坠落
		高处作业时下面垂直处站有施工人员	物体打击
		随意投掷金属工具	物体打击

3. 基础及下部构造

基础及下部构造危险源辨识清单如表 3-16 所列。

表 3-16 基础及下部构造危险源辨识清单

序号	危险源	危险因素	事故类型
1	人工挖孔桩	采空区采用人工挖孔方法施工	高处坠落
		未按规定采取护壁支护及排水、降水等措施	坍塌、透水
		护壁顶距地面高度小于 30 cm	物体打击
		护壁混凝土质量不符合要求，护壁厚度没达到规范标准，混凝土养护时间不够	坍塌
		没有配备标准化的“一机一闸”	触电
		孔内照明未使用 36 V 以下安全和防爆灯泡，未采用防水绝缘电源	触电
		作业区及孔口没有设置安全防护围挡进行封闭，未设置安全标志、警示灯	高处坠落
		孔口人员未系安全带，孔下人员未戴安全帽	高处坠落、物体打击
		作业人员上下桩孔未设置施工软梯，用取土吊斗提升	高处坠落、物体打击
		孔下作业人员连续作业超过 2 h	窒息、物体打击
		当上层中有水时，未采取疏干措施，继续施工	透水
		采用卷扬机出渣(土)时，作业人员未藏身于半月形防护板下	物体打击
		卷扬机无安全装置(自动抱闸)，钢丝绳断丝，不符合安全要求	物体打击
		相邻桩基浇筑和桩孔爆破时，邻孔作业人员未撤至孔外	坍塌
		孔口 1 m 范围内堆放弃料，且弃料高度超过 1 m	坍塌
		爆破时无专人指挥并设置警戒区	放炮
		爆破作业时，未严格控制炸药量和采取浅眼爆破法	放炮
		爆破烟雾散尽后，爆破人员未下孔检查有无瞎炮	放炮
		挖孔人员下孔作业前未先用鼓风机将孔内空气排出置换	其他爆炸
		人工挖孔作业时，未经常检查孔壁的稳定、吊具设备和孔内气体情况	高处坠落、物体打击、窒息
		孔口临近土质边坡下，未规定孔口与边坡安全距离	坍塌
		孔口上边坡未设置观测点	坍塌
		孔口上边坡上方有机械作业或震动	坍塌
		桩位位于季节性河道内，雨季未在上游设预警观察点	淹溺
		桩位临近高边坡未采取支挡措施	坍塌
		高边坡不稳定未采取防护措施	坍塌
		孔内取渣时吊斗装料过满	物体打击
		孔内爆破作业时未采取炮被覆盖	放炮
		CO_2 含量超过 0.3% 时，未采取通风措施；或含量未超过规定，但人员有呼吸不适，未采取通风和换班作业等措施	中毒、窒息
		孔内有作业人员，孔上 3 m 内有机动车行驶或停放	坍塌
		爆破或停止作业时，孔口未覆盖防护或覆盖防护不符合规范要求	物体打击、高处坠落
		人工挖孔作业时，未对孔内有毒、有害气体进行检测，未配备气体检测仪器	中毒、窒息
		挖孔深度大于 10 m 或腐殖土层较厚时，未采用强制通风	中毒、窒息

表 3-16(续)

序号	危险源	危险因素	事故类型
2	钻孔灌注桩	未根据桩径、桩深、工程和水文地质与现场环境等状况选择适宜的施工方法和机具,未制定相应的安全技术措施	坍塌
		钻机开钻前未注意地下电缆、煤气管道、自来水管等	触电、窒息、其他爆炸、透水
		水上钻机作业平台高程达不到施工期最高水位 70 cm 以上,无锚固措施	透水、坍塌
		水上作业平台和泥浆池周围未设置防护围栏进行封闭,未设置安全标志、警示灯	高处坠落、淹溺
		水上施工未配备救护船只	各种人身伤害
		钻机未按规定架设平稳、牢固,钻架未架设斜撑和缆风绳	坍塌
		钻机高速旋转裸露部分未设置防护罩	机械伤害
		钻孔用的钻锥、卷扬机磨损严重,钢丝绳断丝超过 5%仍在使用	物体打击
		钻机无漏电保护、接地、接零装置,电缆线接头松脱、损坏老化,或挪钻机时挤压电缆线	触电
		泥浆护壁成孔时未设置护筒	坍塌
		钻孔过程中未按规定指标保持孔内水位和泥浆参数	坍塌
		泥浆残渣未及时清理,随意排放	其他伤害
		钻机卡钻时强提强扭	物体打击、坍塌
		未检查各节钻杆或钻杆和钻头连接丝扣是否完好,未设置反转松脱的固锁装置	机械伤害、物体打击
		钻机作业时人员靠近和触摸钻杆,钻具悬空时下方有人	机械伤害
		成孔后或因故停钻时,钻具未提至孔外置于地面	其他伤害
		钻孔有倒塌危险时,人员和钻机未撤至安全位置	高处坠落
		采用冲抓或冲击钻机钻孔,当钻头接近护筒底缘时,未减速、平稳提升,碰撞护筒	其他伤害
		正反循环钻机未减压钻进	坍塌
		钻孔中出现故障,人员下到孔内处理故障	机械伤害、窒息
		雷雨作业时,作业人员在钻机下停留	触电
		桩基成孔后孔口未覆盖防护或不符合要求	高处坠落
		作业时无专职安全员现场指挥	各种伤害
		吊钢筋笼的吊机桅杆顶上方 2 m 内有架空障碍物和高压线	触电、起重伤害
		随意排放孔内溢出的水和泥浆	其他伤害
		导管未进行闭水试验	物体打击
		孔口未设置防护网,孔口未铺设防滑材料	高处坠落
		混凝土浇筑完成后的空钻部分未及时回填	高处坠落
		夜间照明不足	各种伤害

表 3-16(续)

序号	危险源	危险因素	事故类型
3	筑岛围堰	筑岛围堰基础施工中,挖土、吊运、浇筑混凝土等作业时碰撞支撑,或在支撑上放置重物	坍塌
		未随时检查挡板、板桩、大框等挡土设施的稳定牢固状况	坍塌
		施工中发现围堰、支撑有松动、变形等情况时未立即加固,危及作业人员安全时未立即撤出	坍塌
		基坑较深时未悬挂人员上下扶梯	高处坠落
		桥梁筑岛围堰作业中,在悬挂状态下维修桩锤	起重伤害
		采用挡土板或板桩围堰未视土质、涌水、挖深情况逐段支撑	坍塌
		作业人员未穿救生衣,未备救生船	淹溺
		基坑抽水未派专人检查土层变化、支撑结构受力等情况	坍塌
		基坑支撑拆除时,未在施工现场技术负责人的指导下进行	坍塌
		拆除支撑与基坑回填未相互配合进行	坍塌
		拆除基坑支撑作业中,有引起坑壁坍塌危险时,未采取安全措施	坍塌
		在围堰内作业,遇有洪水或流冰,未立即撤出作业人员	透水
4	沉井	沉井下沉时未对周围建筑物采取安全防护措施	坍塌
		在围堰筑岛上就地浇筑的沉井,围堰不牢固,产生水流冲刷	透水
		沉井下沉,采用人工挖掘时,井内人员过多	其他伤害
		对涌水、涌砂量大的地方采用人工开挖下沉	透水
		井内、井上搭设的抽水机台座(架)不牢固	物体打击
		抽水机无漏电保护、接地、接零装置或装置不合格	触电
		沉井顶面未设安全防护围栏	高处坠落
		沉井顶面上的机具未设防护挡板	机械伤害
		在沉井刃脚和井内横隔墙附近,有人停留、休息	坍塌
		采用吊斗出土时,斗梁和吊钩未绑封牢固或有损坏	物体打击
		吊斗升降时,下方有作业人员	物体打击
		采用抓斗进行不排水下沉,钢丝绳缠绕在一起而需要转动抓斗进行排除时,作业人员站在无护栏的部位	高处坠落
		不排水下沉中,超挖超吸,导致沉井突然下沉或倾斜	其他伤害
		沉井下沉需要配重时,配重物件堆码不齐,捆绑不牢固	其他伤害
		采用空气幕下沉沉井时,空压机、储气罐等不符合安全要求	容器爆炸
		使用减速漏斗灌注混凝土时漏斗未悬挂牢固并未附保险绳	物体打击
		采用井内抽水强制下沉时,井上人员未离开沉井	高处坠落
		由不排水转换为排水下沉,抽水后未经观测确认沉井已稳定即下井作业	其他伤害
		接高沉井时未停止除土作业	高处坠落
		沉井偏斜的情况下继续接高沉井	坍塌

表3-16(续)

序号	危险源	危险因素	事故类型
4	沉井	沉井侧模在混凝土强度未达到25%时就开始拆模	坍塌
		刃脚模板在混凝土强度未达到75%时就开始拆模	坍塌
		抽出垫木后未用砂性土回填、捣实	坍塌
		筑岛承受水流对岛体的冲刷较差	透水
		下沉沉井时必须采用爆破时,药量没有控制到位	放炮
		下沉过程中没有及时检查,出现倾斜	坍塌
		各井室之间除土面高差控制不当	坍塌
		在进行水枪冲土操作时,用水枪冲击井壁、栏杆或操作平台等	其他伤害
		未设置人工操作平台	高处坠落
5	钢板桩及钢筋混凝土板桩围堰	钢板桩起吊未设专人指挥,作业前未在钢板桩上拴好溜绳	起重伤害
		组拼的钢板桩组件未采用坚固的夹具夹牢,或将吊具拴在钢板桩夹具上	起重伤害
		钢板桩吊环的焊接未设专人检查或试吊	起重伤害
		打桩机和卷扬机未设专人操作	机械伤害
		吊起的钢板桩未就位前插桩桩位附近站人	起重伤害
		钢板桩插进锁口后,因锁口阻力不能插放到位而需桩锤压插时,未采用卷扬机钢丝绳控制桩锤下落,使桩锤随钢板桩突然滑落	起重伤害
		插打钢板桩,吊点位置低于桩顶下1/3桩长的位置	起重伤害
		桩顶作业处未设吊篮、爬梯,作业人员未系安全带等防护用具	高处坠落
		对钢筋混凝土板桩采用锤击下沉时,未对桩头、桩尖等部位采取加固措施	其他伤害
6	套箱围堰	套箱定位船下锚链时未采取安全防护措施	淹溺
		两船之间的通道及连接梁上未设置人行道板和栏杆等安全设施	淹溺
		钢套箱刚刚落床尚未稳定前未防止往来船舶、流冰、漂流物等碰撞导向船、锚绳等设施	其他伤害
		沉浮时双壁钢套箱注水下沉或排水上浮时,非对称均衡施工,产生过大倾斜	坍塌
		拆除时未设置足够的脚手板、扶梯和救生设备等安全防护措施	高处坠落
		施工人员未系安全带、穿救生衣等防护用具	淹溺
7	沉入桩基础	打桩架移动时,现场无专人指挥	起重伤害
		采用滑移打桩架作业时,作业人员在打桩架内操作	起重伤害
		桩架移动不平稳,桩锤未放到最低位置,柴油打桩机后部的配重铁不齐全	起重伤害
		边移位边起锤	起重伤害
		远距离移位时未拆除管路与电线	触电
		浮式沉箱设备沉桩时,桩架与船体连接不紧固	起重伤害

表 3-16(续)

序号	危险源	危险因素	事故类型
7	沉入桩基础	船体定位后，未以锚缆封固，施工中浮船晃动	起重伤害
		打桩机与高压线距离小于安全距离	触电
		打桩机顶部上方 2 m 内有架空物	起重伤害
		拆装打桩机时，桩架长度半径内有非工作人员	物体打击
		拆装打桩机、起落机架时无专人指挥	起重伤害
		拆装打桩机，机架下方有人员穿行或停留	物体打击
		起吊沉桩或桩锤时，作业人员在吊钩下或在桩架龙口处停留或作业	起重伤害
		在桩锤悬挂状态下维修桩锤	起重伤害
		雷雨时，有人在桩架附近停留	触电
		吊桩时，桩的下部未拴溜绳	起重伤害
		吊桩作业时，现场没有专人统一指挥	起重伤害
		两台卷扬机或千斤顶施压时未同步作业	起重伤害
		高处作业人员的安全带系在被沉的桩上或龙门口上	高处坠落
		高压射水辅助沉桩，未根据不同的地质情况采用相应压力	坍塌
		射水沉桩，桩身入土尚未稳定就射水	坍塌
		振动打桩机开动后，作业人员未离开桩基	机械伤害
		振动打桩机停止作业后，未立即切断动力源	触电
		振打中发现桩回跳、打桩机有异声及其他不正常情况时，未立即停振检查处理	其他伤害
8	扩大基础及承台	基坑土质差、开挖深度超过 3 m 的未制定专项设计和支护方案	坍塌
		基坑边缘 1 m 范围内停放机械和堆积弃料	坍塌
		基坑深度超过 1.5 m 时，未设置作业人员出入的通道和爬梯	高处坠落
		开挖过程中未进行沉降和位移监测	坍塌
		开挖时需要爆破的未按《爆破安全规程》的要求执行	放炮
		基坑四周未设置安全防护栏、警示标志，夜间无发光标志	高处坠落
		对不良地质状况不及时报告、不及时提出方案，遇不良地质状况不及时撤出	坍塌
		基坑深度超过 2.0 m 时，未设置临边防护或防护不符合要求	坍塌
		基坑土层中有水时，未设置有效排水措施	坍塌
		开挖过程中未派专人随时检查坑壁边坡裂缝和松塌等影响边坡稳定的情况	坍塌
		开挖中出现坑壁裂缝、松塌、支撑折断、松动，或有涌水、涌砂等情况时，未立即加固防护	坍塌
		挖土方从下至上进行，采用挖“神仙土”的方法	坍塌
		机械开挖时人员在坑内同时作业，机械作业半径范围内有作业人员	机械伤害
		采用桅杆吊斗或皮带运输机出土时，吊斗绳索、挂钩、机具等损坏	起重伤害

表 3-16(续)

序号	危险源	危险因素	事故类型
8	扩大基础及承台	在有大量地下水流情况下挖基时未配足抽水机具，施工人员未佩戴好防护用具	透水
		水中安放抽水机具时，拽水泵电源线	触电
		移动、检查或维修抽水机具时未切断电源	触电
		抽水机具在水量很少的情况下空转而未关机	触电
		作业人员在坑壁下休息	坍塌
		机械设备的停放位置与基坑边缘的距离不满足安全要求	坍塌
		浇筑混凝土时未铺设临时脚手板，作业人员站在模板和钢筋上操作	高处坠落
9	墩台身、帽	施工前未搭设脚手架及作业平台或搭设不牢固	高处坠落
		未按规定设置作业人员上下爬梯或通道	高处坠落
		墩台钢筋骨架绑扎完成后，未浇筑混凝土部分超过 8 m 时，未设置缆风绳	坍塌
		墩高 10 m 以下时未在平台外侧加设栏杆及上下扶梯，墩高 10 m 以上未设置安全网，墩高 40 m 以上未设置施工电梯	高处坠落
		立柱模板拼装螺丝数量短缺、连接不牢固	坍塌
		墩高 20 m 以上时未设置防雷电设施	触电
		操作人员在上下同一个垂直面操作	物体打击
		安装高墩模板作业人员未系好安全带或安全带未拴在牢固地点	高处坠落
		在高空安装模板时，工具未装入工具袋	物体打击
		爬模、滑模和翻模施工未编制专项施工方案	坍塌
		对模板系统、液压爬升系统和爬架架体系统未进行安全验算和试验，没有足够的安全系数	坍塌
		未对滑模模板限位装置、爬模安全插销和翻模相邻围图连接进行检查	坍塌
		使用未经检验的不合格开挖支架	坍塌
		支架未按规定架设平稳、牢固	坍塌
		滑模施工采用的油压千斤顶未同步提升，提升速度超过规定值	坍塌
		模板操作平台上集中堆载重物和作业人员	坍塌
		未设专职安全员巡视模板、支撑等受荷载变形、位移情况	坍塌
		拆除模板设备时未设警戒线或警戒线到建筑物距离小于 10 m	物体打击
		下班时，已铺好而来不及钉牢的定型模板或散板、钢模板等未堆放稳妥	物体打击
		在通车地段，安装模板的斜撑及横撑木伸出通道时，未考虑车辆高度	坍塌
		钢筋笼安装后，未浇筑混凝土部分超过 8 m 时未设置缆风绳	坍塌
		高处作业，把钢筋集中堆放在模板和脚手架上	坍塌
		焊工在高空焊接时未系好安全带	高处坠落
		移动电焊机时未切断电源	触电
		沿着钢筋骨架攀上爬下	高处坠落

表 3-16(续)

序号	危险源	危险因素	事故类型
9	墩台身、帽	绑扎时未按规定设置操作平台和安全设施	高处坠落
		使用风镐凿除桩头时未经检查，风枪口对着人实施	物体打击
		用大型漏斗直接灌入混凝土冲击模板	坍塌
		用吊斗浇筑混凝土时，吊斗的升降未设专人指挥	起重伤害
		振捣时震动支撑杆和模板	坍塌
		模板提升时进行混凝土振捣	坍塌
10	砌筑墩台	使用振捣器时电源线有破损和漏电	触电
		砌筑前未搭设好脚手架、作业平台、护栏、扶梯等安全防护设施	高处坠落
		人工、手推车推运石块或预制块件时，脚手跳板未铺满且宽度、坡度及强度不符合设计要求	物体打击
		脚手架和作业平台上堆放的物品超过设计荷载	坍塌
		吊机、桅杆吊运砌筑材料时未听从指挥或无人指挥	起重伤害
		人工抬运大块石料未绑扎牢靠，动作不协调	物体打击
		吊机作业下方有人员通过或站人	起重伤害
		砌筑材料吊运到砌筑面时，作业人员未避让，砌筑材料未停稳就上前砌筑	起重伤害

4. 上部结构预制和安装

上部结构预制和安装危险源辨识清单如表 3-17 所列。

表 3-17　上部结构预制和安装危险源辨识清单

序号	危险源	危险因素	事故类型
1	梁板预制	自卸车卸落石料时作业人员未避让	物体打击
		预制梁高度超过 2 m 时，未设置爬梯及相关安全措施	高处坠落
		采用龙门吊吊装模板、钢筋网片时，未严格按照起重机械设备作业规程操作	起重伤害
		拆除模板时，采用大面积同时撬或整体拉倒模板的方法	坍塌
		作业人员在直立模板旁边休息	坍塌
		混凝土浇筑时未设专人指挥，吊斗下站人	起重伤害
		存梁场存梁基础不牢固	坍塌
		梁板未采用有效防倾覆措施	坍塌
		存梁场地未设置排水设施或排水不良	坍塌
		预制梁板从台座上起吊时，硬拉猛起	起重伤害
		梁板存放层数超过两层	坍塌
2	预应力筋张拉及压浆	张拉作业时千斤顶对面未设置围挡防护或防护设施不符合要求	机械伤害
		作业人员在钢绞线两端的正面进行伸长量的量测或停留、穿越	机械伤害
		预应力张拉法施工，作业区无关人员进入	机械伤害

表 3-17(续)

序号	危险源	危险因素	事故类型
2	预应力筋张拉及压浆	张拉作业区未设警告标志	机械伤害
		高压油泵操作人员未佩戴防护用具	机械伤害
		张拉前,操作人员未确定联络信号	机械伤害
		钢绞线固定钢架焊接不牢靠	物体打击
		张拉设备未进行标定或标定不及时	机械伤害
		张拉操作中,出现异常现象时未立即停机检查	机械伤害
		张拉钢束完毕,退销时未采取安全防护措施	机械伤害
		预应力张拉法施工,人工拆卸销子时强击	机械伤害
		预应力张拉法施工,对张拉施锚两端压重物	机械伤害
		管道尚未灌浆前,梁端未设围护和挡板	物体打击
		未灌浆前,撞击锚具、钢束及钢筋	物体打击
		先张法张拉施工,张拉前未对台座、横梁等进行检查	机械伤害
		先张法张拉中和未浇筑混凝土之前,周围站人或进行其他作业	物体打击
		先张法施工,浇筑混凝土振捣器撞击钢丝(钢束)	物体打击
		先张法施工,采用砂轮切割钢绞线进行放张	物体打击
		先张法施工,采用砂箱放张时,放砂速度不均匀一致	物体打击
		精轧螺纹钢筋张拉前,未对锚具、连接器进行检查、试验	机械伤害
		钢筋张拉或冷拉时,螺丝端杆、套筒螺丝未有足够长度	机械伤害
		钢筋张拉或冷拉时,夹具没有足够夹紧力,锚夹不牢	机械伤害
		管道压浆时,未按规定压力进行	机械伤害
		压浆设备、管道及阀门的密封性和可靠性不够	机械伤害
		管道压浆,关闭阀门时,作业人员站在正面	机械伤害
3	预制构件安装	大型预制构件运输无专人指挥	车辆伤害
		构件运输时,速度过快,下坡未缓慢行驶,紧急刹车	车辆伤害
		构件运输下坡时,未以溜绳控制速度,未用人工拖拉止轮木块跟随前进	车辆伤害
		纵坡坡度加大时,未采取相应的安全措施就运输	车辆伤害
		平板拖车运输大型预制构件时,时速超过 6 km/h	车辆伤害
		简支梁的运输,未在横向加斜撑,平板车上的搁置点未设转盘	车辆伤害
		预制构件运输,平板拖车上坐人	车辆伤害
		水上运输,拖轮牵引驳船行进,急转弯	车辆伤害
		吊装偏心构件时,未使用可调整偏心的吊具进行吊装	起重伤害
		构件吊装时指挥不当	起重伤害
		预制构件安装时导梁刚度不够	起重伤害
		构件吊装时不稳定	起重伤害
		大型吊车吊装梁板时,无专人指挥,两辆吊车提升速度、高度不一致	起重伤害

表 3-17(续)

序号	危险源	危险因素	事故类型
3	预制构件安装	导梁组装时,各节点连接不牢固,在桥墩上跨越推进时,悬臂部分超出已拼好导梁全长的 1/4	起重伤害
		墩顶(或临时墩顶)导梁通过的导轮支座不牢固	起重伤害
		导梁上的轨道使用不同规格钢轨时接头未处理好,轨道有错台	起重伤害
		墩顶龙门架使用托架时,托架两端不平衡	起重伤害
		龙门架落位后未立即与墩顶预埋件连接,未系好缆风绳	起重伤害
		龙门架顶横移轨道的两端未设置制动枕木	起重伤害
		运输预制构件的平车到达安装位置后未楔紧车轮	起重伤害
		构件起吊横移就位后,未加设支撑、垫木,构件不稳定	起重伤害
		千斤顶使用前未做承载试验,起重吨位小于顶升构件的 1.3 倍	起重伤害
		千斤顶的升降未随时加设或抽出保险垫木,或构件底面与保险垫木间的距离超过 6 cm	起重伤害
		顶升 T 梁、箱梁等大吨位构件时,未在梁两端加设支撑	起重伤害
		顶升大吨位构件时,构件两端同时顶起或下落	起重伤害
		墩顶装载构件的滑移设备没有足够的强度和稳定性,牵引(或推顶)构件滑移时,施力不均匀	起重伤害
		架桥机组拼(或定型产品)、悬臂牵引中的平衡稳定及机具配备等未按设计要求进行	起重伤害
		架桥机安装构件时,前后支点不稳定	起重伤害
		构件在架桥机上移动时,速度过快,或卷扬机操作人员不按指挥信号协同操作	起重伤害
		全幅宽架桥机吊装的边梁就位前,墩顶作业人员未避开	起重伤害
		跨墩龙门架安装构件时,未根据龙门架的高度、跨度采取相应的安全措施	起重伤害
		构件吊至墩顶时,未缓慢、平稳地放落	起重伤害
		安装大型盆式橡胶支座,墩上两侧未搭设操作平台	高处坠落
		墩顶作业人员在支座吊至墩顶尚未稳定时就扶正就位	起重伤害
		每片梁板安装就位后,未采取可靠的临时固定措施	坍塌
		拆除吊装设备时未切断电源	触电
		拆除龙门架时未将龙门架底部垫实,顶部未拉好缆风绳和安装临时连接梁	坍塌
		拆下的杆件、螺栓、材料等未捆好就吊放、随意抛掷	物体打击
4	悬臂拼装	挂篮桁架行走和浇筑混凝土时,稳定系数不符合规定	坍塌
		在挂篮上增加设施(如防雨篷、立井架、防寒篷)时,损坏挂篮结构或改变其受力形式	坍塌
		底模荡移前,未详细检查挂篮位置、后端压重、后锚及吊杆安装情况	坍塌
		使用水箱做平衡重施工时,其位置、加水量不符合设计要求	坍塌
		箱梁凿毛作业人员安全防护措施不当	高处坠落
		滑动斜拉式挂篮施工,在斜拉带安装和使用过程中,内外斜拉带受力不均	坍塌

表 3-17(续)

序号	危险源	危险因素	事故类型
4	悬臂拼装	用手拉葫芦起降和悬吊底模平台时，未在挂手拉葫芦的位置加设保险绳	起重伤害
		起吊设备使用不当或未进行检查	起重伤害
		悬臂拼装法施工，构件非垂直起吊，未保持平衡稳定	起重伤害
		接近安装部位时，起吊构件碰撞已安装完的构件和其他作业设施	起重伤害
		起吊构件前未对构件进行全面的检查，对存在的问题未做全面处理	起重伤害
		运送构件的车辆(或船只)在构件起升后未迅速撤离	起重伤害
		天气突然变化，卷扬机、电机过热及其他机械设备出现故障影响安全作业时，未暂停吊装	起重伤害
		拆除硫黄砂浆垫块、融化硫黄砂浆时，操作人员未佩戴防护用品	灼烫
		采用电热法融化硫黄砂浆垫块时，电热丝与其他金属物接触	触电
		人工凿除硫黄砂浆临时支座时，操作人员之间安全距离不够	物体打击
5	缆索吊装法	缆索吊装法施工，作业人员安全带挂在主索、扣锁、缆风绳等上面	起重伤害
		牵引卷扬机操作不当	起重伤害
		缆索跨越公路、铁路时，未搭设架空防护支架	起重伤害
		在主航道上吊装重大构件时，未采取临时封航措施	起重伤害
6	顶推及滑移模架法	顶推时，所使用的机具不符合要求或未进行检查	机械伤害
		千斤顶的顶推力、顶升高度不符合设计规定，多台千斤顶共同作用时未选用同一类型	物体打击
		顶推及滑移模架法施工，吊运撞击梁体	起重伤害
		箱梁混凝土采用滑移模架法浇筑，模架支撑于钢箱梁上，前后端桁架梁未用优质高强螺栓连接好、拧紧	坍塌
7	转体法及拖拉法	钢箱梁及桁架梁下弦底面未装设不锈钢带，在滑橇上顶推滑移之前，未检查有无障碍及不安全因素	坍塌
		平衡重转体施工前，未先利用配重做试验	坍塌
		平转法施工，转体时悬臂端未设缆风绳	坍塌
		环道上滑道的平整度未达到要求	坍塌
		上下游拱肋需同时作配重转体时，未采用相同型号的卷扬机，未达到同步、同速、平衡转动	坍塌
		使用万能杆件或枕木垛做滑道支撑墩时，基础不稳固或枕木垛未垫密实	坍塌
		搬抬辊轴时，作业人员未配合好	物体打击
		转体或拖拉施工中，钢丝绳附近站人	机械伤害

5. 上部构造现场浇筑

上部构造现场浇筑危险源辨识清单如表 3-18 所列。

表 3-18 上部构造现场浇筑危险源辨识清单

序号	危险源	危险因素	事故类型
1	支架现浇梁板	支架现浇梁时未做专项设计、安全验算，未编制安全专项方案	坍塌
		支架钢管及配件未进行验收、确认质量合格	坍塌
		支架与道路交叉时，未按照规定净空设置车（人）通道和防撞墩，未设置发光和反光警示标志，无专人负责交通管制	车辆伤害
		支架底部未铺设垫板或混凝土垫块，未设置排水设施	坍塌
		采用木、竹等材料搭设支架和模板支撑系统	坍塌
		支架未进行预压，或预压达不到设计要求	坍塌
		支架基础承载力未满足设计要求即开始施工	坍塌
		支架立柱未设水平撑或双向斜撑	坍塌
		支架立柱高于 5 m 时，水平撑间距大于 2 m，且未在两水平撑之间加剪刀撑	坍塌
		剪刀撑设置欠缺、不连续，设置角度过大或过小	坍塌
		支架高度较高时，未设缆风绳	坍塌
		每搭完一步支架未进行校正	坍塌
		可调节底座的调节螺杆伸出长度超过 30 cm 时，未采取可靠的固定措施	坍塌
		扣件式支架立杆对接在同一断面	坍塌
		在同一支架上混用不同型号、规格钢管	坍塌
		支架现浇梁时未设置临时支撑等抗倾覆固定措施	坍塌
		支架搭设完成后，未对节点支撑进行检查、确认符合设计要求	坍塌
		未设置人员安全通道，利用支架或模板支撑上下攀登	高处坠落
		混凝土输送泵管道与支架连接	坍塌
		对于横（纵）坡较大、曲率半径较小的结构物浇筑时未从低处往高处浇筑	坍塌
		混凝土浇筑过程中没有专人巡查模板、支架的变形情况	坍塌
		模板、支架变形、沉陷时未立即停工并采取校正或加固措施	坍塌
		混凝土浇筑时未设脚手板，作业人员站在模板和钢筋上操作	高处坠落
		张拉压浆作业时，作业人员没有足够的作业平台进行操作	高处坠落
		作业面未按照规定配备消防器材	火灾
		支架拆除时，未按照施工设计要求的方法、程序进行拆除，采用机械牵引、推倒方法拆除	坍塌
		支架拆除时，安全防护不到位	物体打击
		支架拆除时，混凝土强度未达到规定强度	坍塌
		拆除作业时进行上下多层交叉作业	物体打击
2	悬臂浇筑	悬臂浇筑采用桁架挂篮施工时，使用的机具设备（如千斤顶、滑车、手拉葫芦、钢丝绳等）不符合安全规定	坍塌
		采用挂篮施工时，未对挂篮、临时支撑和托架进行安全验算	坍塌
		挂篮组拼后未进行全面检查和静载试验	坍塌
		挂篮四周未设置围护设施、工作平台及安全通道	高处坠落

表 3-18(续)

序号	危险源	危险因素	事故类型
2	悬臂浇筑	5级以上大风、雷雨等恶劣天气下移动挂篮	坍塌
		挂篮行走移位时未对挂篮的安全防护设施和周边环境进行检查	坍塌
		挂篮行走中未设观察哨进行监护	坍塌
		两端挂篮未对称、缓慢前行，且最大不同步量超过0.5 m	坍塌
		作业人员上下未设置专用爬梯，未设置安全警示标志、标牌	高处坠落
		底模标高调整时，未设专人统一指挥，作业人员未站在铺设稳固的脚手板上	高处坠落
		挂篮行走时，速度超过0.1 m/min，挂篮后部未设溜绳	坍塌
		未在倒链葫芦的位置加设保险绳	起重伤害
		双层作业时，上层作业人员铁件工具掉落	物体打击
		混凝土浇筑时未两端对称、均衡进行	坍塌
		新浇筑节段混凝土施加预应力前移动挂篮	坍塌
		浇筑节段混凝土面上，杂物乱堆乱放	物体打击
		临边作业人员未系安全带或安全带使用不当	高处坠落
		浇筑箱梁预留洞口未覆盖钢板或设置护栏	高处坠落

6. 总体、桥面系和附属工程

总体、桥面系和附属工程危险源辨识清单如表3-19所列。

表 3-19　总体、桥面系和附属工程危险源辨识清单

序号	危险源	危险因素	事故类型
1	湿接缝、体系转换	湿接缝模板安装及拆除、预应力筋张拉压浆时未搭设操作平台	高处坠落
		专用吊篮未进行安全验算	高处坠落
		在密闭箱室内进行作业时，没有足够的照明，夏季没有采取通风、降温措施	中毒、窒息
		拆除临时支座时未采用适宜工具拆除，直接采用手工拆除	物体打击
2	桥面铺装	作业人员穿越中央分隔带时未设专用通道	高处坠落
		采用压缩空气清洗管道、桥面时，管口前方10 m内站人	物体打击
		伸缩缝预留槽未采用钢板覆盖	其他伤害
		未设置施工通道，作业人员直接站在钢筋网上操作	其他伤害
		混凝土浇筑时吊斗或混凝土泵管无专人指挥	物体打击
		桥面杂物乱堆乱放	其他伤害
3	护栏	护栏施工没有足够的操作平台	高处坠落
		护栏施工过程中桥下未设警戒区，无专人监护	高处坠落
		作业人员未佩戴或正确使用安全带	高处坠落
		未做好临边防护设施	高处坠落
		护栏施工时，作业人员直接从桥面向下抛工具等物品	物体打击

7. 防护工程

防护工程危险源辨识清单如表 3-20 所列。

表 3-20 防护工程危险源辨识清单

序号	危险源	危险因素	事故类型
1	砌石	搬运石料前，未检查绳索是否牢靠	物体打击
		在脚手架上砌石时使用大锤	高处坠落
		修正石块未佩戴护目镜	物体打击
		用绳缆抬石时，采用单缆	物体打击
		为施工便利，将石块直接向下抛掷	物体打击
2	石笼防护	参照"路基工程"中"石笼防护"	各种伤害

8. 引道工程

引道工程危险源辨识清单如表 3-21 所列。

表 3-21 引道工程危险源辨识清单

序号	危险源	危险因素	事故类型
1	路基	参照"路基工程"	各种伤害
2	路面	参照"路面工程"	各种伤害
3	挡土墙	参照"路基工程"中"挡土墙"	各种伤害
4	小桥	参照"桥梁工程"	各种伤害

9. 拱桥

拱桥危险源辨识清单如表 3-22 所列。

表 3-22 拱桥危险源辨识清单

序号	危险源	危险因素	事故类型
1	拱桥上部作业	砌筑拱圈，未搭设脚手架及施工平台	高处坠落
		拱桥施工，拱石或预制混凝土块过多地堆积在拱架或脚手架上，抬运块件碰撞拱架	坍塌
		拱架拆除，使用机械强拽拱架	坍塌
		拱架拆除时，未听从统一指挥	坍塌
		拆除拱架时在拱架上、下同时作业	物体打击
		拱石加工或砌筑石拱工程时，未按规定穿戴安全防护用品，作业人员未保持一定的安全距离	物体打击
		拱石或预制混凝土堆积在拱架或脚手架上，下方有人停留或休息	物体打击
		砌筑拱圈时，拱下站人，未派人观察拱架变形状况及检查卸架装置	坍塌
		砌筑砂浆的强度未达到设计要求就拆架	坍塌
		无支架拱桥分段吊装的单肋合龙后未用缆风绳稳固	坍塌
		双曲拱、箱形拱、纵横向悬砌拱桥施工时，在墩台顶设置的扣架底部固定不牢靠，架顶未设缆风绳，或缆风绳设置不对称	坍塌
		在河流中设置缆风绳时，未采取可靠的防护措施	坍塌

10. 斜拉桥、悬索桥

斜拉桥、悬索桥危险源辨识清单如表 3-23 所列。

表 3-23　斜拉桥、悬索桥危险源辨识清单

序号	危险源	危险因素	事故类型
1	斜拉桥、悬索桥上部作业	电气设备和线路没有良好绝缘措施	触电
		各种电机机械没有接地保护或接地电阻大于 5 Ω	触电
		大风、雷雨时仍在作业	高处坠落
		斜拉桥的斜拉索强度达不到设计要求	坍塌
		使用的吊篮、平台等没有足够的强度，设置的防护围栏高度小于 1.3 m	高处坠落
		浇筑塔身混凝土时未按规定挂好减速漏斗及保险绳，漏斗上口未堵严	高处坠落
		塔桥与桥墩铰接时，塔身建筑到一定高度未设置风缆	坍塌
		索塔升高到 20 m 以上时防雷设施未跟上、避雷系统不完善而未停止作业	触电
		缆索套筒内采用压注水泥浆防护，当索塔超过 50 m 时未分段向上压注	坍塌
		索夹采用高强度螺栓旋紧时，对螺栓的拧合扭矩未先经试验	坍塌
		索塔未设置上下扶梯和塔顶作业平台	高处坠落
		纵、横梁吊装时，不注意作业中的安全防护	起重伤害

11. 钢桥

钢桥危险源辨识清单如表 3-24 所列。

表 3-24　钢桥危险源辨识清单

序号	危险源	危险因素	事故类型
1	钢桥上部作业	已安装的横梁未及时联结风构斜撑	坍塌
		山硐式锚碇在开凿及爆破作业中不遵守 GB 6722 的规定	放炮
		斜拉桥、悬索桥施工中未配备水上救护船只	淹溺
		装拆脚手架、上紧螺栓、铆合等上下同时作业	坍塌
		钢梁杆件的组装未在平整的作业台上进行，其基础没有足够的承载力	物体打击、坍塌
		杆件拼装对孔作业人员用手伸入探孔	机械伤害
		架梁时，作业人员相互抛掷扳手、小工具、冲钉及螺栓等物品	物体打击
		拼装杆件时，未安好梯子、溜绳、脚手架	高处坠落
		钢梁表面喷漆作业，无防毒保护措施	中毒、窒息
		工作坑的后背墙（后背梁）未采取安全防护措施	坍塌
		顶入工作坑的边坡靠铁路、公路一侧上端距铁路或公路边缘距离小于 JTG F50 的规定	坍塌
		顶入法施工，当火车、汽车通过时未停止施工，在工作坑坡顶的一定范围内堆放弃土、料具	坍塌
		顶入法施工中地下渗水	坍塌
		顶入作业机械挖土碰撞已挖好的洞内土壁	透水
		顶入机械发生故障带病作业	坍塌
		顶入施工的接缝未采取封闭措施，土石方掉落	物体打击
		顶入法施工，雨期施工或地下水位较高时，无防护措施	透水
		非作业人员站在工作井内，作业人员跨越或接近顶铁	机械伤害

12. 水上工程

水上工程危险源辨识清单如表 3-25 所列。

表 3-25 水上工程危险源辨识清单

序号	危险源	危险因素	事故类型
1	水上作业	水上工作人员为工作方便未穿救生衣	淹溺
		在水上施工时,未设置防雾灯、变频警示灯等装置	各种伤害
		安装主桥纵向贝雷片梁和主桥拱肋时,未提前和海事部门联系以实行海上交通管制	各种伤害
		未设置水上作业事故应急小组	各种伤害
		在河道上下游 300 m 处未设置警告标志牌	机械伤害
		夜间水上作业,警示灯数量不足	机械伤害

13. 水下工程

水下工程危险源辨识清单如表 3-26 所列。

表 3-26 水下工程危险源辨识清单

序号	危险源	危险因素	事故类型
1	水下作业	水下作业时,带的呼吸气体储备不足	窒息
		水下有破渔网、缆绳等"陷阱"未查明	淹溺
		每一名水下作业人员未配备相应的地上人员	各种伤害
		通信系统长时间无联络而未及时处理	各种伤害
		潜水人员作业之前未进行体检	淹溺
		水下作业周围急救措施未准备齐全	淹溺

14. 跨线工程

跨线工程危险源辨识清单如表 3-27 所列。

表 3-27 跨线工程危险源辨识清单

序号	危险源	危险因素	事故类型
1	跨线作业	跨道路施工路段未设置专职人员指挥交通	车辆伤害
		跨航道施工路段未与海事部门联系,进行水上临时交通管制	机械伤害
		施工时,未对安全防护设施、安全警示标志、夜间警示灯等出现的缺损及时进行修补	机械伤害
		跨路、跨航道施工门洞两侧未设置防撞设施	机械伤害
		跨路、跨航道施工门洞上方未设置安全网、防护棚等防坠落设施,或防坠落设施超出门洞两侧小于 1 m	机械伤害
		进行焊接作业时,未设置挡板或派专人监护	灼烫
		跨路门洞前方未设置限高、限宽门架或门架距离小于 30 m	车辆伤害
		在门架前方 20 m 外未安装减速带	车辆伤害
		跨航道作业时,水上作业人员未穿救生衣、防滑鞋和高处作业未系安全带	高处坠落、淹溺

3.3.6　隧道

1. 明洞工程

明洞工程危险源辨识清单如表 3-28 所列。

表 3-28　明洞工程危险源辨识清单

序号	危险源	危险因素	事故类型
1	明洞浇筑	仰拱混凝土未达到设计强度 90%就安装明洞模板	各种伤害
		台车未检查合格就开始绑扎钢筋	各种伤害
		混凝土振捣不仔细，碰撞到钢筋、预埋件等	机械伤害
		明洞开挖完成后，未对已开挖的掌子面进行初喷混凝土封闭	坍塌
2	明洞回填	明洞顶未进行土石回填	物体打击
		两侧回填土面高差大于 0.5 m	坍塌
		拱圈混凝土未达到设计强度就开始回填拱背土方	坍塌
		回填完成后，拆除拱架时无专人指挥和监管	各种伤害

2. 洞口工程

洞口工程危险源辨识清单如表 3-29 所列。

表 3-29　洞口工程危险源辨识清单

序号	危险源	危害因素	事故类型
1	洞口地表和危石处理	施工前未对洞口边、仰坡以上山坡松动危石进行检查和清除	物体打击
		洞口开挖前未对洞口的边坡进行加固防护	坍塌
		处理危石时，未设置警示牌	物体打击
		处理危石时，下面有工作人员	物体打击
		未设置防护网	物体打击
2	天沟施作	洞口坡顶天沟、洞门截水沟、路堑排水沟完成不及时，未构成排水体系	坍塌
		进行排水天沟施工时，地质条件很差，未进行处理	坍塌
		高处施工时，没有防护网或安全的施工通道	高处坠落
		施工人员不遵守规定，站在危石或未完全凝固的混凝土上作业	高处坠落
3	洞口边仰坡开挖	未安排专人对洞口边仰坡进行监控测量	坍塌
		机械开挖时未采用自上而下的方式进行开挖，以及未边挖边支护	坍塌
		地质条件较差时，未先进行明洞施工	坍塌
		边坡稳定性不足时继续开挖	坍塌
		雨水较大时未停止施工	坍塌
		开挖人员上下重复作业	物体打击
4	洞门端墙处开挖	隧道洞门及端墙施工时，未搭设脚手架、工作平台或扶手栏杆	高处坠落
		端墙后的土石方开挖后，未对松动岩层进行支护	坍塌
		端墙基础较深或侧面边坡较高时，未采用边坡稳定措施	坍塌
		端墙起拱线以上部分施工时，未设置安全网	高处坠落

表 3-29(续)

序号	危险源	危害因素	事故类型
5	爆破	洞口采用深眼大爆破或集中药包爆破	爆炸
		参照“隧道工程”中“洞身开挖”	各种伤害
6	弃渣处理和作业防护	未设置专门的弃渣运输通道和堆积场所	各种伤害
		弃渣中存在危险物品未处理	各种伤害
		弃渣运输通道有人员作业或闲杂人等	车辆伤害
		防护网安装距离作业点太远	物体打击
		弃渣堆积过高,坡度设置不合理	物体打击
		安装防护网时,作业人员未配置手套等防护设备	物体打击

3. 洞身开挖工程

洞身开挖工程危险源辨识清单如表 3-30 所列。

表 3-30　洞身开挖工程危险源辨识清单

序号	危险源	危害因素	事故类型
1	开挖	进入隧道工地人员未佩戴安全防护用品	物体打击
		未严格执行洞口 24 h 值班进出登记制度	各种伤害
		隧道施工各班组之间未建立完善的交接班制度	各种伤害
		Ⅳ级、Ⅴ级、Ⅵ级围岩,采用全断面开挖	冒顶片帮
		长隧道未安装声光报警系统和视频监控系统	各种伤害
		长隧道开挖面未配备应急通信设备	各种伤害
		仰拱距开挖面距离大于 30 m	冒顶片帮
		二次衬砌距离开挖面大于 100 m	冒顶片帮
		在进入隧道 150 m 后,未以设计能量全速通风	中毒、窒息
		压入式通风管的送风口距开挖面大于 15 m,排风式风管吸风口大于 5 m	中毒、窒息
		当发现量测数据有不正常变化或突变,洞内拱顶下沉或地表下沉位移值大于允许值,洞内或地表出现裂缝以及喷层出现异常裂缝时,未立即组织人员撤离现场或及时上报	冒顶片帮
		当在同一隧道两个工作面接近贯通,距离接近预留 8 倍循环进尺时,两个工作面仍继续掘进	放炮
		长大隧道开挖面至二衬之间未按要求设置不小于 500 mm 的钢管救生通道	各种伤害
		在不良地段,开挖面未设置长度大于 50 m、直径为 600 mm、壁厚不小于 10 mm 的钢管,作为安全逃生通道	各种伤害
		隧道开挖面作业人员超过 20 人	各种伤害
		隧道内的作业台架未安装防护彩灯或反光标识	车辆伤害
		凿孔过程中,未派专职安全员随时检查工作面安全状况	冒顶片帮
		机械凿岩时,未检查机身、螺栓、卡套、弹簧和支架是否正常完好	机械伤害

表 3-30(续)

序号	危险源	危害因素	事故类型
1	开挖	带支架的风钻钻眼时,支架安置不稳妥	机械伤害
		风钻卡钻时,进行敲打或未关风即拆除钻杆	机械伤害
		电钻钻眼时,作业人员未佩戴绝缘手套、绝缘胶鞋或用手导引回转钢钎	机械伤害
		发现涌水、突泥时,未及时处理而仍继续开挖作业	透水
		在工作面内拆卸、修理风、电钻	机械伤害
		在残眼中继续钻进	火药爆炸
		钻孔台车在洞内行走速度超过 25 m/min	机械伤害
		台车在行走或待避时,未将钻架和机具收拢到规定位置	机械伤害
2	爆破	爆破施工企业无相应资质或操作人员无爆破作业上岗资格	放炮
		未严格按规定的药量进行炮眼装药填塞	放炮
		爆破作业时未遵守 GB 6722 的规定	放炮
		使用金属棒进行炸药填塞	火药爆炸
		装药时使用棒子进行冲捣	火药爆炸
		装药与钻孔平行作业	火药爆炸
		爆破器材加工房设在洞口 50 m 范围以内	火药爆炸
		在加工房以外的地点改制和加工爆破器材	火药爆炸
		爆破作业和爆破器材加工人员穿着化纤衣物	火药爆炸
		爆破时,所有人员未撤至规定的安全距离(独头巷道不小于 200 m;相邻的上下坑道内不小于 100 m;相邻的平行坑道,横通道及横洞间不小于 50 m;全断面开挖进行深孔爆破时不小于 500 m)	放炮
		装药与放炮间隔太久	火药爆炸
		炮眼热度过高时进行装药	火药爆炸
		发现流砂、流泥或可能有大量溶洞涌水时进行装药爆破	放炮
		电雷管爆破时,起爆主导线悬空架设,距各种导电体的间距小于 1 m	放炮
		电雷管爆破时,未对用电设施进行漏电检查	放炮
		爆破前对周围情况和地质情况检查不当	放炮
		闪电鸣雷时,进行装药、安装电雷管和连接电线等操作	放炮
		扩大药壶时,采用先点燃导火索后将药包抛入孔底的操作方法	放炮
		多次扩壶时,未留有炮眼冷却时间或间隔时间小于 15 min	放炮
		爆破前未确定警戒范围或在警戒范围的边界设置明显的安全标志和警戒点	放炮
		爆破警戒人员擅自离开规定的警戒地点	放炮
		爆破时未设专人清点爆炸数与装炮数量	放炮
		隧道爆破施工时未填写爆破记录	放炮
		爆破后未经过 15 min 通风排烟,检查人员进入工作面	中毒、窒息
		发现盲炮时,未停止其附近的所有其他工作,查明原因并及时处理	放炮
		爆破后,未经专职安全人员确认即解除警戒	放炮

表 3-30(续)

序号	危险源	危害因素	事故类型
3	运输	人料混载	车辆伤害
		燃烧汽油的车辆机械进入洞内	其他爆炸
		洞内机械作业未派专人指挥	车辆伤害
		洞内运输车的车速超过 10 km/h	车辆伤害
		进出隧道的作业人员扒车、追车或强行搭车	车辆伤害
		机械装渣时，机械回转半径内有人通过	机械伤害
		装渣高于车厢	物体打击
		装渣过程中，发现松动岩石或有塌方征兆时，未先处理再装渣	冒顶片帮
		装卸渣时，发现渣堆中有残留炸药、雷管时未立即上报处理	火药爆炸
		装渣车装渣时，漏斗下有人通过、无信号警示	物体打击
		有轨运输时，洞内平曲线半径小于车轴距的 7 倍或洞外小于 10 倍	机械伤害
		双线运输时，错车车距小于 0.4 m 或车辆距坑壁或支撑边缘的净距小于 0.2 m	机械伤害
		停放在洞内的机械设备未设置安全警示标志	机械伤害
		卸渣场边缘内 0.8 m 处未设置挡木及标志	车辆伤害
		在洞口、平交道口及施工狭窄地段未设置“缓行”标志	车辆伤害
		利用翻斗车、自卸汽车、拖车等车辆运送爆破器材	火药爆炸
		硝化甘油类炸药或雷管未用专用带盖的木质车厢保存	火药爆炸
		雷管与炸药一起运输	火药爆炸

4. 洞身衬砌工程

洞身衬砌工程危险源辨识清单如表 3-31 所列。

表 3-31 洞身衬砌工程危险源辨识清单

序号	危险源	危害因素	事故类型
1	喷锚支护	掌子面开挖后，未及时对围岩进行喷混凝土封闭	物体打击
		危石未清除即进行喷锚支护	物体打击
		未设置足够的照明，能见度低	机械伤害
		采用机械手喷锚时，喷嘴距受喷面的距离大于 1.5 m	物体打击
		喷锚作业等粉尘浓度大时，作业人员未采取有效的防尘措施	中毒、窒息
		喷射混凝土作业中如发生风、水、输料管路堵塞或爆裂时，未依次停止风、水、料的输送	机械伤害
		进行干喷时，风源未采用复核要求的稳定电压	机械伤害
		喷射混凝土机调试或停歇时，喷射口对着人	物体打击
		喷射时，前方或左右 5 m 内站人	物体打击
		作业台架下作业人员逗留、穿越	物体打击
		作业前未对管道连接处进行检查	物体打击

表 3-31(续)

序号	危险源	危害因素	事故类型
1	喷锚支护	启动时，电机旋转方向与机体所示方向不同而未调整就加料	机械伤害
		地质有松动滑块现象而继续喷射	物体打击
		高压灌浆时输送管破裂未检查	物体打击
		喷射混凝土时，施工人员未抓稳喷嘴	机械伤害
		使用钻机的现场未按照要求清除孔位周围的石块等障碍物	物体打击
		安装前未将眼孔内的积水、岩粉吹扫干净	物体打击
		吹扫眼孔时，眼孔方向有人	物体打击
		锚杆安装时，作业人员未使用台车或工作平台	高处坠落
		隧道岩石较破碎时，打锚杆眼未在前探支架的掩护下进行	物体打击
		锚杆安设后在锚固材料终凝前悬挂重物	物体打击
		发现支护体系变形、开裂等险情时，未立即撤出人员、采取补救措施	冒顶片帮
2	钢筋网安装	挂设钢筋网未远离机械工作区	机械伤害
		操作人员未使用操作平台或台车	高处坠落
		钢筋焊接不遵守施工用电和焊接施工的安全规定	触电
3	钢支撑	钢拱架地脚悬空	冒顶片帮
		钢拱架、锁脚锚杆设置不符合设计要求	冒顶片帮
		钢拱架地脚置于废渣或活动的石头上	冒顶片帮
		钢支撑加工焊接前未清除四周易燃易爆物，防火工作不到位	火灾
		在本排钢架或本片钢筋网未安装完毕，并与相邻的钢架和锚杆连接稳妥之前，擅自取消临时支撑	冒顶片帮
		无关人员进入危险区域	机械伤害
		当钢架侵入限界需要更换时，未采取先做临时安全措施后逐榀更换或先立新钢架后拆除废钢架的方法	冒顶片帮
		钢支撑搬运、吊装过程中未采取相应的保护措施	物体打击
4	混凝土衬砌	衬砌台车组装完毕后未安排专业人员检查，支撑系统、驱动系统未经调试合格即投入使用	机械伤害
		工作台车平台未满铺地板或出现探头板	高处坠落
		工作台车未设置防护栏杆、爬梯、防滑等设施	高处坠落
		台车未设置反光的安全警示标志	车辆伤害
		台车上堆放撬棒、铁锤、锚杆等物品	物体打击
		台车下净空不能保证车辆顺利通行	车辆伤害
		防水板施工时，作业人员吸烟或照明灯具烘烤防水板	火灾
		衬砌钢筋焊接时，未设临时阻燃挡板	火灾
		混凝土灌注时未两端同时进行	坍塌
		拆除混凝土输送软管时，未停止混凝土泵的运转	物体打击

5. 辅助施工措施

辅助施工措施危险源辨识清单如表 3-32 所列。

表 3-32　辅助施工措施危险源辨识清单

序号	危险源	危害因素	事故类型
1	超前锚杆	压力注浆设备无专人操作和监管	各种伤害
		压力注浆设备随意加压	物体打击
		锚杆的孔轴方向不垂直于开挖面	坍塌
		开挖面成型后，没有立即进行锚杆施工	坍塌
		锚杆注浆后，在砂浆凝固前敲击、碰撞、拉拔锚杆	坍塌
2	竖井、斜井	竖井井口平台未高出地面 0.5 m 或未设井盖	高处坠落
		当工作面附近或井筒未衬砌部分发现有落石、支撑发响或大量涌水时，作业人员未立即撤出井外	透水、冒顶片帮
		吊桶升降机运送人员的速度超过 5 m/s，无稳绳段超过 1 m/s	起重伤害
		吊桶升降机运送石渣及其他材料的速度超过 8 m/s，无稳绳段超过 2 m/s	起重伤害
		吊桶升降机运送爆破器材的速度超过 1 m/s	起重伤害
		竖井、斜井井底与井口无信号联系或信号联系无效	起重伤害
		斜井施工作业人员乘坐出渣车辆上下斜井	起重伤害
		竖井、斜井内运输用钢丝绳未按规定进行定时检查、更换	起重伤害
		竖井、斜井井口未设防洪、防雨设施	透水
		竖井、斜井提升设备无限速、限位装置	起重伤害
		竖井、斜井提升设备未安装深度指示器	起重伤害
		斜井内未在右侧设置宽 1 m 的人行梯步或梯步未设护栏	起重伤害
		人行梯步与运输轨道的安全距离小于 2.5 m	起重伤害
		斜井垂直深度超过 50 m 时，未配备运送人员的车辆	起重伤害
		运送人员的车辆没有顶盖或未装防坠器	起重伤害
		竖井、斜井出渣时，装渣人员未进入待避场所即发出提升信号	起重伤害
		空车到达井底未停稳，装渣人员即走出待避场所开始装渣	起重伤害
		竖井井底停车场未设置避车洞	起重伤害
3	监控量测	未对设计要求的必测项目进行监控量测	冒顶片帮
		未根据情况增加针对性的选择项目或量测数据未及时回归分析	冒顶片帮
		长大隧道和不良地质隧道未进行超前地质预报或采用水平地质钻探核实验证	冒顶片帮
		未按监控量测结果科学指导施工	冒顶片帮
		未对岩爆的发生制定预控措施	冒顶片帮
		未按 JTG F90 的规定对拱顶最大允许沉降及周边收敛进行监测	冒顶片帮
4	空压机	超过空压机的额定气压	放炮
		长时间未检查，润滑油泄漏而继续作业	火灾
		供风管管材不合格，供风管使用中有破损、漏风	中毒、窒息
		供风量不足，隧道内一氧化碳质量浓度超过 30 mg/m³、二氧化碳浓度超过 0.5%（按体积计）或其他有害气体超标	中毒、窒息
		粉尘量过大而继续施工、通风	中毒、窒息
		隧道内的空气成分取样分析频率低于一月一次	中毒、窒息
		隧道施工中的通风，无专人管理，不能保证每人每分钟供给新鲜空气 1.5～3 m³	各种伤害

6. 特殊隧道

特殊隧道危险源辨识清单如表 3-33 所列。

表 3-33　特殊隧道危险源辨识清单

序号	危险源	危险因素	事故类型
1	瓦斯隧道开挖	瓦斯隧道未配备瓦斯检测仪器、瓦斯自动检测报警断电装置	瓦斯爆炸
		瓦斯隧道施工中未实施“一炮三检制”和“三人连锁爆破”制度	瓦斯爆炸
		瓦斯检测员上岗前未经过正规的安全培训	瓦斯爆炸
		瓦斯隧道内照明器材、施工机具等，未采用防爆型	瓦斯爆炸
		携带火种、引燃物品、手电筒和穿化纤衣服进入瓦斯隧道施工现场	瓦斯爆炸
		未实行“三班制”和 24 h 不间断巡查检测	瓦斯爆炸
		掘进工作面风流中的瓦斯浓度达到 1%时，未停止电钻打眼；达到 1.5%时，未停止工作，撤出人员，切断电源	瓦斯爆炸
		电动机附近 20 m 以内风流中的瓦斯浓度达到 1.5%时，未切断电源停止运行	瓦斯爆炸
		掘进工作面的局部瓦斯积聚浓度达到 2%时，其附近 20 m 以内未停止工作，切断电源	瓦斯爆炸
		瓦斯工区爆破未采用煤矿许用炸药和煤矿许用瞬发电雷管	瓦斯爆炸
		起爆母线未使用铜芯绝缘线或母线未采用单回路	瓦斯爆炸
		起爆器在离洞口小于 20 m 处或爆破时洞内未停电	瓦斯爆炸
		停工的地点停止送风或在停风的区域进行机械施工作业	瓦斯爆炸
		洞内进行电、气焊工作	瓦斯爆炸
		二衬混凝土未加入气密剂或进行垂直方向振捣	瓦斯爆炸
		二衬混凝土拆模时使用铁锤、撬棍等进行敲打	瓦斯爆炸
		高瓦斯隧道和瓦斯突出隧道的照明用电电压超过 110 V，低瓦斯隧道超过 220 V	瓦斯爆炸
		未在机械摩擦发热部位安设过热保护装置和温度检测报警装置	瓦斯爆炸
		出渣运输车辆未安装尾气排放净化器	瓦斯爆炸
		发生瓦斯涌出、喷出异常的状况时，未及时采取措施，撤出施工人员，对隧道进行警戒	瓦斯爆炸
		在洞内拆卸和修理设备	瓦斯爆炸
		供电线路使用明接头或未设置漏电保护及接地装置	瓦斯爆炸
		洞内及洞口附近存放油料或发生油料的“滴、漏、跑、冒”现象	瓦斯爆炸
		洞外未设置消防水池、消防用砂、灭火设备	瓦斯爆炸
2	黄土隧道开挖	开挖侧保护土体的宽度小于 2.5 m 情况下未停止作业	坍塌
		长时间停止施工的黄土隧道衬砌未紧跟掌子面	坍塌
		洞内二次衬砌距离掌子面的最大距离超过 60 m	坍塌
		仰拱至掌子面开挖时间大于 30 d	坍塌
		未严格按照 JTG F60 和设计要求的频率进行监测	各种伤害
		施工中遇到地表有冲沟、新老黄土分界面、土石分界处时，未高度重视	坍塌
		开挖方式不正确，未采用三台阶法、CRD 法以及环向开挖留核心土法等	坍塌
		施工中对周围土层扰动太大未注意	坍塌

3.4 安全生产形势预测预警

安全生产形势预测预警是指以隐患排查结果和仪器仪表监测检测数据为基础，辨识和提取有效信息，分析其可能产生的后果并予以量化，将有关信息经过综合分析形成直观的、动态的反映企业安全生产现状的安全生产预警指数系统，运用预测理论，建立数学模型，对未来的安全生产趋势进行预测，得出安全生产趋势的发展情况。

3.4.1 预测预警的任务

(1) 以企业日常隐患排查工作为基础，发现工作场所存在的隐患，并及时纠正，使生产过程中人的不安全行为和物的不安全状态及管理缺陷处于被监测、识别、诊断和干预的监控之下。

(2) 通过对隐患排查数据、监测信息的分析，可以确定各种信息可能造成的后果，辨明造成伤亡的严重程度如何，确定是否处于安全状态，其主要任务是应用适宜的识别指标判断可能造成的后果，它对整个预警系统的活动至关重要。将分析得出的不安全因素进行量化，对可能造成的后果进行量化统计分析，加以系数修正，计算得出安全生产预警指数，通过安全生产预警指数走向的升高和降低，直观反映当前安全状况是安全、注意、警告或危险。

(3) 利用以系统分析、信息处理、建模、预测、决策和控制等为主要内容的预测理论，定量计算未来安全生产发展趋势，警示生产过程中将面临的危险程度，提请企业采取有效措施防范事件、事故的发生。

(4) 根据安全生产预警指数数值大小，对事故征兆(险肇事件)的不良趋势采取不同的措施，进行矫正、预防与控制。

(5) 对可能造成损失的事件及时进行整改，分析规律，防范同类事件的发生。

3.4.2 预测预警指数系统的建立

这里所指的预测预警指数系统，是根据中国安全生产协会的《安全生产预警指数管理系统》的有关内容提出的，供企业参考。

1. 收集数据

安全生产预警的基础是数据的收集，数据来源有两个方面：隐患排查的结果和仪器仪表监测数据。在隐患排查中，不仅要发现物的不安全状态，而且对人的行为也要加以判断，对于好的安全行为要及时表扬，对于不好的行为要加以纠正，并记录在案，对于仪器仪表监测过程中不正常的数据要进行整理。通过对历史数据、即时数据的整理、分析和存储，建立安全预警数据档案。

2. 分析判断

对收集到的信息、数据进行分析，判断已经发生的异常征兆及可能发生的连锁反应，评价事故征兆可能造成的损失。对分析的结果进行分类统计，形成部门安全预警情况报告，上报企业安全管理部门，汇总分析后，得出当前安全生产预警指数报告。

(1) 原始数据判断

各部门针对隐患排查情况、监测检测数据，运用判断指标，对可能造成人员伤害、疾病的状况或行为，分为“不安全状况”或“不安全行为”进行统计。

（2）伤害等级判断

将不安全行为、不安全状况可能导致的人员伤害分为死亡、重伤、轻伤和无伤害等 4 个等级。采用“事故当量”的概念，量化可能造成的伤害等级。

3. 系数修正

（1）报告份数修正

为了消除规定时间内安全预警情况报告数量不同对安全生产预警指数的影响，按每周（月）适合本企业的平均数来修正周（月）伤害统计值。

（2）事故修正

事故的发生会造成安全生产预警指数的升高，另外，每次事故发生后都会对一定时期内的安全生产工作产生影响，因此，系数修正要考虑不同级别事故及事故发生后一段时期内的影响。

（3）隐患整改率修正

隐患整改率的高低直接影响企业安全生产状况，因此，要根据不同的隐患整改率进行修正。

（4）培训及演练修正

安全教育培训是提高员工安全意识和安全素质、防止产生不安全行为、减少人员失误的重要途径，因此，培训能够降低企业安全风险，降低安全生产预警指数值。不同级别的培训（厂级、车间级和班组级）对员工的影响不同，修正值不同。

应急演练可以在事故真正发生前暴露应急预案存在的问题，提高应急人员的熟练程度和技术水平，提高整体应急反应能力，降低事故发生造成的损失，降低安全生产预警指数值。

考虑每次培训、演练后都会对一定时期内的安全生产状况产生的影响。

4. 计算

安全生产预警指数的计算是以规定时间段内的各部门安全预警情况报告为基础，进行报告份数、演练、培训、事故、隐患整改率等系数修正，计算得到安全生产预警指数值，其计算过程为：

（1）统计值计算：根据原始数据的分类统计值与所对应的伤害等级，加权得出周或月伤害统计值。

（2）安全生产预警指数计算：安全生产预警指数＝安全预警报告修正值＋事故修正值＋隐患整改率修正值＋培训及演练修正值＋其他修正值。

5. 生成图形

根据预警指数值，并按照时间顺序，将一段时间内的安全生产预警指数连接后，即构成安全生产预警指数图，从而直观反映企业整体安全形势。运用预测理论，对历史安全生产预警指数进行整理、修正后，消除影响因素，建立数学模型，生成安全生产趋势图，直观预测企业安全生产趋势。

3.5 安全隐患排查案例

××施工现场安全隐患排查工作方案

3.5.1 编制目的

为切实贯彻《国务院关于进一步加强企业安全生产工作的通知》(国发〔2010〕23号)、《国务院关于坚持科学发展安全发展促进安全生产形势持续稳定好转的意见》(国发〔2011〕40号),牢固树立"隐患就是事故"的预防理念,进一步强化工程安全生产管理工作,完善事故隐患排查治理的长效机制,确保实现安全管理目标,结合项目部实际情况,编制《安全隐患排查工作方案》。

3.5.2 编制依据

《国务院关于进一步加强企业安全生产工作的通知》(国发〔2010〕23号);

《国务院关于坚持科学发展安全发展促进安全生产形势持续稳定好转的意见》(国发〔2011〕40号);

《公路水运工程生产安全重大事故隐患挂牌督办制度(暂行)》;

《建设工程安全生产管理条例》;

《公路水运工程安全生产监督管理办法》;

《安全生产事故隐患排查治理暂行规定》。

3.5.3 工程概况

山东省高速公路××标段,全长5.42 km。

3.5.4 组织机构及职责

1. 组织机构

项目部成立安全隐患排查工作小组,项目经理任组长,总工、生产副经理、安全总监担任副组长,成员包括安质环保部、工程技术部、设备部、物资部、专职安全员和专职电工等有关部室人员。

领导小组办公室设在安保部,联系电话:××××-×××××××××。

2. 领导小组职责

(1) 组长职责

全面负责安全隐患排查的指挥工作,参与制定隐患整改方案,对重大安全隐患进行挂牌督办。

(2) 副组长职责

负责现场指挥,参与隐患排查,制定隐患整改方案,并指挥落实。

(3) 成员职责

参与隐患排查,作为隐患整改第一责任人,负责现场安全隐患的整改工作。

3.5.5　安全隐患排查工作内容

1. 路基施工

(1) 清表时清除的杂草、树木严禁焚烧，以防引起火灾。

(2) 填筑时，在填土区边缘设置安全标志。

(3) 要特别注意在靠近建筑物、设备基础、电杆及各种脚手架附近挖土时，必须采取安全防护措施，留出足够的安全距离。

(4) 影响既有公路交通的工程施工时，首先与交通管理部门取得联系，制定确保交通安全的施工方案、施工计划及保证安全的具体措施，报交通管理部门审批后施工。

(5) 路基施工地段发现地下不明管道、线缆时及时与有关部门联系，确认做好防护后再继续施工。地下管道、线缆处施工时，在征得有关部门同意后，备齐备足必要的抢修材料，制定出应急方案后再行施二。

(6) 桥头、涵洞两侧的填土打夯时，对所使用的打夯机经常检查其各部构件，遇有脱榫、劈、折断等迹象，及时修理。使用内燃打夯机时，确认机械完好，由2人同时作业。使用电动打夯机时，电源线应完好无损并装有漏电保护器。操作时，戴绝缘手套，辅助人员与操作人员必须密切配合，严禁在夯机前方隔机扔电缆或背线拖拉前进，电缆线不应扭结和缠绕。不得在斜坡上夯打，停用或搬运打夯机时，应切断电源。

(7) 车辆和机械启动前、工作中及工作完毕后，随时检查各部件，发现故障及时排除或提出保修意见，不得带病运转或超负荷工作。在运转中的机械设备，禁止进行维修、保养和润滑等作业，如发现不正常时，先停机后检查。液压系统发生故障，停止作业检修时，必须先释放压力。

(8) 机械设备不得随意扩大使用范围和使用性能，严格按照规定承载。

(9) 机械在危险地段作业时，必须设明显的安全警告标志，并应设专人站在操作人员能看清的地方指挥。驾机人员只能接受指挥人员发出的规定信号。

(10) 配合有关机械作业的清底、平地、刷坡等工作人员和施工指挥人员，必须在机械的回转半径之外工作，如确需在半径之内工作时，机械停止回转并制动。

(11) 机械设备在高填方边缘施工时，应有专人负责指挥。

2. 钻孔桩施工

(1) 现场人员必须戴安全帽，吊装钢筋笼时不得站在机械臂活动半径范围内。

(2) 护筒埋设完成后，护筒周边要用高度不小于1.2 m的反光漆涂刷红白相间的围栏维护。

(3) 对起吊设备应经常进行安全检查，对破损部件应及时更换，确保安全。钻孔施工设备停放地点应平整、夯实，并避开高压线。

(4) 桩机作业区域应平整，并设立警示标志，非工作人员未经批准不得入内。

(5) 在进行钻机安装时，机架应垫平，保持稳定，不得产生位移或沉陷；必要时钻架顶端应用缆风绳对称张拉，地锚设置应牢固。

(6) 钻机应按相关要求进行标识，标明所施工桥名、墩台及桩位编号、护筒顶高程、设计桩长、孔深及桩底高程等。

(7) 施工中做好详细钻孔记录，制作渣样盒，保留好渣样。

(8) 禁止随地排放泥浆和钻渣,钻渣应及时外运到指定弃土场。

(9) 制浆材料的堆放场地周围设置排水沟,制浆材料用彩条布覆盖,防止雨淋。

(10) 泥浆池周围设置高度不小于 1.2 m 用反光漆涂刷的红白相间的钢管围栏维护,围栏上悬挂警示标志,并设夜间警示灯。泥浆池废弃后要回填处理,防止人员及设备陷入池内。

(11) 多节钢筋笼焊接连接时,在孔口支垫方木,方木不得直接支设在护筒上,用足够刚度的杆件穿膛支架钢筋笼,并用吊装设备吊住。

(12) 灌注混凝土用导管灌注时,必须用专用导管卡横担在孔口的方木上。未放置导管卡时,严禁灌注。

(13) 导管要及时清洗并码放整齐。灌注时做好排浆工作,保持灌注现场的清洁。

(14) 晚上施工时要有充足的照明设备。

(15) 钻机在作业中,应由专门的操作人员操作,其他人不得任意登机。操作人员在当班中,不得擅自离岗。

(16) 每次拆换钻杆或钻头时,要迅速快捷,并保证连接牢靠。严防工具、铁件及螺帽等掉入孔内,应在孔口加设防护罩。

(17) 对于已埋设护筒未开钻或已成桩护筒尚未拔除的,应加设护筒顶盖或铺设安全网遮罩。

3. 基坑及模板施工

(1) 在基础施工前及开挖槽、坑、沟土方前,建设单位必须以书面形式向施工企业提供与施工现场相关的详细的供水、排水、供电、供气、供热、通信、广播电视等地上、地下管线资料,以及气象和水文观测资料,并保证资料的真实、准确、完整;施工企业应编制地上、地下管线保护措施。

(2) 危险处和通道处及行人过路处开挖的槽、坑、沟,必须采取有效的防护措施,防止人员坠落,夜间应设红色标志灯;雨季施工期间基坑周边必须有良好的排水系统和设施;槽、坑、沟边 1 m 以内不得堆土、堆料和停置机具。

(3) 开挖槽、坑、沟深度超过 1.5 m,应根据土质和深度情况按规定放坡或加可靠支撑,并设置人员上下坡道或爬梯,爬梯两侧应用密目网封闭。开挖深度超过 2 m 的,必须在边沿处设立 2 道防护栏杆,用密目网封闭。

(4) 吊运大模板必须采用卡环,大模板在每次吊运前必须逐一检查吊索具及每块模板上的吊环是否完整有效;吊运墙体大模板时应一板一吊,严禁同时吊运 2 块以上的大模板;大模板单位重量不得大于起重机的荷载;吊运大模板时应设专人指挥,模板起吊应平稳,不得偏斜和大幅度摆动;操作人员必须站在安全可靠处,严禁人员和物料随同大模板一同起吊;穿墙螺栓等其他零星部件的垂直运输应采用有边框的吊盘进行,禁止用编织袋直接吊运;当风力超过 6 级或大雨、大雪、大雾时不得进行吊装作业。

(5) 大模板安装时应按模板编号顺序遵循先内侧、后外侧,先横墙、后纵墙的原则安装就位;根部和顶部要有固定措施;大模板支撑必须牢固、稳定,支撑点应设在坚固可靠处,不得与脚手架拉结;大模板就位后紧固好穿墙螺栓方可解除吊车吊环,对空间狭窄,无法安装支腿的模板和就位后的模板不能及时安装穿墙螺栓时,应用索具将同一墙体正、反 2 块模板相互拉结,严禁使用铅丝临时固定;组装平模时,应及时用卡具或花篮螺丝将相邻模板连接好,防止倾倒。

(6) 大模板的拆除应遵循先支后拆、后支先拆，先非承重部位、后承重部位以及自上而下顺序的原则；拆除有支撑架的大模板时，应先拆除模板与混凝土结构之间的穿墙螺栓及其他连接件，松动地脚螺栓，使模板后倾与墙体脱离开；拆除无固定支撑架的大模板时，应用索具与墙体主筋拉结牢固，严禁使用铅丝临时固定；任何情况下，严禁操作人员站在模板上口采用晃动、撬动或用大锤砸模板的方法拆除模板；拆除的穿墙螺栓、连接件及拆模用工具必须妥善保管和放置，不得随意散放在操作平台上；起吊大模板前应先检查模板与混凝土结构之间所有穿墙螺栓、连接件是否全部拆除，必须在确认模板和混凝土结构之间无任何连接后方可起吊大模板，移动模板时不得碰撞墙体；吊运时应垂直起吊，严禁使用吊车撕扯模板或斜吊。

(7) 施工现场应确定模板存放区域，大模板现场堆放区应在起重机的有效工作范围之内，严禁将模板放置在存放区以外；存放区应设围栏，地面必须平整夯实，有排水措施，不得堆放在松土、冻土或凹凸不平的场地上；大模板堆放时，有支撑架的大模板必须满足自稳角70°～80°的要求；没有支撑架的大模板应存放在专用的插放支架内，不得倚靠在其他物体上；大模板在存放时，应采取2块大模板板面对板面相对放置的方法，且应在模板中间留置不小于600 mm的操作间距；遇有大风等恶劣天气，应对存放的模板采取临时连接的固定措施，同时暂停清理模板和涂刷脱模剂等作业。

4. 墩台施工

(1) 开挖基坑前，在开挖边线外设置排水沟，防止地表水流入基坑。如基坑内有渗水，基坑四周应开挖排水沟集中抽水排出。

(2) 基础断面边缘应较设计断面宽50～100 cm，基坑应放坡开挖，基坑顶面边缘严禁堆放杂物，保证基坑壁的稳定。

(3) 肋板模板及模板支护要保证其刚度、牢固性；模板顶要搭设混凝土浇筑作业平台，作业平台四周要用高度不低于1.2 m的钢管支架围护。

(4) 墩柱模板必须用缆绳校正固定，并搭设支架稳固模板和脚手架平台、栏杆及上下扶梯。

(5) 用吊机吊模板合缝，模板底端应用撬棍等工具拨移，不得徒手操作。每节模板支立完毕，应在安好连结紧固器，支好内撑后，方可继续作业。

(6) 在竖立高桥墩的墩身模板过程中，安装模板的作业人员必须系好安全带，并拴于牢固地点。穿模板拉杆，应内外呼应。

(7) 盖梁施工时无论采用支架或抱箍，都应进行受力分析计算与验算。

(8) 模板吊装前，使模板连接牢固，内撑、拉杆、箍筋上紧，吊点正确牢固。起吊时，拴好溜绳，并听从信号指挥，不得超载。

(9) 模板就位后，立即用撑木等固定，以防倾倒伤人。当借助吊机吊模板合缝时，模板底端用撬棍等工具拨移。每节模板立好后，上好连接件，打好内撑，方可暂停作业，以保持稳定。

(10) 盖梁钢筋骨架在钢筋加工场用胎架加工后运至施工现场，采用整体吊装，吊装过程应由专人指挥。

(11) 用吊斗浇筑混凝土，吊斗提降，应设专人指挥。升降斗时，下部的作业人员必须躲开，上部的人员不得身倚栏杆推吊斗，严禁吊斗碰撞模板及脚手架。

（12）凿除混凝土浮浆及桩头，作业人员必须按规定佩戴防护用品。人工凿除，应经常检查锤头是否牢固，使用风镐凿除桩头，应先经检查，安全可靠，方可作业。严禁风枪对准人。

（13）拆除模板，应划定禁行区，严禁行人通过。

5. 预制梁板

（1）预制施工现场应封闭管理，必须有醒目的安全警示标志，与工程建设无关的人员严禁入内。

（2）现场应配备简易爬梯，使施工人员上下方便，便于预制梁施工、检查。

（3）应严格按规定时限和程序拆卸模板，不得野蛮拆卸模板。

（4）油管和千斤顶油嘴连接时应擦拭干净，新油管应检查有无裂纹、接头是否牢靠，高压油管接头应加防护套，以防喷油伤人。

（5）千斤顶工作时，正面不能站人，不得拆卸液压系统中任何部件。压浆泵使用应严格按安全操作规程进行。

（6）压浆施工人员必须佩戴安全防护眼镜，在管道有压的情况下禁止拆卸各种管件。

（7）每次压浆机停用时，应及时清洗压浆泵及管道。设备检修时，防止机油污染构件和钢筋。

（8）已张拉完尚未压浆的梁，不得剧烈振动，禁止未压浆的梁出坑，防止预应力筋断裂。

（9）预制小箱梁及空心板梁板堆放均必须采用四点支撑堆放，空心板叠放不得超过 3 层。小箱梁堆放高度不得超过 2 层。

6. 梁板运架施工

（1）所有吊装设备在正式吊装前必须经过技术监督部门的检测，检测合格后投入使用。每次作业前，必须全面检查。

（2）吊装设备必须由专业的安装队伍进行安装和调试；操作人员必须通过安全教育技术培训，经监理单位考核合格后持证上岗。

（3）安装前进行试吊，检验设备的安全性、可操作性及人员安排的合理性、协调性。

（4）吊装设备应经常进行检查和维修，防止漏电，并专人操作、专人指挥。禁止设备带病作业。禁止酒后操作设备。

（5）操作人员必须熟悉运梁车的结构及各项技术参数。开始作业前，要做好各项检查工作，如：道路清障，机电、走行部分、液压系统专项检查，结构的连接、通信、信号的检查等。各项检查通过后方可作业。

（6）装梁前，应仔细核对待架成品箱梁外观、梁长、编号等，核对无异后方可吊装。

（7）运梁车启动前应全面检查一遍箱梁的支垫及支承情况，检查运梁车的方向及制动等。

（8）运梁车启动前检查运梁车上托梁台车轮下安全三角木楔是否塞好。

（9）箱梁在运输过程中应控制梁体 4 个支点高程保持在同一平面。任一支点高程偏离其他 3 点平面不得超过 2 mm。

（10）运梁车载梁进入路基上行驶至架桥机后待架，运梁车行驶速度不得大于 3 km/h。

（11）在下坡方向上运梁，应备有止溜木楔，并设专人负责，防止运梁车溜动。

（12）2 辆运梁车之间设专人联系，保持通信联系畅通，计算好会车时间，防止运梁车远离会车点相遇。

(13) 运梁车在会车点会车时，设专人进行指挥，防止运梁车碰、挂，确保会车安全。

(14) 在整个运梁过程中，应有专人在运梁车前方两侧引导和观察路面变化，操作人员也要高度集中精力，密切注意运梁车及前方道路情况，发现异常，及早采取相应措施。非紧急情况，严禁高挡位急起急停。

(15) 运梁车在已架梁上行驶时，必须在桥梁中间行驶，严禁偏离左右任何一方。

(16) 运梁车在曲线上行驶时，速度要放慢，防止因离心作用箱梁在梁车上发生偏移。

(17) 雨雪及大风等恶劣条件下，不得进行运梁作业。路面湿、滑及冰冻等要采取相应防护措施，降低运梁速度。

(18) 梁前端接近架桥机尾部时应提前减速，慢速喂梁。必要时点动对位，严禁冲撞、剐碰架桥机任何部位。

7. 高处作业

(1) 高处作业必须设有可靠的安全防护措施。上下须设置人行斜道、爬梯或升降电梯，通行要设置通道，并一律加设护身栏(护身栏应为双杆，高度不得低于 1.2 m)；落差超过 2 m 的临边、孔隙口等应安设护栏或安全网；在开放型结构上施工，如高处搭设脚手架和无防护边缘上作业以及在受限制的高处或不稳定的高处或没有牢靠立足点的地方作业，必须系挂安全带(绳)等可靠的个人防护装置。

(2) 从事高处作业的人员要定期或随时体检，发现有不宜登高的病症者，要立即调换工作岗位，不得从事高处作业。除此之外，还要及时了解从事高处作业人员的思想情况，发现因各种原因导致思想压力过大或情绪不稳定者，应及时暂停其从事高处作业或工作。

(3) 严禁酒后从事高处作业，严禁在大风、雨雪等恶劣天气下从事高处作业。

(4) 高处作业人员要穿防滑鞋，严禁穿拖鞋或硬底鞋。所需的材料事先准备齐全，工具应放在工具袋内。

(5) 高处作业所用的梯子不得缺档和垫高，同一架梯子不得 2 人同时上下。

(6) 高处作业与地面联系，应有专人负责，配有通信设备。

(7) 严禁人员搭乘吊装、运送物件的设备上下。

(8) 进行 2 层或多层上下交叉作业时，上、下层之间应设置防护网罩加以保护，并自上而下、逐步下降进行，严禁将架杆、扣件、模板向下抛掷。施工平台应挂配醒目的安全警示牌，夜间施工必须有充足的灯光照明。

8. 跨线施工

(1) 项目部跨线施工主要有国道 308 分离式立交、南安庄枢纽互通(跨青银高速公路)。

(2) 桥台基础距既有公路较近，基坑开挖、台背回填及桥台锥坡施工时需进行严格防护。在锥坡坡脚外 3 m 位置设置横向通长安全防护网，防护网高度 2 m；及时清理边坡及坡顶不稳定土体；在防护网内侧设置 0.5 m×0.5 m 截排水沟，避免边坡冲刷水污染路面及坍塌阻碍交通。

(3) 跨青银高速公路现浇梁施工时设置支架门洞，单侧门洞按双车道设置(3.75 m×2)，门洞净空 5.5 m。支架门洞型钢梁底部拉设安全网、顶部设置人行通道护栏并围护安全网，避免高空坠物伤及行车安全。

(4) 为了方便司机辨认行车界线，设置黄色标线作为临时性路面标线。

（5）为确保施工及行车安全，在施工区前方（双向）200 m 处开始设置震荡带安装位置。共设 12 道，每道宽 10 m，道与道间隔 25 m。设置在 200 m 处的第一道采用小半圆体受震强烈的合成胶震荡条，强制提醒司机从此处开始必须减速至标志牌上明确的行车速度，后面的 5 道设置震荡板。

（6）在施工区前方 50 m 范围内连续设置水桶防撞墩，防撞水桶设置的行车道宽度应是门洞内车道的宽度，端头呈喇叭形。这也是强制司机在施工区范围内必须在此行车宽度内通行，提高了施工范围内设施、人员的安全性。在门洞端口的明挖基础可阻止个别失控车辆直接迎面撞上通道端口的支架。

（7）为便于及早引起司机警觉，沿路在路肩外侧设置施工警告频闪灯，设置间距拟定为 1 件/50 m，这样能达到更好的警示效果。在型钢门洞入口的一端，贴上红白相间的反光膜，并安装红色警示灯，间距 50 cm 一个串联连接。夜间在灯光照射下，司机可以清楚地看到此处开始进入施工平台通道。

（8）门洞通道内的脚手管护栏涂刷反光漆，便于提示司机确认行车道宽度。同时在门洞通道内纵梁间安装夜间照明灯，便于提示司机确认行车道净高。

（9）现浇梁模板应安装稳固、牢靠。采取切实可行的模板加固措施，防止浇筑混凝土时发生胀模、爆模事故。浇筑混凝土时应保证浇筑的连续性和匀速性。作业人员严禁向桥下丢任何东西。

（10）现浇箱梁施工时，在施工区内安置一辆交通预警车和清障车，同时安排工地上的 2 台汽车吊随时候命以处理突发事件。一旦发生突发事件，预警车应立即拉响警笛，开启警灯，并向后示警，指示后续车辆减速慢行直至停车。同时通知项目部交通安全工作小组组织力量进行抢险排堵，并迅速联系高速交警前来处理。

（11）模板及支架拆除时制定专门的拆除方案，确保拆除工作顺利进行。

（12）标志牌主要分为警告标志、禁令标志、指示标志和施工标志。交通标志的设置应符合《道路交通标志和标线》（GB 5768）规定，同时还应根据具体情况设置于专门的位置。按规定设置好防落物设施。

（13）在预应力作业中，必须特别注意安全。在任何情况下作业人员不得站在预应力筋的两端，同时在张拉千斤顶的后面设防护装置。

（14）操作千斤顶和测量伸长值的人员，站在千斤顶侧面操作，严格遵守操作规程。油泵开动过程中，不得擅自离开岗位。如需离开，必须把油阀门全部松开或切断电路。

9. 机械使用

（1）各种运输设备不得人货混装，装载机不准载人。

（2）机械设备建立严格的管、用、养、修制度，并切实执行，实行奖罚，使设备经常处于良好状态。

（3）汽车及走行机械，严格执行“三不超（不超速、不超载、不超劳）、五不开（无证、无令、带病、病车、酒后不开）”“三勤、三检”制度。

（4）工地设专职机械管理和维修人员，分工负责机械设备各项工作。

（5）在施工中保证道路质量，由综合班按标准养护。安排调度值班，统一指挥，保证出料、进料运输畅通无阻，公路或便道转弯处或陡坡处设置醒目、温馨的安全标识。

（6）深入现场，督促检查机械设备安全工作情况，发现问题及时纠正，消除隐患，使机械设备能安全、优质、高效、低耗地运行。杜绝违章指挥、违章操作、违反劳动纪律等行为。

(7) 认真填写交接班记录，做到力保“十字作业”。交班清楚后，接班人检查移交的运转、维修、油耗等记录情况及设备情况，并开车试运转，确认正常后方能进行工作。

(8) 施工人员先进行岗前安全培训并经考核合格后上岗。对施工中违反操作规程的人员不仅要进行安全处罚，还要责令其重新学习并进行考核。

(9) 施工人员配足安全防护设施，施工中检查佩戴情况，不按要求佩戴时，进行安全处罚。

(10) 冬天车辆运输备好防滑链。

10. 夜间施工

(1) 做好施工安排，合理安排作业时间，钢筋安装、模板爬升等危险性较大的工作尽量安排在白天进行。

(2) 各级组织机构建立夜间值班制度，亲临现场指挥，检查施工。做好项目的夜间施工，做好周密的组织和技术交底，配备足够的资源，确保夜间施工顺利进行。夜间施工，保证足够灯光、照明亮度，特别是箱梁墩顶作业条件差，应加强安全防护，改善作业环境。

11. 雨季施工

(1) 在汛期施工用的机具、材料、设备等，放置在不易被水淹没的高处。因施工需要或地形限制必须设在河滩和低凹地时，采取措施防止被水淹或被洪水冲走。

(2) 本着有备无患的原则，针对本工程的防汛重点，准备充足的防汛物资、器具，专库存放，非防洪不准动用。

(3) 防汛期间，安排专人 24 h 轮流值班。防汛重点工点设专用通信工具，以便及时了解现场情况。洪汛期准备充足的器材、运输工具及劳力等，以备应急抢险。

(4) 电气设备要有可靠接地措施，对电焊机把线、电缆线、胶皮线应检查是否老化、破损，不合格的胶线应调换和修理，防止漏电事故发生。

(5) 现场临时电源应进行全面检查，各种线路只准架空铺设，电源开关箱要有防雨设施。

(6) 配电箱、电缆线接头、电焊机等必须有防雨措施，防止水浸受潮造成漏电事故。

(7) 雷雨天气应注意防雷工作，避免作业人员直接暴露在建筑物最高处及接打移动电话，防止雷电直接伤人。

12. 防火安全

(1) 指定防火安全责任人。项目部应针对具体情况，对所有作业班组指定相应的防火安全责任人，并采取切实有效的检查与奖惩措施。

(2) 注意施工区范围内的外来人员，对于非施工人员在施工区及其附近随意使用明火的行为应予以制止，并拍照留存，以厘清责任。对于收割季节以及清明节日，尤其要加强防范和戒备，必要时，需与地方林业等部门联系或合作，防止火灾的发生。

(3) 项目部应对进场机械设备加强防火安全检查，重点检查机械设备的机况、油温、油管路和高压管路的老化程度。在高温季节作业时，应做到班前检查，班后清理，派人值守。

进场的机械设备必须按相关安全规定配备灭火器，所有操作人员必须学会如何使用灭火器，做到在第一时间消除火灾隐患。

(4) 夏季气温较高时，柴油储备罐必须采用半埋式或全埋式存放，而且应搭棚防护，杜绝太阳光直射。按相关安全规定，规范配备消防砂、消防铲和灭火器等，并保证其正常使用。

13. 施工用电

电气操作人员取得"电工作业操作证"后，持证上岗作业。严格遵守"施工现场临时用电安全技术规范"及相关的规程、条例进行操作。

对管段内的施工用电和各种电气设备，实行统一管理，统一进行施工用电设计，采用三级配电二级保护方式。

现场用电采用三相五线制供电系统，自备发电机组采用三相四线制中性点直接接地系统。发电机组与外电线路电源连锁，防止并列运行。

用电设备实行一机一闸一漏一箱；保证漏电保护器与设备相匹配，定期检查。

架空线采用绝缘导线，并架设在专用电杆上。架空线路之间及与各种设施之间最小安全距离满足规定要求。横跨通道地段，其架设高度保证满足安全和限高要求。电线、电缆横穿路面的进行挖沟暗埋处理。

施工安全用电，结合每月施工安全大检查同步进行。发现安全用电隐患，填写"安全隐患整改通知单"，及时进行整改，认真落实措施、责任人、完成时间及验证情况。

电气设备按规定设置醒目的、与之相关的标示牌、警示牌、安全操作规程。

值班人员不单独移开高压设备或跨越栏杆工作，不带电搬迁。

在全部停电和部分停电的电气设备上工作，先完成停电、验电、放电等安全措施。

检修、搬迁带电电气设备时切断电源，悬挂"有人工作，禁止合闸"警示牌，并设专人看管。

操作高压电气设备主回路时，戴绝缘手套、穿绝缘靴并站在绝缘板上。手持电气操作设备的操作柄或工作中必须接触的部分，设置良好的绝缘，并在使用前严格检查。

办公场所和宿舍按规定统一配置用电线路，安装触电保护器，不私接电源线、电源插座。

14. 龙门吊

龙门吊应严格按照龙门吊操作规程操作，操作工持有效证件上岗，严格遵守"十不吊"的规定：

(1) 钢丝绳不合格不吊；

(2) 捆缚不牢不吊；

(3) 信号不明不吊；

(4) 钢丝绳挂不均匀不吊；

(5) 超过负荷棱角没垫不吊；

(6) 工作物埋在地里不吊；

(7) 安全装置失灵不吊；

(8) 工件上站人或工件上堆放浮动物件不吊；

(9) 易燃、易爆物品未设安全装置不吊；

(10) 行车吊挂重物直接进行加工的不吊。

龙门吊安装及拆卸应进行安全技术交底，封闭施工现场。负责安装、拆卸的作业人员应具有相应的操作证件。施工现场由专职安全员负责统一指挥，作业人员佩戴安全防护用品及劳保用品。

15. 钢筋加工

钢筋加工所有用电设备实行一机一闸一漏一箱；保证漏电保护器与设备相匹配，定期检查。电焊工应持有效证件上岗。钢筋原材料、成品、半成品分区堆放整齐，堆放高度应符合安全规定。

16. 现浇梁支架

现浇梁满堂支架搭设前应对地基进行有效处理并硬化。脚手架搭设人员必须是按现行国家标准考核合格的专业架子工。上岗人员定期体验，合格者方可持证上岗。

支架安装前必须进行支架刚度、强度及稳定性等计算，确定立杆间距及横杆间距，并对杆件进行逐根质量检查。

搭设、拆除脚手架人员必须戴安全帽、系安全带、穿防滑鞋。作业层上的施工荷载应符合设计要求，不得超载，严禁悬挂起重设备。当有6级及6级以上大风和雾、雨、雪天气时应停止脚手架搭设与拆除作业。雨、雪后上架作业应有防滑措施，并应扫除积雪。安全网应按有关规定搭设或拆除。支架搭设完成后由相关部门进行验收。不得在脚手架基础及其邻近处进行挖掘作业，否则应采取安全措施，并报项目安全负责人。

上跨交通道路搭设脚手架时，外侧及下侧应有防坠物伤人的措施。在脚手架上进行点、气焊作业时，必须有防火措施和专人看守。在满堂支架醒目位置须挂告示牌，注明支架通过验收时间、使用期限、允许最大作业人数及最大承受荷载等。

垂直运输设施与满堂支架之间的运转平台的铺板层数和荷载应按设计及规范要求执行，不得任意增加铺板层的数量和超载堆放材料。支架安装完成后采用堆载预压方式进行支架预压，沙袋预压必须有防水浸入覆盖措施，防止增加预压自重。支架预压期间必须进行稳定性观测，并做好应急预案。

满堂支架在使用期间，严禁拆除主节点处的纵、横向水平杆及纵、横向扫地杆，未经主管部门同意不得随意更改满堂支架结构、用途或拆除构件，如需改变排架结构，须征得主管部门同意，重新修改设计；满堂支架上的安全防护设施禁止随意拆除，安全防护设施未设置或设置不符合要求时必须加设或改善后方可作业。

在施工中如发现异常情况，及时报告支架设计部门和安全部门，由设计部门和安全部门对支架进行检查鉴定，确认支架安全后方可使用。

3.5.6　隐患排查频率

项目部每月进行一次全面排查，对于危险性较大的工程项目（国道308分离式立交、南安庄枢纽互通立交、梁板运架等），每月进行3次专项排查。对排查出的隐患记录造册，定人、定时进行整改。对排查出的重大安全隐患，进行挂牌督办。为巩固隐患排查成果，对隐患排查工作进行回顾总结，针对隐患多发、易发环节制定有针对性的措施。

第4章 公路工程施工现场违章及预控

违章操作是一种不安全行为,不安全行为是指员工在职业活动过程中违反劳动纪律、操作程序和方法等具有危险性的做法。员工为什么会违章操作?为什么会出现不安全行为?对此,可以从心理学的角度进行分析。心理学认为,人的心理与行为是有关联的,需要产生动机,动机支配行为。有了动机,就要选择或寻找目标,然后进行实现目标的行为。需要得到满足,紧张、不安和不满消除,新的需要又重新发生,再形成第二个行为。这样周而复始,直到人的生命终止。也就是说,人的安全行为与不安全行为都与心理变化有关。从安全管理的角度讲,需要研究分析人的心理因素,进而分析人的行为,这样可以从更深的层次来认识人员违章操作,这对于纠正人员的不安全行为有重要意义。

4.1 安全行为与安全心理

人的安全心理与安全行为密切相关,安全行为是人的内在心理活动的一种外在体现。在安全生产活动中,如果说人的心理活动是影响安全的深层次因素的话,那么人的行为对安全活动的影响要直接得多。因此,在安全管理中,要重视引起员工心理变化的因素,如生产环境、用工制度、工资报酬、管理方式及个人因素等。可以把安全心理学的相关知识运用于安全管理中,这样不仅使企业的安全管理工作更具有准确性,同时也会带有更多的人情味和感情色彩,从而不断增强员工的安全意识,提高安全技能和自我防范能力,使安全管理工作更上一层楼。

4.1.1 人的行为概念、特征与影响因素

1. 人的行为概念

任何事物的运动都有其内部原因和外部原因,人的行为也不例外。影响人的行为的因素可以从内、外2个方面去寻找原因。影响人的行为的个人主观内在因素,包括生理因素、心理因素、文化因素和经济因素;影响人的行为的客观外在环境因素,则包括组织的内部环境因素和组织的外部环境因素。

从心理学的角度来说,人的行为起源于脑神经的交合作用综合形成的精神状态,即所谓的意识,将意识表现为动作时,便形成了行为,而意识本身则成为一种内在行为。

一般来说,需要是一切行为的动因。一个珍惜生命与健康的人,或一个需要生产安全来确保企业经济效益的领导,他一定会重视安全工作。人有了安全的需要,就会产生动机,从而就会引发有效的安全行为。因此,需要是推动人们进行安全活动的内在驱动力。动机是为满足某种需要而进行活动的念头和想法。研究行为的基本原理即需求、动机、行为之间的关系,可以透过现象看本质,为指导人的安全行为提供理论指导。

2. 人的行为特征

人类行为是有共同特征的。综合心理学家研究的成果，人类行为特征主要表现为以下几个方面：

(1) 自发的行为

人类的行为是自发的，而不是被动的。外力可能影响其行为，但无法引发其行为，外在的权力、命令无法使其产生真正的效忠行为。

(2) 有原因的行为

任何一种行为的产生都是有起因的。遗传与环境可能是影响行为的因素，同时外在条件亦可能是影响内在的动机。

(3) 有目的的行为

人类的行为不是盲目的，它不但有起因，而且是有目标的。有时候在别人看来毫不合理的行为，对他本人来说却是合乎目标的。

(4) 持久性的行为

行为指向目标，目标没有达成之前，行为是不会终止的。也许他会改变行为的方式或由外显行为转为潜在行为，但还是继续不断地向目标前进。

(5) 可改变的行为

人类为了谋求目标的达成，不但常变换其手段，而且其行为是可以经过学习或训练而改变的。这与其他受本能支配的动物行为不同，是具有可塑性的。

研究人的行为的共同特征，对探索动机的规律、管理心理活动的规律是有很大帮助的。人的行为的基本单元是动作，所有的行为都是由一连串的动作所组成的。对于班组的安全管理工作来讲，管理工作的重要任务之一，就是要了解、预测与控制一个人在什么时候可能从事什么动作(动作的发生)，同时要了解是什么动机或需要能在某一特定时间唤起某个动作。

3. 影响人的行为的社会心理因素

影响人的行为的社会心理因素有很多，如社会潮流因素、社会价值观因素和社会角色因素等。此外，还与文化传统因素、宗教信仰因素等有关。

归纳起来，影响人的行为的社会心理因素有以下几点：

(1) 社会知觉对人的行为的影响

知觉是眼前客观刺激物的整体属性在人脑中的反映。人的社会知觉可分为 3 类。一是对个人的知觉。主要是对他人外部行为表现的知觉，并通过对他人外部行为的知觉，认识他人的动机、感情和意图等内在心理活动。二是人际知觉。人际知觉是对人与人关系的知觉，主要特点是有明显的感情因素参与其中。三是自我知觉。自我知觉是指一个人对自我的心理状态和行为表现的概括认识。人的社会知觉与客观事物的本来面貌常常是不一致的，这就会使人产生错误的知觉或者偏见，使客观事物的本来面目在自己的知觉中发生歪曲。产生偏差的原因主要有第一印象作用、晕轮效应、优先效应和近因效应等。

(2) 价值观对人的行为的影响

价值观是人的行为的重要心理基础，它决定着个人对他人和事的接近或回避、喜爱或厌恶、积极或消极。对价值的认识不同，会从其行为上表现出来。具有合理的行为，首先需要有正确的价值观念。

(3) 角色对人的行为的影响

在社会生活的大舞台上，每个人都在扮演着不同的角色。有的人是领导者，有的人是被领导者，有的人是工人，有的人是农民，有的人是丈夫，有的人是妻子等。每一个角色都有一套行为规范，人们只有按照自己所扮演的角色的行为规范行事，社会生活才能有条不紊地进行，否则就会发生混乱。角色实现的过程，就是个人适应环境的过程。

4. 影响人的行为的主要社会因素

社会因素是指人们生活或工作的环境，包括生活和工作的条件因素、人际关系因素、经济状况因素和社会舆论因素等。在现代化的社会中，许多因素都会对人的心理产生影响。影响人的行为的社会因素主要有：

(1) 社会舆论对人的行为的影响

社会舆论又称公众意见，它是社会上大多数人对共同关心的事情，用富于情感色彩的语言所表达的态度。要社会或企业人人都重视安全，需要有良好的安全舆论环境，一个企业要想把安全工作搞好，就需要利用舆论手段。

(2) 风俗与时尚对人的行为的影响

风俗是指一定地区内社会多数成员比较一致的行为趋向。风俗与时尚对安全行为的影响既有有利的方面，也会有不利的方面，通过安全文化的建设可以达到扬长避短的目的。

(3) 环境、物的状况对人的行为的影响

人的行为除了内因的作用和影响外，还有外因的影响。环境、物的状况对劳动生产过程的人也有很大的影响。环境变化会刺激人的心理，影响人的情绪，甚至打乱人的正常活动。物的运行失常及布置不当，会影响人的识别与操作，造成混乱和差错，打乱人的正常活动。需要注意的是，影响人的行为的社会因素、社会心理因素，通常以间接的形式影响到人们的安全行为，尤其是企业生产作业员工的安全行为。

4.1.2 人的行为与安全

通常来讲，人的行为是由意识所支配，在生产过程中人们受完成任务意识的支配，就要通过具体的生产动作加以实施。在生产过程，人们的行为有安全行为与不安全行为的区别，人的行为是否安全，许多时候取决于个人的知识水平和心理、生理状态及不同的需要。根据动机、情绪、态度和个性差异等因素，人的不安全行为可分为无意识不安全行为和有意识不安全行为。

1. 无意识不安全行为

无意识不安全行为是一种非故意的行为，行为人没有意识到其行为是不安全行为。无意识不安全行为就是在对各种信息处理过程中，由于感知的错误、判断失误和信息传递误差所造成的。

造成无意识不安全行为比较典型的因素有：

(1) 视觉、听觉错误。

(2) 感觉、认识错误。

(3) 联络信息的判断、实施、表达误差。

(4) 由于条件反射作用而完全忘记了危险。如烟头突然烫手，马上把烟头扔掉，正好扔到易燃品处，则引起火灾。

(5) 出现遗忘。

(6) 单调作业引起意识水平降低。如汽车行驶在平坦、笔直的道路上，司机可能出现意识水平降低。

(7) 精神不集中。

(8) 疲劳状态下的行为。

(9) 操作调整错误。主要是由于技能不熟练或操作困难等引起的。

(10) 操作方向错误。主要是由于没有方向显示，或与人的习惯方向相反引起的。

(11) 操作工具等作业对象的形状、位置、布置和方向等选择错误。

(12) 异常状态下的错误行为。即在紧急状态下，造成惊慌失措，结果导致错误行为。

2. 有意识不安全行为

有意识不安全行为是指有目的、有意识、明知故犯的不安全行为，其特点是不按客观规律办事，不尊重科学，不重视安全。如一些人把安全制度、规定、措施视为束缚手脚的条条框框，头脑里根本没有“安全”二字，不愿意改变错误的操作方法或行为，导致事故的发生。有些人懂得安全工作的重要性，但是工作马虎、麻痹大意。还有些人明知有危险却迎着危险上，企图侥幸过关，致使事故发生。

在《企业职工伤亡事故分类》(GB 6441)中，把不安全行为分为 13 大类，并归纳了常见容易引发事故的不安全行为：

(1) 操作错误，忽视安全，忽视警告。

(2) 造成安全装置失效。

(3) 使用不安全设备。

(4) 用手代替工具操作。

(5) 物体(指成品、半成品、材料、工具、切屑和生产用品等)存放不当。

(6) 冒险进入危险场所。

(7) 攀、坐不安全位置(如平台护栏、汽车挡板、吊车车钩)。

(8) 在起吊物下作业、停留。

(9) 机器运转时进行加油、修理、检查、调整、焊接、清扫等工作。

(10) 有分散注意力的行为。

(11) 在必须使用个人防护用品用具的作业或场合中，忽视其使用。

(12) 不安全装束。

(13) 对易燃、易爆等危险物品处理错误。

3. 人的安全行为

人的安全行为是人在生产活动过程中对影响系统安全性的外界刺激经过肢体作出的理性的、符合安全作业规范的行为反应，通过人的一系列动作最终实现预期的安全目标。人的安全行为的特点是以安全作业规程、技术规程和管理规程等为规范，以人的肢体动作为载体，按照一定的操作方式连接起来的动态过程。

了解和研究人的安全行为的特点对规范人的安全行为和管理、预防事故具有重要意义。例如，如何适应社会经济的发展，建立科学、合理、有效的安全行为规范。又如，如何通过对人的教育培训，提高人的安全动作水平，保障系统过程安全。

人的安全行为与事故关系密切，人通过生产和生活中的行为直接或间接地与事故发生联系。通过对事故规律的研究，人们已认识到，生产事故发生的重要原因之一是人的不安全行为。因此，研究人的行为规律，以激励安全行为，避免和克服不安全行为，对于预防事故有重要作用和积极的意义。由于人的行为千差万别，影响人的行为安全的因素也多种多样。同一个人在不同的条件下有不同的安全行为表现，不同的人在同一条件下也会有各种不同的安全行为表现。

需要注意的是，行为是文化的外在表现，也是文化引导的结果。要确立良好的安全行为，安全行为文化是重要方面，也是建设安全文化的主要目标。

4.1.3 不同行为的心理反应与安全

1. 操作行为的过程分析

对人的安全行为的研究，就是要从复杂纷纭的现象中揭示人的安全行为规律，以便有效地预测和控制人的不安全行为，使员工能按照规定的生产和操作要求活动，更好地保护自身，维护企业的正常生产秩序。

在生产作业中，操作行为是最为普遍的行为。操作行为由于本身单调、重复、模式化及行为对象(设备)本身的特性，不可避免地带来许多心理和行为的异常状态。而这些异常状态恰恰是产生事故的重要根源。同时，在操作行为中，员工还存在着一系列的自保行为(如捷径反应、躲避行为、逃离行为、从众行为等)，这些行为影响着整个操作行为的完成，也是容易造成事故的因素。

从操作过程来看，任何操作行为都由准备、进行、结束 3 个阶段组成，在不同的阶段具有不同的特点，若组织不好就会发生事故。

(1) 操作准备阶段

准备阶段如果时间过长，准备时的行为过于烦琐，将会过早消耗人的心理资源，也不利于在以后的操作中保持注意力，并导致在操作中警觉水平的下降；反之，如果准备不够充分，操作人员没有进入状态，将会无法保持注意力，这种低负荷状态也降低了人的警觉水平。每次操作都要重复这些单调的行为，时间久了必然产生厌倦和漠视的心理。

(2) 操作进行阶段

在操作进行过程中，操作人员之间的连接和配合、操作人员与设备之间的连接和配合是否到位，是决定事故是否会发生的关键所在。

(3) 操作结束阶段

在操作结束阶段，最重要的是核查和回检。一般来说，临近上下班时及临时交接工作、临时组合操作人员的操作、临时操作任务、操作人员临时的操作等最容易出事故。

2. 相同行为的个体差异

相同的行为可来自不同的原因，相同的刺激或情境可以产生不同的行为，这主要取决于行为的个体差异。造成行为个体差异的主要原因如下：

(1) 遗传因素

人的体表特征在很大程度上受种族、遗传的影响，如身高、体格等虽然也受后天环境因素(如教育、锻炼)的影响，但在某种程度上受先天遗传的影响较大。体力和人体尺寸的差异与人的安全行为，在某些场合下往往会表现出来。由遗传因素决定的行为，改变往往是很困难的。

(2) 环境因素

环境是对人的行为影响最大的因素，其影响主要表现在以下几个方面：一是家庭因素。家庭是社会组成的基础，是人的主要生活环境之一，其对人的行为有明显深刻的影响。因此，不好的家庭环境往往是导致子女工作中的不安全行为和引发事故的重要原因。二是学校教育因素。学校的风气、教师的态度和作风、青少年时代的同学和朋友对人的性格、态度的形成和发展都有重要影响。此外，所受的教育不同，知识水平的高低，对危险预知和觉察的能力也有所不同。三是工作环境和社会经历因素。工作环境对人的习惯行为有很大的影响，社会经历(包括工作经验)不同，常给人的行为带来差异。四是文化背景因素。不同的文化背景，或者不同的企业文化背景，会在一定程度上影响人的观念和价值取向。

(3) 心理因素

心理因素主要是指心理过程和个性心理。心理过程虽是人类共有的心理现象，但具体到个体而言，却往往表现出种种不同特征，因而造成个体行为的不同。再者，由于每个人的能力、性格、气质不同，需要、动机、兴趣、理想、信念、世界观不同，便构成了个体不同的特征，因此决定了每个人都有自己的行为模式，从而给行为带来千差万别的个体差异。

(4) 生理因素

人的身体状况不同，使得安全行为也有很大差异。例如，患有色盲症的员工，从事那些需要通过辨别颜色确定信号的工种是不安全的；患有某种疾病的人，在从事某种作业时亦可能会出现事故，如高血压患者不宜从事高空作业，有癫痫和皮肤对汽油过敏者不宜从事接触汽油的作业。

由于每个人的上述因素各异，因此，人的行为(包括安全行为)也必然有所不同，而表现出个体差异的特点。

3. 不同行为的心理反应

在不同的情况下，不同的行为会产生不同的心理反应；反之，不同的心理反应也会产生不同的行为。

(1) 人的捷径反应

在日常生活和生产中，人往往表现出捷径反应，即为了少消耗能量又能取得最好效果而采用最短距离行为。例如，伸手取物往往是直线伸向物品，穿越空地往往走对角线等。但捷径反应有时并不能减少能量消耗，而仅是一种心理因素而已。如乘坐公共汽车，宁愿挤在门口(拥挤导致消耗的能量增多)，而不愿进入车厢中部人少处。

(2) 人的躲避行为反应

当发生灾害和事故时，人们都有一些共同的避难行为(躲避行为)。如发生恐慌的人为了谋求自身的安全，会争先恐后地谋求少数逃离机会。心理学家通过实验研究表明，沿进来的方向返回，奔向出入口等，是发生灾害和事故时躲避行为的显著特征。对于飞来的物体打击，心理学家曾做过实验，结果表明，对前方飞来的物体打击，约有80%的人会做出躲避行为，有2%的人未来得及反应或躲避不及。但对于上方有危险物落下时，实验研究指出，有41%的人只是由于条件反射而采取一些防御姿势，如抱住头部，或上身向后仰想接住落下物，或弯下腰等；有42%的人不采取任何防御措施，只是僵直地呆立不动(不采取措施的人大多数是女性)；只有17%的人离开危险物落下地方，向后方或两侧闪开，并以向后方躲避者居多。由此可见，人对于自头顶上方落下的危险物的躲避行为，往往是无能为力的。因此，在一些作业场所（如建筑工地、钢铁和化工企业等），头戴安全帽是最低限度的安全措施。

（3）人的从众行为反应

遇到突发事件时，许多人往往难以判断事态和采取行动，因而使自己的态度和行为与周围相同遭遇者保持一致，这种随大溜的行为称为从众行为或同步行为。女性由于心理和生理的特点，在遇到突发事件时往往采取与男性同步行为。一些意志薄弱的人，从众行为倾向性强，表现为被动、服从权威等。

（4）人的非语言交流反应

靠姿势及表情而不用语言传递信息（意愿）的行为称为非语言交流（也称体态交流）。人表达思想感情的方式，除了语言、文字、音乐、艺术之外，还可以用表情和姿势来表达，这也是一种行为。因此，可根据人的表情和姿势来分析人的心理活动。在生产中也广泛使用非语言交流，如火车司机和副司机为确认信号呼唤应答所用的手势，起重机在吊运物品作业时指挥人员常用的手势信号、旗语信号和哨笛信号，都属于非语言交流行为。航运、地勤人员导航、铁道等交通部门广泛使用的通信信号标志，以及工厂的安全标志，从广义上来说，也属于非语言交流行为的范畴。

4.2 违章作业时心理原因分析

在生产作业过程中，人需要操作工具或者设备完成生产作业任务。在操作过程中，绝大多数情况下人都会正常完成操作，不会发生操作失误的情况，但是在一些特殊情况下则会发生操作失误。研究操作失误行为，对于事故预防有积极的意义。

4.2.1 对操作失误行为的认识与预防

1. 人失误的概念和性质

人失误是指人的行为结果偏离了规定的目标，或超出了可接受的界限，并产生了不良的影响。关于人失误的性质，许多专家学者进行了研究，其中约翰逊关于人失误的问题做了如下论述：

（1）人失误是进行生产作业过程中不可避免的副产物，可以测定失误率。

（2）工作条件可以诱发人失误，通过改善工作条件来防止人失误相较于对人员进行说服教育、训练更有效。

（3）某一级别人员的失误，反映较高级别人员职责方面的缺陷。

（4）人们的行为反映其上级的态度，如果凭直觉来解决安全管理问题，或靠侥幸来维持无事故的纪录，则不会取得长期的成功。

（5）按照惯例编制操作程序的方法有可能促使人失误发生。

实际上不安全行为也是一种人的失误。一般来说，不安全行为是操作者在生产过程中发生的、直接导致事故的失误。正是由于人的不安全行为是导致许多事故的直接原因，因此在对人的失误研究分析中，比较集中于研究不安全行为在生产作业中的发生原因与预防措施。

2. 人失误的分类

在安全工程研究中，为了寻找人失误的原因，以便采取恰当措施防止发生人失误，或减少人失误发生概率，需要对人失误进行分类。对人失误进行分类的方法有很多，其中下面2种分类方法比较流行。

（1）按表现形式，人失误可以分为如下3类：

① 遗漏或遗忘。

② 做错，包括弄错、调整错误、弄颠倒、没有按要求操作、没有按规定时间操作、无意识的动作、不能操作等。

③ 进行规定以外的动作。

（2）按人失误的原因将人失误分为随机失误、系统失误和偶发失误3类。

① 随机失误。随机失误是指由于人的行为、动作的随机性质引起的人失误。例如，用手操作时用力的大小、精确度的变化、操作的时间差、简单的错误或一时的遗忘等。随机失误往往是不可预测、不能重复的。

② 系统失误。系统失误是指由于系统设计方面的问题或人的不正常状态引起的失误。系统失误主要与工作条件有关，在类似的条件下失误可能发生或重复发生。通过改善工作条件及职业训练能有效地克服此类失误。

③ 偶发失误。偶发失误是一些偶然的过失行为，它往往是事先难以预料的意外行为。许多违反操作规程、违反劳动纪律等不安全行为都属于偶发失误。

应该注意，有时对人失误的分类不是很严格的，同样的人失误在不同的场合可能属于不同的类别。例如，坐在控制台前的操作工人，为了扑打一只蚊子而触动了控制台上的启动按钮，造成设备误运转，属于偶发失误；但是，如果控制室里蚊子很多，又缺少有效的灭蚊措施，则该操作工人的失误应属于系统失误。

3. 常见行为过程失误的原因

认知心理学认为，“感觉（信息输入）→判断（信息加工处理）→行为（反应）”构成了人体的信息处理系统，按照其过程，人失误的原因大致可以分为2种：一种是感觉（信息输入）过程失误，例如没看见或看错信号、没听见或听错信号；另一种是判断（信息加工处理）过程失误。

常见行为过程失误的原因主要有以下几个方面：

（1）习惯动作与作业方法要求不符。习惯动作是长期在生产劳动过程中形成的一种动力定型，它本质上是一种具有高度稳定性和自动化的行为模式。从心理学的观点来看，无论是基于什么原因，要想改变这种行为模式，都必然有意识地和下意识地受到反抗，尤其是紧急情况下，操作者往往就会用习惯动作代替规定的作业方法。减少这类失误的措施是使机器设备的操作方法与人的习惯动作相符。

（2）由于反射行为而忘记了危险。因为反射（特别是无条件反射）是仅仅通过知觉，无须经过判断的瞬间行为，即使事先对这一不安全因素有所认识，但在反射发出的瞬间，脑中却忘记了这件事，以致置身于危险之中。反射行为造成危害的情况很多，特别是在危险场所，以不自然姿势作业时，一旦偶然地恢复自然状态，这一瞬间极易危及人身安全。例如，在狭窄空间检修作业时，习惯性起身、抬头恢复自然状态，往往会出现磕碰的现象，因此进入危险场所时必须有足够的安全措施，以免因反射行为造成伤害。

（3）操作方向和调整失误。操作方向失误的主要原因有：有些机器设备没有操作方向显示（如风机旋转方向），或设计与人体的习惯方向相反。操作调整失误的原因主要有：技术不熟练或操作困难，特别是当意识水平低下或疲劳时这种失误更易发生。

(4) 工具或作业对象选择错误。常见的原因有：工具的形状与配置有缺陷，如形状相同但性能不同的工具乱摆乱放；记错了操作对象的位置；搞错开关的控制方向。

(5) 疲劳状态下的行为失误。人在疲劳时对信息输入的方向性、选择性、过滤性性能低下，会导致输出时的程序混乱，行为缺乏准确性。

(6) 异常状态下的行为失误。人在异常状态下特别是发生意外事故生命攸关之际，由于过度紧张，注意力只集中于眼前能看见的事物，丧失了对输入信息的方向选择性能和过滤性能，造成惊慌失措，结果导致错误行为。此外，如睡眠之后处于朦胧状态，容易出现错误动作；高空作业、井下作业由于分辨不出方向或方位而发生错误行为；低速和超低速转机器，易使人麻痹，发生异常时，直接将手伸到机器中检查，致使被转轮卷入等。

4.2.2 违章操作行为的心理原因

为了保证安全生产，提高工作效率，必须了解人的行为特点，并仔细观察操作人员的情感变化和个人特征，排除不安全的心理因素，从而防止事故的发生。应该注意的是，从事生产的人员发生的各种心理过程都带有个人的特点，操作行为与操作人员的精神状态、情绪好坏等因素有关，也与操作者的心理特征有关。

1. 人的个性心理特征

人的一切心理活动都是在客观现实的作用下产生的，没有外界刺激就没有人的心理活动，客观现实不仅决定心理的内容，而且决定心理的形成和发展。同时，人的心理反应由于个性特征的不同而不同。因此，对同一客观事物，不同人的反应可能大不相同。

人的个性心理特征是一个人在心理活动中所表现出来的比较稳定和经常性的特征。正如每个人的面容各不相同，每个人都有自己的个性心理特征一样。例如，有的人善于学习，掌握技术知识和生产技能很迅速；有的人对工作细心认真、一丝不苟，有的人干活则粗枝大叶、马马虎虎；有的人沉着、稳重、老练，有的人则轻浮、急躁、冒失。

2. 违章操作的心理状态

一般来说，导致事故发生的原因归纳起来，不外乎外因和内因 2 个方面。外因包括设备情况、预防措施、保护用品、环境温度和照明条件等；内因则包括操作人员的技术、精神状态和心理活动等方面不符合安全作业的要求。在工业企业所发生的事故中，70%～80%是由于操作人员的操作行为发生错误或违章操作引起的。而人的行为是由人的心理状态支配的，所以，要研究和分析事故的内因，就必须研究和分析发生事故时操作人员的心理状态。

在事故发生之前，操作人员的心理状态有如下几种情况：

(1) 麻痹大意

例如，操作者对于自己做的工作已经习以为常，并不感到有什么危险，“这种工作已经做过多少次，无所谓”，没有注意到反常现象等。在这种心理状态的支配下，操作人员就凭印象，毫不怀疑地根据过去的经验进行作业，但结果是发生了事故。有时候操作人员没有进行日常检查，或在麻痹思想指导下，检查不够仔细，从而出现了与预料情况相反的状况，由于事发突然，就会惊慌失措、手忙脚乱而酿成事故。

(2) 精力不集中

操作人员有特别高兴或忧虑的事情，使情绪受到极大波动而发生事故。例如与同事发生过争执，夫妻不和而心里不痛快，受批评而有情绪，或遇到特别高兴的事情，感情冲动，思想不能集中，或忘记了按照操作程序进行作业，结果导致事故的发生。

(3) 技术生疏

这种情况的心理状态通常是由于技术不熟练，遇事应变、应急能力差而造成的。有些操作者能力不强，但又很自负，没有足够的经验却又过分自信，存在着怕损害自尊心的心理状态，结果是在这种思想的支配下最终导致了事故。另一种心理状态是，操作人员虽然注意到了反常状况，但根据以往经验，相信自己考虑的方法是正确的，结果也造成事故。

(4) 过分依赖他人

这类情况多数是操作人员在与他人共同作业时，自己不积极主动，不严格按照自己应承担的操作项目和操作规程进行，而总是图省事、省力，想依赖他人，侥幸取胜，结果导致了事故的发生。

(5) 紧张导致判断错误

操作人员由于某些原因使心情紧张，对外界情况没有正确地做出反应，而在急急忙忙的操作中发生事故。这是因为人在心情紧张时，注意力分配会产生偏差，顾此失彼，忙中出错。

4.2.3　无意违章行为与心理特点

1. 无意违章操作的行为原因

一般来说，违章可以分为无意违章和有意违章 2 类，许多时候，有意违章和无意违章是很难区分的，只有违章者本人最清楚，但是通常违章者都会说自己是无意违章，从而得到从轻处理。因此，探寻无意违章行为与心理特点，有助于深入分析违章的各类根源，从而减少违章行为。

无意违章可分为认知无意违章和过失无意违章。认知无意违章是由于当事人对设备、规程学习不够，缺乏相关专业知识和经验而导致的违章行为和违章操作，而当事人主观上认为是符合规程的。过失无意违章是由于疏忽、遗忘导致违反操作规程，造成事实上的违章，但当事人并没有意识到，如忘记某个操作步骤、走错间隔等。

在企业生产作业中，导致员工无意违章的原因主要有：

(1) 劳动环境差和超负荷工作造成的身心疲劳。在生产条件差、劳动环境恶劣的情况下，经常超负荷工作，会导致人的生物节律紊乱、生理功能出现障碍。有时尽快完成任务、结束疲劳状态的欲望成为第一需要，操作中行动匆忙、草率，对事故苗头反应迟钝。当员工的工作量增加到一定的限度时，疲劳便会积累，积累达到一定程度，员工就可能出现违反操作规程的行为。

(2) 不良的社会环境和家庭矛盾造成的力不从心。生产和生活中不良因素的影响会导致人的情绪波动。当人的情绪处于兴奋状态时，人的思维与动作较敏捷，处于抑制状态时则显得迟缓，而处于某种极端状态时，往往有反常的举动，上述情况均可能造成违规行为的发生。

(3) 具有精神疾病和其他疾病的人的无意违规行为。患有精神疾患的人，对自己的行动无法进行正确的判断，故不能允许其进入操作岗位。那些偶发精神疾患未能及时发现者，可能会出现无意违规而引发安全事故。

另外，偶发的身体不适，因各器官之间缺乏协调，会造成注意力分散，自控能力下降，也可能无意违章，导致安全事故的发生。

2. 无意违章的心理原因

无论是无意违章还是有意违章，违章的后果都有潜在性，一个违章行为在当时可能没有发生什么后果，但可能与其他违章在一定条件下合成发生事故；或者违章作业与系统内已经存在的设计缺陷、施工缺陷等合成发生事故。还有的违章操作的后果需要很长时间才会爆发。

无意违章的心理原因主要有以下几种：

(1) 认知不良

由于对规程、设备、系统运行情况的理解、判断错误而导致违章行为或违章操作，或是由于缺乏某些相关专业知识或缺乏经验而导致违章行为或违章操作，而违章者主观上误以为符合规章。

(2) 自身过失

由于疏忽、遗忘导致了违反规章或操作规程，是事实上的违章，但违章者本人当时并没有意识到。如忘记某个操作步骤，记错操作方向，忘记系安全带，维修工作结束后忘记拆除临时装置等。

(3) 不良的性格特点

性格是一个人对现实比较稳定的态度和与之相应的习惯行为方式。有的人行为反应迅速、精力充沛，但好逞强、爱发脾气、情绪波动大，相比之下就易于发生事故。

3. 对无意违章行为的分析

出现无意违章，主要原因是人的认识、理解、判断失误，或疏忽、遗忘，或知识经验不足。这些都是人的心理特点，任何人都不可能事事认识正确、判断准确、没有疏忽、没有遗忘。知识、经验不足也在所难免，人的知识、经验是逐步积累起来的。但这些过失或不足的严重程度不但与违章者的学习情况、健康状况、接受教育和训练的情况、工作经历等有关，也与当时的作业情况、作业环境有关。一个人生病、疲劳，或对自己所操作的系统不感兴趣、不够熟悉，或者作业强度过大，超出了生理和心理限度，如操作时要求记忆的内容太多，操作时要求选择的内容太多，或操作比较复杂，作业环境恶劣(包括不良的人际关系、不良的物理化学环境)等都容易犯无意违章的错误。所以，无意违章主要是由个人难以直接控制的因素造成的。

4.2.4 有意违章操作的心理分析

1. 有意违章者的心理影响因素

在实际安全生产中，对违章者主观故意的违章行为通常称为有意违章；而有意识行为形成习惯，则是习惯性违章行为。有些人对习惯性违章行为采取宽容的态度，认为那只不过是习惯而已，殊不知，习惯性违章行为具有更大的潜在危害性，更容易引发事故。

有意违章是违章者的故意行为，分为一般有意违章和情境有意违章。一般有意违章是当事人为了省力、省时、省事，表现自己、逞能等个人需要而造成的违章。情境有意违章是操作者在一种特殊情境下的有意违章，据国外资料统计，这种违章占违章总数的20%左右。有意违章者的心理影响因素主要有：

(1) 违章者认为自己追求的是以最小的代价获得最佳的效果。这是人们普遍存在的心理现象，所以违章有其存在的基础。

(2) 违章者主观认为自己追求的是省时、省力的做法。例如，不系安全带操作比系安全带操作更为方便、灵活。同样，不戴安全帽操作，也更方便、舒服；省去安全操作规程中规定的检查步骤，节省时间；维修任务完成之后，不清点工具自然也省时、省力。

(3) 违章并非一定导致事故。例如不戴安全帽进入作业现场，不一定被砸伤；不系安全带操作，不一定会坠落；维修时把小工具放在口袋里，不一定会掉到设备里；某些操作并非没有人监护就一定会出事故。这些现象大家都习以为常，在没有受到指责或处理的情况下，违章者主观认为没有风险。

除此之外，现有的安全规程和规章制度都存在缺陷，如有些规定制定之前没有充分征求操作人员的意见；有些不必检查的操作步骤也规定必须检查；一些安全设施存在缺陷，如有些安全帽过重、过硬，有些工作服过于笨重，有些维修现场没有挂安全带的固定挂钩等。这些都是违章者不愿遵守规程的客观原因。

2. 对有意违章者认知和判断问题的分析

有意违章可以用人的行为心理学来分析违章者的心理活动。人的行为是人的内心活动的外在表现；人的任何行为都受动机的驱使，动机越强，行为的可能性就越大；而动机来自人的需要和外界的刺激。对同一操作而言，操作者是遵章还是违章，驱动操作者行为的是他主观的需要还是周围环境对他的影响，同时还要考虑到违章带来的风险，以及周围人对他违章行为的认可。一般来说，他总是在收益和付出之间权衡利弊，用经济学的观点来决定自己行为的取向。

(1) 违章者的错误就在于把违章的风险和违章导致事故发生的概率等同起来。我们知道，风险等于事故严重程度与事故概率的乘积。也就是说，即使该事故发生的概率很小，其风险也是不容许忽视的。以不戴安全帽为例，不戴安全帽进入现场，不一定会被砸伤，但是一旦被砸，砸伤(砸死)是必然的，其风险不能不考虑。有的违章操作甚至可以导致灾难性的后果，但是这种事故发生的概率极小。违章导致事故的概率小，不等于风险小，违章者自认为风险不大的主观判断，事实上是错误的。

(2) 违章者把个人需要与组织(或企业)需要等价对待。按安全规程操作来完成任务是企业安全的需要，与个人的各种需要是不等价的。任何个人的需要如果与企业的安全需要发生矛盾，则应放弃个人需要，认识到这一点是保证不违章的前提。

(3) 违章者衡量代价与效果的标准不同。违章者认为自己追求的是以最小的代价获得最佳的效果，但是违章者没有考虑，衡量代价与效果的标准不是个人的得失，而是他人或集体的安危，也包括自己的安全。如果能以最小的代价保证安全、高效，那当然是应该充分肯定的；如果因为个人方便而导致事故，那将是不能饶恕的。

(4) 违章者认为最便捷、省力的做法最佳。对于一些必须每完成一步就要进行检查的操作，违章者为图省事直到最后工序结束前才检查，常常会造成全部返工，有时甚至造成不可挽回的事故。

有意违章的出现，是主观认识和主观判断导致了有意违章者的错误行为，使有意违章不断发生，甚至重复发生。

4.2.5　解决违章行为的心理学方法

1. 分析违章行为注意从客观原因入手

事故教训告诫我们：一个人的心理特点很重要，对行为安全有直接关系，因此，企业安全管理人员和班组长必须重视与安全有关的心理问题。要采取有效措施，提高员工从心理上控制自己行为的能力，做到行为安全，万无一失。

对于员工的违章行为，如果能够从分析违章行为的客观原因着手，则既可避免遗漏某些客观因素，又有利于营造一种宽松的、实事求是的氛围，从而使违章者敢于说出自己的想法和违章行为。只有客观原因找准之后，才能较好地分析主观原因。

加强教育培训，提高思想认识，是解决违章行为的一个有效方法。

(1) 要使操作人员建立安全的基本概念，树立风险意识，特别是对作业中的潜在风险要有清醒的认识。安全与风险是一个问题的两面，有了风险意识也就有了安全意识，这样就会警惕各种危险源，提高责任感，就不会对各种违章风险作出错误的估计。有了风险意识，就能理解违章可能是零事故，但绝不是零风险，而且只要允许一次违章，就会有第二次、第三次，以至于违章成为习惯性的、普遍性的行为，成为企业精神上的腐蚀剂。如此必将导致频发事故，使企业蒙受巨大损失，甚至失去生存能力。因此，必须使每一位员工认识到，违章是绝对不允许的。

(2) 使员工了解人的基本心理特性、人性的弱点，了解人为什么会失误，弄清楚人的行为与动机之间的关系，以及人的需要与价值观之间的关系。要让员工清楚了解企业的需要和目标，认识个人需要与企业需要之间的关系，把个人的需要与企业的需要统一起来。安全是企业的第一需要，是企业的生命，确保安全是每个员工的责任。当员工真正明确了自己个人需要与企业需要之间的利害关系时，就会自觉执行操作规章，杜绝违章。

(3) 对员工的教育培训不能光靠讲课灌输，而要多采用互动式教学法，畅所欲言，达成共识。也可用典型违章事例进行模拟实验，再现违章操作，并赋予各种可能的后果，使违章者重新反思自己的行为，从而改变自己的认识。目前，有些企业把违章者集中培训，方式主要是讲课，内容主要是重复讲解规程和奖惩制度，培训考核不及格者延长培训时间，培训期间停发奖金等，事实上这是把集中培训变成了某种惩罚。由于培训内容、形式和激励方式等不合适而改变了性质，甚至使受训者产生逆反心理，这样就得不到培训应有的效果。

2. 杜绝违章的技术性措施

违章管理的目的不是消灭违章行为(如果消灭违章当然最好)，而是控制违章的风险(把违章的风险控制在可接受的范围)，使违章行为减至最少，同时把违章损失减至最小。杜绝违章，除了要加强对员工的安全意识教育，还需要积极改进技术性措施。

(1) 改进操作方法，改善安全防护措施和设施。杜绝违章是个系统工程，因此，除培训、教育以外，还必须从其他方面采取措施。如定期组织规程编写人、执行人(包括违章者)以及安全监管人员对规程的正确性、准确性、表达方式等进行审评，对具体操作方法和步骤、安全防护措施进行广泛讨论，改进或改善安全防护设施和设备。如果安全帽既通风又轻巧，则不戴安全帽上岗的人就会少些；如果安全带既结实又轻便，则不肯系安全带登高操作的人也会少些。

(2) 完善检查、监督机制和奖惩制度。任何措施均不可能是尽善尽美的，特别是受资金和科技水平的限制，任何措施、设施和方法的改进都不可能完全满足操作者的要求；所以，还必须有一套反违章的监督机制和奖惩制度，并不断进行完善。

(3) 加强检查、核查和监护。一旦发现违章行为立即采取措施补救；对造成事故的要追究个人责任；对由于有意违章而导致事故者要严肃处理，迫使有违章倾向者正确估计自己行为的风险，使遵章守纪的员工更有自我约束的动力。同时，要奖励遵章守纪、对安全工作有贡献的员工。通过奖励与处罚，建立起安全管理的氛围。

(4) 尽可能采用防错、容错措施。人行为的可靠性是很难预测的，尽管上述措施都能减少违章的发生，但这些措施都不能保证违章不再出现，所以需要越多越好的防错、容错措施。例如，提高操作规程的可操作性，在重要操作步骤前加提示，以免遗漏；强化按照规程进行操作的训练，强化对重要操作进行监护的训练；定期检查危险点、危险源，并为员工熟知而不敢轻易违章；增加各种硬件的防错、容错功能，例如有人闯入禁区会立即出现报警信号；机件的设计使得不按次序拆卸或装配成为不可能；采用多重纵深防御措施，增加安全设施和多道安全屏障等。

3. 培育良好的安全文化氛围

培育良好的安全文化氛围，也是解决违章行为的一个心理学方法。企业内外对违章的态度以及重视安全的思想氛围，对违章者的行为有很大的影响。虽然违章发生在个人身上，但它不是一个孤立的事件，如果周围的人都有很强的安全意识、责任意识和法律意识，都把违章视为绝对不可容忍的行为，都有良好的按规程操作的习惯，那么违章操作就没有生存的土壤。所以，必须培育安全文化氛围，加强和提高安全责任意识和法律意识。这是最根本、最有效的措施，需要长期坚持。这种文化得以延续、发扬，就能逐步掌握违章的规律，积累防违章的经验，最终使违章的风险趋于零。

4.2.6 纠正违章者进行个别谈话的艺术

1. 纠正违章需要合适的方法

大量的事故统计资料表明，绝大多数事故的发生与人的不安全行为有关，也就是与违章作业行为有关。法国电力公司在1990年提出的安全分析最终研究报告中指出，70%～80%的事故与人的不安全行为有关。日本劳动省1983年对制造业伤亡事故原因分析表明，85 687起造成歇工4天以上的事故中，由人的不安全行为导致的占92.4%。美国矿山调查表明，由人的不安全行为导致的事故占矿山事故总数的85%。我国煤矿中的“三违”现象是导致事故多发的重要原因，它是典型的人的不安全行为。由此可见，人对于安全的主导作用，贯穿于企业安全的所有方面。

要保证安全，就需要纠正人员的违章行为，但是纠正人员的违章行为却并不简单。有这样个事例。某乙烯厂安全科长杜某，在走马上任之时，家人骂他自找苦吃，同事劝他三思而后行，因为要做好全厂的安全工作谈何容易。上任的第2个月，他遇上了一件让他极为伤心的事情。他在高压装置现场检查时，发现一名设备员没有戴安全帽，就当场制止了这起违规行为，并要记录该设备员的名字。设备员迅速扯下胸前的上岗证往口袋里塞，拒绝查看。情急之下，杜某伸手夺了过来。想不到的是，当天晚上该设备员找到他，一口咬定白天他检查时偷了他500元钱，并说如果不罚他，这500元钱就算了，要不然就跟他没完。杜某活到40多岁，头一次遇上这么委屈的事，当时也曾想过饶了他这次。但是，正是这事让他更清醒地认识到安全工作任重道远。

纠正人员违章，需要讲究方式方法，与违章者进行个别谈话，是企业开展安全管理工作中常用的形式，也是安全管理人员深入了解违章者思想动态的基本方法之一。俗话说：“药到病除，言至心开。”通过个别谈话，违章者大都能够透露心中的想法，使安全管理人员更好地掌握情况，以便开展下一步安全工作。但是，并不是有了良好的意愿，就能收到良好的教育效果。日常的实践工作表明，有的谈话收效显著，使违章者心平气和，如沐春风；有的谈话收效甚微，未能解决问题；有的谈话则适得其反，见面就谈崩了，闹得不欢而散，不仅加深了成见，而且激化了矛盾。那么，原因在哪里呢？谈话是一门学问，也是一种艺术，是否掌握了谈话的秘诀，是能否取得成功的关键。

2. 要做好谈话的准备

对违章者进行个别谈话前要做好下列准备工作：

(1) 要有针对性。安全管理人员找违章者谈话，要有准备、有计划地考虑几个问题。一是对所谈的问题要有针对性。一般来说，下列违章者应成为谈话对象：习惯性违章者，在作业中总是无视安全，视安全为儿戏的；受到处分的违章者，安全生产观念不强，表现松散的；家庭发生突然变故的；有突出问题的。二是对违章者个人要有针对性。在对违章者谈话前，一定要做好调查工作，对谈话对象的思想、心理问题要有一定的了解，把握好违章者的性格特征，做到心中有数。

(2) 谈话主题有目的性。对违章者进行个别谈话教育，要有明确的谈话主题，要明确谈什么问题，达到什么样的教育目的。同时，谈话的内容要围绕安全生产、确保家庭幸福这个主题进行，不能不着边际。一是通过谈话，进一步了解违章者的内心世界，对他人、集体、某一安全工作的具体感受，便于下一步更好地开展工作。二是通过谈话，处理好问题，化解违章者的矛盾，稳定情绪，为他们消除疑虑、排忧解难。三是通过谈话，首先肯定违章者已有的成绩，使违章者端正态度，同时提出对安全生产要有责任意识。

(3) 把握好谈话的时机。抓住谈话的时机，掌握好谈话的火候，往往能收到事半功倍的效果。违章者有下列情形时一般必谈：试图改变，需要他人帮助时；当违章作业之后已经自责，需要谅解时；当家庭突然发生变故，需要安慰时；当心中抑郁、满怀愁绪，需要排遣时；当取得了一定的成绩，需要得到认同时。出现下列情形时一般不谈：当违章者的问题情况不明，事故原因不清时；当对违章者了解不够，对矛盾分析不透，应对无策时；当与谈话对象关系紧张，容易引发矛盾时。

(4) 对谈话的地点要有选择。找违章者谈话，应该选择一些好的地点，不能随心所欲，碰在哪里就在哪里谈。选择谈话地点要做到：一是要选择比较清洁、舒适的地方，不要选择杂乱无章、难以置身的场所；二是要选择比较清静、易于安心的地方，不要选择容易受干扰的场所。

3. 要遵循谈话的原则

对违章者进行个别谈话教育不仅是一种语言交流行为，更是一种政治思想教育方法。因此，它不仅要遵循语言交际的合作原则和礼貌原则，还要遵循违章者思想活动规律。为此，安全管理人员在对违章者进行个别谈话教育时，应遵循以下几项原则：

(1) 精诚所至，金石为开。对违章者进行个别谈话要推心置腹，不能装腔作势，唯有真心才能引起违章者心灵的震撼，才能使其敞开心扉，将内心世界向你表白。

(2) 尊重理解，态度和蔼。和违章者谈话时，一定要尊重对方、理解对方，态度要和蔼可亲，要认真倾听违章者的诉说，让其把心中的困惑、忧愁尽情地说出。要坚持引导鼓励、帮助，切忌挖苦。

(3) 因人而异，量体裁衣，不可千篇一律。要根据违章者的脾气、性格、爱好、文化程度、情绪心态和接受能力等特征，并根据谈话的内容、主题和环境等诸多因素，选择比较恰当的谈话方式。

(4) 诲人不倦，不怕麻烦。俗话说："冰冻三尺，非一日之寒。"对违章者进行个别谈话教育一定要有诚心，诲人不倦，不怕麻烦。不要奢望谈一两次话就可以立竿见影地解决问题，要有思想准备，要经过反复教育，才能收到良好的效果。避免操之过急，要注意谈话的内容和质量，对违章者一时还不能接受的话题，可以暂时放一放，待时机成熟再谈。

4. 要运用谈话的技巧

与违章者进行个别谈话教育是一门综合艺术，安全管理者不仅要有一定的思想修养、道德水准和心理素质，还要有渊博的知识，掌握一定的社会学、政治学、心理学和教育学等多种学科的综合知识，要具有丰富的工作实践经验，灵活运用谈话技巧。这样才能在对违章者进行个别教育时应对自如，达到教育的目的。具体来讲，谈话时要灵活运用下列技巧：

(1) 掌握阶段性技巧。谈话的第一阶段应有意识地谈一些双方都感兴趣的话题，营造一种轻松的谈话氛围，为谈话顺利进行打下一个良好的基础。谈话的第二阶段要有意识地"投石问路"，给违章者以心理暗示，并逐步实现话题转移。谈话的第三阶段要紧扣主题，逐步向深度发展，使双方认识得到统一，实现谈话的目的。谈话的第四阶段要巩固谈话教育的心理效应，注意违章者思想认识的变化，并认真听取其对自己违章作业行为的表态，恰到好处地提出希望和要求。

(2) 逐步深入。在谈话中可采取多种方法对违章者进行引导，使其心悦诚服，觉得安全管理者是他们的良师益友。另外，要鼓励违章者认识自己违章行为的错误，激励其在以后的工作中严格遵守各项安全规章制度。同时还要对违章者给予理解，但理解不是迁就。对遭受挫折或非主观原因造成情绪忧郁的，一方面要体贴安慰，表示理解；另一方面要帮助其分析原因，使其尽快走出情绪低谷。

(3) 把握谈话语言的技巧。首先，在谈话中涉及一些事故案例时，要有根有据，不可随意捏造。其次，在谈话时注意把握分寸，批评时不可把违章者说得一无是处。批评的话语要刚柔相济，既要一针见血、严肃认真，也要满怀热情和关心鼓励。

4.3 违章作业预控措施

习惯上对违章作业的定义，是作业者违反有关制度规定作业的行为，这种行为也是不安全行为。违章行为的反复出现以及屡禁不止，原因是多方面的，既有领导责任不落实、管理不到位的问题，也有培训针对性不强、员工素质不高的情况；既有制度不完善、无章可循的问题，也有有章不循、执行不力的现象；既有监督不严格、监控不到位的问题，又有个别人不服从现场管理、屡教不改的问题。而违章行为的根本原因，主要还是员工思想麻痹，忽视安全生产。对此，需要以先进的安全管理理念为指导，建立健全规章制度体系，编制科学规范的操作规程，全面实施岗位确认和监控制度，加大监督检查和违章处罚力度，从而消灭违章现象。

4.3.1 违章行为的心理成因分析

许多企业都存在人员违章行为，由于人员违章导致的事故也是层出不穷。那么，到底是什么因素促使人员冒险违章呢？对此，有许多不同的认识。在此，本书以触电事故中的违章行为为线索，从心理学的角度来探讨人员违章的原因。

1. 违章行为的认知过程

在认知心理学中，认知是指个体对于社会的和物质环境的最简单、最初的理解。人类行为的产生，首先有赖于个体对外在环境的看法，这个看法就是透过认知作用而产生的。例如，人们对“电”的最初认知，一般认为高压供电线路危险，低压供电线路比较安全。从制度上来看，从事高压电气作业，有严格的规章制度，如工作票制度，工作许可证制度，工作监护制度，工作间断、终结、恢复送电制度等。这一切又加深了人们对“电”的进一步认识：电压等级太高，万一有闪失，后果不堪设想。因此，在高压供电线路作业中，违章行为比较少。据统计，只有2%的触电事故发生在高压供电线路作业中，其余的触电事故均发生在低压供电线路作业中，这倒是应了一句俗话：“越是危险的地方越安全”。

在施工生产过程中，由于用电范围广，380 V的动力线、220 V的照明线在施工现场如同蜘蛛网，因作业点转移快而使得临时用电现象较多，动力电缆随处可见。作业者对施工现场的这种现象可谓司空见惯，几乎到了熟视无睹的地步。虽然制定有施工生产用电管理的规章制度，但执行起来却没有高压供电系统那么严格。诸如接线、搭火、换灯泡等，稍有一点用电常识的人也能应付，因此，当维护电工不在现场时，作业者往往自己主动地承担了这些工作，安全检查人员即使看见了也未必会严加制止。施工生产用电范围内的这一类违章行为在人们的心目中似乎很正常，算不得违章。究其原因，主要是人们的错误认知在作祟。在人们的潜意识中，“电压等级不高，只要小心一点，是不会有问题的”。这似乎已经成为施工现场的一种不自主的思维定式或者叫作作业惯性。唯有事故发生之后，人们才会在事故调查报告的字里行间感受到，当事人具有违章行为。

2. 违章行为的心理基础

尽管从统计的角度来看，大多数事故是违章行为引发的，但是从微观上看，并不是每次违章行为都会导致事故，导致事故的违章行为仅仅是作业者多次违章行为中的一次。按照违章者的话说，“这一次我倒霉”。为什么这一次倒霉？轨迹交叉理论认为，人的不安全行为和物的不安全状态是人-机“两方共系”(两个方面共存于一个系统)中能量逆流的2个系列，其轨迹交叉点便构成了事故的时空。这就是说，事故并不是一个孤立的事件，人的违章行为可以看成是一个“触媒”，如果此时正巧“物”存在不安全状态或危险性，则人、物轨迹异常接触，事故便会发生。在正常情况下，由于设备的可靠性比较高，这种人、物轨迹不适当交叉的概率比较低。如果每一次违章都会导致事故，相信不会有多少人去冒这个风险。也正是因为这一点，才使作业者误认为，作业环境比较安全，即使违章也不会出事故，这种视小概率事件为零的容错思想正是作业者敢于违章的心理基础。

3. 违章行为的心理活动过程

生理心理学研究认为，人的行为规律一般是：客观事物的刺激引发需要，需要产生动机，动机支配行为，行为指向目标。当有多个需要并存时，往往是强度最大的需要具有优势动机，形成行动的驱动力。从主观上讲，没有人希望事故降临到自己头上。然而在客观现实中，常常存在更具诱惑力的刺激，引发人们对其更强烈的需要，并因此取代了安全需要的优势地位。

比如，当事人发现潜水泵抽水不畅，未断电停泵便下水移泵，因潜水泵外壳带电导致触电死亡。这起事故的主要原因是当事人具有违章行为。如果当事人的安全需要处于优势地位，他便会遵章守纪，按正确的操作程序行事：拉闸停泵→下水处理故障→上岸合闸→查看效果。客观情况是，配电箱一般离潜水泵有一段距离，当作业者一个人单独作业时，按正确程序操作得来回跑。如果合闸之后潜水泵依然抽水不力，还得再重新操作一次，这的确很麻烦。当作业者嫌麻烦、想省事的心理占上风时，安全需要便降到了劣势地位，作业者极有可能采取一种不安全的行为——直接下水排除故障。其后果取决于物的状态，如果设备没有隐患，则行为达成目标既省力又省时。实际上，我们时常看到人们对规程、规定置若罔闻而自行其是的现象，如计算机操作说明书上都有规定，一定不要在未切断电源的情况下插拔计算机机箱背板上的各连接线。但是有多少人是按这种规定操作的？人们之所以这样做，其外在的诱惑是省力或省时，其内在条件则是主观上具有这种需要与欲望。需要是否转化为动机，主要取决于作业者对违章的风险与既得利益的比较。当作业者主观认为违章风险小而既得利益大时，需要便形成违章的动机。从动机到行为，其间的心理活动过程并没有完结，人们一方面出于省事的需要，另一方面也希望自己不要出事故。最终，动机是否会转化为有意识的违章行为，则取决于 3 个前提条件：一是自我感觉良好，即作业者非常自信；二是基于对设备可靠性的信赖；三是缺乏外在约束力。当前面 2 个主观条件具备而又缺乏强有力的外在约束力时，动机将指向有意识的违章行为。

一个违章行为的产生，亦可看成是一连串错误的结果。由错误的认知，形成错误的思维定式，并强化了错误的需要，从而导致一个错误的行为。这一连串错误如同多米诺骨牌，如果我们能拿掉其中的一张牌，或许我们就能阻止一系列的违章行为。在众多的错误中，作业者的思想认识起主要作用，因此，预防违章行为的主要措施是安全教育。在作业者的自我约束力尚未完全形成时，借助于外在约束力来规范人的行为，即加大管理力度，严格执行各项规章制度亦不失为一张切实可行的牌。

4.3.2　对习惯性违章操作行为的认识与分析

河豚肉是世上难得的美味之一，而河豚毒素是剧毒无比的致死剂。在美味的诱惑与死亡的恐惧之间，有人不顾危险选择了美味，有人因此而失去了宝贵的生命。这就有了“拼死吃河豚”这一说法。河豚毒素是永远存在于河豚体内的人类致死剂，但河豚肉也天天有人在品尝。正因为河豚肉处理得当(但并不保险)，吃后不一定致死，而且非常美味，这就引出了大批拼死去吃的尝鲜者。生活中这一奇特的现象，使我们联想到了企业生产中的习惯性违章操作。

违章者大都知道自己的行为是有问题的，但关键是违章给违章者带来的“好处”是显而易见的，如省时、省力、快捷等。更重要的是违章后不一定会给违章者或他人造成必然伤害的后果，这同“拼死吃河豚”的心态极其相似。所以，违章者如果第一次违章没发生事故，那么他就可能会一而再，再而三，或者一辈子地违章下去，这就形成所谓的习惯性违章现象。

统计分析表明，习惯性违章操作是引起事故的主要原因之一，其隐蔽性和顽固性是安全管理者一直寻求解决而又难以攻克的一道难题。下面，就习惯性违章操作的特征及其产生原因和纠正方法进行分析。

1. 习惯性违章操作的特征

所谓习惯性违章操作，是指那些职工习以为常的、经常性的、与安全管理制度或操作规程相违背的操作方法。习惯性违章操作具有以下几个特征：

(1) 方便性

习惯性违章操作一般都比较方便、顺手，往往还能省工省力，简单易行，职工往往能自觉或不自觉地违章。

(2) 实用性

习惯性违章操作往往能较快地处理生产中遇到的问题，而用正规的方法则很可能要花更多的时间、付出更多的劳动，这也是职工很容易学会并更愿意违章的原因。

(3) 隐患的隐蔽性

从理论上讲，违章操作都是不安全的，但不安全的程度和发生的概率有所不同。有的违章就必定发生事故，有的则不一定发生事故。习惯性违章操作就属于后一种，其隐蔽性一般不能一眼识破，以致职工慢慢忽视了其隐患之所在，久而久之甚至将其看成了“正确”的操作。

(4) 传递性

习惯性违章操作因方便、实用，而危险源容易被职工用一些不规范手段绕过而趋吉避凶，职工之间往往能自然而然地互通有无、相互学习，有的职工还能“无师自通”甚至“捍卫发展”。所以，习惯性违章操作有很强的生命力，能在职工中世代相传。

2. 产生习惯性违章操作的原因

习惯性违章操作的表现形式很多，产生的原因也相当复杂，既有主观原因，也有客观原因；既有人的生理特征的影响，又有设备本身不合理或管理不严等因素的影响。归纳起来，产生习惯性违章操作的原因主要表现在以下几个方面：

(1) 设备结构不合理

设备结构不合理主要反映在设备结构不符合人体的生理特征，按正规的操作不方便或耗时耗力，从而引起习惯性违章操作。如木工平刨的防护栅，当职工拿木料推开防护栅刨木时，视线往往被挡住，造成木料刨削量难以控制，同时由于木屑堵塞防护栅难以复位，使每天都要花很多时间去清扫防护栅，因而防护栅被木工弃而不用而改用手推压板。手推压板对刨木有较好的防伤功效，但对手部误触刨刀却不能起到防护作用。

(2) 惰性的影响

人或多或少都有点惰性，总想简单一点、方便一点，喜欢走捷径。正规操作能防患于未然，但往往不能直接避免事故，其效果不能马上显现，且正规操作相对来说比较麻烦。与此相反，习惯性违章操作恰恰具有快捷、干净利索等表面特征，与人的惰性相符，所以很容易被接受。

(3) 违章不见得立即发生伤害事故

习惯性违章操作一般情况下不会发生事故是职工容易接受的又一重要原因。可以说，违章操作仅是发生事故的必要条件，并不是充分条件。隐患要变成事故往往需要许多偶然因素凑在一起。正是基于这一点，许多职工产生了侥幸心理，对习惯性违章操作也就不愿改正，听之任之。

3. 习惯性违章操作的辨识

要识别习惯性违章操作，关键在一个“章”字上做文章。不管习惯性违章操作多么隐蔽，只要用现代安全管理的事故成因理论分析，就很容易分辨出来。以下是几种习惯性违章操作的鉴别方法：

(1) 查操作是否违反有关规章制度，如与规章制度相抵触的，一定是违章的。

(2) 查操作是否符合设备的使用要求与设计要求。

(3) 分析此种操作是否会引发能量失控或人的误操作。

(4) 分析事故案例，看历史上是否因此种操作而发生过事故。

4. 纠正习惯性违章操作的对策

要纠正习惯性违章操作，必须遵循“以人为本、因势利导”八字方针。以日本治理吃河豚为例，日本首先是立法治理，建立烹调河豚学校。厨师必须领取烹调河豚合格上岗证才能上岗操作，并指定部分饭店准许烹调河豚，不滥发牌照，定期审证，违者依法论处。因此，日本每年吃河豚中毒个案都控制在较低水平。

纠正习惯性违章操作，应该采取的对策主要有以下几个方面：

(1) 提高职工对习惯性违章操作危害的认识，方法是加强教育。开展此类教育不能搞形式，走过场，要结合实际，多举实例，特别是多举本企业、本车间、本岗位曾发生过的事故的例子，使职工有所触动，就能收到较好效果。

(2) 加强领导及管理人员对习惯性违章操作的监督。领导及管理人员对习惯性违章操作监督不力、听之任之，也是习惯性违章操作存在的重要原因之一。这就要求管理者加强法律意识，摆正安全与生产、安全与效益的关系，并通过承包制、责任制等行政、经济手段加大管理者对习惯性违章操作的监督力度。

(3) 因势利导，使部分违章操作无害化。习惯性违章操作之所以能成为习惯，有其省时、省力的一面，那么，如果能因势利导，使其有害的一面无害化，则可以使生产效率大大提高。因此，改良设备，加强对危害源的保护，化有害为无害，也是纠正习惯性违章操作的一种方法。

(4) 推行操作标准化、制度化。这是纠正习惯性违章操作最有效、最科学的办法。习惯性违章之所以禁而不止，与许多企业没有进行规范化、制度化管理有很大的关系。因此，加强企业立“法”，开展企业安全评价标准化及企业现场管理是企业杜绝习惯性违章操作的必由之路。

(5) 严格执法。制度建立后，必须做到有法必依、执法必严、违法必究，因此加大监督力度非常重要。这就需要开展经常性的检查或抽查，发现一个，处理一个，并处理得让当事人心痛、旁观者心惊。唯有如此，才能真正根除习惯性违章操作。

4.3.3　对违章行为的分析与控制

统计资料表明，由于违章造成的事故占事故总数的 70%以上。尤其应引起重视的是，重复性的违章已成为引发事故的顽症。因此，对各种违章行为进行归类、分析，并制定相应的防范措施，从根本上解决这一难题，对于企业现实的安全管理工作具有重要的指导意义。

1. 违章行为的类型

因行业、专业、岗位、地域和季节等不同，违章行为的表现也千差万别。分析其始发心理和管理缺陷，违章行为大致可以分为以下几种类型：

(1) 冒险性违章

冒险性违章，就是对自身、设施、设备起安全防护作用的用具或规定认为是多此一举，从而弃之不用。如登高作业不系安全带，或者进罐作业没有监护人，在矿井下操作不戴安全帽等。冒险性违章还有一种表现形式，就是滥用防护用品。如铣工戴手套取车床上的工件，或者戴手套在运转中的机械上注油、检修、清扫等。冒险性违章的最大特点就是，一般情况下不易引发事故，从而使安全意识较差的员工容易产生冒险的冲动。

(2) 习惯性违章

习惯性违章，就是对违章行为习以为常，把错误的组织、操作当成顺理成章。它大致产生于2种情形：一是不知道正确、安全的组织和操作方法；二是知道正确的组织和操作方法，但是当新的安全装置投产或改变工艺或采用新设备时，因旧的工作习惯一时没有改变，或喜舒适、图方便，从而下意识地操作而违章。

(3) 侥幸性违章

侥幸性违章，就是在进行生产组织、具体作业的时候，组织者和操作者已经预见到潜在的危险，但这种危险的程度并不大，在侥幸心理的驱使下违章指挥、违章作业。它的产生往往是由于在无意或有意进行了第一次违章或者是知道他人有过同类违章行为的发生但没有酿成事故的情况下，产生了侥幸心理。如汽车司机利用斜坡下滑启动成功一次，再遇到有坡度的地方，他就会采取这种方法启动。

(4) 被动性违章

被动性违章，就是明知操作是违章行为并具有潜在的危险性，但受一定条件的制约必须违章，否则就完不成任务，或面临人身胁迫等。

(5) 异常性违章

异常性违章，就是大脑出现短暂的"真空"状态，指挥系统失灵，引发操作失控。它的表现形式很多，例如特殊情况下大脑缺氧，短时间心绪紊乱，长时间连续作业引起疲劳过度，大脑、手、脚失控，身体机能有缺陷，导致不能完成正常的操作等。

(6) 记忆和判断失误性违章

这是由于训练不足丧失"短期记忆"而对安全事项想不起来，或在作业时，突然因外来干扰使判断失误发生的违章。如一埋头伏案设计的电气工程师，忽然想起要测一下变电室电机的相应尺寸，于是没有换工作服而穿着长袖衫到低矮的变电室屈身蹲下去实测，头上有高压线，正当测量之时，突然右衣袖脱落，他下意识地举手企图卷上衣袖，结果手扬起时指尖接触电线而触电死亡。这是典型的记忆性违章，假使身穿工作服，后面一连串的事故就不至于发生。

(7) 环境性违章

环境性违章，是指个体受到外界的刺激促成心理异常而发生的违章，如环境引发兴奋过度、忧愁、担心、发怒等心理反应影响了对危险的预见，或根本不考虑危险，致使操作违章等。

2. 产生违章行为的原因

行为科学指出，人的行为受个性心理、社会心理、社会、生理和环境等因素的影响产生个体违章行为的原因是复杂的。通过对大量的人为事故进行分析，得出违章原因主要有以下几种：

(1) 技术不熟，能力不强，盲目蛮干。操作者没有熟练掌握操作规程，没有工作经验，又不向他人请教，没有察觉到危险的存在，这是产生冒险性违章的主要原因。

(2) 自以为是，习以为常。操作者自认为从事该项工作多年，很有经验，对不安全行为习以为常、满不在乎，甚至在工作条件和环境发生变化后也没有引起足够的重视，始终凭经验办事，这是产生习惯性违章的主要原因。

(3) 心存侥幸，思想麻痹。在遇到难干、麻烦的工作时，只图省事、省力尽快完成任务，虽然感到操作有一定的危险，但认为问题不大，对潜在的风险未有足够的警觉，这是产生侥幸性违章的主要原因。

(4) 生产作业条件受限。生产现场设备相对简陋，作业环境恶劣，加之生产任务又紧，作业人员只能利用现有的条件来完成生产任务，很难有其他的选择，这是产生被动性违章的主要原因。

(5) 力不从心，疲劳作业。操作人员过于疲劳，感觉机能减弱，注意力下降，动作准确性和灵敏性降低，人的思维和判断错误率提高，无法正常操作，从而产生异常性违章或记忆和判断失误性违章。

(6) 受情绪影响，意识不集中。受到外界各种因素的刺激，心情不好或情绪激动，大脑皮层极度兴奋，注意力难以集中到生产作业中去，这种情况容易导致环境性违章。

3. 对违章行为的控制

从发生机理上讲，任何事故都是可以防范的，同样，任何违章行为都是可以控制的。企业的安全管理人员可以在对各种违章行为进行分类、分析其表现形式和产生的具体原因的基础上，根据违章行为的危害大小，对症下药，有重点、分先后地整治各类违章。

(1) 努力提高设备本身安全配套水平，尽量减小违章行为对企业安全生产的影响。安装安全保险装置，目的在于尽量降低机器设备的危险程度，使事故造成的损失最小化。如高压设备的安全阀、泄压阀，电路中的过压、过流自动保安器；电气设备的接地、接零装置；冲压机械的安全互锁器；金属剪切机室的出入门互锁装置等。同时，还可以实施有效的隔离防护。能量意外释放理论认为，事故是能量的非控制释放造成的，工伤是非控制能量直接作用于人的结果。这些能量形式有机械能、电能、热能、化学能、电离及非电离辐射、声能和生物能等，其中意外释放的机械能是造成工业伤害事故的主要能量形式。因此，只要对这些能量进行有效的屏蔽、隔绝，对员工个体进行控制、防护，就可以防止非控制能量对个体造成伤害。

(2) 建立科学、规范的安全教育培训考核机制，努力提高生产指挥人员和操作人员的岗位胜任能力。要建立现场管理、作业人员安全教育培训台账，考核不合格者，不准上岗。培训内容应包括安全生产法律法规、标准、规章制度，安全生产工艺技术、操作规程，安全生产责任制等。通过培训应使员工懂得某项工作应该做什么、不应该做什么、具体怎样做。

(3) 形成立体化的现场监督检查机制。查治违章行为单靠安全管理人员的力量是不够的，必须动员各方面的力量，形成合力才能真正从整体上控制违章现象的发生。查纠违章要分清主次，集中力量分而治之。首先要通过广泛开展群众性的“反三违”活动，提高广大员工对违章行为危害的认识和反违章意识，形成现场管理人员和岗位操作人员之间相互监督的氛围，从而对相互间的违章行为及时进行批评纠正。其次是通过开展经常性的检查来查治违章，对生产岗位普遍查、要害岗位反复查、危险作业蹲点查、隐患部位跟踪查、特殊时期重点查，使违章行为无藏身之地。

(4) 逐步建立健全与安全生产有关的规章制度，有效控制违章行为的发生。违章行为的发生除与个体自身的素质、现场作业条件等因素有关外，还与企业的管理互为因果关联，如果管理制度没有对违章行为约束，势必导致违章现象的泛滥；反之，司空见惯的违章行为必然造成管理制度的虚设。因此，企业建立查治违章行为的管理制度是十分必要的。有的企业建立违章积分卡制度，制定违章行为具体记分办法，及时如实记录个体违章行为，积分达到某一定值时，按规定进行处罚。

4.3.4 人的心理对安全行为的影响与控制对策

在企业生产过程中存在着各种危险性，特别是石油化工企业的生产过程，具有易燃易爆、高温高压、有毒有害的特点，容易发生各类事故。从石油化工行业各类事故的特点来看，属于“三违”事故的每年都要占相当大的比例，而“三违”事故的根源都可追溯到人的不安全行为的影响。为了控制这类事故的发生，研究人的心理对安全行为的影响并在实践中进行引导，从而指导安全生产，具有十分重要的意义。

1. 事故成因与人的关系

在事故成因的各要素中，人是主要因素。人既是管理的主体，又是管理的客体，既要靠人去管理，又要对人进行控制。所以，减少和杜绝“三违”事故就是要对人进行管理。

人的行为是受心理意识支配的。事故与人的心理和行为有着密切的联系。一般来说，人有什么样的心理和行为，就会出现什么样的安全工作状态，如果每个人都从思想上重视安全，熟练掌握了本单位、本岗位的科学知识、操作技能，明确了本岗位的安全生产责任，清醒地认识到本岗位安全生产工作的重要性、发生事故的危害性，就能有效地控制、减少甚至杜绝各类事故的发生。

2. 人的心理和行为规律

由于每个人的生理特征、工作条件和生活条件不同，所处的地位以及所受的教育程度不同等，每个人的心理过程都具有自身的特点。人的安全行为，同样基于人的心理作用，往往是在主动积极因素的影响下，达到控制各类事故的目的。由于人受到主动积极因素的影响，使人产生安全需要，引起正确的动机，有了安全行为，从而达到控制事故发生的目的。

人的心理和行为规律，说明人的心理是可以预测的，人的行为也是可以引导的。从这点出发，在安全管理中需要强调激发人的内在动力，施加对人的主动影响是非常重要的。

3. 影响人的不安全心理和行为的因素

人的心理状态与受到的影响密切相关。因为人不是独自存在的，不可能脱离现实社会，所以任何社会现象都会在每个人的心理上得到反映。人有行动自由，所以人的活动易受环境条件所造成的心理影响。主要影响因素包括以下几个方面：

（1）受企业管理水平影响

这主要表现在企业管理水平、技术水平、劳动环境和劳动组织等方面，都容易对企业职工产生较大影响。如果企业的管理水平和技术水平高、劳动环境舒适、劳动组织合理，就会使职工对本岗位产生兴趣，激发职工对工作的热爱、对事业的信心，从而增强安全责任感。这对严格执行安全操作规程和各项制度，提高工作效率具有积极的推动作用。同时，如果企业领导重视安全生产，并将其融入全面的企业管理中，也会取得企业的良好发展。

（2）受企业经济效益影响

人工作是为了获取应得的劳动成果，如果企业效益好、管理好，职工的物质生活得到保障、改善、提高，就能促使职工自觉珍惜本岗位工作，努力工作，多创效益，同时也会增加职工对企业的依赖性、可信度和工作使命感。

(3) 受生产性因素影响

受生产性因素影响主要表现在家庭环境、个人心理状态、居住条件、就业交通和服务质量等方面,也会对人的心理状态造成不可忽视的影响。

(4) 受习惯性因素影响

单位传统习惯、集体内工作气氛对职工的心理影响非常大。在一个小团体内往往容易形成一些不成文的、非正式的习惯。这也可以看作是一种从众心理,是人们在适应群体生活中产生的一种反映,不从众的人会感到有一种社会的精神压力。在这种心理的作用下不安全行为也易被仿效。如在工作中某一个或者几个人的违章行为没有发生事故,那么其他同事很容易跟着那么做,如果不这样做,可能会被同事说技术不好、胆小、怕死等,所以这种从众心理极易引发事故,严重威胁安全生产。

(5) 受教育程度影响

一个人所受教育程度如何,对安全生产有较大影响。受安全教育的程度越高,安全意识越强,对本岗位的危害性认识越清楚,行为就会越规范,思想往往能与当前安全管理要求相适应;反之,受安全教育程度浅的人,往往缺乏安全意识,行为就不一定规范,甚至盲目进行违背客观规律的行为和操作,或者瞎指挥,造成事故。

(6) 受侥幸心理影响

海因里希 1∶29∶300 的事故法则告诉我们,伤害事故的发生是一种小概率事件,一次或多次的不安全行为不一定会导致伤害。所以,在生产工作中,一些有着多年从事某一项工作的"权威"员工,在自己的多次违章中没有发生事故,会认为自己这样干了近一辈子工作也没有出过什么事,就容易凭经验而忽视各种安全技术操作规程,不考虑生产过程中经常变化的复杂因素,容易引发事故。这种凭经验、侥幸心理状态下发生的违章行为实为明知故犯,其危险程度最大,后果也最为严重。

(7) 受节省能耗心理影响

人总是希望以最小的能量消耗取得最大的工作效率,这是人类在长期生活中形成的一种心理习惯,也就是说我们每个人都有惰性,这种心理给人类进步带来好处,在长期的生产劳动中促使人类不断改进劳动工具,从而使生产向更加自动化的程度迈进,推动了人类生产力的不断进步。然而,在这种心理因素的驱使下,有些操作者在工作中因为嫌麻烦、怕费劲,就会省去一些必要的操作步骤和不使用必要的安全防护设施及劳动用品,从而引发事故。

(8) 受逆反心理影响

在某些时候,人会存在好奇心、好胜心,或对某些事物存在偏见、对抗或抵触,在这种心理状态下,人常常会产生与常态心理相对抗的心理状态,偏偏去做出一些不该做的事而引发事故。

4. 控制人的不安全行为的对策

探讨人的心理和行为规律,掌握人的不安全心理和行为影响因素,目的在于对职工的不安全心理进行预测,对职工的不安全行为有效地采取相应的控制、调节措施,并针对不同环境、不同条件下职工的不同心理状态采取相应的对策,消除消极因素,调动积极因素,以便做好事故的预防,杜绝不安全行为。

在使用这些方法的过程中,关键是要运用人的心理活动和行为规律调动职工的工作积极性，培养其敬业爱岗精神。

（1）要善于从实际情况出发。人的心理是极为复杂多变的，它一方面有其共同的规律；另一方面有其差异性，即所谓的个性。因此，解决安全问题必须从实际出发。解决人的思想问题要善于抓症结所在。一个人缺乏责任心的原因可能很多。必须具体情况具体分析，对症下药，才会做到一把钥匙开一把锁，达到预期目的。

（2）坚持以正面教育诱导为主。可以从心理活动规律出发，利用外部条件对主体实施影响，启发其自觉地进行思考和判断，因势利导。对职工进行心理诱导，在日常工作中善于发现职工的兴趣、爱好、特长、性格、情绪及行动意向等，然后根据工作意图，选择有利因素进行适当的诱导。

（3）在提高职工的安全意识上下功夫。在认识过程中，印象的产生、概念的形成、规律的发现，无不有意识在起作用。顿悟和灵感的出现，也是有目的的系统思维结果。因此，在企业安全工作中，提高职工的安全意识会发挥其明显的作用。

4.3.5　对10种常见违章人员的心理分析与预防对策

前文已经多次讲过，事故与人的违章操作行为有很大的关系。在实际生产活动中，有10种常见的容易产生违章行为的人，也是容易出事故的人，因而防止和纠正此类人员违章，就可以有效减少事故的发生，提高安全可靠性。

1. 10种常见违章人员的心理和行为表现

10种常见违章人员如下：

（1）初来乍到的新工人

这种人由于上岗时间短，对生产操作技术和安全操作规程不熟练，缺少处理问题的经验，凭自己的感觉和胆量行动，随意行动，糊里糊涂地作业。

（2）心存侥幸的人

这种人有违章作业而未发生事故的经历，认为违章作业未必出事故，即使发生事故也不一定造成人身伤害，因此操作时碰运气，相信不会发生事故。

（3）冒险行事的人

这种人一般为了争取时间，不按照操作规程作业，明知道违章行为有危险，认为胆大心细就不会有事，企图消除或减少某种存在的不良影响，或者自以为能够一举成名而不听劝阻，冒险行事。

（4）满不在乎的人

这种人由于是经常性的操作，没有发生过事故，逐渐习以为常，感到没有危险，因此产生麻痹思想，从而不能注意到出现的反常现象，仍然按照往常的方法进行操作，放松了对危险因素的警惕和防备，导致错误操作的发生。

（5）自我表现的人

这种人以青年员工居多，虽然参加工作时间不长、工作经验不足，但常常表现得很自信，在其他员工或领导面前喜欢表现自己的能力，对于并不熟练的操作充内行，甚至硬充好汉，不量力而行，导致危险发生。

（6）省事取巧的人

为了少费力、图省事，把一些必要的安全操作规定、安全措施和安全防护器材或设施当成麻烦的形式，甚至觉得碍事或多余，弃之不用，造成出现异常情况时，各种防护措施失效。

(7) 盲从而无主见的人

这种人由于看到其他人员不遵守安全规程而并未发生事故，出于从众心理仿效他人，或者怕其他人员说自己“胆小”或“技术不行”，迫于精神上的压力而不能遵章守纪，导致盲目从众违章行为的发生。

(8) 心神不定的人

这种人由于在工作岗位、家庭生活或者社会生活中受到刺激，或者生理上的不良反应，导致在工作岗位上注意力不集中、精力不足或者情绪不稳定，而疏忽应遵守的操作程序或应采取的安全防范措施，导致“无意识”的违章行为发生。

(9) 固执己见的人

这种人由于从事工作的时间较长，积累了一定的经验，而过分相信“自我经验”，凭着自己片面的“经验”行事，不能接受别人的提醒和建议，不能及时觉察异常情况，或者采取相应的处理方法，仍沿用过去的方式进行操作，导致危险发生。

(10) 违章蛮干的人

这种人由于存在思想上的偏见或对抗情绪，而不听从管理人员的指导和规劝，自恃懂技术，而采取不合作的方式，“你要我这样干，我非要那样做”，从而发生违章行为。

2. 预防违章操作行为的控制对策

控制操作行为的目的在于保证各项规章制度和生产指令能够有效地得到执行，严格地按照操作规程进行作业活动。

(1) 预先控制

预先控制是指针对某项具体的工作任务，对可能发生的情况进行预测，做好应对各种异常情况的准备，使作业活动计划周密，对员工进行事先安全警示，防患于未然。预先控制包括以下几点：一是使员工确实掌握工作任务的实施方法和实施程序；二是可能出现异常情况时应采取的应急处理措施；三是对材料、操作工具和安全防护器材的准备。

(2) 现场控制

安全主管人员应深入现场，亲自监督检查，指导和控制操作人员的活动，以保证执行规定的程序。这方面工作包括：对操作人员提出恰当的工作方法和工作程序；监督操作人员按照规定程序操作；发现不安全的行为或者防护措施存在缺陷，及时采取纠正和改进措施。

(3) 反馈控制

反馈控制是指对作业活动的结果与工作要求进行对比和考核，对操作人员进行物质和精神上的奖励。具体包括：查找已经产生的或者即将产生的偏差；分析工作偏差可能存在的原因和对未来可能的影响，及时制定纠正措施以防偏差继续发展成为隐患；对产生工作偏差的员工进行业绩考核，给予适当的惩戒，以防今后再度发生。

3. 预防违章操作行为的管理对策

(1) 加强安全教育培训是预防违章操作行为的基础。安全教育培训是安全管理工作的首要任务，采用多种教育培训形式进行安全生产方针、法律法规、劳动纪律、安全知识和工艺操作规程的学习，使员工认识到安全生产规章制度是维持生产正常秩序、保护员工生命安全和身体健康的准则，始终做到严格遵守各项安全生产规章制度，防止违章操作行为的发生。

(2) 加强安全教育，从心理上排除不安全因素。要特别注意抓好根据各种人的不同心理特性，采取“一把钥匙开一把锁”的安全教育方式，从心理上排除不安全因素，强化员工的安全生产意识，使其掌握劳动安全技术和防护知识，提高个人安全素质。

(3) 搞好现场安全监管是制止违章操作行为的关键。作业现场是员工生产活动的场所，也是发生“三违”的场所。各级安全管理人员都要深入作业现场，检查员工是否做到了自觉遵守安全操作规程和各项安全生产规章制度；检查设备、工具和安全装置是否齐全完好；检查员工是否坚持在生产岗位上正确、合理使用劳动防护用品；及时发现并制止或纠正违章操作行为。

(4) 全员参与治理是防治违章的保障。反对违章应从各级领导做起，坚持“领导是单位的第一安全责任人”的思想，领导要把安全工作当作头等大事来抓，以身作则，做遵章守纪的带头人。各级职能管理部门的管理人员要发挥监督管理作用，利用安全生产责任制的约束作用和经济责任制的激励作用，层层抓制度的执行。基层员工在生产一线的工作中相互协调、相互监督，通过自查自改，消除身边的违章行为，坚持做到“不伤害自己、不伤害他人、不被他人所伤害”，从我做起，防止违章操作行为的发生。

第 2 编　公路工程环境保护技术

第 5 章　公路交通环境问题

5.1　环境的概念及分类

5.1.1　环境的概念

环境是一个范畴广泛的名词或术语。从哲学上讲，环境是相对于主体（或某项中心事物）而言的客体，它与其主体相互依存、相互作用、相互制约，它的内容随着主体的不同而不同，其差异源于主体的界定。对于环境科学来说，主体是人类，环境就是人类生存的客体，是指以人类为主体的外部客观世界的总体，既包括自然因素，也包括社会因素。

在实际的工作过程中，环境还具有特定的含义，它们大多出现在各国颁布的环境保护法规中。例如，《中华人民共和国环境保护法》规定："本法所称环境，是指影响人类生存和发展的各种天然的和经过人工改造的自然因素的总体，包括大气、水、海洋、土地、矿藏、森林、草原、湿地、野生生物、自然遗迹、人文遗迹、自然保护区、风景名胜区、城市和乡村等。"这是一种把环境中应该保护的要素界定为环境保护的工作对象，其目的是从实际工作的需要出发，对"环境"一词的法律适用范围做出规定，以保证法律的准确实施。

5.1.2　环境的分类

（1）按照环境要素的形成，可以把环境分成自然环境和社会环境 2 大类。

在环境科学上，自然环境是指对人类的生存和发展产生直接或间接影响的如大气、水、土壤、日光辐射、生物等各种天然形成的物质和能量的总和。这些环境要素构成了相互联系、相互制约的自然环境体系。通常，把地球表面的整个自然环境分为 4 个圈层，即水圈（河流、湖泊、海洋、地下水）、岩石土壤圈（土壤、山脉、矿藏）、大气圈（从地球表面上至 2 000 km 左右的大气层）、生物圈（地球上存在生命的部分）。

社会环境也叫人工环境或人为环境，是人类为了提高物质和文化生活，在自然环境的基础上，经过人类劳动改造或加工而创造出来的如城市、居民点、水库、名胜古迹、风景游览区等物质和能量的总和。

（2）按照环境要素的不同分类，可以把环境分为大气环境、水环境（包括海洋环境、湖泊环境、水域环境等）、土壤环境、生物环境（如森林环境、草原环境）和地质环境等。

5.2 公路交通环境问题

5.2.1 环境问题的类型

人类活动对环境的影响表现在 2 个方面：一是对环境质量的影响，即环境污染，如大气环境污染、水环境污染、声环境污染和土壤污染等；二是对如水、土地、森林和草原等的影响，对资源短缺的自然资源的超额利用。所以环境问题归纳起来可分为 2 类，一类为污染型环境问题，另一类为资源破坏型环境问题。对生态系统而言，环境污染和资源破坏都是生态系统的破坏源。

5.2.2 当前人类面临的环境问题

环境问题在经历了 20 世纪的环境污染高潮之后，发展到今天，已从区域性环境问题演化成全球性环境问题。当前人类面临的十大全球性环境问题是：

(1) 全球气候变暖

由于人口的增加和人类生产活动的规模越来越大，向大气释放的二氧化碳、甲烷、一氧化二氮、氟氯碳化合物、四氯化碳和一氧化碳等温室气体不断增加，导致大气的组成发生变化，大气质量受到影响，气候有逐渐变暖的趋势。气候变暖，将会对全球产生各种不同的影响。较高的温度可使极地冰川融化，海平面上升，使一些海岸地区被淹没。全球变暖也可能影响到降雨和大气环流的变化，使气候反常，易造成旱、涝灾害，导致生态系统发生变暖和破坏。全球气候变暖将对人类生活产生一系列重大影响。

(2) 臭氧层的耗损与破坏

在离地球表面 10～50 km 的大气平流层中集中了地球上 90％的臭氧气体，在离地面 25 km 处臭氧浓度最大，形成厚度约为 3 mm 的臭氧集中层，称为臭氧层。它能吸收太阳的紫外线，以保护地球上的生命免遭过量紫外线的伤害，并将能量贮存在上层大气，起到调节气候的作用。但臭氧层是一个很脆弱的大气层，如果进入一些破坏臭氧的气体(如氟氯碳化合物)，它们就会与臭氧发生化学作用，臭氧层就会遭到破坏。臭氧层被破坏，将使地面受到紫外线辐射的强度增加，给地球上的生命带来很大的危害。研究表明，紫外线辐射能破坏生物蛋白质和基因物质脱氧核糖核酸，造成细胞死亡；使人类皮肤癌发病率增高；伤害眼睛，导致白内障而使眼睛失明；抑制植物，如大豆、瓜类和蔬菜等的生长，并能穿透 10 m 深的水层，杀死浮游生物和微生物，从而危及水中生物的食物链和自由氧的来源，影响生态平衡和水体的自净能力。

(3) 生物多样性减少

《生物多样性公约》指出，生物多样性是指“所有来源的形形色色的生物体，这些来源包括陆地、海洋和其他水生生态系统及其所构成的生态综合体；它包括物种内部、物种之间和生态系统的多样性”。在漫长的生物进化过程中会产生一些新的物种，同时，随着生态环境条件的变化，也会使一些物种消失。所以说，生物多样性是在不断变化的。近百年来，由于人口的急剧增加和人类对资源的不合理开发，加之环境污染等原因，地球上的各种生物及其生态系统受到了极大的冲击，生物多样性也受到了很大的损害。有关学者估计，世界上每年至少有 5 万个生物物种灭绝，平均每天灭绝的物种达 140 个，估计到 21 世纪初，全世界野生生物的损失可达其总数的 15%～30%。在中国，由于人口增长和经济发展的压力，对生物资源的不合理利用和破坏，生物多样性所遭受的损失也非常严重，大约有 200 个物种已经灭绝；估计约有 5 000 种植物在近年内已处于濒危状态，约占中国高等植物总数的 20%；大约还有 398 种脊椎动物也处在濒危状态，约占中国脊椎动物总数的 7.7%。因此，保护和拯救生物多样性以及这些生物赖以生存的生活条件，是摆在我们面前的重要任务。

（4）酸雨蔓延

酸雨是指大气降水中酸碱度（pH 值）低于 5.6 的雨、雪或其他形式的降水，这是大气污染的一种表现。酸雨对人类环境的影响是多方面的。酸雨降落到河流或湖泊中，会妨碍水中鱼、虾的生长，导致鱼、虾减少或绝迹；酸雨还导致土壤酸化，破坏土壤的营养，使土壤贫瘠化，危害植物的生长，造成作物减产，森林面积减小。此外，酸雨还腐蚀建筑材料，有关资料说明，近十几年来，酸雨地区的一些古迹特别是石刻、石雕或铜塑像的损坏程度超过以往百年甚至千年以上。目前世界上已有三大酸雨区，我国华南酸雨区是其中之一。

（5）森林锐减

在今天的地球上，我们的绿色屏障——森林正以平均每年 4 000 km^2 的速度消失。森林的减少使其涵养水源的功能受到破坏，造成物种的减少和水土流失，对二氧化碳的吸收减少，从而加剧了温室效应。

（6）土地荒漠化

全球陆地面积占 60%，其中沙漠和沙漠化面积占 29%。每年有 600 万公顷的土地变成沙漠，经济损失每年近 3 000 亿元。全球共有干旱和半干旱土地 50 亿公顷，其中 33 亿公顷遭到荒漠化威胁，致使每年有 600 万公顷的农田和 900 万公顷的牧区失去生产力，人类文明的摇篮底格里斯河、幼发拉底河流域，也由沃土变成了荒漠。我国的黄河流域水土流失亦十分严重。

（7）大气污染

大气污染的主要因子为悬浮颗粒物、一氧化碳、臭氧、二氧化碳、氮氧化物、碳氢化合物和铅等。大气污染导致每年有 30 万～70 万人因烟尘污染提前死亡，2 500 万的儿童患慢性喉炎。近年随着人类活动的持续增多、自然环境的恶化和环境容量的降低，雾霾形式的大气污染严重影响了人类的生活。

雾霾主要由二氧化硫、氮氧化物和可吸入颗粒物这 3 项组成，前两者为气态污染物，最后一项颗粒物才是加重雾霾天气污染的主要原因，它们与雾气结合在一起，让天空瞬间变得阴沉灰暗。霾粒子的分布比较均匀，而且灰霾粒子的尺度比较小，从 0.001 μm 到 10 μm，平均直径在 1～2 μm，是肉眼看不到空中飘浮的颗粒物。雾霾的源头多种多样，比如汽车尾气、工业排放、建筑扬尘、垃圾焚烧，甚至火山喷发等，雾霾天气通常是多种污染源混合作用形成的。但在各地区的雾霾天气中，不同污染源的作用程度各有差异。

雾霾天气现象会给气候、环境、健康和经济等方面造成显著的负面影响，例如引起城市大气酸雨、光化学烟雾现象，导致大气能见度下降，阻碍空中、水面和陆路交通；提高死亡率，使慢性病加剧，使呼吸系统及心脏系统疾病恶化，改变肺功能及结构，影响生殖能力，改变人体的免疫结构等。

（8）淡水资源枯竭与污染

缺水已是一个世界性的普遍现象，全世界有 100 多个国家存在不同程度的缺水。据

2000 年的统计，我国已接近严重缺水状态，在全国 668 个建制城市中，约有 400 多座城市缺水，其中 130 多个城市严重缺水，水资源短缺已成为许多国家和地区经济发展的障碍。引起水资源短缺的原因除自然因素外，由水体污染引起的水资源破坏是造成水资源危机的重要原因之一。全世界每年排入江河湖海的污水有 4 200 亿 m^3，被污染的淡水有 5 500 亿 m^3，约占全球径流量的 14%以上。

(9) 海洋污染

人类活动使近海区的氮和磷增加了 50%～200%。过量营养物导致沿海藻类大量生长，波罗的海、北海、黑海和东中国海等出现赤潮。海洋污染导致赤潮频繁发生，它破坏了红树林、珊瑚礁和海草，使近海鱼虾锐减，渔业损失惨重。

(10) 危险性废物

危险性废物是指除放射性废物以外，具有化学活性或毒性、爆炸性、腐蚀性和其他对人类生存环境存在有害特性的废物。在过去数十年中，化学品的生产和使用量骤增，现在的化学品国际贸易值每年逾 1 400 亿元。有毒化学品的生产、贸易、运输及使用都是危险性废物的产生源。危险性废物及其存在的越境转移等国际性环境问题，给当今人类生存环境带来巨大的潜在威胁。

综观以上十大全球性环境问题，不难看出，公路交通几乎与所有环境问题都有关联。公路交通运输的事故、车辆排放的噪声及废气和公路建设过程对资源及自然生态系统的破坏等都是构成上述环境问题的直接因素。

5.2.3 公路交通业的发展与公路交通环境问题

1. 公路交通业的发展

人类进入工业时代以来，汽车业迅猛发展，汽车持有量急剧增加，其带来的改善公路交通的需求也随之快速增长。自 20 世纪 50 年代开始，欧美一些发达国家开始制定以高速公路和干线公路为骨架的公路发展规划，至此世界高速公路建设进入快速发展阶段。在改变世界交通运输格局的同时，高速公路因运输灵活便捷以及运行速度快的优势，带来了巨大的经济和社会效益，有力地促进了全球各国经济的发展。截至 2012 年年底，美国高速公路通车总里程为 8.8 万 km，加拿大 1.65 万 km，德国 1.14 万 km，法国 1.03 万 km，日本 6 114 km，英国 3 303 km。到目前为止，全世界已有 80 多个国家和地区拥有高速公路，通车总里程数超过了 30 万 km。很多发达国家已基本形成以高速公路为主骨架的公路网。

相比于国外，我国高速公路建设发展较晚，但起点较高，1988 年 10 月我国大陆地区第一条高速公路沪嘉高速公路正式通车，标志着我国高速公路建设进入快速发展阶段，至 2014 年，我国高速公路已建设里程突破 10 万 km，位居世界第一位，高速公路历年通车里程如图 5-1 所示。交通运输部《交通运输“十二五”发展规划》提出，到 2015 年，我国的高速公路总里程达到 10.8 万 km，覆盖 90%以上的 20 万以上城镇人口城市，目前已超额完成了公路建设目标。根据《国家公路网规划(2013—2030 年)》的总体规划，到 2030 年我国的高速公路建设总体规模将达到 11.8 万 km。当前，高速公路行业仍将延续快速发展的势头。高速公路的快速建设和发展，极大地促进了沿线产业带和经济带的生成，带动了当地经济发展，但同时也给沿线地区的生态、生活环境带来了一系列影响，其中车辆交通噪声污染问题最为突出。

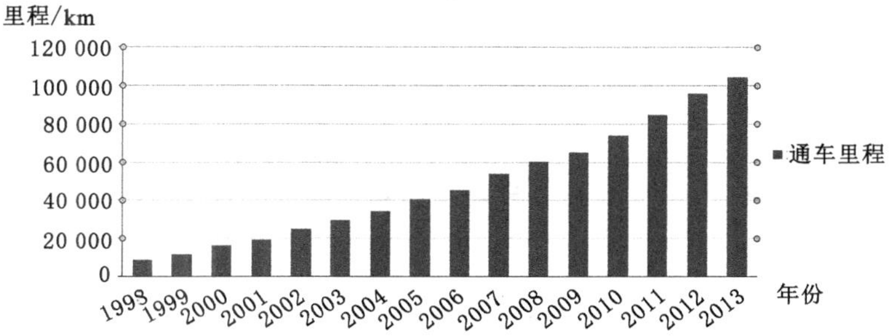

图 5-1　我国高速公路历年通车里程数

在公路交通快速发展的同时，我国汽车保有量也一直保持快速增长，尤其是近年随着城镇化建设的快速发展，车辆保有量增长的速度一直维持在一个较高的水准。自 20 世纪 80 年代中国开始出现私人汽车，1980 年年底我国汽车总拥有量仅有 178.29 万辆，到 2003 年汽车保有量达到 1 219 万辆，私人汽车突破千万辆用了近 20 年，而突破 2 000 万辆仅仅用了 3 年。2010 年，我国汽车的保有量达到 7 000 万辆。而根据公安部交通管理局 2018 年 7 月 16 日发布的权威消息，截至 2018 年 6 月底，全国机动车保有量达 3.19 亿辆。

目前汽车对环境的污染问题已显露出来，并且随着车辆的持续增加将进一步显现，对环境的影响将会更加突出，车辆带来的环境污染也将成为今后相当长一段时间内环境科学领域的主要研究课题之一。

2. 公路交通环境问题

(1) 公路交通环境的概念

环境保护法从法律角度给出了环境的定义，规定了环境保护的对象。由于公路所具有的可能穿越一切环境要素的特点，公路交通环境包括环境保护法所定义的所有环境要素。公路交通环境是与公路交通活动相关的影响人类生存和发展的各种天然的和经过人工改造的自然因素的总和，并以资源破坏型环境要素构成公路交通环境的主体。

(2) 公路交通环境问题

公路交通环境问题包括环境污染和资源破坏 2 个方面。

① 公路交通环境污染

公路交通环境污染是指与公路交通相关的人为活动向环境排放的某种物质或能量，使环境质量恶化的现象。公路交通环境污染主要有 3 个方面：

a. 汽车排放的一氧化碳、氮氧化物和碳氢化合物等有害气体对大气环境的污染，是城市局部大气污染的主要来源。

b. 交通噪声对声环境的污染，是人类所受到声环境影响方面的最大噪声源。

c. 公路沿线服务设施的固体垃圾、污水及路面径流对地表水环境及土壤环境的污染。

② 公路交通资源破坏

公路交通资源破坏是指与公路交通相关的人为活动使自然资源遭受损失。公路建设对自然资源的破坏包括土地占用、植被破坏、水土流失和动植物影响等。

环境污染及资源破坏，最终都将影响生态系统的平衡，即造成生态破坏。所以，公路建设环境污染及自然资源破坏都是生态系统的破坏源。

第6章 公路交通生态环境保护

6.1 生态环境概述

“生态学”一词是由德国生物学家赫克尔于1869年首先提出的。他把生态学定义为“自然界的经济学”。后来，也有学者把生态学定义为“研究生物或生物群体与其环境的关系，或生活着的生物与其环境之间相互联系的科学”。生态学是研究生物与环境之间相互关系及其作用机理的科学。这里所说的生物包括植物、动物和微生物。而环境是指各种生物特定的生存环境，包括非生物环境和生物环境。非生物环境由光、热、空气、水分和各种无机元素组成；生物环境由作为主体生物以外的其他一切生物组成。

6.1.1 生态系统

1. 生态系统的概念

“生态系统”是英国生态学家坦斯利于1935年提出来的，是指任何一个生物群落与其周围非生物环境所构成的综合体。按照现代生态学的观点，生态系统就是生命系统和环境系统在特定空间的组合。在生态系统中，各种生物彼此间以及生物与非生物的环境因素之间相互作用、相互制约，不断进行着能量流动、物质循环和信息传递。

2. 生态系统的组成

任何一个生态系统，不管范围大小，简单还是复杂，都具有一定的结构。一个完全的生态系统都由生物成分和非生物成分2部分组成的。

(1) 生物成分

生物成分可分为生产者、消费者和分解者。

① 生产者

生产者主要是绿色植物，包括一切能进行光合作用的高等植物、藻类和地衣。这些绿色植物物体内含有光合作用色素，可利用太阳能把二氧化碳和水合成有机物，同时放出氧气。除绿色植物以外，还有利用太阳能或化学能把无机物转化为有机物的光能自养微生物和化能自养微生物。生产者在生态系统中不仅可以生产有机物，而且也能在将无机物合成有机物的同时，把太阳能转化为化学能，贮存在生成的有机物中。生产者生产的有机物及贮存的化学能，一方面供给生产者自身生长发育的需要，另一方面也用来维持其他生物全部生命活动的需要，是其他生物类群以及人类的食物和能源的供应者。

② 消费者

消费者是不能用无机物制造有机物的生物，它们直接或间接地依赖于生产者所制造的有机物质，是异养生物，主要是指动物。它们以其他生物或有机质为食。其中以植物为食的食草动物，称为一级消费者；以食草动物为食的食肉动物，称为二级消费者；以二级消费者为食的食肉动物，称为三级消费者。消费者在生态系统中的作用之一，是实现物质与能量的传递。如草原生态系统中的青草、野兔与狼，其中，野兔就起着把青草制造的有机物和贮存的能量传递给狼的作用。消费者的另一个作用是实现物质的再生产，如食草动物可以把草本植物的植物性蛋白再生产为动物性蛋白。所以，消费者又可称为次级生产者。

③ 分解者

分解者主要指细菌、真菌和一些原生动物，它们也是异养生物。这些异养生物在生态系统中连续地进行着分解作用，它们依靠分解动植物的排泄物和死亡的有机残体取得能量和营养物质，把复杂的有机物质逐步分解为简单的有机物，最终以无机物的形式回归到环境中，被生产者有机体再次利用，使生态系统中的物质得以循环，所以它们又被称为还原者有机体。

分解者的分解作用可分为 3 个阶段：物理的或生物的作用阶段，分解者把动植物残体分解成颗粒状的碎屑；腐生生物的作用阶段，分解者将碎屑再分解成腐殖酸或其他可溶性的有机酸；腐殖酸的矿化作用阶段。从广义角度可以认为，参与这 3 个阶段的各种生物都应属于分解者。蚯蚓、蜈蚣、马陆以及各种土壤线虫等土壤动物，在动植物残体分解过程的第一阶段起着非常重要的作用。另一些动物，如鼠类等啮齿动物也会把植物咬成大量碎屑，残留在土壤中。所以，分解者主要是指微生物，同时也应包括某些小型动物。

(2) 非生物成分

非生物成分是指各种环境要素，包括温度、光照、大气、水、土壤、气候、各种矿物质和非生物成分的有机质等。非生物成分在生态系统中的作用，一方面是为各种生物提供必要的生存环境，另一方面是为各种生物提供必要的营养元素。

以上构成一个有机的统一整体。在这个有机整体中，能量与物质在不断地流动，并在一定条件下保持着相对平衡。

不同的生态系统，其具体的组成成分也会各不相同。如陆生生态系统的生产者是各种陆生植物，消费者是各种陆生动物，分解者主要是土壤微生物；而水生生态系统，其生产者则是各种水生植物，消费者则是各种水生动物，分解者则是各种水生微生物。不同生态系统的非生物成分，也存在着一定的差异。

3. 生态系统的结构

生态系统的结构主要分为形态结构和营养结构。

(1) 形态结构

生态系统的生物种类、种群数量、种的空间配置和时间变化等，构成生态系统的形态结构。例如，一个森林生态系统，其中植物、动物和微生物的种类与数量基本上是稳定的。它们在空间分布上具有明显的成层现象，即明显的垂直分布。在地上部分，自上而下有乔木层、灌木层、草本植物层和苔藓地衣层；在地下部分，有浅根系、深根系及其根际微生物。在森林中栖息的各种动物，也都有其各自相对的空间分布位置，许多鸟类在树上营巢，许多兽类在地面筑窝，许多鼠类在地下掘洞。在水平分布上，林缘、林内植物和动物的分布也有明显不同。

形态结构的另一种表现是时间变化。同一个生态系统，在不同的时期或不同季节，存在着有规律的时间变化。如长白山森林生态系统，冬季满山白雪覆盖，到处是一片林海雪原；春季冰雪融化，绿草如茵；夏季鲜花遍野，五彩缤纷；秋季又是果实累累，气象万千。不仅在不同季节有着不同的季相变化，就是昼夜之间，其形态也会表现出明显的差异。

(2) 营养结构

生态系统各组成部分之间，通过营养联系构成生态系统的营养结构。

生产者可向消费者和分解者分别提供营养，消费者也可向分解者提供营养，分解者又可把营养物质输送给环境，由环境再供给生产者。这既是物质在生态系统中的循环过程，也是生态系统营养结构的表现形式。不同生态系统的成分不同，其营养结构的具体表现形式也会因之各异。

4. 生态系统的类型

自然界中的生态系统是多种多样的，依据不同的分类标准，可把生态系统分成若干类型。按环境中的水体状况，可把地球上的生态系统划分为水生生态系统和陆生生态系统 2 大类群。水生生态系统又可以划分为淡水生态系统和海洋生态系统。淡水生态系统包括江、河等流动水生态系统和湖泊、水库等静水生态系统；海洋生态系统包括滨海生态系统和大洋生态系统等；陆生生态系统分为荒漠生态系统、草原生态系统、稀树干草原生态系统和森林生态系统等。

按人为干预的程度划分，又可以将生态系统分为自然生态系统、半自然生态系统和人工生态系统。自然生态系统指没有或基本没有受到人为干预的生态系统，如原始森林、未经放牧的草原、人迹罕至的沙漠等；半自然生态系统指受到人为干预，但其环境仍保持一定自然状态的生态系统，如人工抚育过的森林、经过放牧的草原、养殖湖泊和农田等；人工生态系统指完全按照人类的意愿，有目的、有计划地建立起来的生态系统，如城市、工厂、矿山、宇宙飞船和潜艇的密封舱等。

生态系统的大小，也可以根据人们研究的需要而划定。所以，有人说小到自然界中的一滴水，大到地球表面的生物圈，都可以称之为一个生态系统。也可以说，整个生物圈就是由无数个大大小小的生态系统所组成，每个生态系统则是自然界的基本结构单元。

5. 生态系统的功能

生态系统的功能主要表现在生态系统具有一定的能量流动、物质循环和信息联系。食物链(网)和营养级是实现这些功能的保证。

食物链是各种生物以食物为联系建立起来的链索。食物链上的各个环节叫营养级。生产者为第一营养级，一级消费者为第二营养级，依次为第三营养级、第四营养级等。食物链的加长不是无限制的，营养级一般只有 4～5 级。各营养级上的生物不会只有一种，凡在同一层次上的生物都属于同一营养级。由于食物关系的复杂性，同一生物也可能隶属于不同的营养级。

6.1.2 生态平衡

生态系统是一个开放系统，非生物成分、生产者有机体、消费者有机体和分解者有机体之间不停地进行着能量交换、物质循环与信息传递。任何一个生态系统都需经过由低级向高级、由简单向复杂的发展过程而达到相对稳定的状态。当生态系统处于相对稳定状态时，生物之间和生物与环境之间出现高度的相互适应性，其动、植物数量上也相对保持稳定，生产与消费和分解之间，即能量和物质的输入与输出之间接近平衡，以及结构与功能之间相互适应并获得最优化的协调关系，这种状态就叫作生态平衡。

生态平衡具有以下重要特点：

（1）达到生态平衡的生态系统，其有机体个体数目、生物量和生产力均最大。

（2）生态平衡是一种动态平衡，任何内部或外部因素的变化都可能使这种平衡发生变化。生态系统具有自动调节能力以保持平衡稳定。系统越成熟、组成种类越多、营养结构越复杂，对外界压力、冲击的抵抗能力就越大，即便受到某些破坏，也可以自我恢复。但是，系统的这种调节能力是有限度的，其界限称阈值，稳定系统的阈值较高。当外界干扰造成的破坏超过系统的自我恢复能力或阈值时，系统平衡破坏，食物链关系失常，生物个体数变少，生物量下降，生产力衰退，系统的结构与功能失调，系统内物质循环及能量流动中断，最终导致生态系统的瓦解崩溃。

（3）人类对生态系统的影响很大。人类是生态系统中最积极活跃的因素，人类的活动对生态平衡影响很大。一方面，过度开发与环境污染，使生态系统遭到严重破坏，甚至崩溃；另一方面，人类可以按照客观规律，用更合理的人工生态系统来替代旧的自然生态系统，建立生产力更高的良性生态平衡。

6.2　公路交通对生态环境的影响

6.2.1　公路生态环境

生态环境是指影响生态系统发展的环境条件的总体。环境科学所指的生态环境是人类的生态环境，它是人类生存的自然环境和社会环境的综合。公路生态环境主要指公路在建设和建成后路域涉及的自然环境和社会环境，由于公路建设期相对固定，因此公路建设期对生态环境的影响具有时效性特点，而公路路线一般呈线性分布，运营后对生态环境的影响也局限于公路路域内。

1. 自然环境

自然环境是人类赖以生存和发展的所有物质、能量因素和外界条件的综合体，也就是环绕着人群的空间中可以直接、间接影响人类生产、生活的一切自然形成的物质、能量的总体。构成自然环境的物质、能量的种类很多，涉及公路建设项目的大体可以分为以下 6 类：

（1）地质因素。包括地质构造分区、地层、构造、岩石类型及其力学特征与抗风化性能，环境地质问题，地质灾害与地震烈度等。

（2）地貌因素。包括地貌类型，地表起伏，破碎程度，剥蚀、侵蚀、堆积特征等。

（3）气候因素。包括气候类型、气温、降水、风力、风向、灾害天气等。

（4）水文因素。包括河流、湖泊、沼泽等地表水体的主要特征，地下水特征，海滨地带的海洋影响等。

（5）生物因素。包括植被类型、野生动植物及其生态系统等。

（6）土壤因素。包括土壤类型、荒漠化与水土流失等。

2. 社会环境

社会环境是指在自然环境的基础上，人类通过长期有意识的社会劳动，加工和改造了的自然物质、创造的物质生产体系、积累的物质文化等所形成的环境体系。所以，社会环境是人类生存及活动范围内的社会物质、精神条件的总和。从广义上讲，社会环境包括整个社会经济文化体系,如生产力、生产关系、社会制度、社会意识和社会文化。从狭义上讲,社会环境是指人类生活的直接环境,如家庭、劳动组织、学习条件和其他集体性社团等。路域社会环境,一般包括公路路域内的社区基本特征、经济因素和社会文化因素。

6.2.2 公路交通对生态环境的影响

公路建设与营运过程中,对沿线一定范围内的生态环境会产生不同程度的影响。

(1) 路基开挖或堆填,会改变局部地貌。在地质构造脆弱地带易引起崩塌、滑坡等地质灾害,在石灰岩地区易引起岩溶塌陷,在高寒山区易引起雪崩等灾害。

(2) 开挖路基有时会影响河流的稳定性。例如大量弃土倾入河谷、河道,使河床变窄,易引发山洪、泥石流等灾害。

(3) 公路建设占用大量土地,尤其是高速公路工程量大,施工期长,其施工场地、运输便道和生活设施等用地面积更大,因而对生物多样性影响明显。路面对植被长期破坏,路基两侧对植被也造成一定影响,在生态系统脆弱地区,植被破坏会加剧荒漠化或水土流失。对森林、草地的破坏,会影响野生动物的正常活动。另外,公路建设有时还会对自然保护区、风景名胜区和森林公园等产生不利影响。

(4) 对城镇、乡村、农田及各种建筑设施产生一定影响。有时还会对历史文物产生不利影响。

(5) 给沿线环境带来一定程度的污染。如引起大气污染、水污染、土壤污染、植物污染及噪声影响沿线居民的正常生活。

通常,山区公路建设难度大,对自然环境的影响远比平原地区大。而平原地区公路建设对人工生态系统影响明显。选线不当及施工中引起局部自然生态失调,会对沿线生态环境产生不良影响。道路建成营运后,沿线经济带开发引起人类活动的增加,也将成为局部地区生态环境失调的新的诱发因素。

6.3 公路交通与地质灾害的防治

崩塌、滑坡和泥石流等是山区公路建设与营运中易发生的地质灾害,往往会造成严重的生态破坏与居民生命财产的巨大损失。这些地质灾害的产生,不仅与自然条件有关,而且与人为因素有关。因而,在丘陵山区、黄土高原和岩溶高原等地表起伏较大地区修建道路时,应采取多种措施,避免或减少地质灾害对公路交通的影响以及对沿线生态环境的破坏。

6.3.1 崩塌、滑坡及其防治

1. 崩塌及其防治

(1) 崩塌的危害与主要类型

在比较陡峻的斜坡上,大块岩体或碎屑在重力作用下突然落下,并在坡脚形成倒石堆(又称岩屑堆)的现象称为崩塌。倒石堆是一种倾卸式的急剧堆积,一般松散、杂乱、多孔隙、大小混杂而无层理。崩塌的运动速度很快,崩塌的体积可由小于 1 m^3 到数亿立方米。大规模的崩塌能摧毁铁路、公路、隧道和桥梁,破坏工厂、矿山、城镇、村庄和农田,甚至危及人民的生命安全,造成巨大灾害。它在工程建设上被视为“山区病害”之一。崩塌有下列主要类型：

① 落石。指悬崖陡坡上块石崩落，一般规模不大，可分为散落、坠落和翻落 3 种形式。

② 山崩。指发生在山区规模巨大的崩塌。例如，由于地震影响，陕西秦岭中的翠华山曾发生山崩，产生的巨大角砾（粒径可超过 50 m）遍布山坡，形成“砾海”。巨大的崩积体（倒石堆）堵塞山谷，积水成湖，形成景色优美的翠华山天池。

③ 坍岸。指发生在河岸、湖岸、海岸的崩塌。

④ 坍陷。指由地下溶洞、潜蚀穴或采空区所引起的崩塌。

（2）崩塌易发地段的评价

① 地貌条件

地貌条件是引起崩塌的基本因素。一定的坡度和高差是崩塌发生的基本条件。据调查，由坚硬岩石组成的斜坡，当坡度大于 50°或 60°，高差大于 50 m 时，才可能发生崩塌。由松散物质组成的坡地，当坡度超过它的休止角时可能出现崩塌，一般坡度大于 45°，高差大于 25 m 时可能出现小型崩塌，高差大于 45 m 时可能出现大型崩塌。黄土地区，坡度在 50°以上时，才可能发生崩塌。高山峡谷、悬崖陡岸多数是崩塌易发地段。

② 地质条件

岩性与地质构造也是崩塌发生的重要条件。结构致密又无裂隙的完整基岩，即使在坡度很陡的情况下也不发生崩塌。反之，结构疏松、破碎的岩石易发生崩塌。当坚硬岩层与松软岩层成互层出现时，由于差异风化，使坚硬岩层突出，临空面增大，易引起崩塌。大量节理或断层存在，会加速岩石的风化解体过程，是崩塌发生的重要条件。岩层构造（包括断层面、节理面、层面、片理面等）及其组合方式是发生崩塌的又一个重要条件。在岩层层面或解理面的倾向与坡向一致、倾角较大、又有临空面的情况下，沿构造面最容易发生崩塌。就区域新构造运动特点而言，构造运动比较强烈、地层挤压破碎、地震频繁的地区，是崩塌的多发区。

③ 气候条件

强烈的物理风化是崩塌发生的基础性条件。由于干旱、半干旱地区温差大，高寒山区冻融过程强烈，因此在这些地区岩石风化强烈，悬崖陡坡最易出现崩塌。暴雨、连日阴雨及冰雪融化等往往是崩塌的触发因素，岩体和土体中水分的大量渗入，大大增加了负荷，同时还影响岩体内部结构，导致崩塌发生。另外，暴雨、连日阴雨还易引起洪水，导致大范围坍岸，造成严重灾害。山区道路往往沿河岸路段较长，坍岸对公路交通威胁很大。

④ 人为因素

公路建设或改造中，因过分开挖山体边坡，或在坡脚大量采石取土，使坡脚支持力减弱而引起崩塌。另外，在岩体较破碎地带，大爆破也会引起崩塌。

在道路设计、建设与营运过程中，要根据上述条件，综合分析，确定崩塌易发地段和时段，采取相应的防治措施，以保证施工与营运安全，保护生态环境。

（3）崩塌的防治

在山区修建道路，对崩塌易发地段，应定期监测，判断崩塌发生的可能性、强度和规模，并采取适当的防治措施，如清除危石、改造坡面等。

对规模大、破坏力强、仍在发展中的大型崩塌，一般应以改线避绕为主。对规模不大的崩塌，可根据不同情况，采取建拦石坝、防护河堤、支撑体、砌石护坡、绿化坡面或清除岩屑堆等措施。

道路施工，应尽可能避免因人工开挖或爆破引起崩塌。

2. 滑坡及其防治

(1) 滑坡及其危害

滑坡是山区公路建设中经常遇到的一种地质灾害。坡面上大量土体、岩体或其他碎屑堆积，在重力和水的作用下，沿一定的滑动面整体下滑的现象称为滑坡。滑坡一般由 3 大部分组成，即滑坡壁、滑动面和滑坡体。大型滑坡体的结构比较复杂，其前端为滑坡舌和滑坡鼓丘。滑坡体上有滑坡阶地、滑坡洼地、滑坡湖和滑坡裂缝等。

滑坡的规模不一，其危害程度也不一，大型滑坡的危害是相当严重的。如 1955 年 8 月 18 日，陇海铁路宝鸡段附近发生的卧龙寺大滑坡，把铁路向南推出 110 m。该滑坡南北长 645 m，滑坡体最大厚度 88.6 m，滑坡体体积约 2 000 万 m^3，滑动面积 33 万 m^2，迫使陇海铁路在这里改线。又如 1983 年 3 月 7 日，在甘肃省东乡县洒勒山南坡，在第四纪黄土与下伏古近纪新近纪红土层中发生的大型滑坡，南北长 1 600 m，东西宽约 800 m，滑坡体体积达 5 000 多万 m^3，滑坡影响面积为 150 万 m^2。滑坡快速滑动仅 2 min，滑动距离达 800～1 000 m，最大速度为 46.1 m/s，因而破坏性极大。该滑坡使公路毁坏，河道堵塞，水库淤积，附近 4 个生产队的 71 户被掩埋，220 人死亡，200 多公顷农田被毁。

(2) 滑坡易发地段的评价

① 地质条件

滑坡主要出现在松散沉积层。松散沉积物尤其是黏土及黄土浸水后，黏聚力骤降，大大增加了其可滑性。基岩区的滑坡常与页岩、黏土岩、泥灰岩、板岩、千枚岩和片岩等软弱岩层有关。当组成斜坡的岩石性质不一，特别是上覆松散堆积层，下伏坚硬岩石时，易产生滑坡。

滑坡的滑动面多数是构造软弱面，如层面、断层面、断层破碎带、节理面和不整合面等。另外，岩层的倾向与斜坡坡向一致时，也有助于滑坡发育。

② 地貌条件

就地貌特征而言，一般坡度不大，起伏平缓，而且植被覆盖较好的山坡比较稳定，不易发生滑坡。高陡的山坡或陡崖，使斜坡上部的软弱面形成临空状态，上部土体或岩体处于不稳定状态，容易产生滑坡。据观测，基岩沿软弱结构面滑动时，要求坡度为 30°～40°；松散堆积层沿层面滑动时，要求坡度在 20°以上。此外，河水侵蚀强烈的凹岸陡坎是滑坡易发地段。在黄土地区的河谷两岸，往往会出现巨大的滑坡带。

③ 降水和地下水条件

降水和冰雪融水往往是滑坡的触发条件。大多数滑坡发生在降雨时期，一般是大雨大滑，小雨小滑，无雨不滑。地下水也是促使滑坡发生的重要原因，绝大多数滑坡都是沿饱含地下水的岩体软弱面产生的。

④ 地震

地震是滑坡重要的触发条件。

⑤ 人为因素

人为因素对滑坡的影响主要表现在 4 个方面：开挖坡脚，破坏了自然斜坡的稳定状态；在坡顶上堆积弃土、盖房，加大了坡顶荷载；不适当的大爆破施工；排水不当。

滑坡的发生和发展一般可以分为蠕动变形阶段、剧烈滑动阶段和渐趋稳定阶段。蠕动变形阶段长的可达数年，短的仅几天。一般滑坡规模越大，这个阶段越长。较准确地判断蠕动变形是防治滑坡、减轻灾害的关键。

（3）滑坡的防治

山区道路在选线时，应尽可能避开大型滑坡易发地带。在公路建设与营运中，应对滑坡易发地段进行监测。对开始蠕动变形地段要及时采取防治措施，同时要尽量减少人为因素的影响。滑坡的防治措施主要有排、挡、减、固等措施。

① 排：指排除地表水和疏干地下水，增大抗滑力。

② 挡：指修建挡土墙，挡住土体下滑。

③ 减：指在滑坡上方取土减荷，减小下滑力。

④ 固：指在滑坡体内打抗滑桩或烘烧滑动面土体使之胶结，加大抗剪强度。

制定滑坡防治措施时，必须针对引起滑坡的原因及类型，抓住主要矛盾加以综合治理。

6.3.2　泥石流及其防治

1. 泥石流的危害与类型

泥石流是一种含有大量泥沙、石块等固体物质，突然爆发，历时短暂，来势凶猛，具有强大破坏力的洪流。泥石流爆发时，山谷雷鸣，地面振动，几十万甚至几百万立方米的沙石混杂着水体，依仗陡峻的山势，沿着峡谷深涧，前推后拥，猛冲下来。它掩埋村庄，摧毁城镇，破坏交通和一切建筑物，往往造成巨大的灾害。泥石流之所以危害巨大，主要是它的剥蚀、搬运和沉积作用极为强烈，对地表改变很大。泥石流可以搬运大量的粗碎屑和巨砾，并以高速运动，带着强大的能量，对沟道产生强烈的下切和侧蚀。泥石流冲出峡谷后，在较开阔地面沉积下来，形成巨大的锥形或扇形堆积体。

泥石流主要有 2 类：① 黏性泥石流，指固体物质总量占 40%以上的泥石流；② 稀性泥石流，指固体物质总量占 40%以下的泥石流。

2. 泥石流易发地区的评价

泥石流的发生取决于 3 个条件：一是要有丰富的固体碎屑；二是要有大量水体，水既是泥石流的组成部分，又是重要的动力条件；三是要有适宜的地貌条件。所以，典型的泥石流流域可分为 3 个区：① 上游形成区，这是一个三面环山、一面出口的盆地，这里是组成泥石流固体碎屑和水源的主要汇集区；② 中游流通区，它是泥石流外泄的通道，地形上为比降较大的深切沟谷；③ 下游堆积区，是泥石流物质的停积地区。

总之，构造变动复杂或新构造运动强烈，而且岩性脆弱的地区，一般是泥石流的易发区。形成泥石流的水源主要来自暴雨或冰雪融水。暴雨中心往往是泥石流的分布区，暴雨量越大，泥石流规模也越大。另外，人为因素对泥石流的影响不可低估，如采矿废碴和修路废弃土石方不合理大量堆积、森林植被严重破坏、工程建筑物不合理布局等，都有可能为泥石流的发生提供条件。

山区道路选线应尽量避开大型泥石流多发区。施工时，应尽量减少对森林植被的破坏，同时要注意对废弃土石方的处理，不能为泥石流的产生提供物质条件。

3. 泥石流的防治

泥石流的防治是一项综合性生态工程，对泥石流的 3 个区，要采取针对性的措施。

（1）上游形成区。植树造林，保护草地，修建排水系统，减少或断绝泥石流的固体物质源。

(2) 中游流通区。在主沟内修建各种拦石坝,拦蓄泥沙石块,削减泥石流的流速和规模,防止泥石流的侧蚀和下切。

(3) 下游堆积区。修建排洪道和导流堤,保护道路、桥渠、涵洞和其他建筑物。

6.4 公路交通与水土保持

6.4.1 土壤侵蚀的因素与规律

1. 土壤侵蚀及其危害

(1) 土壤侵蚀类型

一般认为,土壤侵蚀是地球陆面上的土壤、成土母质和岩屑,受水力、风力、冻融和重力等营力作用,发生磨损、结构破坏、分散、移动和沉积等的过程与后果。目前,世界上多采用土壤侵蚀这一术语。水土流失是我国对土壤侵蚀笼统的习惯叫法。严格地讲,土壤侵蚀与水土流失这 2 个概念的科学含义是有区别的。

根据侵蚀营力,可将土壤侵蚀分为水力侵蚀(水蚀)、风力侵蚀(风蚀)、重力侵蚀和泥石流等类型。

按照侵蚀方式,水力侵蚀又可分为:① 面蚀,包括溅蚀、片蚀、细沟状面蚀等;② 沟蚀,是最重要的侵蚀方式,可形成浅沟、切沟、冲沟及河沟等(它们是沟谷发育的不同阶段);③ 潜蚀等。

考虑人类的影响,还可将土壤侵蚀分为自然侵蚀与加速侵蚀。自然侵蚀,是由自然因素引起的不断进行土壤更新作用,即因侵蚀而消失的表土层同时由风化产生的新土层所补偿,消失和补偿基本维持平衡,因而土壤侵蚀速度缓慢,一般危害不大,故又将此称为正常侵蚀。加速侵蚀,是由人类活动引起的,可使正常侵蚀条件下需千百年才能损失的表土,在极短时间内流失殆尽,其危害严重。在我国,现代侵蚀就是加速侵蚀。

(2) 土壤侵蚀的危害

① 破坏土地资源

一方面,土壤侵蚀可使土壤中的有机物质和无机养分大量流失,导致土壤肥力降低,质量变差,土地生产力下降;另一方面,土壤侵蚀使大量耕地遭到蚕食,可利用土地面积减少。据水利部门统计,截至 2018 年,全国水土流失面积共计 273.69 万 km^2,占全国总面积的 28.5%。40 多年来,全国因水土流失平均每年损失耕地约 6.7 万公顷。长江上游部分山区因水土流失导致土地“石化”,其后果相当严重。

② 淤积水库河道、加剧洪水灾害

土壤侵蚀所产生的大量泥沙淤积水库、渠道、河流,是破坏水利设施、加剧洪水灾害的根源之一。

黄土高原是世界上水土流失最严重的地区之一。黄河是世界上泥沙含量最高的河流之一。水土流失不仅使黄土高原地区的生态环境遭到严重破坏,而且对黄河下游地区构成巨大威胁。目前,黄河下游河床因泥沙淤积每年升高 10～20 cm,下游大堤不得不逐年加高,已处于“越险越加高,越加高越险”的恶性循环处境,决堤的威胁有逐年加重的趋势。黄河之所以难治，关键在泥沙，“泥沙不治，河无宁日”。

泥沙的长期淤积，已使洞庭湖基本丧失了调节长江水量的功能，导致长江中下游地区洪水灾害加重。

③ 生态环境恶化

由于人类不合理的经济活动加剧了土壤侵蚀，出现了“越垦越穷，越穷越垦”的恶性循环。水土流失严重地区，生态环境恶化，自然灾害增多，直接影响着区域社会经济的发展。目前，全国多数贫困地区位于水土流失和荒漠化严重地区。

2. 影响土壤侵蚀的因素

土壤侵蚀是多种因素综合作用的产物。影响土壤侵蚀的因素可分为自然因素和人为因素 2 大类。

(1) 自然因素

自然因素主要包括地质、地貌、气候和植被等。

① 地质

一般情况下，新构造运动活跃，地表物质较疏松的地区，水蚀、风蚀、重力侵蚀等均较强烈。例如黄土高原地区，地表广覆厚层黄土。由于黄土是一种未被充分胶结的黏土粉砂岩，其结构疏松，垂直节理发育，因此极易遭受侵蚀。

② 地貌

地貌是土壤侵蚀产生的空间条件，其中坡度和坡长对土壤侵蚀的影响最大。有关研究表明，在黄土地区，坡度在 0°～25°(或 28°)之间，土壤侵蚀量随坡度变大而增大；当坡度超过 25°(或 28°)时，土壤侵蚀量反而减小。坡长对土壤侵蚀的影响比较复杂，在一些条件下，土壤侵蚀量随坡长的增加而增加。

③ 气候

气候条件是土壤侵蚀的主要外动力条件。降雨，特别是暴雨对土壤侵蚀影响很大。一些地区，一年或几年中，少数几次暴雨所产生的侵蚀量，往往占总侵蚀量的主要部分。1956 年 8 月 8 日，绥德县韭园沟一带 150 min 降雨量 49.3 mm，当时一试验区内的侵蚀量占当年总侵蚀量的 81.2%。另外，暴雨还是崩塌、滑坡和泥石流等地质灾害的触发因素。风蚀主要发生在多风季节，是导致沙质荒漠化的主要原因之一。

④ 植被

植被有保护地面免受雨滴直接打击、削减地表径流、减缓流速、提高土壤抗蚀力和改良生态环境等综合作用。所以，植被永远是防治水土流失的积极因素。植被覆盖率越大，保持水土的功能就越显著。在黄土高原地区，灌丛的防蚀效果最好，草地次之，再次之是林地。土壤侵蚀往往从地表植被破坏开始。

(2) 人为因素

人类活动对土壤侵蚀的影响具有两重性。一方面，人类不合理地利用土地资源，特别是掠夺式利用土地资源，超过了其承载能力，破坏了自然生态平衡，使侵蚀过程由自然侵蚀逐渐成为强烈的加速侵蚀；另一方面，人类合理利用和保护土地资源，使土壤侵蚀速度减慢，即通过人为努力防治土壤侵蚀。近几十年来，加速侵蚀日益强烈的主要原因是：

① 陡坡耕种面积扩大。这在短期内很难大幅减少。

② 林地面积减小。截至 2017 年，全国森林覆盖率仅 21.63%，远低于世界平均水平。

③ 过度放牧与滥伐。

④ 工矿、交通、水利和基本农用建设等工程，不注重水土保持措施。

近年，一些重点水土流失地区，边治理边破坏的现象严重，有的地区破坏的速度甚至大于治理的速度。所以，减少人为破坏和加强水土保持，任重而道远。

3. 土壤侵蚀的规律

(1) 土壤侵蚀按类型区划

我国土壤侵蚀面积大，各地自然条件和人为活动不同，土壤侵蚀的特点不同，可将全国分为不同的土壤侵蚀类型区。通常分为3个一级区，即以水力侵蚀为主的类型区、风力侵蚀为主的类型区和冻融侵蚀为主的类型区。该划分大致与中国综合自然区域中的3大自然区——东部季风区、西北干旱区和青藏高原区相对应。

① 水力侵蚀为主的类型区

该区大体位于我国大兴安岭—阴山—贺兰山—青藏高原东缘一线以东，可进一步划分为6个二级类型区：

a. 黄土高原区。它是我国生态系统最脆弱、水土流失最严重的地区，由黄土塬沟壑区与黄土丘陵沟壑区2大地貌类型区组成。后者主要由黄土梁、黄土峁与沟壑组成，面积最大，水土流失最严重。

b. 东北低山丘陵区。南界为吉林省南部，西、北、东3面为大兴安岭、小兴安岭和长白山所围绕。在区内，除林区和三江平原外，其余地区都有不同程度的水土流失。

c. 北方山地丘陵区。指东北的南部及河北、河南、山东等省范围内有水土流失现象的山地、丘陵地区。

d. 南方山地丘陵区。北界为大别山，包括湖北、湖南以及华东、华南各省区。其中，江西南部水土流失严重，是我国南方具有代表性的水土流失区。

e. 四川盆地及周围的山地丘陵区。

f. 云贵高原区。在石灰岩集中分布地区，岩溶侵蚀普遍。

② 风力侵蚀为主的类型区

该区包括新疆、青海、甘肃、宁夏、内蒙古和陕西等省区的部分地区，是我国沙质荒漠、砾质荒漠和石质荒漠的主要分布区。

③ 冻融侵蚀为主的类型区

该区包括青藏高原及其他一些高山地区，尤其是现代冰川活动区。

(2) 土壤侵蚀的分带性

同一地区，不同的地貌部位，其土壤侵蚀方式往往不同。较平缓的高原面、山梁及缓坡多以水力侵蚀为主，面蚀、浅沟侵蚀较普遍，一般侵蚀较轻微。较陡的山坡不仅水力侵蚀活跃，而且重力侵蚀强烈。沟谷的扩张(侵蚀)包括溯源侵蚀(使沟谷延长)、侧蚀(使沟谷展宽)、下切(使沟谷变深)，所以，沟谷是多种侵蚀作用的叠加区。

黄土地貌一般分为沟间地和沟谷地2大部分，又分别称正地貌和负地貌。沟间地包括谷缘线以上的黄土塬面、梁峁顶部，以面蚀、浅沟侵蚀为主。沟谷地指谷缘线以下的谷地部分，这里是沟蚀、重力侵蚀和潜蚀等的综合作用区，土壤侵蚀最强烈。

(3) 土壤侵蚀强度的分级

目前，我国土壤侵蚀强度的分级，采用水利部颁发的《土壤侵蚀分类分级标准》(表6-1)

和不同水力侵蚀类型强度分级参考指标(表 6-2)。

表 6-1　土壤侵蚀强度分级指标

级别	平均侵蚀模数/[t/(km^2·a)]	平均侵蚀厚度/(mm/a)
微度侵蚀(无明显侵蚀)	<200,500,1 000	<0.16,0.4,0.8
轻度侵蚀	(200,500,1 000)～2 500	(0.16,0.4,0.8)～2
中度侵蚀	2 500～5 000	2～4
强度侵蚀	5 000～8 000	4～6
极强度侵蚀	8 000～15 000	6～12
剧烈侵蚀	>15 000	>12

表 6-2　不同水力侵蚀类型强度分级参考指标

级别		面蚀		沟蚀		重力侵蚀
		坡度(坡耕地)/(°)	植被覆盖率(林地、草坡)/%	沟壑密度/(km/km^2)	沟蚀面积占总面积的/%	滑坡、崩塌面积占坡面面积的/%
1	微度侵蚀(无明显侵蚀)	<3	>90			
2	轻度侵蚀	3～5	70～90	<1	<10	<10
3	中度侵蚀	5～8	50～70	1～2	10～15	10～25
4	强度侵蚀	8～15	30～50	2～3	15～20	25～35
5	极强度侵蚀	15～25	10～30	3～5	20～30	35～50
6	剧烈侵蚀	>25	<10	>5	>30	>50

需说明的是,微度侵蚀(无明显侵蚀)的地区不计算在水土流失面积以内,其允许流失量根据各流域具体情况确定,一般在每年 200～1 000 t/km^{2}范围内。

6.4.2　公路交通与土壤侵蚀

1. 公路建设与土壤侵蚀

道路施工过程中的路基施工区,采石、取土及弃土堆放区是最易产生土壤侵蚀的地段。道路施工主要从以下 4 个方面影响土壤侵蚀:

(1) 改造局部地貌,为土壤侵蚀提供了有利的地貌条件。特别是边坡改造,会加剧水土流失,还有可能引起崩塌、滑坡等。

(2) 废碴、弃土处理不当会加剧水土流失,有时还会为泥石流的产生提供固体碎屑。

(3) 破坏植被,加剧土壤侵蚀。

近年来,联合国对荒漠化的定义是:包括气候变化和人类活动在内的多种因素造成的干旱、半干旱和具有干旱影响的半湿润地区的土地退化。我国沿用的“沙漠化”一词,是指沙质荒漠化。在干旱、半干旱等以风力侵蚀为主的地区,植被破坏将导致沙质荒漠化加重。

(4) 路面排水处理不当,也将影响土壤侵蚀。

2. 土壤侵蚀量的计算

(1) 土壤侵蚀量

公路建设影响范围内水土流失的侵蚀量，采用下式估算：

$$水土流失侵蚀量=土壤侵蚀模数\times水土流失面积 \tag{6-1}$$

对土壤侵蚀模数的确定主要通过 2 种途径：一是采用路线经过的市、县级水利主管部门提供的当地资料；二是在具有监测资料的情况下，采用公式计算。

（2）土壤侵蚀模数

目前，我国对以水蚀为主的土壤侵蚀模数采用通用土壤流失方程估算。即：

$$A = R \cdot K \cdot L \cdot S \cdot C \cdot P \tag{6-2}$$

式中 A——某一地面或坡面，在特定的降雨、作物管理方法及所采用的水保措施条件下，单位面积上产生的土壤流失量，t/km^2；

R——降雨和径流因子，表示在标准状态下，降雨对土壤的侵蚀潜能，也称降雨侵蚀指数；

K——土壤可蚀性因子，对于特定土壤，等于单位 R 在标准状态下，单位面积上的土壤流失量，t/km^2，在其他因素不变时，K 值反映了不同土壤类型的侵蚀速度，它是方程式右边唯一有量纲的因子；

L——坡长因子，等于实际坡长产生的土壤流失量与相同条件下特定坡长（22.1 m）上产生的土壤流失量之比值；

S——坡度因子，等于实际坡度下产生的土壤流失量与相同条件下特定坡度（9%）下产生的土壤流失量之比值；

LS——地形因子；

C——植被与经营管理因子，等于实际植被状态和经营管理条件下，坡地上产生的土壤流失量与裸露连续休闲土地上的土壤流失量的比值；

P——水土保持措施因子，也称保土措施因子，等于采取等高耕作、条播或修梯田等水土保持措施下的农耕地上的土壤流失量与顺坡耕作、连续休闲土地上的土壤流失量之比值。

在方程式右边的 6 个因子中，R 和 K 对于特定地区和特定土壤是个常量，L、S、C、P 可通过人为措施加以改变。

采用式(6-2)计算土壤侵蚀模数时应注意：

① 多年来，水土保持部门以通用土壤流失方程为基础，针对不同环境条件，研制出一些计算不同地区土壤侵蚀量（或土壤侵蚀模数）的经验公式，可供计算用。

② 路线跨越不同自然区域时，土壤侵蚀量应分段计算，然后相加。

③ 方程式中有关因子的确定，需参考水保部门提供的方法和数据。

④ 应考虑人为因素的影响。结合道路施工时对地表植被的破坏程度，填、挖路段状况，以及采石、取土与弃土堆放情况等，分析由于人为因素可能增加的土壤侵蚀量。

计算出水土流失区不同路段的土壤侵蚀量后，可根据表 6-1 和表 6-2 对土壤侵蚀强度进行分级，并研究相应的防治措施。

对以风蚀为主地区（如西北干旱地区）的土壤侵蚀模数，应参阅有关资料确定。

6.4.3 公路交通与水土保持方案

1. 公路建设必须重视水土保持

水土保持是用农、林、牧、水利等工程措施防治水土流失，保护水土，充分利用水土资源的统称。《中华人民共和国水土保持法》规定："任何单位和个人都有保护水土资源、预防和治理水土流失的义务，并有权对破坏水土资源、造成水土流失的行为进行举报。"

公路建设必须依法防治水土流失，搞好道路沿线的水土保持工作。

2. 公路建设的水土保持方案

(1) 法律依据

《中华人民共和国水土保持法》规定：在山区、丘陵区、风沙区以及水土保持规划确定的容易发生水土流失的其他区域开办可能造成水土流失的生产建设项目，生产建设单位应当编制水土保持方案，报县级以上人民政府水行政主管部门审批，并按照经批准的水土保持方案，采取水土流失预防和治理措施。没有能力编制水土保持方案的，应当委托具备相应技术条件的机构编制。水土保持方案应当包括水土流失预防和治理的范围、目标、措施和投资等内容。水土保持方案经批准后，生产建设项目的地点、规模发生重大变化的，应当补充或者修改水土保持方案并报原审批机关批准。水土保持方案实施过程中，水土保持措施需要作出重大变更的，应当经原审批机关批准。生产建设项目水土保持方案的编制和审批办法，由国务院水行政主管部门制定。

国务院和有关部委还发布了一些文件，进一步对水土保持方案的编制内容、审批、管理等作了具体规定。

(2) 水土保持方案防治范围

合理划定公路建设项目水土保持方案的防治范围，对保证公路建设的安全施工、道路的安全营运和保护沿线生态环境均具有重要意义。方案的防治范围可划分为道路施工区、影响区和预防保护区。

① 道路施工区

道路施工区指道路主体工程及配套设施工程占地涉及的范围，包括工程基建开挖区、采石取土开挖区、工程扰动的地表及堆积弃土石渣的场地等。该区是引起人为水土流失及风蚀沙质荒漠化的主要物质源地。

② 影响区

影响区指道路施工直接影响和可能造成损坏或灾害的地区，包括地表松散物、沟坡及弃土石渣在暴雨径流、洪水、风力作用下可能危及的范围，可能导致崩塌、滑坡和泥石流等灾害的地段。

③ 预防保护区

预防保护区指道路影响区以外，可能对施工或道路营运构成严重威胁的主要分布区，如威胁道路的流动沙丘、危险河段等的所在地。

(3) 水土保持方案的主要内容

① 水土保持方案防治目标

a. 人为新增水土流失得到基本控制。除工程占地、生活区占地外，土地复垦及恢复植被面积必须占破坏地表面积的 90% 以上。采用各类设施阻拦的弃土石渣量要占弃土石渣总量的80%以上。

b. 原有地面水土流失应得到有效治理。使防治范围的植被覆盖率达40%以上，治理程度达50%以上，原有水土流失量减少60%以上。

c. 道路施工和营运安全应得到保证。

d. 方案实施为沿线地区实现可持续发展创造有利条件。

② 水土保持方案的防治重点及对策

防治人为新增水土流失及土地沙质荒漠化是方案的防治重点。总的防治对策为：控制影响道路施工与营运的洪水、风口动力源；固定施工区的物质源，实现新增水土流失和自然水土流失二者兼治。

a. 道路施工区为重点设防、重点监督区。工程基建开挖和采石取土场开挖，应尽量减少破坏植被。废弃土石渣不许向河道、水库、行洪滩地或农田倾倒，应选择适宜地方作为固定弃渣场，并布设拦渣、护渣及导流设施。对崩塌、滑坡多发区的高陡边坡，要采取削坡分级、砌护和导流等措施进行边坡治理。施工中被破坏、扰动的地面，应逐步恢复植被或复垦。在道路沿线还应布设必要的绿化，以起到美化和生物防护功能。

b. 直接影响区为重点治理区。在道路沿线，根据需要布设护路、护河（湖）、护田和护村（镇）等工程措施，还应造林种草，修建梯地、坝地，以保护土地资源，减少水土流失，提高防洪、防风沙能力，减少向大江大河输送泥沙。

c. 预防保护区以控制原来地面水土流失及风蚀沙化为主，开展综合治理。

6.4.4 公路交通与生物多样性保护

1. 生物多样性的基本概念

(1) 生物多样性

《联合国生物多样性公约》中指出，生物多样性是指所有来源的形形色色生物体，这些来源除包括陆地、海洋和其他水生生态系统及其所构成的生态综合体外，还包括物种内部、物种之间和生态系统的多样性。

具体来讲，生物多样性包括生态系统的多样性、生物种的多样性和生物遗传的多样性3个层次的多样性。

① 生态系统的多样性

陆地生态系统主要有农田、森林、灌丛、草甸、沼泽、草原、荒漠、冻原、高山垫状植被和高山流石滩植被等生态系统。

水生生态系统主要有河流、湖泊、水库和海洋等生态系统。

② 生物种的多样性

陆地生物包括野生植物、栽培植物、微生物、野生动物、驯化动物和昆虫等。

海洋生物包括海洋植物、海洋微生物、海洋动物和海洋养殖生物等。

据估计，现今地球上生存着500万～5 000万种生物，这只是地球上曾经生存过的生物种的极小一部分。被人类认识的生物种也只是现存生物种中极少的一部分。

③ 生物遗传的多样性

由于专业所限，生物遗传的多样性，请参阅有关资料。

(2) 我国重点保护的生物

对经济、科学、文化等方面具有重要意义，而现存数量稀少或分布范围相当有限的生物称为珍贵稀有生物，其包括珍贵稀有植物和珍贵稀有动物。

① 国家重点保护植物

根据是否生存与受威胁状况，将珍贵稀有植物分为绝灭种、濒危种(临危种)、渐危种(受威胁种)和稀有种4类。1984年国务院环境保护委员会公布了《国家重点保护植物名录》，共列出保护植物389种(包括1个亚种、24个变种)，其中国家一级保护植物8种、国家二级保护植物159种、国家三级保护植物222种。

② 国家重点保护动物

珍贵稀有动物分为绝灭种、濒危种、渐危种、稀有种和未定种。1988年国务院批准了《国家重点保护野生动物名录》，共列出257种野生动物，其中国家一级保护动物96种、国家二级保护动物161种。

除国家重点保护植物、野生动物外，各地还公布了属于省(市)、自治区级保护的动、植物名录。另外，一些国际协定，如《中日候鸟保护协定》中所列出的鸟类等，都应受到保护。

2. 生物多样性保护

(1) 生物多样性的保护方式

生物多样性的保护一般有3种方式：就地保护、迁地保护和离体保护。

建立自然保护区和国家公园，是国际上保护生物多样性所采取的最重要的就地保护形式。迁地保护主要是建立动物园、野生动物繁育中心、植物园及植物繁育中心等，通过保护和繁育珍稀生物，然后放回大自然。离体保护主要是利用现代科技将生物体的一部分或繁殖细胞保存下来，以便保护和发展珍稀生物种群，有效地拯救濒危物种。

(2) 自然保护区

自然保护区是指从有代表性的自然生态系统，珍稀濒危野生动植物物种的天然集中分布区，有特殊意义的自然遗迹等保护对象所在的陆地、陆地水体或海域中，依法划出一定面积予以特殊保护和管理的区域。国际上，就保护自然资源与保护自然环境而言，国家公园和自然保护区具有同样重要的功能。

美国在1872年建立了世界上第一个国家公园——黄石公园，标志着近代自然保护区建设事业的开始。我国于1956年建立了第一个自然保护区——广东鼎湖山自然保护区。20世纪80年代以来，我国的自然保护区建设事业得到了稳定发展。自然保护区和国家公园的数量、类型、面积和管理状况，已成为衡量一个国家自然保护事业和经济、文化发展水平的一项重要标志。

① 自然保护区的保护对象

a. 典型的自然地理区域、有代表性的自然生态系统区域以及已经遭受破坏但经保护能够恢复的自然生态系统区域。

b. 珍稀、濒危野生动植物物种的天然集中分布区域。

c. 具有特殊保护价值的海域、海岸、岛屿、湿地、内陆水域、森林、草原和荒漠。

湿地是重要的、最具生物多样性的生态系统之一。1992年我国加入了《国际重要湿地特别是水禽栖息地公约》(简称《湿地公约》或《拉姆萨尔公约》)。《湿地公约》指出“湿地系指不论其为天然或人工、长久或暂时之沼泽地、湿原、泥炭地或水域地带，带有静止或流动、或为淡水、半咸水或咸水水体者，包括低潮时水深不超过6 m的水域”。

d. 具有重大科学文化价值的地质构造、著名溶洞、化石分布区及冰川、火山、温泉等自然遗迹。

e. 需要予以特殊保护的其他自然区域。

② 自然保护区的功能分区

自然保护区内部一般分为核心区、缓冲区和实验区。

a. 核心区。它是保护区的精华所在,是保护对象最集中、特点最明显的地段,需要严格保护,属于绝对保护区。

b. 缓冲区。它在核心区的外围,是为保护核心区而设置的缓冲地带,一般只允许进行科研观测活动。

c. 实验区。它在缓冲区的外围,可以在不破坏生态环境与自然资源的前提下,进行科研、教学实习、生态旅游和优势动植物资源的开发工作。

③ 自然保护区的分级

根据自然保护区的重要价值及其在国内外的影响,将自然保护区分为国家级自然保护区和地方级自然保护区。

截至 2018 年,我国各类自然保护区已达 1.18 万处,占国土面积的 18%以上。2018 年,新增国家级自然保护区 11 处,总数已达 474 处。自然保护区范围内保护着 90.5%的陆地生态系统类型、85%的野生动植物种类、65%的高等植物群落。

3. 公路交通与保护生物多样性

(1) 公路交通对生物多样性的影响

公路建设和营运对地区局部生态环境的影响往往是永久性的。路基、路面、采石取土区、工程施工区以及永久性建筑等,可能在不同路段对森林、草地、湿地和荒漠等生态系统产生一定程度的破坏。公路建设和营运还会干扰沿线野生动物的正常活动,有可能对某些珍稀濒危动植物产生一定的伤害。另外,不合理的道路布局,有可能对自然保护区、风景名胜区和森林公园等产生不利影响。因此,公路建设和营运必须重视保护生物多样性,采取积极措施,尽可能消除和减少其对生物多样性的不利影响。

(2) 保护生物多样性的主要措施

公路建设和营运必须遵守国家保护生物多样性的有关法规。

① 实行环境影响评价

《中华人民共和国野生动物保护法》指出,"建设项目对国家或者地方重点保护野生动物的生存环境产生不利影响的,建设单位应当提交环境影响报告书"。《中华人民共和国野生植物保护条例》规定,"建设项目对国家重点保护野生植物和地方重点保护野生植物的生长环境产生不利影响的,建设单位提交的环境影响报告书中必须对此作出评价"。在环境影响报告书中,应明确保护措施,并经主管部门审批。

② 保护自然保护区

《中华人民共和国自然保护区条例》明确规定,"禁止在自然保护区内进行砍伐、放牧、狩猎、捕捞、采药、开垦、烧荒、开矿、采石、挖沙等活动,但是,法律、行政法规另有规定的除外"。该条例还规定,"在自然保护区的核心区和缓冲区内,不得建设任何生产设施。在自然保护区的实验区内,不得建设污染环境、破坏资源或者景观的生产设施;建设其他项目,其污染物排放不得超过国家和地方规定的污染物排放标准"。

③ 合理选线

道路选线，通常应避开珍稀濒危野生动植物及古树名木集中分布区、重要自然遗迹分布区、具有旅游价值的自然景观区、自然保护区、风景名胜区和森林公园等地区。

④ 采取保护措施

如果道路必须通过上述特殊区域时，应建立有效的保护设施，如保护网栏、兽类通道及桥涵等。严格管理措施，如限制车辆运行速度、限制噪声、减少尾气污染等。必要时，可以对某些受直接影响的珍稀濒危植物迁地保护。

第7章 公路工程大气污染控制

7.1 大气与大气污染

7.1.1 环境空气

地球周围有一层很厚的大气圈。近代卫星探测资料表明，大气上界在高空 2 000～3 000 km 处。与人类关系最为密切的是低层大气。

近地层的大气常称为空气，环境空气是指室外的空气。空气由干洁空气、水蒸气和杂质3部分组成。空气是最宝贵的资源之一，它是生命物质。如果地球上没有空气，人类和生物界就不会存在。

不含有水蒸气和杂质的空气称为干洁空气。它是混合气体，主要气体组分是氮、氧和氩，次要组分是二氧化碳、氖、氦、氪、氙和臭氧等。

空气中的水蒸气含量是不稳定的，它随着时间、地点和气象条件的不同而有较大的变化，变化范围在 0～4%之间，且沿垂直方向和水平方向的分布也是不均匀的。水蒸气能演变成云、雾、雨和雪等复杂的天气现象。

空气中的二氧化碳主要来源于燃料的燃烧、动植物的呼吸和有机物的腐烂。二氧化碳吸收短波辐射的能力弱，吸收长波辐射的能力很强。当大气中二氧化碳含量增多时，地球向宇宙空间辐射热量减弱，气温变暖。由此将导致冰川融化，海洋水平面上升，沿海城市将被淹没。为避免这一灾难，世界各国正在设法减少二氧化碳的排放量。

近地层空气中臭氧含量极少，随距地面(称下垫面)高度的增加其含量增加，在 20～30 km 高度处臭氧含量达到最大值，再向上臭氧含量又逐渐减少，到 55～60 km 高空处臭氧含量就极少了。距地面 12～35 km 高度的一层大气称臭氧层，臭氧能吸收波长短于 0.29 μm 的紫外线，这就保护了动植物有机体免受过量紫外线照射的危害。

空气中的杂质可分为固态杂质和液态杂质。固态杂质主要有烟尘、粉尘和扬尘等，多集中在空气的低层。液态杂质主要指水汽凝结物，如云、雾滴。杂质以气溶胶分散体存在于空气中。

7.1.2 大气污染

大气污染是指由于人类的活动或自然的作用，使某些物质进入大气，当这些物质在大气中达到足够的浓度，并持续足够的时间，危害了人体的舒适、健康和福利，或危害了生物界及环境。人类的活动包括生产活动和生活活动。自然的作用主要有火山喷发、森林火灾、岩石风化和土壤扬尘等。

所谓危害了人体的舒适和健康，是指对人体生活环境和生理机能的影响，引起急、慢性疾病，以至死亡等。所谓福利，是指人类为更好地生活而创造的各种物质条件，如建筑物、器物等。

自人类学会用火就对大气质量产生了干扰，当人类用煤作为燃料以后这种干扰加剧，并出现了大气污染现象。早期的大气污染主要是煤烟型大气污染(燃煤产生的烟尘和二氧化硫污染)。第二次世界大战以后，工业国家燃料消耗量迅速增加，虽然用石油代替煤成为主要燃料，烟尘污染有所减轻，但二氧化硫污染仍在继续发展。

当今世界的大气污染主要是燃烧煤和石油造成的。当然，人类的其他活动排放的大气污染物，也使大气受到不同性质和不同程度的污染。

我国是世界上大气污染严重的国家之一。我国的大气污染属煤烟型污染，以颗粒物和酸雨危害最大。污染程度在加剧，特别是城市环境空气污染呈加重趋势。

我国的酸雨主要分布在长江以南、青藏高原以东地区及四川盆地，其中华中地区酸雨污染尤为严重。

7.1.3　我国公路交通大气污染现状

大气污染源可分为2类：一类是固定污染源，如火电厂、水泥厂、冶炼厂、炼油厂、化工厂、采暖锅炉和家庭炉坑等；另一类是移动污染源，如汽车、拖拉机、火车、飞机和轮船等。在移动污染源中，汽车数量最大，排放污染物最多，是主要污染源。

公路交通是人为因素造成大气污染的主要来源之一。公路交通大气污染源主要由2部分组成：一是公路施工期间产生的扬尘、沥青烟等大气污染物；二是公路运营期间车辆交通排放的大气污染物。

7.2　公路交通大气污染源与危害

7.2.1　扬尘和沥青烟

1. 扬尘

扬尘是由于地面上的尘土在风力、人为带动及其他带动飞扬而进入大气的开放性污染源，是环境空气中总悬浮颗粒物的重要组成部分。

粉粒体在输送及加工过程中受到诱导空气流、室内通风造成的流动空气及设备运动部件转动生成的气流，都会将粉粒体中的微细粉尘首先由粉粒体中分离而飞扬，然后由于室内空气流动而引起粉尘的扩散，从而完成从粉尘产生到扩散的过程。扬尘会导致空气污浊，影响环境。

2. 沥青烟

沥青烟是由一百多种有机化合物组成的混合气体，其中大部分是多环芳烃，尤以苯并[a]芘对动植物及人体危害最大。

沥青烟尘降落在植物叶片上，会堵塞叶片呼吸孔，使叶片变色、萎缩、卷曲、甚至掉落。动物试验证明，沥青烟可使动物致癌。

沥青烟对人体造成伤害的主要成分有苯并[a]芘、吖啶类、酚类、吡啶类和蒽萘类等。人体长期处于沥青烟污染的环境中可引起对人体的急、慢性伤害。易受伤害的部位是呼吸道和皮肤。皮肤受害以面颊、手背、前臂和颈部等裸露部分最明显，常见症状有日光性皮炎、痤疮型皮炎、毛囊炎和疣状赘生物等。沥青烟还会引起人体头晕、乏力、咳嗽、畏光和流泪等中毒症状，严重的可发生皮肤癌、呼吸道系统的癌症等。因此，必须重视对沥青烟的防治。

7.2.2 车辆交通排放

1. 汽车排放污染物的来源

在汽车排放的污染物中，除碳氢化合物（C_xH_y）之外，其余均来自汽车的排气。汽车排放的碳氢化合物来源有 3 个方面：一是汽车排气（尾气，约占 60%）；二是曲轴箱窜气（约占 20%）；三是燃料系统的蒸发（油箱和化油器，约占 20%）。

2. 汽车排气的组成

汽车内燃机排气包括许多成分，其随内燃机种类及运转条件的变化而变化。排气中基本成分是二氧化碳（CO_2）、水蒸气（H_2O）、过剩的氧（O_2）及未参与燃烧的氮（N_2）等。它们是燃料和空气完全燃烧后的产物，与空气的组成基本相同，所不同的只是排气中 CO_2 和 H_2O 的含量较高而 O_2 的含量较低，从毒物学的观点看，排气中基本成分是无害的。除基本成分之外，还有不完全燃烧的产物和燃烧反应的中间产物，包括一氧化碳（CO）、碳氢化合物（C_xH_y）、氮氧化物（NO_x）、二氧化硫（SO_2）、颗粒（铅化物、黑烟、油雾等）及臭气（甲醛、丙烯醛等）等 80 多种物质。这些污染物质的总和，在柴油机排气中不到废气总量的 1%，在汽油机排气中随不同工况变化较大，有时可达 5%左右，它们中大部分是有毒的，或有强烈的刺激性、臭味和致癌作用，因此被列为有害成分。

3. 汽、柴油车排放污染物比较

柴油车与汽油车的排放组成基本是相似的。一般来讲，柴油车排放的 CO 及 C_xH_y 比汽油车要低得多，NO_x 大致相当，但颗粒物要多很多。柴油是 C_{12}～C_{23} 的碳氢化合物，它不易挥发，着火温度低，化学稳定性差，因而易自燃。柴油机压缩比比汽油机高，一般为 14～23。柴油机靠压缩提高汽缸内混合气的温度，使其自燃。由于柴油机是在极短的时间内靠高压将柴油喷入汽缸，经过喷雾、蒸发和混合过程形成非均质的可燃混合气，当压缩达到自燃温度就会有多处着火而燃烧，燃烧时，仍有燃料在连续喷射，继续进行喷雾蒸发混合过程，这是扩散燃烧的特点。虽然柴油机过量空气系数较大（一般在 2 以上），但是由于混合气形成和燃烧特点不同，碳烟等颗粒污染物数量比汽油机的大几十倍（30～60 倍），NO_x 的浓度与汽油机的大致在同一数量级上，约少 50%，而 CO、C_xH_y 排放较少。

在颗粒物的排放方面，柴油车比汽油车要多，成分亦复杂得多。汽油机的颗粒物主要由铅化物、硫酸、硫酸盐和低分子物质组成；柴油机排放颗粒物是石墨状含碳物质（碳烟）并凝聚和吸附了相当数量的高分子可溶性有机物和硫酸盐等，这些有机物包括未燃的燃油、润滑油以及不同程度的氧化和裂解产物（图 5-3）。柴油机排气微粒直径大小为 0.01～0.3 μm，由于颗粒小，在空气中悬浮时间长（小的颗粒可达 1 周以上），因而危害较大。

4. 车辆排放大气污染现状

汽车排气是 CO 和 NO_x 的主要来源。据统计，我国 2001 年 CO 人为排放量为 1.5 亿 t，其中机动车排放占 21.75%。CO 是汽车排气中浓度最大的有害成分，一般而言，汽车在未采取净化措施前，排气中 CO 浓度为 3%～4%，调整不当的汽油车在怠速时可达 10%。

1995 年全球 NO_x 人为排放量为 9.3 亿 t，其中 43%来自交通运输，32%来自电力方面，

12%来自工业,8%来自住宅及商业方面,5%来自其他方面。其中,发展中国家排放量占26%。在发展中国家中,来自交通运输方面的为49%,来自电力方面的为25%,来自工业方面的为11%,来自住宅及商业方面的为10%,来自其他方面的为5%。在美国及日本,分别有32%~55%和36%的NO_x来自汽车的排气。2013年,我国的NO_x排放量为2 250万t,机动车氮氧化物排放量在全国氮氧化物排放总量中的占比为1/3左右。

目前,在我国许多大城市,汽车交通排放的污染物CO、C_xH_y、NO_x的分担率均超过50%,已成为城市大气污染的主要来源。有的城市交通拥堵极为严重,车辆平均行驶速度尚不到20 km/h,汽车尾气排放造成的空气污染已相当严重。全国500多个城市中,空气质量符合1级标准的仅有1%左右,大部分处于2~3级标准。

5. 汽车排放污染物的危害

汽车排放的污染物有一氧化碳(CO)、碳氢化合物(C_xH_y)、氮氧化物(NO_x)、二氧化硫(SO_2)、颗粒物质(铅化合物、碳烟、油雾)及恶臭物质。它们大部分是有害有毒物质,有些还带有强烈刺激性,甚至有致癌作用。

下面简要介绍这些空气污染物对人体健康及公共环境的影响。

(1) 一氧化碳(CO)

CO是无色、无刺激的有毒气体。CO经呼吸道吸进入肺部被血液吸收后,能与血液中的血红蛋白结合生成CO—COHb。CO与血红蛋白的亲和力比氧大250倍,一经形成离解很慢,使血液失去传送氧的功能,发生低氧血症,因而导致人体内各组织缺氧。当人体血液中CO—COHb含量为20%左右时就会引起中毒,当含量达60%时可因窒息而死亡。

(2) 碳氢化合物(C_xH_y)

机动车辆排气中所含的碳氢化合物有百余种,其中大部分对人体健康的直接影响并不明显,但它是产生光化学烟雾的重要物质。排气中对人体健康危害较大的碳氢化合物主要是醛类(甲醛、丙烯醛)和多环芳烃(苯并[a]芘等)。甲醛和丙烯醛对鼻、眼和呼吸道黏膜有刺激作用,可引起结膜炎、鼻炎和支气管炎等症状,它们还有难闻的臭味。甲醛刺激阈的主观指标为2.4 mg/m^3,当空气中甲醛浓度为5 mg/m^3时,接触的人立即出现血压降低倾向。甲醛还有致敏作用,使人发生变态反应疾病。苯并[a]芘是一种强致癌物质。

(3) 氮氧化合物(NO_x)

氮的氧化物较多,机动车排出的氮氧化物主要是NO和NO_2,统称氮氧化合物(NO_x)。

NO是一种无色、无臭、无味的气体。它与血红蛋白的结合力比氧高30万倍,如果NO侵入人体与血红蛋白相结合,就会造成体内缺氧,严重时可引起意识丧失、甚至死亡。NO本身对呼吸道亦有影响。因此,NO对健康的影响是不容忽视的。

NO_2是棕色气体,有特殊的刺激性臭味。NO_2被吸入肺部后,能与肺部的水分结合生成可溶性硝酸,严重时会引起肺气肿。

空气中NO_x和C_xH_y同时存在时,在太阳紫外线的照射下,存在着潜在的光化学烟雾污染。

(4) 光化学烟雾

光化学烟雾是空气中具有一定浓度的C_xH_y和NO_x在阳光紫外线作用下,进行一系列的光化学反应形成一种毒性较大的浅蓝色烟雾。光化学烟雾是臭氧(O_3)、NO_2、过氧化酰基硝酸盐(PAN)、硫酸盐、颗粒物及还原剂等的混合物。

实验证明,对眼睛有刺激作用时氧化剂(以 O_3 表示)的浓度为 0.10～0.90 mg/m^3。引起人体有下列症状的 1 h 氧化剂浓度为:头痛 0.10 mg/m^3;咳嗽 0.53 mg/m^3;胸部不适 0.58 mg/m^3。

(5) 二氧化硫(SO_2)

SO_2是一种无色气体。空气中 SO_2浓度达 1～3 mg/m^{3}时,大多数人都会有感觉,当浓度再高一些时便感觉有刺鼻的气味。由于其高度可溶性,SO_2 大部分可被鼻腔和上呼吸道吸收,很少达到肺部。

SO_2对植物有危害,如温州蜜橘开花期受浓度 8.58 mg/m^{3}的 SO_2影响 6 h 便产生伤害症状,在果实成熟期受浓度 14.3 mg/m^{3}的 SO_2影响 24 h 便产生症状。

(6) 颗粒物

机动车排气中的颗粒物主要有铅化物微粒和燃料不完全燃烧而生成的碳烟粒等。铅进入人体后主要损害骨髓造血系统和神经系统,对男性的生殖腺也有一定的损害。如果采用无铅汽油,则铅化物微粒影响便可基本消失。碳烟粒则主要危害人体的呼吸系统。

7.3 空气质量标准

为控制和改善空气质量,保护人体健康和自然生态环境,我国于 1982 年制定了《大气环境质量标准》(GB 3095—1982),1996 年进行了第一次修订,2000 年进行了第二次修订,2012 年进行了第三次修订,现行有效的是《环境空气质量标准》(GB 3095—2012)。按有关法律规定,该标准具有强制执行的效力,自 2016 年 1 月 1 日在全国实施。

根据《环境空气质量标准》(GB 3095—2012),环境空气功能区分为 2 类:一类区为自然保护区、风景名胜区和其他需要特殊保护的区域;二类区为居住区、商业交通居民混合区、文化区、工业区和农村地区。

环境空气功能区质量要求一类区适用一级浓度限值,二类区适用二级浓度限值。一、二类环境空气功能区质量要求如表 7-1 和表 7-2 所列。

表 7-1 环境空气污染物基本项目浓度限值

序号	污染物项目	平均时间	浓度限值		单位
			一级	二级	
1	二氧化硫(SO_2)	年平均	20	60	μg/m^3
		24 h 平均	50	150	
		1 h 平均	150	500	
2	二氧化氮(NO_2)	年平均	40	40	
		24 h 平均	80	80	
		1 h 平均	200	200	
3	一氧化碳(CO)	24 h 平均	4	4	mg/m^3
		1 h 平均	10	10	

表 7-1(续)

序号	污染物项目	平均时间	浓度限值		单位
			一级	二级	
4	臭氧(O_3)	日最大 8 h 平均	100	160	μg/m³
		1 h 平均	160	200	
5	颗粒物(粒径小于等于 10 μm)	年平均	40	70	
		24 h 平均	50	150	
6	颗粒物(粒径小于等于 2.5 μm)	年平均	15	35	
		24 h 平均	35	75	

表 7-2 环境空气污染物其他项目浓度限值

序号	污染物项目	平均时间	浓度限值		单位
			一级	二级	
1	总悬浮颗粒物(TSP)	年平均	80	200	μg/m³
		24 h 平均	120	300	
2	氮氧化物(NO_x)	年平均	50	50	
		24 h 平均	100	100	
		1 h 平均	250	250	
3	铅(Pb)	年平均	0.5	0.5	
		季平均	1	1	
4	苯并[a]芘(BaP)	年平均	0.001	0.001	
		24 h 平均	0.002 5	0.002 5	

表 7-1 和表 7-2 中的“年平均”是指任何一年的日平均浓度的算术均值，“24 h 平均”是指任何一日的平均浓度，“1 h 平均”是指任何一小时的平均浓度，“季平均”是指任何一季的日平均浓度的算术均值。环境空气质量监测工作应按照《环境空气质量监测规范(试行)》等规范性文件的要求进行。

7.4 公路交通大气污染防治

7.4.1 扬尘防治措施

为使建设项目在建设期间对周围环境的影响降到最低程度，建议采取以下防治措施：

(1) 施工现场地坪、施工便道必须进行硬化处理，有条件的采取混凝土地坪。

(2) 开挖、钻孔和拆迁过程中，洒水使作业保持一定的湿度；对施工场地内松散、干涸的表土，也应经常洒水防治粉尘；回填土方时，在表层土质干燥时应适当洒水，防止粉尘飞扬。

(3) 加强回填土方堆放场的管理，要制定土方表面压实、定期喷水和覆盖等措施；不需要的泥土、建筑材料弃渣应及时运走，不宜长时间堆积。

(4) 运土卡车及建筑材料运输车应按规定配置防撒落装备,装载不宜过满,保证运输过程中不撒落;并规划好运输车辆的运行路线与时间,尽量避免在繁华区、交通集中区和居民住宅区等敏感区行驶;对环境要求高的路段,应根据实际情况选择在夜间运输,以减少粉尘对环境的影响。

(5) 加强路面维护及施工运输车辆的运输管理,尽可能防止运输的物料撒落,运输车辆加蓬盖、装卸场地在装卸前冲洗干净,减少车轮、底盘等携带泥土撒落路面。

(6) 对运输过程中撒落在路面上的泥土要及时清扫,以减少运行过程中的扬尘,并通过定时洒水等措施来抑尘。

(7) 为防止建材堆场在有风时产生扬尘,各建材堆场应采取遮蔽挡风措施,并在干燥有风时洒水保湿。

(8) 施工过程中,建议在地面风速大于 5 级时,除特殊要求,施工单位停止灰土拌合施工作业。除此之外,环境监理应定期对拌合设备密封和除尘装置进行检查。

(9) 施工过程中,各类建筑垃圾应及时清理,严禁将废弃的建筑材料作为燃料燃烧。工地食堂应使用液化石油气或电炊具,不能使用燃油炊具。

(10) 拆迁、道路施工现场采用彩钢板围护。

(11) 施工结束时,应及时对施工占用场地恢复地面道路及植被。

7.4.2 沥青烟的防治

在公路建设中散发沥青烟的主要有 2 道工序。一道是沥青路面施工现场,沥青混合料由车辆倾倒时散发大量沥青烟,随后摊铺、碾压过程中也散发沥青烟,施工现场散发沥青烟的治理难度较大,至今尚未见有治理实例报道。另一道是沥青混合料的生产场(站)在熬油、搅拌、装车等工序中产生、散发沥青烟。对于沥青混合料生产场(站)的沥青烟散发可用下列方法防治:

(1) 吸附法

吸附法是利用吸附原理,采用比表面积大的吸附剂吸附沥青烟的技术。吸附法的关键是选择合适的吸附剂,常见的吸附剂有焦炭粉、氧化铝、白云石粉和滑石粉等。吸附法是防治沥青烟的一种很好的方法。

(2) 洗涤法

洗涤法是利用液体吸收原理,在洗涤塔中采用液相洗涤剂吸收沥青烟的技术。工艺流程通常是使沥青烟先进入捕雾器捕集,而后进入洗涤塔洗涤。洗涤塔的形式以喷淋塔居多,洗液由泵送至塔顶,沥青烟则由塔底部进入,烟尘与洗液在塔内相向接触,经洗涤后的烟气由塔顶排入大气,洗液落到塔的底部重复使用。洗涤液可用清水、甲基萘或溶剂油等。

(3) 静电捕集器

静电捕集器是由放电极和捕集极组成的捕集装置。其基本原理是,当沥青烟进入电场后,由放电极放电使沥青烟中微粒带电驱向捕集极,达到清除沥青烟微粒的目的。静电捕集器的运行电压一般在 40~60 kV 之间。静电捕集器的捕集效率较高,一般大于 90%。

(4) 焚烧法

由于沥青烟是由一百多种有机化合物组成的混合气体,在一定温度和供氧的条件下是可以燃烧的,因此,可以用焚烧法处理沥青烟。沥青烟的燃烧温度在大于 790~900 ℃时才能燃烧完全。沥青烟浓度越高越便于燃烧。为了在较低的温度下使沥青烟能完全燃烧，可用催化燃烧方法。

随着公路施工技术的不断发展，目前高速公路建设均采用设有除尘设备的封闭式场拌工艺，用无热源或高温容器将沥青运至铺浇工地，沥青的使用已采取全封闭沥青摊铺车进行作业，避免了过去的敞开式熬炼的工作方式，可以从根本上解决沥青烟污染的问题。沥青烟的排放浓度较低，可以满足《大气污染物综合排放标准》(GB 16297)中的沥青烟最高允许排放浓度，对周围环境影响较小。

7.4.3 汽车排放污染物控制

公路交通空气污染，主要由机动车辆行驶中排放有毒有害物质及在道路上产生的扬尘所致。公路交通空气污染防治主要有7种途径：① 采用新的汽车能源；② 采用新燃料；③ 对现有燃料改进及前处理；④ 改进发动机结构及有关系统；⑤ 在发动机外安装废气净化装置；⑥ 控制油料蒸发排放；⑦ 加强和改进公路交通管理。

1. 采用新的汽车能源

为防治汽车空气污染，世界各国汽车行业都在寻找不产生空气污染物的汽车新能源。现已获得试验成功的新能源有太阳能和电能。欧、美、日的太阳能汽车和电力汽车已试验成功，但距商品化还有一定距离。我国也在积极研制新能源汽车，清华大学研制的太阳能汽车已试运行成功，标志着我国汽车新能源研究已跻身世界先进之列。

2. 采用新燃料

液化石油气、甲醇和氢气已被列为汽车的新燃料而进行研究，在今后还会有新的发现。

(1) 天然气

天然气作为机动车用燃料可直接使用，也可以压缩后使用。天然气的主要成分是甲烷(CH_4)，其含量在81%～98%之间，甲烷不易着火，抗爆性好，甲烷的氢原子和碳原子比例高达4，是汽油和柴油的2倍左右。产生同样的热能，甲烷燃烧产生的CO_2比柴油和汽油少30%左右。根据对使用汽油和天然气的车辆实测，使用天然气的CO排放减少60%以上，NO_x排放降低80%以上，C_xH_y的总量虽略有增加，但能导致产生臭氧的非甲烷碳氢化合物却减少了90%以上。

(2) 液化石油气

液化石油气发动机是比较成熟的机型，许多国家都有定型产品。液化石油气在发动机的工作温度下以气态存在，它可以和空气混合得十分均匀，从而获得完全燃烧。燃烧液化石油气排放的空气污染物数量比燃烧汽油有所减少。它的缺点是汽车需携带沉重的贮气罐，在运行和更换时有爆炸的危险存在，是难以解决的隐患。因此，液化石油气只能在特殊运输工作中使用，如定线行驶的公交车等。

(3) 甲醇

甲醇是一种高辛烷值的燃料，在常温下呈液态，沸点为64.7 ℃，在发动机工作温度下易汽化。其汽化热比汽油高2倍多，给其与空气混合及汽车启动造成困难。燃用甲醇汽油混合燃料与燃用汽油相比，C_xH_y和CO的排放明显减少，NO_x的排放也有一定的减少。其缺点是甲醇具有毒性，需要防止蒸发。另外，甲醇能溶解塑料零件和使金属腐蚀，这些都须予以研究克服。

(4) 氢气燃料

氢气是一种理想的清洁燃料,以氢气为燃料的氢气发动机只排放 NO_x。氢气燃料的特点是:氢与空气混合气的着火界限很宽,氢的含量在 4%~75%范围内均可燃烧;氢的点火能量较低,与其他燃料相比,约差一个数量级;氢火焰的传播速度很快,约为普通燃料的 7~9 倍;氢完全燃烧后,其容积有所缩小。这些特点要求氢在稀混合气条件下工作,以减少 NO_x的产生量。不过实验表明,当空气系数接近 1 时,NO_x的排放量也不多。研究还发现,用 1%的氢和 99%的汽油混合燃烧,可以节油,并减少 CO 和 C_xH_y 的排放量。

目前,许多国家都在致力于氢发动机的研究,并取得不少成果。由于氢气的制取和储存问题还有待进一步研究解决,目前氢发动机还停留在试验阶段。

3. 对现有燃料改进及前处理

(1) 燃油掺水

燃油掺水后在汽缸中燃烧时,由于水具有较高的比热容,尤其是水蒸气的生成要吸收大量潜热,使燃烧最高温度下降。同时水蒸气稀释燃气,降低了氧浓度,因而使 NO_x的产生量减少。

燃油掺水的缺点是机件易锈蚀,冬季有结冰现象发生,乳化油贮存时易发生水油分离,特别是喷水量随负荷变化的控制难以实现,因而该方法的应用受到限制。

(2) 采用无铅汽油

采用无铅汽油,可以杜绝汽车排气的铅污染。

(3) 汽油裂化为可燃气体

使汽油裂化为可燃气体的方法也称汽油裂化前处理方法。该方法是将液体燃料(例如无铅汽油或柴油)经裂化汽化器转变为可燃气体后,送入气体发动机工作。由于可燃气体与空气形成的混合气较均匀,燃烧完全,使空气污染物的排放量减少。目前该项技术尚处于试验研究阶段,有待完善。

4. 改进发动机结构及有关系统

(1) 分层燃烧系统

汽油发动机基本上是均匀混合气的燃烧,空燃比的变化范围较窄,通常在 10~18 范围内变化。所谓空燃比,是指混合气中空气与燃料的质量之比。在分层燃烧系统中,使进入汽缸的混合气浓度依次分层,在火花塞周围充有易于点燃的浓混合气(空燃比为 12~13.5)以保证可靠地点火,在燃烧室的大部分区域充有稀混合气。这样,燃烧室内总的空燃比平均在 18 以上,以减少 CO 和 NO_x的排放量。

(2) 均质稀燃技术

均质稀燃技术是对现有发动机稍作修改,如改进燃烧室的形状、结构,以改善混合气的形成与分配。实现该技术的实例有丰田的扰流发生罐、三菱的喷流控制阀系统及火球型燃烧室等。这些实例的共同特点是在实现稀混合气稳定燃烧的同时,力求增大燃烧速度,以实现快速燃烧,获得高的热效率和降低排污量。

(3) 汽油直接喷射技术

发动机采用汽油喷射系统的最大优点是使各缸的喷油量非常均匀,并且能按照发动机的使用状况和不同工况,精确地供给发动机所需的最佳混合气空燃比。它可以在较稀的混合气条件下工作,从而减少 C_xH_y 和 CO 的排放量。试验结果表明,该技术还可以提高功率约 10%，节省燃料约 5%～10%，因此，它得到了实用性的发展。特别是电子控制式汽油喷射系统的采用，每缸的喷油量控制得更精确，混合气空燃比控制得更严格，使 CO 和 C_xH_y 的排放量达到最少，但 NO_x 的排放量接近最大值。再采用消除 NO_x 的机外技术，可以获得减少 CO、C_xH_y 和 NO_x 排放量的效果。

(4) 电子控制发动机

电子控制发动机系统主要控制的参数是混合气的空燃比和点火准时，也可以控制二次空气喷射及废气循环等，从而减少 CO、NO_x 的排放量。

(5) 化油器的净化措施

化油器对混合气的空燃比有直接影响，改进化油器的结构及调整使用方法，对减少排气中的 CO、C_xH_y 和 NO_x 有重要作用。关于这方面的技术已发展了许多种，如控制阻风门的开度、热怠速补偿装置、调整怠速转数及减速时的空燃比等。

5. 在发动机外安装废气净化装置

当对发动机本体进行改进，尚不能符合汽车排气标准时，可加装机外净化装置，使其符合汽车排气标准要求。机外废气净化装置有多种，下面对主要的几种作简单介绍。

(1) 二次空气喷射

二次空气喷射是用空气泵把空气喷射到汽油发动机各缸的排气门附近，借助排气的高温使喷射空气中的氧和废气中的 C_xH_y、CO 相混合后再燃烧，以减少 C_xH_y 和 CO 的排放量，达到排气净化的目的。

(2) 热反应器

热反应器通常与二次空气喷射技术一起使用。热反应器是由壳体、外筒和内筒 3 层壁构成的，壳体与外筒之间填有绝热材料，使热反应器内保持高温，以利于 C_xH_y 和 CO 的再燃烧。由喷管向排气门喷射的二次空气与排气相混合后进入热反应器的内筒及热反应器的芯部，利用热反应器和排气的高温，使 C_xH_y 和 CO 燃烧变为无害物质。

(3) 氧化催化反应器

氧化催化反应器是具有很大表面并具有催化剂的载体。当汽车排气经过反应器时，排气中的 C_xH_y 和 CO 在催化剂的作用下可以在较低的温度下与 O_2 反应，生成无害的 H_2O 和 CO_2，从而使排气得以净化。该方法所用催化剂为贵重金属铂和钯，使得它的应用受到限制。在 20 世纪 70 年代，研究者发现用稀土金属作催化剂也可收到良好的效果，这给氧化催化反应器的实际应用带来了希望。

(4) 三元催化反应器

三元催化反应器是一种能使 CO、C_xH_y 和 NO_x 三种有害成分同时得到净化的处理装置。这种反应器要求把空燃比精确地控制在理论空燃比的最佳范围内，以实现同时对 3 种有害成分的高效率净化。为做到这一点，将三元催化反应器与电子计算机控制系统结合使用。该反应器净化效率高，但成本费用大，只适用于汽油发动机。

6. 控制油料蒸发排放

油料蒸发排放的有害气体主要是 C_xH_y，蒸发排放的部件主要有曲轴箱、油箱和化油器。

(1) 曲轴箱油料蒸发控制

曲轴箱油料蒸发是指从汽缸窜入曲轴箱的混合气体和箱内润滑油蒸气，经通风管直接排到大气中。美国首先对曲轴箱的窜气加以控制，采用强制通风系统把窜气引入汽缸内燃烧。目前,该系统有开式的和闭式的2种,闭式的是对开式的改进。

(2) 油箱和化油器油料蒸发控制

油箱和化油器油料蒸发主要是在汽车行驶和受热时排放 C_xH_y 蒸气,对大气造成污染。控制油箱和化油器油料蒸发的方法较多,它们的基本思路如下:

① 对油箱和化油器采取防热和隔热措施,消除和减少周围热源对油箱和化油器的影响,减少油料蒸发污染。

② 将油箱和化油器中的油料蒸气直接引入发动机的进气系统,在汽缸内烧掉。

③ 将油箱和化油器产生的油料蒸汽输送到曲轴箱内,靠曲轴箱设置的强制通风系统把蒸气送入汽缸内烧掉。

④ 将油箱和化油器产生的油料蒸气送入进气系统的贮存器内,随滤清的空气进入汽缸燃烧。

7. 加强和改进公路交通管理

为减少公路交通对环境空气的污染,应从以下几方面加强和改进对公路交通的管理:

(1) 加强对道路的养护,使道路保持平整,保证汽车在良好的路况下行驶,减少有害气体的排放量。

(2) 加强汽车保养管理,以保证汽车安全和减少有害气体的排放量。

(3) 制定各种机动车辆的废气排放标准,控制机动车辆的废气排放量。

(4) 限制拖拉机、载重柴油机车在城市市区道路上行驶。

(5) 取消道路上各种关卡和收费站(以其他收费方式取代),减少车辆的怠速状态。

(6) 改善城市交叉口和交通干道的通行条件,以减少有害物质的排放。

(7) 加强油料质量管理,防止产生严重污染的劣质油料上市。

(8) 加强道路两侧绿化,种植能吸收(或吸附)CO、C_xH_y 和 NO_x 等有害气体的树种,以减小公路交通大气污染的范围。

(9) 积极发展清洁燃料汽车、电动汽车、混合动力汽车和燃料电池车等低污染、甚至是零污染的交通工具,严格控制高污染机动车的拥有与使用。

7.4.4 绿色通道工程

选择能高效吸附、吸收粉尘和有害气体的树种,常见的具有净化大气污染物功能的植物如表7-3所列。在公路沿线一般路段和边坡全部种植灌木或种草,路堤两侧坡脚处和边沟外5 m范围内种植乔木。对能用树木代替的栅栏均用树木替代,这样既能有效抑制交通废气的污染,降低噪声,又能美化生态环境。在污染较重的互通区和收费区要多种植抗污染性强、净化能力强的树种。需要注意的是,树木的吸污量对污染的修复能力大小并不是固定不变的,它可能与生长区域、立地条件和生态因子均有一定的关系,因此应多种植常绿树种并加强对沿线植物的管护。

表7-3 常见的具有净化大气污染物功能的植物

功能	植物
吸收 SO_2	铃木、木槿、女贞、木麻黄及杉类、柏类、针叶树
吸收扬尘	水杉、侧柏、山毛榉、南天竹、海棠、杜鹃、金鸡菊、丰花月季、美人蕉、鸢尾、栀子、马蹄金

7.4.5 环境管理措施

1. 完善有关法律法规

根据《中华人民共和国大气污染防治法》、《机动车排放污染防治技术政策》、《车用汽油有害物质控制标准(第四、五阶段)》(GWKB 1.1)、《轻型汽车污染物排放限值及测量方法(中国第六阶段)》(GB 18352.6)、《重型柴油车污染物排放限值及测量方法(中国第六阶段)》(GB 17691)等,将机动车交通污染纳入法制化管理轨道,在健全管理机构的基础上,实行统一管理、综合治理。结合年度检验,对检测不合格的车辆,车检部门不得核发检车合格证;对新生产车辆,必须进行尾气监测,对持有尾气合格证的新车落户,车管部门也要进行尾气检测;对达到车辆报废条件的车辆或经过保养维修尾气检测仍不合格的车辆,要强制报废。在高速公路沿线各收费站进行汽车尾气检测,超污尾气车辆禁止上路,提高机动车的排放标准,加强监督检查手段。

2. 开展定期环境监测

公路路域的大气污染是不断变化的,为了及时掌握其污染程度,防止产生危害,对沿线空气环境进行监测是必要的。公路路域的主要污染物是 PM_{10}(可吸入颗粒物,通常是指粒径在 10 μm 以下的颗粒物)、$PM_{2.5}$(细颗粒物,指环境空气中空气动力学当量直径小于等于 2.5 μm 的颗粒物)、SO_2、NO_2 和非甲烷总烃等,它们在春冬季污染较重,因此应选择大气较稳定的时间,定期对公路沿线污染较重的区域(例如互通区、山谷地带等)环境空气中的 PM_{10}、$PM_{2.5}$、SO_2、NO_2 和非甲烷总烃等进行监测,以掌握整个公路路域的污染状况,及时作出应对措施。

第8章 公路工程噪声污染控制

8.1 声学基础知识

8.1.1 噪声与噪声源

人们生活在充满着各种声音的世界里，生活离不开声音。判断一种声音是否属于噪声，很大程度上取决于接受者的主观因素。什么是噪声？概括起来，凡是使人烦恼不安，对人体有害，人们所不需要的声音统称为噪声。噪声是声音的一种，具有声音的一切特性。

在物理学里，声定义为一种通过弹性介质传播的波。声波是由物体振动或空气振动而产生的。振动的物体称为声源。声源的振动引起周围空气的疏密交替变化，这种疏密变化由声源向外传播就产生声音。其传播速度决定于弹性介质的特性。在环境噪声问题上，我们一般是考虑声音在空气中的传播。

声是一种波的传播。类似的波动传播在其他情况下也常常可以见到。例如，石头落到池塘里引起的涟漪。声音以类似的波形在空气中传播，我们能听见它却不能看见它，但是可以测定空气中某个物理量的波动，从而感知它。

声音在介质中传播时，介质的质点本身并不随声音一起传递出去，而是质点在其平衡位置附近来回振动，传播出去的是物质运动的能量，而不是物质本身。

环境噪声是户外各种噪声的总称。按照声源类别可将环境噪声分为交通噪声、工业噪声、施工噪声、生活噪声及其他噪声5种。

8.1.2 声音的传播

1. *声波的声速、波长与频率*

声源振动辐射的声波在媒质中传播时，在某一时刻声波到达的各点所形成的包迹面称为波阵面。根据波阵面的形状，可以将声波分为平面波、球面波和柱面波。由点声源辐射的声波为球面波，如当一辆汽车的尺度远小于其到观察点的距离时，可视作点声源。线声源辐射的声波为柱面波，如一列火车或公路上的车流，可看成线声源。

媒质中有声波传播的区域叫作声场，声波传播无边界影响或边界影响可以忽略的区域称为自由声场。

声波在媒体中传播的速度称为声速，习惯用符号 c 表示，单位为 m/s。声速与声源的性质无关，而与媒质的弹性、密度及温度有关。在空气中声波的传播速度为：

$$c = \sqrt{\frac{B}{\rho}} \tag{8-1}$$

式中 B——空气的体积弹性模量，N/m^2；

ρ——空气的密度，kg/m^3。

在声波传播过程中，空气中的压强和密度发生迅速变化，该变化近似于绝热过程。根据理想气体绝热方程，声速表达式(8-1)演化为：

$$c=\sqrt{\frac{\gamma RT}{\mu}} \tag{8-2}$$

式中　γ——气体的定压比热容与定容比热容的比值，对于空气 $\gamma=1.40$；

R——普适气体常数，$R=8.31\ J/(mol\cdot K)$；

T——空气的绝对温度，K；

μ——空气的摩尔质量，在标准状态下 $\mu=2.87\times10^{-2}\ kg/mol$。

将上述各项常数代入式(8-2)，得到空气中声速与温度的关系，如式(8-3)所示。由此可知，在常温($\theta=15\ ℃$)下声速 $c=340\ m/s$。

$$c=331.4\sqrt{1+\frac{\theta}{273}}\approx 331.4+0.607\theta \tag{8-3}$$

声波传播路径上，两相邻同相位质点之间的距离称为波长，记作 λ，单位为 m。声波传播一个波长所需的时间称为周期，记作 T，单位为 s。周期的倒数称为声波的频率，记作 f，单位为 Hz。声速与波长、频率有如下关系：

$$c=f\lambda \quad 或 \quad c=\lambda/T \tag{8-4}$$

人耳能感觉到的声波频率(音频)范围在 20～20 000 Hz 之间，其对应的波长范围为 17.0～0.017 m 之间。低于 20 Hz 的声波称为次声波，高于 20 000 Hz 的称为超声波，次声波和超声波不能使人耳产生听觉。

2. 噪声在空气中的传播

噪声在空气中传播时，由于声波的作用，使空气中质点获得声能量。所以，声波的传播过程实质上是声源辐射声能量的传递过程。噪声的强度随着传播距离的增加而衰减，其原因主要是声能量随声波波阵面的扩张而衰减，其次是空气对声能量的吸收及近地面传播时的附加吸收衰减。气象条件如风速、温度、雨和雾等对噪声传播也有相当大的影响。

(1) 声压随传播距离的衰减

噪声在空气中传播时，由于波阵面随传播距离而扩张，使声压(有效声压)相应衰减。声压级的衰减量表示如下：

$$\Delta L_1=\begin{cases}20\lg\dfrac{r_0}{r} & (点声源)\\[2ex] 10\lg\dfrac{r_0}{r} & (线声源)\end{cases} \tag{8-5}$$

式中　ΔL_1——声压级随传播距离的衰减量，dB；

r_0——参照点距噪声源的距离，m；

r——接受点距噪声源的距离，m。

由式(8-5)可见，点声源辐射的声波传播距离加倍时，声压级衰减 6 dB；线声源辐射的声波传播距离加倍时，声压级衰减 3 dB。

(2) 空气对声波的吸收

空气对声波的吸收由 2 部分组成：一是由空气的黏滞性、热传导及空气分子转动弛豫等因素产生的声能量损耗，称为经典吸收，一般可忽略不计；二是由空气中氧分子和氮分子振动弛豫产生的声能量损耗，称为分子吸收，分子吸收与空气的温度、湿度及声波的频率有关。空气吸收产生的声压级衰减量可表示为 $a(r-r_0)$，a 为空气的声压级衰减系数，单位为 dB/m。空气中声压级衰减系数的实验值请参阅有关资料。在噪声控制中，当声波的频率不太高(低于 2 000 Hz)时，空气吸收衰减可忽略不计。

(3) 地面吸收的附加衰减

地面吸收对噪声的附加衰减量，取决于地表性质、植被类型等。对于灌木丛和草地的衰减量可用下式估算：

$$\Delta L_2 = (0.18\lg f - 0.31)r \tag{8-6}$$

式中 ΔL_2——地面吸收对噪声的附加衰减量，dB；

f——噪声的频率，Hz；

r——噪声在草地或灌木丛上传播的距离，m。

由于公路两侧的地表情况较复杂，对于公路交通噪声，可用下列经验公式估算其地面吸收的附加衰减量：

$$\Delta L_2 = a \cdot 10\lg r \tag{8-7}$$

式中 r——噪声传播的距离，m；

a——与地面覆盖物有关的衰减因子，经研究者测定及资料介绍，当接收点距地面 1.2 m 时，各种地面的平均衰减因子取 $a=0.5\sim0.7$，接收点距地面高度增加时，a 值随高度减小。

由上面讨论可见，在自由声场条件下如距噪声源 r_0(参照点)处的声压级为 L_0，则距离 r(接收点)处的声压级 L_p 为：

$$L_p = L_0 + 10\lg\left(\frac{r_0}{r}\right)^a - a(r-r_0) + \begin{cases} 20\lg\dfrac{r_0}{r} & (\text{点声源}) \\ 10\lg\dfrac{r_0}{r} & (\text{线声源}) \end{cases} \tag{8-8}$$

(4) 风速和温度梯度对噪声传播的影响

声波从声速大的媒质进入声速小的媒质时，折射声波的传播方向将靠拢法线；反之，折射声波的传播方向将背离法线。

当声波顺风向传播时，声速应叠加上风速。由于地面对空气运动的阻力，风速随着离地面高度的增加而增大，即声速随高度的增加而增大，从而使声波传播方向向下弯曲。当声波逆风向传播时，声速应减去风速，即声速随高度的增加而减小，从而使声波传播方向向上弯曲。该现象解释了声波顺风往往比逆风传得更远的道理。

由式(8-3)知，空气中的声速与温度成正比。当空气温度随高度增大时(温度梯度为正)，声速亦随高度增大，因而使声波传播方向向下弯曲，例如，在晴天的夜间，地面由于热辐射和热传导迅速冷却，靠近地面的空气温度下降，而离地较高处的空气仍保持较高的温度，即所谓逆温现象，这时地面上声源辐射的噪声就可以传播得较远。相反，当空气温度随高度减小时(温度梯度为负)，声速传播方向向上弯曲，例如，在晴朗的白天，空气温度随高度下降，地面上声源辐射的噪声就传播得较近。

8.1.3　噪声的计量

1. 声功率、声强和声压

（1）声功率

声功率是声源单位时间内向外辐射的声能，记作 W，单位为瓦（W）或微瓦（μW）。声源的声功率与频率有关，在计量时应指明其频率范围。

（2）声强

声强是衡量声场中声音强弱的物理量。声强的定义是单位时间内在垂直于声波传播方向的单位面积上通过的声能量，记作 I，单位为 W/m^2。其定义式为：

$$I = \frac{W}{S} \tag{8-9}$$

自由声场中，点声源均匀地向四周辐射声能，距声源某处球面上的声强为：

$$I = \frac{W}{4\pi r^2} \tag{8-10}$$

式中　W——点声源辐射的声功率，W；

r——距点声源的距离，m。

如声源为线声源，则距离为 r 处的圆柱形波阵面的声强为：

$$I = \frac{W}{2\pi r} \tag{8-11}$$

式中　W——线声源单位长度的声功率，W/m；

r——距线声源的距离，m。

（3）声压

声压是指介质中的压强相对于无声波时压强的改变量，记作 p，单位为 Pa。声波传播时，声场中任一点的声压都是随时间而不断变化的，称瞬时声压。实质上人耳分辨不出声压的瞬时变化，因此，声压的实际效果是某段时间内瞬时声压的平均值，该平均值称为有效声压。从能量分析有效声压是瞬时声压在一段时间内的均方根值。实际应用中如果没有说明，则声压一词即指有效声压。

2. 声强级、声压级和声功率级

人耳刚能听到声音的界限叫听阈，使人耳产生疼痛感觉的界限叫痛阈。对频率为 1 000 Hz 的声音，正常人耳的听阈和痛阈声压分别为 2×10^{-5} Pa 和 20 Pa，相应的声强为 1×10^{-12} W/m^2 和 1 W/m^2。从听阈到痛阈，声压相差 100 万倍，声强相差 1 万亿倍。由此可见，用声压或声强来度量声音是很不方便的，而且人耳对声音大小的感觉并不与声压或声强值成正比，而近似地与它们的对数值成正比，所以通常用对数标度方法来表示声音的大小。

（1）声强级

声强级的定义是某处的声强和基准声强之比值的常用对数值乘以 10。即：

$$L_I = 10\lg\frac{I}{I_0} \tag{8-12}$$

式中　L_I——声强级，dB；

I——声场中某处的声强，W/m^2；

I_0——基准声强，$I_0 = 10^{-12}$ W/m^2。

(2) 声压级

与上述相仿，某处声压级的数学表达式为：

$$L_p = 20\lg \frac{p}{p_0} \tag{8-13}$$

式中 L_p——声压级，dB；

p——声场中某处的声压，Pa；

p_0——基准声压，$p_0 = 2\times10^{-5}$ Pa。

(3) 声功率级

同样，声功率级的表达式为：

$$L_W = 10\lg \frac{W}{W_0} \tag{8-14}$$

式中 L_W——声源的声功率级，dB；

W——声源的声功率，W；

W_0——基准声功率，$W_0 = 10^{-12}$ W。

这里应指出的是，声强级、声压级、声功率级与声强、声压、声功率是不同的概念。以分贝为单位的"级"只有相对比值的意义，是无量纲的量。

(4) 声压级的叠加

当几个不同声源同时作用时，它们在某处产生的总声压并不是各个声压的代数和，应按照能量法则进行叠加。它们的总声压为：

$$p_t = \sqrt{p_1^2 + p_2^2 + \cdots + p_n^2} \tag{8-15}$$

叠加后的总声压级为：

$$L_{pt} = 20\lg \frac{p_t}{p_0} = 20\lg \frac{\sqrt{p_1^2 + p_2^2 + \cdots + p_n^2}}{p_0} \tag{8-16}$$

3. 噪声的主观评价

(1) A 声级

环境噪声的度量，不仅与噪声的物理量有关，还与人对声音的主观听觉感受有关。人耳对声音的感觉不仅与声压级大小有关，而且也与频率的高低有关。声压级相同而频率不同的声音，听起来不一样响，高频声音比低频声音响，这是由人耳的听觉特性所决定的。因而，根据听觉特性，在声学测量仪器中，设置有"A 计权网络"，使接收到的噪声在低频有较大的衰减，而高频不衰减甚至稍有放大。这样，A 计权网络测得的噪声值较接近人耳的感觉，其测得值的单位称为 A 声级(L_A)。A 声级能较好地反映出人们对噪声吵闹的主观感觉，它几乎成为一切噪声评价的基本值。

(2) 等效连续 A 声级

在声场内的一定点位上，将某一段时间内连续暴露的不同 A 声级变化，用能量平均的方法以 A 声级表示该段时间内的噪声大小，这个声级称为等效连续 A 声级，简称等效声级，单位为 dB(A)。

在评定非稳态噪声能量的大小时，等效连续 A 声级尤为必要。

等效连续 A 声级的数学表达式为：

$$L_{\mathrm{Aeq},T} = 10\lg\left(\frac{1}{T}\int_0^T 10^{0.1L_{pA}}\,\mathrm{d}t\right) \tag{8-17}$$

8.2 噪声危害

1. 噪声引起听力损伤

人们长期接触强噪声会引起听力损伤，其损伤程度表现为以下几种类型：

(1) 听觉疲劳

在噪声作用下，听觉敏感性降低，表现为听阈提高约 10～15 dB(A)，但离开噪声环境几分钟即可恢复，这种现象称为听觉适应。当听阈提高 15 dB(A)以上，离开噪声环境很长时间才能恢复，这种现象叫作听觉疲劳，已属于病理前期状态。

(2) 噪声性耳聋

根据国际标准化组织(ISO)1964 年的规定，500 Hz、1 000 Hz、2 000 Hz 三个频率的平均(算术平均)听力损失超过 25 dB(A)称为噪声性耳聋。根据听力损伤的程度，噪声性耳聋可分为 3 类：① 当听阈位移达 25～40 dB(A)时为轻度耳聋，听觉还未影响到语言区(500～2 000 Hz)，对交谈影响不大；② 当听阈位移达到 40～60 dB(A)时为中度耳聋，听觉已影响到语言区，一般声音的讲话已经听不清楚；③ 当听阈位移达 60～80 dB(A)时为重度耳聋，对低频、中频和高频的听觉能力均严重下降，即使面对面地大声讲话也听不清楚。

(3) 爆发性耳聋

当声压很大时(如爆炸、炮击)，耳鼓膜内外产生较大压差，导致鼓膜破裂，双耳完全失聪。噪声级超过 130 dB(A)时，一定要戴耳塞，或把嘴张大，以防止鼓膜破裂。

2. 噪声对人体健康的影响

(1) 对视觉的影响

在噪声作用下人的视觉分析器官功能下降，视力清晰度及稳定性下降。130 dB(A)以上的强烈噪声会引起眼震颤及眩晕。

(2) 对神经系统的影响

噪声长期作用会导致中枢神经功能性障碍，表现为植物神经衰弱症候群(头痛、头晕、失眠、多汗、乏力、恶心、心悸、注意力不集中、记忆减退、惊慌、反应迟缓)。对噪声作用下的近万名职工的调查表明，噪声强度越大，神经衰弱症的阳性率越高。

(3) 对消化系统的影响

强噪声作用于中枢神经，往往引起消化不良及食欲不振，从而导致肠胃病发病率增高。

(4) 对心血管系统的影响

噪声会使交感神经紧张，引起心跳过快、心律不齐、血压升高等症状。据调查，在高噪声环境下作业的人们，如钢铁工人和机械工人的心血管病发病率比在安静环境下工作的要高。

当然，引起某种慢性机能性疾病的原因是多方面的。噪声对引起上述疾病，其危害到什么程度，目前还没有了解得很清楚。一般来讲，噪声级在 90 dB(A)以下时，对人的生理机能影响不会很大。

3. 噪声对正常生活和工作的影响

噪声影响人的正常生活，妨碍休息和睡眠，使人感到烦躁，这种影响对老人、病人更加明显。据研究，在 40～45 dB(A)的噪声刺激下，睡着人的脑电波开始出现觉醒信号，这也就是说 40～45 dB(A)的噪声就会干扰人的正常睡眠；对于突发性的噪声在 40 dB(A)时可使

10%的人惊醒,60 dB(A)则使 70%的人惊醒。

强噪声不仅使作业者增加生理负担和能量消耗,而且使作业者神经紧张、心情烦躁、注意力不易集中、容易疲劳等,因而影响工作效率。

噪声分散人的注意力,影响工作的质量,也容易引起工伤,它给人们和社会带来的损失是巨大的。据世界卫生组织估计,仅美国由于工业噪声造成的低效率、缺勤、工伤事故和听力损失赔偿等费用,每年达 40 亿美元。

4. 噪声对语言通信的影响

噪声对人的语言信息具有掩蔽作用。由于语言的频率范围多数为 500～2 000 Hz,因此 500～2 000 Hz 的噪声对语言的干扰最大。

通常普通谈话声(距唇部 1 m 处)约在 70 dB(A)以下,大声谈话可达 85 dB(A)以上,当噪声级低于谈话声级时谈话才能正常进行。电话通信对声环境的要求更严,电话通信的语音为 60～70 dB(A),在 50 dB(A)的噪声环境下通话清晰可辨,大于 60 dB(A)时通话便受阻。

5. 噪声对仪器设备和建筑物的影响

特强噪声会使仪器设备失效、甚至损坏。对于电子仪器,当噪声级超过 130 dB(A)时,由于连接部位的振动而松动、抖动或产生位移等原因,使仪器发生故障而失效;当噪声级超过 150 dB(A)时,因强烈振动而使一些电子元件失效或损坏。对于机械结构(如火箭、航空器等),在特强噪声的频率交变负载的反复作用下,使材料结构产生疲劳、甚至断裂,这种现象叫作声疲劳。

当噪声级超过 140 dB(A)时,强烈的噪声对轻型建筑物开始起破坏作用。当超音速飞机作低空飞行时,建筑物在强烈的"轰声"作用下会使门窗损坏、墙面开裂、屋顶掀起、烟囱倒塌。此外,建筑物附近有强烈的噪声(振动)源时,如振动筛、空气锤和振动式压路机等,也会使建筑物受损。

8.3 声环境质量标准

所谓噪声防治并不是完全消除噪声,完全消除噪声是没有必要的,也是不可能的。噪声控制就是要用最经济的方法把噪声限制在某种合理的范围内,各种环境条件下的噪声适宜范围便是噪声标准。所谓噪声标准,就是规定噪声级不宜或不得超过的限制值(即最大容许值)。在这样的条件下,噪声对人仍存在有害影响,只是不会产生明显的不良后果。

8.3.1 城市区域环境噪声标准

为贯彻《中华人民共和国环境噪声污染防治法》,防治噪声污染,保障城乡居民正常生活、工作和学习的声环境质量,相关部门于 2008 年修订了《城市区域环境噪声标准》(GB 3096—1993),并发布了《声环境质量标准》(GB 3096—2008)进行替代,并自 2008 年 10 月 1 日实施。

按区域的使用功能特点和环境质量要求,声环境功能区分为以下 5 种类型:0 类声环境功能区——康复疗养区等特别需要安静的区域;1 类声环境功能区——以居民住宅、医疗卫生、文化教育、科研设计和行政办公为主要功能,需要保持安静的区域;2 类声环境功能区——以商业金融、集市贸易为主要功能，或者居住、商业、工业混杂，需要维护住宅安静的区域；3 类声环境功能区——以工业生产、仓储物流为主要功能，需要防止工业噪声对周围环境产生严重影响的区域；4 类声环境功能区——交通干线两侧一定距离之内，需要防止交通噪声对周围环境产生严重影响的区域，包括 4a 类和 4b 类 2 种类型。4a 类为高速公路、一级公路、二级公路、城市快速路、城市主干路、城市次干路、城市轨道交通（地面段）和内河航道两侧区域；4b 类为铁路干线两侧区域。

各类声环境功能区适用表 8-1 规定的环境噪声等效声级限值。

表 8-1　环境噪声限值　　单位：dB(A)

声环境功能区类别		时段	
		昼间	夜间
0 类		50	40
1 类		55	45
2 类		60	50
3 类		65	55
4 类	4a 类	70	55
	4b 类	70	60

(1) 表 8-1 中 4b 类声环境功能区环境噪声限值，适用于 2011 年 1 月 1 日起环境影响评价文件通过审批的新建铁路（含新开廊道的增建铁路）干线建设项目两侧区域。

(2) 在下列情况下，铁路干线两侧区域不通过列车时的环境背景噪声限值，按昼间 70 dB(A)、夜间 55 dB(A)执行：① 穿越城区的既有铁路干线；② 对穿越城区的既有铁路干线进行改建、扩建的铁路建设项目。既有铁路是指 2010 年 12 月 31 日前已建成运营的铁路或环境影响评价文件已通过审批的铁路建设项目。

(3) 各类声环境功能区夜间突发噪声，其最大声级超过环境噪声限值的幅度不得高于 15 dB(A)。

8.3.2　建筑施工场界噪声标准

1990 年我国制定了《建筑施工场界噪声限值》（GB 12523—1990），并于 2011 年进行了第一次修订，修订后的《建筑施工场界环境噪声排放标准》（GB 12523—2011）自 2012 年 7 月 1 日实施。该标准规定了建筑施工场界环境噪声排放限值及测量方法，适用于周围有噪声敏感建筑物的建筑施工噪声排放的管理、评价及控制，市政、通信、交通、水利等其他类型的施工噪声排放可参照本标准执行。该标准不适用于抢修、抢险施工过程中产生噪声的排放监管。

该标准对不同施工阶段作业噪声限值作出了规定，如表 8-2 所列。

表 8-2　建筑施工场界环境噪声排放限值　　单位：dB(A)

昼间	夜间
70	55

该标准适用于城市建筑施工场地产生的噪声，表中所列噪声值是指与敏感区域相应的建筑施工场地边界线处的限值。

夜间噪声最大声级超过限值的幅度不得高于 15 dB(A)。当场界距噪声敏感建筑物较近，其室外不满足测量条件时，可在噪声敏感建筑物室内测量，并将表 8-2 中相应的限值减 10 dB(A)作为评价依据。

8.4 公路交通噪声及其影响因素

8.4.1 车辆噪声的构成

公路交通噪声主要来自车辆运行过程中产生的噪声。车辆在运行过程中受到内燃机和机械传动机构的影响以及路面的冲击，所有的零部件都会产生振动和噪声，因此，车辆在道路上行驶辐射的噪声(简称行驶噪声)，主要由动力噪声和轮胎噪声 2 部分构成。

1. *动力噪声*

车辆动力噪声(又称驱动噪声)主要指动力系统辐射的噪声。发动机系统是主要噪声源，包括进气噪声、排气噪声、冷却风扇噪声、燃烧噪声及传动机械噪声等。

动力噪声的强度主要取决于发动机的转速，与车速有直接关系，噪声强度随车速增大而增强。此外，车辆爬坡时，随着路面纵坡加大，动力噪声也增大。

2. *轮胎噪声*

轮胎噪声是指轮胎与路面的接触噪声，又称轮胎-路面噪声。它由轮胎直接辐射的噪声和由轮胎激振车体振动产生的噪声构成。轮胎直接辐射的噪声，按其机理主要包括轮胎表面花纹噪声(空气泵噪声)和轮体振动噪声，还有在急转弯和紧急制动时与路面作用下产生自激振动噪声等。轮胎噪声的大小与轮胎花纹构造、路面特性(材料构造、路面纹理)及车速有关，且主要取决于车速，其强度随车速的增大而增大。

8.4.2 车辆噪声的影响因素

(1) 载重量

根据测量和资料介绍，载重量对汽油车的噪声影响不大，使中型卡车的噪声级稍有增加。大型卡车载重时的噪声级比空车时增加约 3 dB(A)。

(2) 路面材料

测试结果表明，小型车在刚性路面上的噪声级比相同车速下的柔性路面上约大 3 dB(A)，其原因是小型车在刚性路面上的轮胎噪声比柔性路面上要大得多；中型车和大型车在刚性、柔性 2 种路面上的行驶噪声级基本相同，在相同车速下刚性路面上的噪声级比柔性路面上的高出 1 dB(A)左右。

(3) 路面粗糙度

路面粗糙度对小型车的行驶噪声有明显影响，这主要是由轮胎噪声引起的。对于小型车的行驶噪声级需按表 8-3 进行修正。

表 8-3　路面粗糙度噪声级修正值

粗糙度/mm	<0.4	0.4～0.7	0.7～1.0	1.0～1.3	>1.3
噪声级修正值/dB(A)	−2	0	+2	+4	+6

(4) 路面平整度

测试结果表明，路面平整度对车辆行驶噪声强度基本无影响。但路面严重破损或砂石路面，会因车体振动而使噪声强度增加。

(5) 路面纵坡

路面纵坡对小型车的行驶噪声无明显影响。载重卡车因上坡时发动机转速的增加，增大了动力噪声，使行驶噪声明显增强，其修正值如表 8-4 所列。

表 8-4　路面纵坡噪声级修正值

纵坡/%	≤3	4～5	6～7	>7
噪声级修正值/dB(A)	0	+1	+3	+5

8.4.3　交通噪声的预测

1. FHWA 预测模型

美国联邦公路管理局(FHWA)交通噪声预测模式是通过先计算参考平均能量辐射声级，再进行一系列参数修正后得到的预测噪声级。首先确定公路上各种车辆的参考能量平均辐射级，再计算小时等效声级 L_{eq}，最后通过小时等效声级预测昼间和夜间的交通噪声等效声级。车辆按照总质量分为大、中、小 3 种类型，总质量≤4.5 t 的为小型车，4.5 t<总质量≤12 t 的为中型车，总质量>12 t 的为大型车。其基本模型见式(8-18)、式(8-19)，式中各参数含义如表 8-5 所列。

$$L_{eq}(h)_i = (\overline{L}_0)_{Ei} + 10\lg\left(\frac{N_i \pi r_0}{V_i T}\right) + 10\lg\left(\frac{r_0}{r}\right)^{1+\alpha} + 10\lg\left[\frac{\phi_\alpha(\varphi_1, \varphi_2)}{\pi}\right] + \Delta S - 30 \tag{8-18}$$

$$L_{eq}(T) = 10\lg\left[10^{0.1L_{eq}(hh)_{小}} + 10^{0.1L_{eq}(hh)_{中}} + 10^{0.1L_{eq}(hh)_{大}}\right] \tag{8-19}$$

表 8-5　FHWA 模型各参数含义及单位

参数	含义	单位
$L_{eq}(h)_i$	第 i 类车型车流在预测点的小时等效声级	dB(A)
$(\overline{L}_0)_{Ei}$	第 i 类车辆在参照点的能量平均辐射声级，其中： $(\overline{L}_0)_{E小} = 38.1\lg V_{小} - 2.4$ $(\overline{L}_0)_{E中} = 33.9\lg V_{中} + 16.4$ $(\overline{L}_0)_{E大} = 24.6\lg V_{大} + 38.5$	dB(A)
N_i	对应观察时段 T 在观察点处 i 类车辆通过的数量	辆
T	观察时段或计算等效声级的时间段(常取 1 h)	h
V_i	第 i 类车辆的平均车速	km/h

表 8-5(续)

参数	含义	单位
r_0	测试 $(\bar{L}_0)_{Ei}$ 的参照距离,取 15 m	m
r	行车道中心线至预测(测量)点的距离	m
α	地面覆盖系数:一般硬路面(沥青或水泥路面),$\alpha=0$;软路面(松软的耕地或有植被覆盖的地表),$\alpha=0.5$	
$\phi_\alpha(\varphi_1,\varphi_2)$	有限长路段的修正函数,其中 φ_1、φ_2 为观测点到有限长路段两端的张角,rad;$\phi_\alpha(\varphi_1,\varphi_2)=\int_{\varphi_1}^{\varphi_2}(\cos\varphi)^\alpha d\varphi,-\frac{\pi}{2}\leqslant\varphi\leqslant\frac{\pi}{2}$	
ΔS	遮挡物等引起的衰减量	dB(A)

2. RLS90 模型

RLS90 模型于 1990 年由德国环境保护部门公布,其包含长直线模型、分段模型 2 个子模型,该模型也以等效连续声级 L_{eq}(A)为评价指标。计算公式见式(8-20)~式(8-22),式中各参数含义如表 8-6 所列。

$$L_{m.E}=L_m^{25}+D_V+D_{Stro}+D_{Stg}+D_E \tag{8-20}$$

$$L_m^{25}=37.3+10\lg[M(1+0.082P)] \tag{8-21}$$

$$\begin{cases}D_V=L_{pkw}-37.7+10\lg\left\{\dfrac{100+(10^{0.1D}-1)P}{100+8.23P}\right\}\\ L_{pkw}=27.7+10\lg\{1+(0.02V_{pkw})^3\}\\ L_{Lkw}=23.1+12.5\lg V_{Lkw}\\ D=L_{Lkw}-L_{pkw}\end{cases} \tag{8-22}$$

表 8-6 RLS90 模型各参数含义及单位

参数	含义	单位
$L_{m.E}$	单车道交通噪声预测值	dB(A)
L_m^{25}	根据车流量、车型比例求出的单车道水平距离 25 m 处平均声级	dB(A)
M	单车道小时平均车流量	辆
P	卡车(载重量>2.8 t)所占百分率	%
D_V	允许速度校正	dB(A)
D_{Stro}	不同道路表面修正,取决于路面类型和车速,范围为 0~6 dB(A)	dB(A)
D_{Stg}	对道路坡度的修正,当坡度 $\lvert g\rvert\leqslant5\%$ 时 D_{Stg} 为 0;当 $\lvert g\rvert>5\%$ 时 $D_{Stg}=0.6\lvert g\rvert-0.3$。式中 g 为车道行驶方向的坡度	dB(A)
D_E	楼房表面的吸声系数	dB(A)
V_{pkw}	小汽车的允许行驶速度	km/h
V_{Lkw}	卡车的允许行驶速度	km/h

(1) 长直线模型

公路长直线路段的交通噪声级 L_m 等于声源辐射声级 $L_{m.E}$、距离引起的修正 $D_{s\perp}$、地面

吸收修正 D_{BM} 和反射修正 $D_{B\perp}$ 的和，见式(8-23)～式(8-29)。式中各参数含义如表 8-7 所列。

$$L_m = L_{m,E} + D_{s\perp} + D_{BM} + D_{B\perp} \tag{8-23}$$

$$D_{s\perp} = 15.8 - 10\lg(s_{\perp}) - 0.0142\, s_{\perp}^{0.9} \tag{8-24}$$

$$D_{BM} = -4.8 \times e^{\left\{-\left[\frac{h_m}{s_{\perp}}(8.5+100/s_{\perp})\right]^{1.3}\right\}} \tag{8-25}$$

$$D_{B\perp} = D_{reft} - D_{bar} \tag{8-26}$$

$$D_{reft} = \begin{cases} \dfrac{4h_{build}}{\omega} \leqslant 3.2\ \text{dB(A)，两侧为反射面} \\ \dfrac{2h_{build}}{\omega} \leqslant 1.6\ \text{dB(A)，两侧为吸射面} \end{cases} \tag{8-27}$$

$$D_{bar} = 7\lg\left[5 + \left(\frac{70 + 0.25\, s_{\perp}}{1 + 0.2\delta}\right)\delta K_{w\perp}^2\right] \tag{8-28}$$

$$K_{w\perp} = e^{-\frac{1}{2000}\sqrt{\frac{ABS_2}{2\delta}}} \tag{8-29}$$

表 8-7　长直线模型各参数含义及单位

参数	含义	单位
$s_{\perp}$	声源到受声点连线长度	m
h_m	声源和受声点之间连线到地面的平均高度	m
D_{reft}	路面两侧均有平行于公路的建筑物时，形成的多次反射对噪声级的影响	dB(A)
h_{build}	构筑物正面平均高度	m
ω	道路两侧建筑物间反射面的间距	m
D_{bar}	声屏障引起的声衰减量	dB(A)
$K_{w\perp}$	温度、风速对声音影响的修正	dB(A)
A	声源到声屏障顶端(公路结构边缘)的距离	m
B	声屏障顶端(公路结构边缘)到受声点的距离	m
δ	声程差，$\delta = A + B - s_{\perp}$	m

(2) 分段模型

RLS90 分段模型是按行车道方向将车道划分为 i 个小段，声源点位于每小段中心上方 0.5 m 处，且每小段长度 l_i 小于声源点到预测点间距离的一半，则预测点处总噪声级 L_m 为每小段平均声压级的叠加，计算公式见式(8-30)～式(8-34)，式中各参数含义如表 8-8 所列。

$$L_m = 10\lg \sum_i 10^{0.1(L_{m,E}+D_{L,i}+D_{s,i}+D_{BM,i}+D_{refl,i}-D_{bar,i})} \tag{8-30}$$

$$D_{L,i} = 10\lg l_i \tag{8-31}$$

$$D_{s,i} = 11.2 - 20\lg S_i - \frac{S_i}{200} \tag{8-32}$$

$$D_{BM,i} = (h_m/S_i)(34 + 600/S_i) - 4.8 \leqslant 0 \tag{8-33}$$

$$D_{bar,i} = 10\lg\left[3 + 80\delta_i e^{\left(-\frac{1}{2000}\frac{A_i B_i S_i}{2\delta_i}\right)}\right] \tag{8-34}$$

表 8-8　分段模型各参数含义及单位

参数	含义	单位
L_m	近、远车道的噪声平均 A 声级	dB(A)
$D_{L.i}$	道路的长度修正	dB(A)
$D_{s.i}$	由于距离和空气吸声引起的衰减	dB(A)
$D_{BM.i}$	地面和大气影响造成的衰减	dB(A)
$D_{refl.i}$	道路两侧的平行面产生的多次反射而造成的衰减，同长直线模型	dB(A)
S_i	第 i 段车道声源点到预测点间的距离	m

(3) 多车道情况

当公路为多车道时，RLS90 模型可根据在最外部 2 条车道上方 0.5 m 处分别假设 2 条线声源进行单独计算，然后再进行能量叠加。即道路总噪声级L_M为近车道噪声$L_{m.n}$与远车道噪声$L_{m.f}$的能量叠加值。

$$L_M = 10\lg(10^{0.1L_{m.n}} + 10^{0.1L_{m.f}}) \tag{8-35}$$

3. 导则模型

导则模型是在 FHWA 模型的基础上，将参考位置距离由 15 m 改为 7.5 m，并对相关模型参数进行了修正。该模型主要是先分别对不同类型车辆的等效 A 声级进行预测，然后再将其进行叠加，得到总车流的等效 A 声级。其中车辆按照总质量分为大、中、小 3 种类型，总质量≤3.5 t 的为小型车，3.5 t<总质量≤12 t 的为中型车，总质量>12 t 的为大型车。计算公式见式(8-36)～式(8-40)，式中各参数含义如表 8-9 所列。

$$L_{eq}(h)_i = (\overline{L_0})_{Ei} + 10\lg\left(\frac{N_i}{V_i T}\right) + 10\lg\left(\frac{7.5}{r}\right) + 10\lg\left(\frac{\varphi_1 + \varphi_2}{\pi}\right) + \Delta L - 16 \tag{8-36}$$

$$L_{eq}(T) = 10\lg[10^{0.1L_{eq}(hh)小} + 10^{0.1L_{eq}(hh)中} + 10^{0.1L_{eq}(hh)大}] \tag{8-37}$$

$$\Delta L = \Delta L_1 - \Delta L_2 + \Delta L_3 \tag{8-38}$$

$$\Delta L_1 = \Delta L_{坡度} + \Delta L_{路面} \tag{8-39}$$

$$\Delta L_2 = A_{atm} + A_{gr} + A_{bar} + A_{misc} \tag{8-40}$$

表 8-9　导则模型各参数含义及单位

参数	含义	单位
$L_{eq}(h)_i$	第 i 类车的小时等效声级	dB(A)
$L_{eq}(T)$	总车流等效 A 声级	dB(A)
$(\overline{L_0})_{Ei}$	第 i 类车速度为 V_i，水平距离为 7.5 m 处的能量平均 A 声级： $(\overline{L_0})_{E小} = 12.6 + 34.73\lg V_{小} + \Delta L_{路面}$ $(\overline{L_0})_{E中} = 8.8 + 40.48\lg V_{中} + \Delta L_{纵坡}$ $(\overline{L_0})_{E大} = 22.0 + 36.32\lg V_{大} + \Delta L_{纵坡}$	dB(A)
N_i	昼间或夜间通过某个预测点的第 i 类车平均小时车流量	辆/h
r	从车道中心线到预测点的距离(r>7.5 m)	m
V_i	第 i 类车的平均车速	km/h
T	计算等效声级的时间，取 1 h	h

表 8-9(续)

参数	含义	单位
φ_1、φ_2	预测点到有限长路段两端的张角	rad
ΔL	由其他因素引起的 A 声级修正量	dB(A)
ΔL_1	线路因素引起的修正量	dB(A)
ΔL_2	声波传播途径中引起的衰减量	dB(A)
ΔL_3	由反射等引起的修正量	dB(A)
$\Delta L_{坡度}$	公路纵坡修正量，其与车型有关，其中 β 为公路纵坡坡度，%： 大型车：$\Delta L_{坡度}=98\beta$；中型车：$\Delta L_{坡度}=73\beta$；小型车：$\Delta L_{坡度}=50\beta$	dB(A)
$\Delta L_{路面}$	路面材料引起的修正量；沥青混凝土路面修正量均取零	dB(A)
A_{atm}	空气吸收引起的倍频带衰减	dB(A)
A_{gr}	地面效应引起的倍频带衰减	dB(A)
A_{bar}	屏障引起的倍频带衰减	dB(A)
A_{misc}	其他多方面效应引起的倍频带衰减	dB(A)

8.5　公路交通噪声污染控制措施

8.5.1　公路交通噪声污染防治措施

环境保护是一项系统工程，公路交通噪声的控制也不例外，它需要与之有关的各个行业通力合作。公路交通噪声污染控制措施包括以下几个方面：

(1) 法律规范

我国发布了一系列的噪声污染防治的法律、法规及标准，这些法律法规为噪声污染控制提供了法律依据及行政保障。《中华人民共和国环境噪声污染防治法》是实施噪声污染控制的基本法律。据此，我国颁布了一系列噪声标准和噪声控制的规定，如对车辆噪声实行年检和车辆出厂检验。此外，多数城市实行市区禁鸣或夜间禁鸣，禁止卡车进入市区，车辆限速等。这些对降低城市环境噪声都有较大的作用。美、日等国还制定了公路交通噪声标准，用来控制公路沿线两侧不同区域的允许噪声级，对公路建设的声环境保护从法律上作了规定。

(2) 公路规划

合理选线，避绕敏感区。交通干线应避免穿越城市市区和乡镇的中心区，并尽可能避让学校、医院、城镇居民住宅区和规模较大的农村村庄等环境敏感点，在公路规划时，就应考虑避免产生噪声污染的问题。噪声随传播距离的衰减和在传播途中的吸收衰减是声波的基本性质。由线声源模型可知：在硬地面环境中，距行车线的距离增大 1 倍时，噪声级降低 3 dB(A)，增大 2 倍时，噪声级降低 6 dB(A)；在软地面环境中，如接受点距地面高度小于 3 m，因地面吸收的衰减也是十分显著的，噪声倍减量增大为 4.5 dB(A)。

(3) 区域建筑规划

在区域发展规划中，公路两侧交通红线内不准建学校、医院和居住区等敏感点。城市道路两侧应布置商业、工贸和办公等建筑，以起声障作用。临街如建住宅时，将临路侧布置为厨房、厕所等非居住用房，或采用封闭门、窗、走廊等隔声措施。如果道路为南北向时，将住宅等敏感性建筑的端面（山墙）朝街，以减少噪声干扰。

（4）公路交通工程

在公路两侧已有学校、医院和居民区存在的敏感路段，设禁止鸣笛、限制车速等交通标志，减少噪声干扰。

（5）公路工程

研究及使用低噪声路面是降低车辆行驶噪声的有效途径。自20世纪80年代起，欧洲的比利时、荷兰、德国、法国和奥地利等国，开始研究并采用低噪声路面。由于低噪声路面与其他降噪措施（如声屏障）相比，具有经济合理、保持环境原有风貌、降噪效果好和行车安全等优点，目前在发达国家已广泛展开应用研究。如1993年欧洲共同体要求其所有路桥公司能修筑"净化"路面，掌握铺筑低噪声路面的技术。目前，我国一些科研单位和高等院校也在积极从事低噪声路面的试验研究和开发工作。

噪声传播途中遇到声障，会对声波反射、吸收和绕射产生附加衰减，所以，公路设计中，要尽可能利用地貌地物（如土丘、山岗）作声障，降低噪声。必要时，可降低路面标高，利用路堑边坡降低噪声。对于环境敏感路段，采用路堑形式能起到相当好的噪声防治效果。

（6）林带绿化减噪

在公路与居民区之间种植宽阔的林带，可有效地防治噪声，生态效益明显，且能有效缓解人们对噪声的心理不适感。但林带需要有相当的高度和长度才有降噪效果。相关研究表明，林带每10 m的降噪量在3 dB(A)左右。但是针对我国耕地少、人口多的实际国情，国家对土地的使用也有相当严格的要求，因此在使用林带绿化减噪时应该因地制宜。

（7）汽车制造

改进汽车性能，降低声源噪声辐射，从污染源着手，生产低噪声的车辆，是解决公路交通噪声污染的根本途径。公路交通噪声主要由车辆动力噪声和轮胎噪声构成，为降低车辆动力噪声，各国汽车专业人员在这方面做了大量工作，并已取得很大成果。

（8）劳动者防护

劳动者防护措施主要用于公路施工过程中在高噪声环境中作业的工作人员的自身保护。作业工人的工作时间及环境应满足《工业企业噪声卫生标准（试行草案）》的要求。防护的措施包括轮流操作高噪声机械、戴防声耳罩等。

（9）环境工程

对噪声级不能达到相关环境质量标准的敏感区，在公路与建筑物之间建造隔声绿化带、声屏障，在建筑物安装隔声窗等环保措施，控制噪声传播途径，缓解噪声污染，这是目前降低公路交通噪声的主要方式。

8.5.2 施工现场噪声污染控制措施

（1）施工现场应遵照《建筑施工场界环境噪声排放标准》（GB 12523）制定降噪措施。在城市市区范围内，建筑施工过程中使用的设备，可能产生噪声污染的，施工单位应按有关规定向工程所在地的环保部门申报。

（2）施工现场的电锯、电刨、搅拌机、固定式混凝土输送泵和大型空气压缩机等强噪声设备应搭设封闭式机棚，并尽可能设置在远离居民区的一侧，以减少噪声污染。

(3) 因生产工艺上要求必须连续作业或者特殊需要，确需在 22 时至次日 6 时期间进行施工的，建设单位和施工单位应当在施工前到工程所在地的区、县建设行政主管部门提出申请，经批准后方可进行夜间施工。建设单位应当会同施工单位做好周边居民工作，并公布施工期限。

(4) 进行夜间施工作业的，应采取措施，最大限度减少施工噪声，可采用隔声布、低噪声振捣棒等方法。

(5) 对人为的施工噪声应有管理制度和降噪措施，并进行严格控制。承担夜间材料运输的车辆，进入施工现场严禁鸣笛，装卸材料应做到轻拿轻放，最大限度地减少噪声扰民。

(6) 进入施工现场不得高声喊叫、无故甩打模板、乱吹哨，限制高音喇叭的使用，最大限度地减少噪声扰民。

(7) 凡在人口稠密区进行强噪声作业时，须严格控制作业时间，一般在 22 时到次日 6 时之间停止强噪声作业。确系特殊情况必须昼夜施工时，尽量采取降低噪声措施，并会同建设单位找当地居委会、村委会或当地居民协调，贴出安民告示，求得群众谅解。

(8) 施工现场应进行噪声值监测，监测方法应执行《建筑施工场界环境噪声排放标准》(GB 12523)，噪声值不应超过国家或地方噪声排放标准。

(9) 施工现场噪声的限值。根据《建筑施工场界环境噪声排放标准》(GB 12523)的要求，对不同施工作业的噪声限值如表 8-10 所列。在工程施工中，要特别注意不得超过国家标准规定的限值，尤其是夜间禁止打桩作业。

表 8-10　部分施工阶段噪声源限值

施工阶段	主要噪声源	噪声限值/dB(A)	
		昼间	夜间
土石方	推土机、挖掘机、装载机等	75	55
打桩	各种打桩机等	80	禁止施工
结构	混凝土搅拌机、振捣棒、电锯等	70	55
装修	吊车、升降机等	65	55

第9章　公路工程水污染控制

9.1　水资源与水环境污染

9.1.1　水资源

水资源指的是淡水资源，它是自然资源的组成部分。当今世界面临人口、资源、环境和生态4大问题，水资源与它们有着密切的关系，因此，水资源已成为世界各国关心的一个重要问题。随着人口的增长、经济的发展，以及人类生活水平的提高，人类社会对水的需求量日益增长，不少国家和地区已经发生不同程度的水资源危机，水资源已成为不亚于能源和粮食的严重问题。

据联合国的报告，缺水问题将严重制约21世纪的经济和社会发展，并可能导致国家间的冲突。目前世界上有约50个国家缺水，缺水人口约7亿，而预计到2025年，除非更有效地使用淡水资源，控制河流和湖泊污染，以及更多地利用净化后的废水，否则全世界将有1/3的人口遭受中高度到高度缺水的压力。

水资源分为地表水资源和地下水资源2部分。地表水资源包括河川径流、冰川雪融水、湖泊沼泽水等地球表面上的水体，其中河川径流占90%以上。地下水资源是指埋藏在地表以下岩层中的水。通常，由于地下水在流动过程中被岩层吸附、过滤和微生物的净化，其水质多数比地表水好。

我国水资源占全球水资源的6%，仅次于巴西、俄罗斯和加拿大，居世界第4位，但人均只有2 210 m^3，约为世界平均水平的1/4、美国的1/5，在世界上名列第121位，是全球13个人均水资源最贫乏的国家之一。不同国家/地区人均水资源对比如图9-1所示。

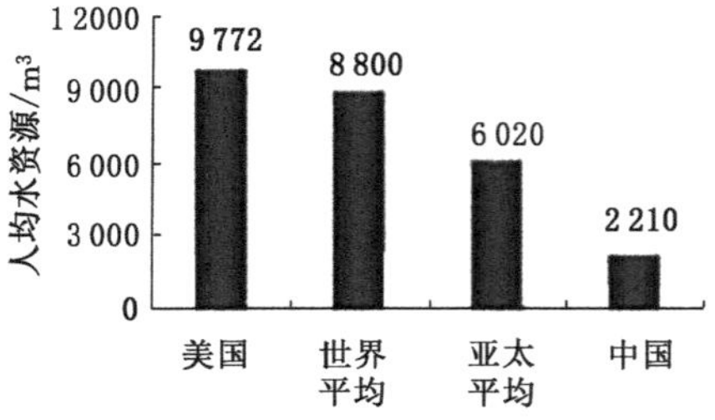

图9-1　不同国家/地区人均水资源对比

我国水资源总量为2.8万亿立方米，其中地表水2.7万亿立方米，地下水0.83万亿立方米，由于地表水与地下水相互转换、互为补给，扣除两者重复计算量0.73万亿立方米，与河川径流不重复的地下水资源量约为0.1万亿立方米。我国水资源在地区分布上很不均匀，南多北少，相差悬殊。长江流域及其以南地区人口占了中国的54%，但是水资源却占了81%；以北地区人口占46%，水资源只有19%。

我国水资源供需矛盾十分突出，全国669个城市中有400余座城市供水不足，全国有16个省、自治区、直辖市人均水资源拥有量低于国际公认的用水紧张线1 700 m^3，北京、天津、山东等10个省、市低于严重缺水线500 m^3。

9.1.2　水质与水质指标

1. 水质

水质，即水的品质，是指水与其中所含杂质共同表现出来的物理学、化学和生物学的综合特性。水在自然循环中，无时不与外界接触。由于水极易与各种物质混杂，溶解能力又较强，因此，任何天然水体都不同程度地含有多种多样的杂质。当水源受到生活污水、工业废水及其他废弃物污染时，水中杂质就更趋复杂。水中的各种杂质，按它们在水中的存在状态不同可分为溶解物、胶体和悬浮物3类。溶解物是指颗粒粒径小于1 μm的物质，悬浮物为颗粒粒径大于1 μm的物质，胶体颗粒粒径则介于两者之间。

一般说来，地表水较浑浊、细菌较多、硬度较低，而地下水则较清、细菌较少(特别是深层井水，细菌更少)、硬度较高。

2. 水质指标(水环境污染指标)

作为环境介质的水通常不是纯净的，其中含有各种物理的、化学的和生物的成分。通常都采用水质指标来衡量水质的好坏。水质指标项目繁多，可以分为3大类。

第一类，物理性水质指标。包括：感官物理性状指标，如温度、色度、臭和味、浑浊度和透明度等；其他物理性状指标，如总固体、悬浮固体、溶解固体、可沉固体和电导率(电阻率)等。

第二类，化学性水质指标。包括：一般的化学性水质指标，如pH值、碱度、硬度、各种阳离子、各种阴离子、总含盐量和一般有机物质等；有毒的化学性水质指标，如重金属、氰化物、多环芳烃和各种农药等；有关氧平衡的水质指标，如溶解氧、化学需氧量(Chemical Oxygen Demand，简称COD)、生化需氧量(Biochemical Oxygen Demand，简称BOD)和总需氧量(Total Oxygen Demand，简称TOD)等。

第三类，生物学水质指标。包括细菌总数、总大肠菌群数、各种病原细菌和病毒等。

以下对水污染防治工作中常用的一些水质指标进行简要说明。

(1) pH值

pH值反映水的酸碱度，天然水体的pH值一般在6～9之间，决定于水体所在环境的物理、化学和生物特性。饮用水的适宜pH值应在6.5～8.5之间。生活污水一般呈弱碱性，而某些工业废水的pH值偏离中性范围很远，它们的排放会对天然水体的酸碱特性产生较大的影响。大气中的污染物质如二氧化硫(SO_2)、氮氧化物(NO_x)等会影响降水的pH值，是产生酸雨的主要原因。

弱酸性的废水对混凝土管道有腐蚀作用。pH值还会影响水生生物和细菌的生长活动。

(2) 悬浮固体

悬浮固体可以利用重力或其他物理作用与水分离，它们随废水进入天然水体，易形成河体沉积物。悬浮物的化学性质十分复杂，可能是无机物，也可能是有机物，还可能是有毒物质。悬浮物质在沉淀过程中还会挟带或吸附其他污染物质,如重金属等。

(3) COD 和 BOD

化学需氧量(COD)是指在一定条件下,水中各种有机物与外加的强氧化剂作用时所消耗的氧化剂量,以 mg/L 表示。它还可以表述为:废水、废水处理厂排出水和受污染的水中,能被强氧化剂氧化的物质(一般为有机物)的氧当量。它反映了水中受还原性物质污染的程度。该指标也作为有机物相对含量的综合指标之一。一般测量化学需氧量所用的氧化剂为高锰酸钾或重铬酸钾。

生化需氧量或生化耗氧量(一般指 5 日生化需氧量,BOD)表示在有氧条件下,当温度为 20 ℃时,由于微生物(主要是细菌)的活动,使可降解的有机物氧化达到稳定状态时所需的氧量。它是表示水中有机物等需氧污染物质含量的一个综合指标,通常情况下是指水样充满完全密闭的溶解氧瓶中,在 20 ℃的暗处培养 5 d,分别测定培养前后水样中溶解氧的质量浓度,由培养前后溶解氧的质量浓度之差,计算每升样品消耗的溶解氧量,以 BOD_5 形式表示,其单位为 mg/L。其值越高说明水中有机污染物质越多,污染也就越严重。

BOD_5 和 COD 的比值是衡量废水可生化性(即可进行生化处理)的一项重要指标,比值愈高,可生化性愈好,一般认为,该值大于 0.3 时宜进行生化处理。

9.1.3 水环境污染

作为环境介质的水通常不是纯净的,其感官性状(色、臭、味、浑浊度等)、物理化学性质(温度、pH 值、电导率、氧化还原电位、放射性等)、化学成分、生物组成和水体底泥状况等,均因污染程度不同而有很大差别。

水体因受到了过多的污染物而导致其物理特征、化学特征和生物特征发生不良变化,破坏了水中固有的生态系统,破坏了水体的功能及其在经济发展和人民生活中的作用,这种状况就叫作水体污染。

早期的水体污染主要由人口稠密的城市生活污水造成。工业革命以后,工业排放的废水和废物成为水体污染物的主要来源。20 世纪 50 年代以后,一些水域和地区由于水体严重污染而危及人类的生产和生活。70 年代以来,人们采取了一些防治污染的措施,部分水体的污染程度虽有所减轻,但全球性的水污染状况还在发展,尤其是工业废弃物对水体的污染还具有潜在的危险性。水源因受到污染而降低或丧失了使用价值,使水资源更加短缺。

水环境污染按水体污染物进行分类,可以分成化学性污染、物理性污染和生物性污染 3 类。

1. 化学性污染

(1) 酸碱污染

矿山排水、黏胶纤维工业废水、钢铁厂酸洗废水及染料工业废水等,常含有较多的酸。碱性废水则主要来自造纸、炼油、制革和制碱等工业。

(2) 重金属污染

电镀工业、冶金工业和化学工业等排放的废水中往往含有各种重金属。重金属对人体健康及生态环境的危害极大,如汞、镉、铅、砷、铬等。闻名于世的水俣病就是由汞污染造成的,镉污染则会导致骨痛病。重金属排入天然水体后不可能减少或消失,却可能通过沉淀、吸附及食物链而不断富集,达到对生态环境及人体健康有害的浓度。

(3) 需氧物质污染

生活污水、食品加工和造纸等工业废水含有碳水化合物、蛋白质、油脂、木质素等有机物质。这些物质以悬浮或溶解状态存在于污水中，通过好氧微生物的作用分解而消耗氧气，因而称为需氧污染物。这些物质使水中的溶解氧减少，影响鱼类及其他水生生物的生长。当水中溶解氧耗尽时，有机物将在厌氧菌的作用下进行厌氧分解，产生硫化氢、氨和硫醇等具有难闻气味的物质，使水质进一步恶化。

(4) 营养物质污染(富营养化)

水体富营养化是指在人类活动的影响下，生物所需的氮、磷等营养物质大量进入湖泊、河口、海湾等缓流水体，引起藻类及其他浮游生物迅速繁殖，水体溶解氧量下降，水质恶化，鱼类及其他生物大量死亡的现象。

在自然条件下，湖泊也会从贫营养状态过渡到富营养状态，不过这种自然过程非常缓慢，而人为排放含营养物质的工业废水和生活污水所引起的水体富营养化则可以在短时间内出现。水体出现富营养化现象时，浮游藻类大量繁殖，形成水华。因占优势的浮游藻类的颜色不同，水面往往呈现蓝色、红色、棕色、乳白色等，这种现象在海洋中则叫作赤潮或红潮。

(5) 有毒化学物质污染

有毒化学物质主要指重金属和微生物难以分解的有机物。重金属在自然界不易消失，它们通过食物链而被富集。难分解的有机物中不少属于致癌物质。因此，水体一旦被有毒化学物质污染，其危害极大。

有机毒物主要来自焦化、染料、农药及塑料合成等工业废水，农田径流中也有残留的农药。

(6) 石油污染

石油类物质在水面形成油膜，阻碍水体的复氧作用，致使鱼类和浮游生物的生存受到威胁，并使水产品的质量恶化。石油污染主要发生在海洋石油运输的事故泄漏。

2. 物理性污染

(1) 悬浮物污染

各类废水中均有悬浮杂质，排入水体后影响水体外观，增加水体的浑浊度，妨碍水中植物的光合作用，对水生生物生长不利。悬浮物还有吸附凝聚重金属及有毒物质的能力。

(2) 热污染

热污染是由工矿企业向水体排放高温废水造成的。热污染使水温升高，水中化学反应、生化反应速度随之加快，溶解氧减少，破坏了水生生物的正常生存和繁殖的环境。一般水生生物能生存的水温上限为 33～35 ℃。

(3) 放射性污染

放射性物质进入水体造成放射性污染。放射性物质来源于核动力工厂排出的废水、向海洋抛弃的放射性废物、核动力船舶事故泄漏的核燃料、核爆炸进入水体的散落物等。受放射性物质污染的水体使生物受到危害，并可在生物体内蓄积。

3. 生物性污染

生物性污染主要指致病菌及病毒的污染。生活污水、畜禽饲养场污水以及制革、洗毛、屠宰业和医院等排出的废水常含有各种病原体，水体受到病原体污染会传播疾病。例如，1848 年和 1854 年英国两次霍乱流行，每次死亡万余人；德国汉堡 1892 年发生的霍乱流行，死亡 7 500 余人。这几次大的瘟疫流行，都是因水污染而引起的。

9.2 水环境质量标准

水的用途十分广泛。不同用途的水，均应满足一定的水质要求，也就是水质标准。水质标准是环境标准的一种。以下介绍几种与水污染防治密切相关的水质标准。

9.2.1 地表水环境质量标准

地表水环境质量标准是为了保护地表水体免受污染，根据国家的环境政策和有关法令，规定所容许的地表水体中污染物含量的具有法律性的技术规范，是地表水环境保护的目标值和制定水污染物排放标准的依据，分国家标准、国家环境保护总局标准和地方标准 3 级。《地表水环境质量标准》(GB 3838)适用于中华人民共和国领域内江、河、湖泊和水库等具有使用功能的地表水域。该标准依据地表水水域环境功能和保护目标，将其划分为 5 类：

Ⅰ类：主要适用于源头水、国家自然保护区。

Ⅱ类：主要适用于集中式生活饮用水地表水源地一级保护区、珍稀水生生物栖息地、鱼虾类产卵场、仔稚幼鱼的索饵场等。

Ⅲ类：主要适用于集中式生活饮用地表水源地二级保护区、鱼虾类越冬场、洄游通道、水产养殖区等渔业水域及游泳区。

Ⅳ类：主要适用于一般工业用水区及人体非直接接触的娱乐用水区。

Ⅴ类：主要适用于农业用水区及一般景观要求水域。

同一水域兼有多类功能的，执行最高功能类别对应的标准值。该标准将标准项目划分为基本项目和特定项目。该标准项目共计 109 项，其中地表水环境质量标准基本项目 24 项，集中式生活饮用水地表水源地补充项目 5 项，集中式生活饮用水地表水源地特定项目 80 项。各类地表水环境质量标准基本项目标准限值如表 9-1 所列。

表 9-1 地表水环境质量标准基本项目标准限值 单位：mg/L

序号	分类标准项目	Ⅰ类	Ⅱ类	Ⅲ类	Ⅳ类	Ⅴ类
1	水温/℃	人为造成的环境水温变化限制在： 周平均最大温升≤1； 周平均最大温降≤2				
2	pH 值(无量纲)	6～9				
3	溶解氧≥	饱和率 90%(或 7.5)	6	5	3	2
4	高锰酸盐指数≤	2	4	6	10	15
5	化学需氧量(COD)≤	15	15	20	30	40
6	五日生化需氧量(BOD_5)≤	3	3	4	6	10
7	氨氮(NH_3-N)≤	0.15	0.5	1.0	1.5	2.0
8	总磷(以 P 计)≤	0.02(湖、库 0.01)	0.1(湖、库 0.025)	0.2(湖、库 0.05)	0.3(湖、库 0.1)	0.4(湖、库 0.2)
9	总氮(湖、库，以 N 计)≤	0.2	0.5	1.0	1.5	2.0
10	铜≤	0.01	1.0	1.0	1.0	1.0
11	锌≤	0.05	1.0	1.0	2.0	2.0

表 9-1(续)

序号	分类标准项目	Ⅰ类	Ⅱ类	Ⅲ类	Ⅳ类	Ⅴ类
12	氟化物(以 F 计)<	1.0	1.0	1.0	1.5	1.5
13	硒≤	0.01	0.01	0.01	0.02	0.02
14	砷≤	0.05	0.05	0.05	0.1	0.1
15	汞≤	0.000 05	0.000 05	0.000 1	0.001	0.001
16	镉≤	0.001	0.005	0.005	0.005	0.01
17	铬(六价)≤	0.01	0.05	0.05	0.05	0.1
18	铅≤	0.01	0.01	0.05	0.05	0.1
19	氰化物≤	0.005	0.05	0.2	0.2	0.2
20	挥发酚≤	0.002	0.002	0.005	0.01	0.1
21	石油类≤	0.05	0.05	0.05	0.5	1.0
22	阴离子表面活性剂≤	0.2	0.2	0.2	0.3	0.3
23	硫化物≤	0.05	0.1	0.2	0.5	1.0
24	粪大肠菌群/(个/L)≤	200	2 000	10 000	20 000	40 000

9.2.2　污水综合排放标准

为了保护水环境质量，控制水污染，除了规定地表水体中各类有害物质的允许标准之外，还必须控制地表水体的污染源，对各类污染物允许的排放浓度作出规定。1996 年国家环保总局颁布的《污水综合排放标准》(GB 8978—1996)就是为此目的而制定的。本标准按照污水排放去向，分年限规定了 69 种水污染物最高允许排放浓度及部分行业最高允许排水量。本标准适用于现有单位水污染物的排放管理，以及建设项目的环境影响评价、建设项目环境保护设施设计、竣工验收及其投产后的排放管理。

该标准根据污染物的毒性及其对人体、动植物和水环境的影响，将工矿企业和事业单位排放的污染物分为 2 类：

Ⅰ类污染物系指能在环境或动植物体内蓄积，对人体健康产生长远不良影响者。对此类污染物，不分其排放的方式和方向，也不分受纳水体的功能级别，一律执行严格的标准值，并规定含此类污染物的废水一律在车间或车间处理设施的排放口取样检测。Ⅰ类污染物的最高允许排放浓度如表 9-2 所列。

表 9-2　Ⅰ类污染物最高允许排放浓度　　单位：mg/L

序号	污染物	最高允许排放浓度
1	总汞	0.05
2	烷基汞	不得检出
3	总镉	0.1
4	总铬	1.5
5	六价铬	0.5
6	总砷	0.5

表 9-2(续)

序号	污染物	最高允许排放浓度
7	总铅	1.0
8	总镍	1.0
9	苯并[a]芘	0.000 03
10	总铍	0.005
11	总银	0.5
12	总 α 放射性	1 Bq/L
13	总 β 放射性	10 Bq/L

Ⅱ类污染物系指其长远影响小于Ⅰ类的污染物质，其允许排放浓度可略放宽，并按其排放水域的使用功能以及企业性质(如新建、扩建、改建企业或现有企业)分为一级标准值、二级标准值和三级标准值，还规定含此类污染物的废水在工厂企业或其处理设施排出口取样检测。1997 年 12 月 31 日之前建设的单位Ⅱ类污染物的最高允许排放浓度如表 9-3 所列，1998 年 1 月 1 日后建设的单位Ⅱ类污染物的最高允许排放浓度如表 9-4 所列。

表 9-3　Ⅱ类污染物的最高允许排放浓度(1997 年 12 月 31 日之前建设的单位)

序号	污染物	适用范围	一级标准	二级标准	三级标准
1	pH 值	一切排污单位	6～9	6～9	6～9
2	色度(稀释倍数)	染料工业	50	180	—
		其他排污单位	50	80	—
3	悬浮物(SS)/(mg/L)	采矿、选矿、选煤工业	100	300	—
		脉金选矿	100	500	—
		边远地区沙金选矿	100	800	—
		城镇二级污水处理厂	20	30	—
		其他排污单位	70	200	400
4	五日生化需氧量(BOD_5)/(mg/L)	甘蔗制糖、苎麻脱胶、湿法纤维板工业	30	100	600
		甜菜制糖、酒精、味精、皮革、化纤浆粕工业	30	150	600
		城镇二级污水处理厂	20	30	—
		其他排污单位	30	60	300
5	化学需氧量(COD)/(mg/L)	甜菜制糖、焦化、合成脂肪酸、湿法纤维板、染料、洗毛、有机磷农药工业	100	200	1 000
		味精、酒精、医药原料药、生物制药、苎麻脱胶、皮革、化纤浆粕工业	100	300	1 000
		石油化工工业(包括石油炼制)	100	150	500
		城镇二级污水处理厂	60	120	—
		其他排污单位	100	150	500

表 9-3(续)

序号	污染物	适用范围	一级标准	二级标准	三级标准
6	石油类/(mg/L)	一切排污单位	10	10	30
7	动植物油/(mg/L)	一切排污单位	20	20	100
8	挥发酚/(mg/L)	一切排污单位	0.5	0.5	2.0
9	总氰化合物/(mg/L)	电影洗片(铁氰化合物)	0.5	5.0	5.0
		其他排污单位	0.5	0.5	1.0
10	硫化物/(mg/L)	一切排污单位	1.0	1.0	2.0
11	氨氮/(mg/L)	医药原料药、染料、石油化工工业	15	50	—
		其他排污单位	15	25	—
12	氟化物(以 F 计)/(mg/L)	黄磷工业	10	20	20
		低氟地区(水体含氟量<0.5 mg/L)	10	20	20
		其他排污单位	10	10	20
13	磷酸盐(以 P 计)/(mg/L)	一切排污单位	0.5	1.0	—
14	甲醛/(mg/L)	一切排污单位	1.0	2.0	5.0
15	苯胺类/(mg/L)	一切排污单位	1.0	2.0	5.0
16	硝基苯类/(mg/L)	一切排污单位	2.0	3.0	5.0
17	阴离子表面活性剂(LAS)/(mg/L)	合成洗涤工业	5.0	15	20
		其他排污单位	5.0	10	20
18	总铜/(mg/L)	一切排污单位	0.5	1.0	2.0
19	总锌/(mg/L)	一切排污单位	2.0	5.0	5.0
20	总锰/(mg/L)	合成脂肪酸工业	2.0	5.0	5.0
		其他排污单位	2.0	2.0	5.0
21	彩色显影剂/(mg/L)	电影洗片	2.0	3.0	5.0
22	显影剂及氧化物总量/(mg/L)	电影洗片	3.0	6.0	6.0
23	元素磷/(mg/L)	一切排污单位	0.1	0.3	0.3
24	有机磷农药(以 P 计)/(mg/L)	一切排污单位	不得检出	0.5	0.5
25	粪大肠菌群数/(个/L)	医院*、兽医院及医疗机构含病原体污水	500	1 000	5 000
		传染病、结核病医院污水	100	500	1 000
26	总余氯(采用氯化消毒的医院污水)/(mg/L)	医院*、兽医院及医疗机构含病原体污水	<0.5**	>3(接触时间≥1 h)	>2(接触时间≥1 h)
		传染病、结核病医院污水	<0.5**	>6.5(接触时间≥1.5 h)	>5(接触时间≥1.5 h)

注:其他排污单位:指除在该控制项目中所列行业以外的一切排污单位。

*指 50 张床位以上的医院。

**加氯消毒后进行脱氯处理,达到本标准。

表 9-4　Ⅱ类污染物的最高允许排放浓度(1998 年 1 月 1 日后建设的单位)

序号	污染物	适用范围	一级标准	二级标准	三级标准
1	pH 值	一切排污单位	6～9	6～9	6～9
2	色度(稀释倍数)	一切排污单位	50	80	—
3	悬浮物(SS)/(mg/L)	采矿、选矿、选煤工业	70	300	—
		脉金选矿	70	400	—
		边远地区沙金选矿	70	800	—
		城镇二级污水处理厂	20	30	—
		其他排污单位	70	150	400
4	五日生化需氧量(BOD_5)/(mg/L)	甘蔗制糖、苎麻脱胶、湿法纤维板、染料、洗毛工业	20	60	600
		甜菜制糖、酒精、味精、皮革、化纤浆粕工业	20	100	600
		城镇二级污水处理厂	20	30	—
		其他排污单位	20	30	300
5	化学需氧量(COD)/(mg/L)	甜菜制糖、合成脂肪酸、湿法纤维板、染料、洗毛、有机磷农药工业	100	200	1 000
		味精、酒精、医药原料药、生物化工、苎麻脱胶、皮革、化纤浆粕工业	100	300	1 000
		石油化工工业(包括石油炼制)	60	120	—
		城镇二级污水处理厂	60	120	—
		其他排污单位	100	150	500
6	石油类/(mg/L)	一切排污单位	5	10	20
7	动植物油/(mg/L)	一切排污单位	10	15	100
8	挥发酚/(mg/L)	一切排污单位	0.5	0.5	2.0
9	总氰化合物/(mg/L)	一切排污单位	0.5	0.5	1.0
10	硫化物/(mg/L)	一切排污单位	1.0	1.0	1.0
11	氨氮/(mg/L)	医药原料药、染料、石油化工工业	15	50	—
		其他排污单位	15	25	—
12	氟化物(以 F 计)/(mg/L)	黄磷工业	10	1	20
		低氟地区(水体含氟量<0.5 mg/L)	10	20	20
		其他排污单位	10	10	20
13	磷酸盐(以 P 计)/(mg/L)	一切排污单位	0.5	1.0	—
14	甲醛/(mg/L)	一切排污单位	1.0	2.0	5.0
15	苯胺类/(mg/L)	一切排污单位	1.0	2.0	5.0
16	硝基苯类/(mg/L)	一切排污单位	2.0	3.0	5.0
17	阴离子表面活性剂(LAS)/(mg/L)	一切排污单位	5.0	10	20

表 9-4(续)

序号	污染物	适用范围	一级标准	二级标准	三级标准
18	总铜/(mg/L)	一切排污单位	0.5	1.0	2.0
19	总锌/(mg/L)	一切排污单位	2.0	5.0	5.0
20	总锰/(mg/L)	合成脂肪酸工业	2.0	5.0	5.0
		其他排污单位	2.0	2.0	5.0
21	彩色显影剂/(mg/L)	电影洗片	1.0	2.0	3.0
22	显影剂及氧化物总量/(mg/L)	电影洗片	3.0	3.0	6.0
23	元素磷/(mg/L)	一切排污单位	0.1	0.1	0.3
24	有机磷农药(以 P 计)/(mg/L)	一切排污单位	不得检出	0.5	0.5
25	乐果/(mg/L)	一切排污单位	不得检出	1.0	2.0
26	对硫磷/(mg/L)	一切排污单位	不得检出	1.0	2.0
27	甲基对硫磷/(mg/L)	一切排污单位	不得检出	1.0	2.0
28	马拉硫磷/(mg/L)	一切排污单位	不得检出	5.0	10
29	五氯酚及五氯酚钠(以五氯酚计)/(mg/L)	一切排污单位	5.0	8.0	10
30	可吸附有机卤化物(AXO)(以 Cl 计)/(mg/L)	一切排污单位	1.0	5.0	8.0
31	三氯甲烷/(mg/L)	一切排污单位	0.3	0.6	1.0
32	四氯化碳/(mg/L)	一切排污单位	0.03	0.06	0.5
33	三氯乙烯/(mg/L)	一切排污单位	0.3	0.6	1.0
34	四氯乙烯/(mg/L)	一切排污单位	0.1	0.2	0.5
35	苯/(mg/L)	一切排污单位	0.1	0.2	0.5
36	甲苯/(mg/L)	一切排污单位	0.1	0.2	0.5
37	乙苯/(mg/L)	一切排污单位	0.4	0.6	1.0
38	邻-二甲苯/(mg/L)	一切排污单位	0.4	0.6	1.0
39	对-二甲苯/(mg/L)	一切排污单位	0.4	0.6	1.0
40	间-二甲苯/(mg/L)	一切排污单位	0.4	0.6	1.0
41	氯苯/(mg/L)	一切排污单位	0.2	0.4	1.0
42	邻-二氯苯/(mg/L)	一切排污单位	0.4	0.6	1.0
43	对-二氯苯/(mg/L)	一切排污单位	0.4	0.6	1.0
44	对-硝基氯苯/(mg/L)	一切排污单位	0.5	1.0	5.0
45	2,4-二硝基氯苯/(mg/L)	一切排污单位	0.5	1.0	5.0
46	苯酚/(mg/L)	一切排污单位	0.3	0.4	1.0

表 9-4(续)

序号	污染物	适用范围	一级标准	二级标准	三级标准
47	间-苯酚/(mg/L)	一切排污单位	0.1	0.2	0.5
48	2,4-二氯酚/(mg/L)	一切排污单位	0.6	0.8	1.0
49	2,4,6-三氯酚/(mg/L)	一切排污单位	0.6	0.8	1.0
50	邻苯二甲酸二丁酯/(mg/L)	一切排污单位	0.2	0.4	2.0
51	邻苯二甲酸二辛酯/(mg/L)	一切排污单位	0.3	0.6	2.0
52	丙烯腈/(mg/L)	一切排污单位	2.0	5.0	5.0
53	总硒/(mg/L)	一切排污单位	0.1	0.2	0.5
54	粪大肠菌群数/(个/L)	医院*、兽医院及医疗机构含病原体污水	500	1 000	5 000
		传染病、结核病医院污水	100	500	1 000
55	总余氯(采用氯化消毒的医院污水)/(mg/L)	医院*、兽医院及医疗机构含病原体污水	<0.5**	>3(接触时间≥1 h)	>2(接触时间≥1 h)
		传染病、结核病医院污水	<0.5**	>6.5(接触时间≥1.5 h)	>5(接触时间≥1.5 h)
56	总有机碳(TOC)/(mg/L)	合成脂肪酸工业	20	40	—
		苎麻脱胶工业	20	60	—
		其他排污单位	20	30	—

注:其他排污单位:指除在该控制项目中所列行业以外的一切排污单位。

* 指 50 张床位以上的医院。

** 加氯消毒后进行脱氯处理,达到本标准。

排入《地表水环境质量标准》(GB 3838)Ⅲ类水域(划定的保护区和游泳区除外)和排入《海水水质标准》(GB 3097)中二类海域的污水,执行一级标准;排入 GB 3838 中Ⅳ、Ⅴ类水域和排入 GB 3097 中三类海域的污水,执行二级标准;排入设置二级污水处理厂的城镇排水系统的污水,执行三级标准。GB 3838 中Ⅰ、Ⅱ类水域和Ⅲ类水域中划定的保护区,GB 3097 中一类海域,禁止新建排污口,现有排污口应按水体功能要求,实行污染物总量控制,以保证受纳水体水质符合规定用途的水质标准。

9.3 公路交通水污染源

1. 生活污水

生活污水是人们日常生活中产生的污水,主要含有人的排泄物和生活废料。生活污水包括厕所排水、厨房洗涤排水及沐浴、洗衣排水。其成分主要取决于人们的生活水平和习惯,与气候条件也有密切关系。

生活污水的特征是水质比较稳定、浑浊、深色,具有恶臭,呈微碱性,一般不含有毒物质,但常含植物营养物质，且含有大量细菌（包括病原菌）、病毒和寄生虫卵。

公路服务区、收费站、管理区和车站排水主要以生活污水为主。公路附属设施的内部构成因功能不同而略有差异，以公路服务区为例，其设施构成包括厕所、办公楼、宿舍、旅社、浴室、餐厅、机修车间和洗车场等，所以公路服务区排水由生活污水和洗车、机修等车间排放的生产污水组成。因洗车及机修所排放的污水量相对较小，公路服务区污水以服务区常住工作人员和过往旅客产生的生活污水为主要组成。

2. 洗车废水

按照污水的分类，可将污水分为生活污水、工业废水、城市污水及被污染的雨水 4 类。生活污水的概念前面已讲述，城市污水是城镇地区生活污水与工业废水的混合污水，工业废水则是工业生产过程中排出的废水，被污染的雨水也称为地表径流。由于工业性质、原料、生产工艺及管理水平的差异，工业废水的成分和性质也各不相同，多类工业废水均含有大量污染物质，其性质十分复杂。公路附属设施中的洗车场及车辆维修站排水可归属为工业废水类，洗车废水所含污染物以泥沙颗粒物、石油类为主，车辆维修站排水则以石油类为主。

3. 地表径流

生活污水、工业废水和城市污水通常被称为点污染源，而地表径流一般被称为面污染源（或非点污染源）。地表径流是指经过地表漫流的雨水或融雪水，包括城镇地表径流和广大农业耕作区、矿山开发区、林区以及农村居住区地表径流。从地表的可透水性方面来划分，地表径流又可分为不可透水性地表径流和可透水性地表径流 2 种。像城市地表、厂区和公路路面等地表径流都属于不可透水性地表径流，而像农业耕作区、矿山开发区等都属于可透水性地表径流。农业耕作区地表径流排水所含污染物主要为泥沙颗粒物、农药、耗氧性物质和 N、P 营养性物质等；城镇地表径流排水所含污染物主要为泥沙颗粒物、重金属和有机物等。

与公路交通相关的地表径流包括公路施工场地地表径流和路面径流。公路施工场地地表径流所含污染物以泥沙颗粒物为主。公路路面径流是具有单一地表使用功能的地表径流，所含污染物与车辆运输及周围环境状况有关，污染物来源于车辆排气、车辆部件磨损、路面磨损、运输物撒落及大气降尘，主要成分为固体物质、有机物、重金属和无机盐等。一般而言，城市道路路面径流所含污染物量高于公路路面径流。

9.4　水体自净

污染物投入水体后，使水环境受到污染。污水排入水体后，一方面对水体产生污染，另一方面水体本身有一定的净化污水的能力，即经过水体的物理、化学与生物的作用，使污水中污染物的浓度得以降低，经过一段时间后，水体往往能恢复到受污染前的状态，并在微生物的作用下进行分解，从而使水体由不洁恢复为清洁，这一过程称为水体的自净过程。水体的自净过程受很多因素影响，机理十分复杂，可概括为如下 4 个方面。

（1）水体的稀释作用

稀释是将废水中的污染物质扩散到水体中，从而降低这些物质的相对浓度。单纯的稀释过程并不能除去污染物质。大多数无机污染物通过稀释而降低其浓度，实际上并未减少其总量。

(2) 水体的生化自净

废水进入地表水体后，除得到稀释外，其中的某些有机污染物在微生物的作用下进行氧化分解，逐渐变成无机物质，这一过程称为水体的生化自净。这种去除污染物质的过程是水体真正的自净过程。耗氧性有机污染物质可以通过生化自净而消除或减少。

(3) 污染物的沉降作用

废水进入水体后，悬浮物的沉淀过程也会降低水体中杂质的浓度。

(4) 水体中细菌的死亡

含有病原菌等细菌的废水排入水体后，由于环境的变化，使废水中带来的细菌(包括病原菌)逐渐死亡。含有一般有机物的废水排入水体后，水体中的细菌开始时大量增加，以后就逐渐减少。在一般情况下，生活污水或性质与生活污水相近的生产污水排入河流后，在12～24 h内流过的距离是细菌污染最严重的地带，以后细菌数目便逐渐减少。如果没有新的污染，三四天后细菌数目就会减少到最大量的10%以下。

通过以上自净过程，水体逐渐恢复到原来的清洁程度。但如果废水中污染物质过多，超过了水体自净的容量，就会严重影响水体的自净作用，造成严重的水体污染。

9.5 公路交通水污染控制

9.5.1 水污染控制的基本原则及方法

控制水污染，根本的原则是将“预防”、“治理”和“管理”三者结合起来。

“预防”是指在生产工艺过程、施工过程等产生污染物的源头处，通过有效的措施使污染物排放量减少到最小。例如，对于生活污染源，可通过使用节水用具、提高民众节水意识、降低用水量，减少生活污水排放量。在公路运营阶段，限制除冰盐的使用，可减少路面冰雪融化水中的污染物含量；在洗车场，采用循环用水系统，可减少洗车废水排放量；在公路施工过程，禁止将化学物品堆放在河流湖泊等易于被洪水冲刷进入水体的场合，可防止化学物品对地表水体的污染，严禁将公路弃渣堆放在河道，可防止弃渣对河流的污染；在桥梁施工过程中，采用沉淀池沉淀处理桥梁基础施工中的泥浆，替代直接将泥浆排入河流，可减轻对河流的污染等。

“治理”是水污染控制中不可缺少的一环。采用合理的技术，确保废水在排入水体前达到国家或地方规定的排放标准，是水污染控制的重要途径。废水处理的方法可归纳为物理法、化学法和生物法等。

1. 物理法

物理法的基本原理是利用物理作用使悬浮状态的污染物质与废水分离，在处理过程中污染物质的性质不发生变化。

以下是几种主要的物理法处理技术：

(1) 截留

通常都以格栅或筛网作为污水处理厂的第一个处理工序，其主要作用是去除废水中粗大的悬浮物质，以保护后续的处理设备(如污水泵)，并防止管道堵塞。

格栅由一组平行的金属栅条构成，如图9-2所示。其截留悬浮物质的效率决定于栅条间隙缝的宽度。当格栅设在污水泵站前时,缝隙宽常大于 50 mm,当设在沉砂池或沉淀池前时,缝隙宽一般采用 15～40 mm。通过格栅的水流速度应保持在 0.6～1.0 m/s 之间。当通过格栅的水头损失超过 10 cm 时,应清除格栅前的污物,以避免壅水现象。大型处理厂应采用机械清除格栅。格栅截留的污物被清除后,应妥善处理,方法有填埋、焚烧、堆肥或与其他污泥混合后进行消化处理,也可将污物粉碎后送回污水厂进口。

图 9-2　格栅

(2) 沉淀

沉淀法的工作原理是重力沉降。在污水处理中通常根据需要设置 2 个不同的沉淀设备,一种为沉砂池,另一种为沉淀池。

沉砂池:沉砂池的功能是去除水中砂粒、煤渣等密度较大的无机颗粒物,一般设在沉淀池之前,可以使沉淀池的污泥具有较好的流动性,且不致磨损污泥处置设备。

废水的含砂量与废水排入情况、气候条件、街道性质及清洁情况等因素有关。沉砂池能去除的砂一般粒径在 0.2 mm 以上,密度为 2 560 kg/m^3。沉砂的处置一般为填埋。

沉淀池:沉淀池的作用是依靠重力使悬浮杂质与水分离,如图 9-3 所示。一般地,粒径为 20～100 μm 以上的颗粒可以直接通过沉淀而去除,较小的颗粒,特别是胶体颗粒(粒径为 10^{-9}～10^{-6} m)就不可能直接利用沉淀而分离了。

图 9-3　沉淀池

根据悬浮颗粒的特性及浓度,其在水中的沉降可分为 4 种类型:① 自由沉降。沉降过程中颗粒呈离散状态,其形状、尺寸和质量均不改变,下沉速度也互不干扰。沉砂池中的沉降现象即属自由沉降。② 絮凝沉降。沉降过程中各颗粒之间能互相黏结，其尺寸、质量会随深度的增加逐渐变大，下沉速度也随深度增加而增加。一般沉淀池中的沉降均属此类。③ 拥挤沉降(成层沉降)。颗粒在水中的浓度较大时，各颗粒间互相靠得很近，下沉过程中彼此互相干扰，但颗粒间的相对位置不变，作为一个整体而下降。发生拥挤沉降时，在清水和浑水之间有一明显的界面，沉降过程可由界面的向下迁移过程表示。高浑浊度水的沉淀池及二次沉淀池中的沉降多属这一类。④ 压缩沉降。由于颗粒在水中浓度很高而互相接触、挤压，从而使颗粒群中的水分被挤出、颗粒群体积被压缩。压缩沉降往往发生在沉淀池底部的污泥斗内或污泥浓缩池中。

沉淀池的主要功能是去除悬浮杂质。设计和运行良好的沉淀池能去除 50%～70%的悬浮物。由于悬浮物中有大量有机物，沉淀池能使 BOD_5去除率达到 25%～40%。

(3) 过滤

利用粒状介质层截留水中细小悬浮物的方法称为过滤。过滤常被用于废水的深度处理和饮用水处理过程。粒状介质过滤的工作机理是：① 阻力截留。当原水自上而下通过粒状过滤层时，粒径较大的悬浮颗粒首先被截留在表层滤料的空隙内，滤料间的空隙由于悬浮颗粒的截留越来越小，并逐渐形成了一层由被截留固体颗粒构成的滤膜，进而对悬浮物继续截留、过滤，常被称为阻力过滤或筛滤。② 重力沉降。众多的滤料提供了巨大的沉降面积，形成了无数的小“沉淀池”，悬浮物极易沉降于此。③ 接触絮凝。滤料巨大的表面积也同时对悬浮有明显的吸附作用。此外，砂滤料在水中常带有表面负电荷，能吸附带正电荷的铁、铝等胶体，从而在滤料表面形成带正电荷的薄膜，并进而吸附带负电荷的黏土和多种有机物等胶体，在滤料表面发生接触絮凝。

(4) 气浮

气浮法是利用高度分散的微小气泡作为载体去黏附废水中的悬浮物，使其随气泡浮升到水面，而从水中除去。其主要处理对象是乳化油及疏水性细小悬浮固体。有时需向废水中投加浮选药剂，以有选择性地将亲水性的污染物改变为疏水性物质。

2. 化学法

化学法是利用化学反应的作用来处理废水中的溶解物质或胶体物质。例如：中和法用于中和酸性或碱性废水；吹脱法用于除去废水中的挥发性物质。对于含有病菌的污水，如生活污水，排放前应进行消毒处理，此也属化学法。属于化学法的有混凝、中和、氧化还原、化学沉淀、电解、萃取、吸附和离子交换等。

(1) 混凝

投加化学药剂以破坏胶体和悬浮颗粒在水中形成的稳定分散系，使其聚集为具有沉降性能的絮体，即混凝。混凝所形成的絮体可以通过沉淀法去除。混凝包括凝聚和絮凝 2 个过程，凝聚指胶体脱稳并聚集为微絮粒的过程，絮凝则指微絮粒通过吸附、卷带和桥连而成长为更大絮体的过程。

常用的混凝剂有硫酸铝、聚合氯化铝等铝盐，硫酸亚铁、三氯化铁等铁盐，以及有机合成高分子絮凝剂等。

(2) 中和

中和处理主要是针对酸性废水和碱性废水的。当废水酸碱浓度较高(约 3%以上)时，应首先进行酸、碱的回收；对低浓度的酸碱废水，可采取二者互相中和或投加药剂中和的方法，如投加石灰、苛性钠、碳酸钠中和酸性废水，投加硫酸、盐酸或利用 CO_2 气体中和碱性废水；也可采用过滤中和法，即以石灰石、大理石等作为滤料，使酸性废水通过滤层得到中和。

(3) 氧化还原

通过化学药剂与污染物质之间的氧化还原反应，将废水中有毒有害污染物转化为无毒或微毒物质的方法称为氧化还原法。

水处理中常用的氧化剂有氧、臭氧、漂白粉、次氯酸钠和三氯化铁等；常用的还原剂有硫酸亚铁、亚硫酸盐、氯化亚铁、铁屑、锌粉、二氧化硫和硼氢化钠等。

(4) 化学沉淀

化学沉淀法指向水中投加某种化学药剂，使其与水中的溶解性污染物质发生互换反应，生成难溶于水的盐类，即可从水中沉淀而去除的方法。这种方法多用于水处理中去除钙、镁硬度，及废水处理中去除重金属离子，如汞、镉、铅和锌等。

(5) 溶剂萃取

萃取过程系指将与水互不相溶且密度小于水的特定有机溶剂(称为萃取剂或有机相)与被处理水接触，在物理(溶解)或化学(络合、螯合或离子缔合)作用下，使原溶解于水中的某种组分由水相转移至有机相的过程。

(6) 吸附

吸附是一种物质附着在另一种物质表面上的过程，它可发生在气-液、气-固、液-固两相之间。用于水处理的吸附是液-固两相之间的物质转移过程。

多孔性物质如活性炭、活化煤、焦炭、煤渣、吸附树脂和木屑等均可用作吸附剂。吸附剂具有巨大的表面，其吸附力可分为分子引力(范德华力)、化学键力和静电引力3种。水处理中大多数吸附是上述3种吸附力共同作用的结果。

吸附法多应用于去除废水中的微量有害物质，包括生物难降解物质如杀虫剂、洗涤剂，以及一些重金属离子，也常用于去除水中的异味。

(7) 离子交换

水中离子态污染物与不溶于水的离子化合物(称为离子交换剂)发生离子的交换反应，称为离子交换。离子交换是一种特殊的吸附过程，通常是可逆性化学吸附。

常用的离子交换剂有磺化煤和离子交换树脂。离子交换法被广泛地应用于水与废水的处理，如进行水质软化和除盐、去除废水中的重金属以及净化放射性废水等。

(8) 电解

电解质溶液在直流电作用下发生的电化学反应称为电解，电解是电能转变为化学能的过程。电解法处理废水的作用有氧化反应、还原反应、凝聚作用和气浮作用等。

3. 生物法

生物法是利用微生物的作用处理废水的方法，主要是用来去除废水中的胶体和溶解的有机物质。根据微生物的呼吸特性，它可分为好氧微生物和厌氧微生物2大类，生物处理法因此可相应地分为好氧生物处理和厌氧生物处理2大类。好氧处理中有活性污泥法和生物膜法，厌氧处理中有普通消化池法、厌氧生物滤池法和上流式厌氧污泥床法等。以下对活性污泥法和上流式厌氧污泥床法进行简单介绍。

(1) 活性污泥法

所谓活性污泥，可以认为是由活性微生物、活细胞代谢残留物、吸附在活性污泥表面的不能被生物降解的有机悬浮固体和惰性的无机悬浮固体4部分组成。

活性污泥法的基本流程如图9-4所示。污水先经初次沉淀池，去除大部分悬浮物；再进入曝气池（图9-5），使污水与池中混合液混合接触，同时充入空气，微生物在此吸附、氧化分解污水中的有机物；然后进入二次沉淀池进行泥水分离，上层清水排出，沉淀的活性污泥一部分回流至曝气池，以维持曝气池中一定数量的微生物，剩余活性污泥排至污泥池进行消化。活性污泥法的关键是曝气池，它是活性污泥法的主体构筑物，池内容纳活性污泥。当污水不断进入和流出时，回流活性污泥不断地补充到池中，同时对池中混合液进行供氧与搅拌，以创造微生物生长活动的良好条件使污水得到净化。所以，曝气池的构造设计是否合理，运行管理是否正常，是污水生物处理效果好坏的关键。

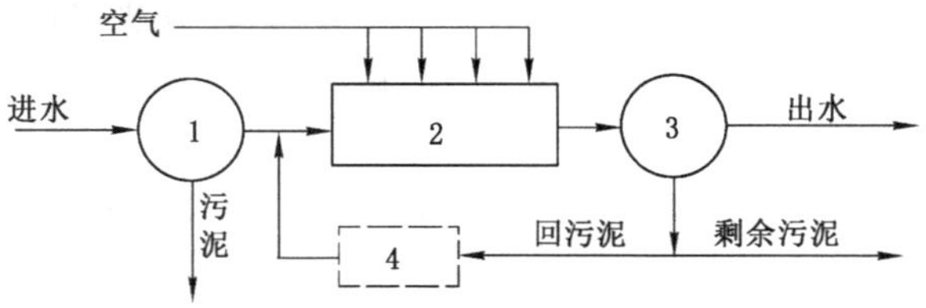

1—初次沉淀池；2—曝气池；3—二次沉淀池；4—污泥池。

图9-4　活性污泥法基本流程图

图9-5　曝气池

（2）上流式厌氧污泥床法

上流式厌氧污泥主体是一个无填料的空容器，内装一定数量的厌氧污泥，装置的最大特点是在反应器的上部设置了一个专用的气、固、液三相分离器，如图9-6所示。在反应器的底部，由浓度很高且具有良好沉淀和凝聚性能的厌氧污泥形成污泥床。污水从反应器下部进入污泥床，并与污泥床的污泥混合，污泥中的微生物分解其中的有机物，并转化为沼气以微小气泡形式释放。微小气泡在上升过程中不断合并逐渐形成较大的气泡，在沼气的搅动下，污泥床反应区的上部形成了一个浓度较小的污泥悬浮层。泥水混合液在沉淀区被分离，污泥下滑返回反应器，处理后的污水在沉淀澄清后外排。在厌氧处理中，由于有机氮转化为氨氮、有机硫转化为硫化氢，使处理后的污水具有一定的臭味。因此，高浓度有机污水经厌氧生物法处理后，往往需要补充处理，以好氧处理法为宜。

以上各种处理的方法都有自己的特点和适用条件，它们往往是要配合使用的。对于某一种废水来说，究竟采用哪种方法或哪几种方法联合使用，须根据国家的建设方针、废水的水质和水量、回收的经济价值、排放标准、处理方法的特点等，通过调查、分析和比较来决定。必要时要进行试验研究。

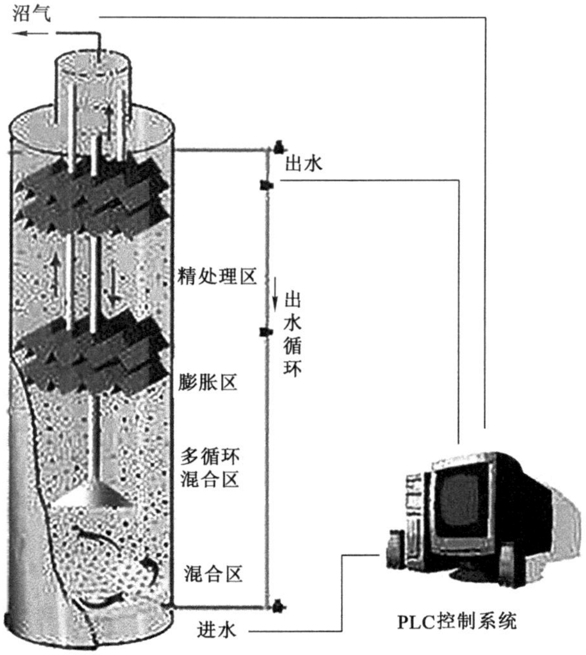

图 9-6　上流式厌氧污泥床示意图

“管理”是指对污染源、水体及处理设施的管理。科学的管理是控制水污染的重要手段之一。例如，对公路桥梁施工期间河流水质的定期监测、对公路服务区污水处理站的管理及处理效果的监测等都属于公路交通水环境管理的内容。

9.5.2　生活污水处理

公路沿线的附属设施，如服务区、收费站、管理站及车站排放废水都具有生活污水水质特征，所以常采用生活污水处理方法进行处理。

1. 生活污水处理的典型工艺及原理

生活污水处理，依据污水的出路或受纳水体的要求及环境特征、经济技术状况等因素，可选择不同的方法或处理工艺。典型的生活污水处理工艺为二级生物处理。

2. 组合式生活污水处理设备

无法排入城市污水处理厂的小规模集中住宅或厂矿生活区污水目前常采用组合式生活污水处理设备(一体化生活污水处理器)处理。该污水处理器将一、二级处理单元组合在一个设备内完成(也有利用化粪池作为一级处理单元来沉淀固体悬浮物及消化污泥)，节省了占地面积，便于施工安装及产品化。产品分地埋式和地上式 2 种。从原理讲，它属于二级生物处理。

公路沿线的附属设施生活污水排放量较小，一般为每日几十立方米，所以小型的生活污水处理器即可满足其处理要求。公路服务区污水量少，变化系数大，因而小型污水处理设施一般都需设置调节池。

在我国南部地区对公路沿线的附属设施生活污水处理中，有不少采用一体化生活污水处理器的实例。其处理后的出水可以达到《污水综合排放标准》(GB 8978)的要求，适用于受纳水体对排水水质要求较为严格的场合，其缺点是一次性投资及运行费用较高。根据目前市场情况，组合式生活污水处理设备可以分为 2 大类，介绍如下：

(1) 好氧处理设备

好氧处理设备可分成 2 类：一类主要是去除 COD 和 BOD_5；第二类是在去除 COD 和 BOD_5 的同时，还要去除 NH_3-N。

① 单级好氧处理设备

目前这类设备的生产厂家为数最多，应用也较广泛，其工艺流程如图 9-7 所示。

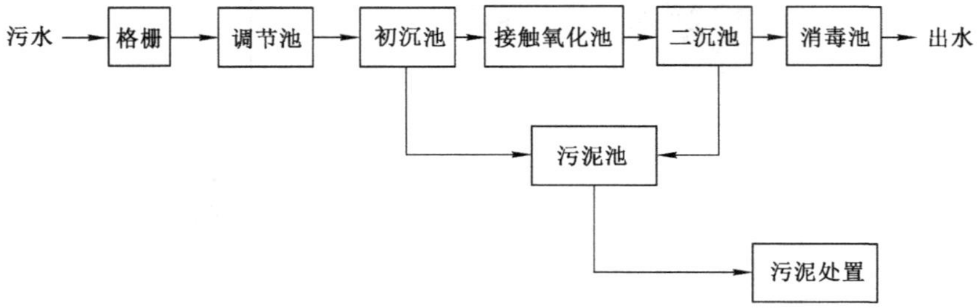

图 9-7　单级好氧处理设备工艺流程图

这种设备一般是把初沉池、接触氧化池、二沉池和消毒池 4 个工序组合在一个设备内。调节池是混凝土池子。初沉池的停留时间一般为 1.0～1.5 h，消毒池为 0.5 h，设备总停留时间为 6～8 h。接触氧化池的容积负荷为 1.0～1.5 kg $BOD_5/(m^3 \cdot d)$。这些设计参数和城市污水厂是很相似的。好氧处理设备采用接触氧化运行，管理方便，不需污泥回流，稳定性好。

② 多级好氧处理设备

采用多级好氧处理设备的目的是把 NH_3-N 转化为硝态氮，其工艺流程与单级好氧一样。多级好氧处理设备的总停留时间一般为 10 h 左右。多级接触氧化可分为二级或三级。当采用二级时，停留时间各为 3 h，或各为 4 h；当采用三级时，停留时间各为 1.5 h、1.5 h 和 3 h，或各为2 h、2 h 和 4 h。

(2) 缺氧-好氧和厌氧-缺氧-好氧相结合的处理设备

这类处理设备不仅能有效地去除 COD、BOD_5，还能脱氮。另外，厌氧-缺氧-好氧工艺还能除磷。

① 缺氧-好氧处理设备

缺氧-好氧处理脱氮设备的工艺流程如图 9-8 所示。

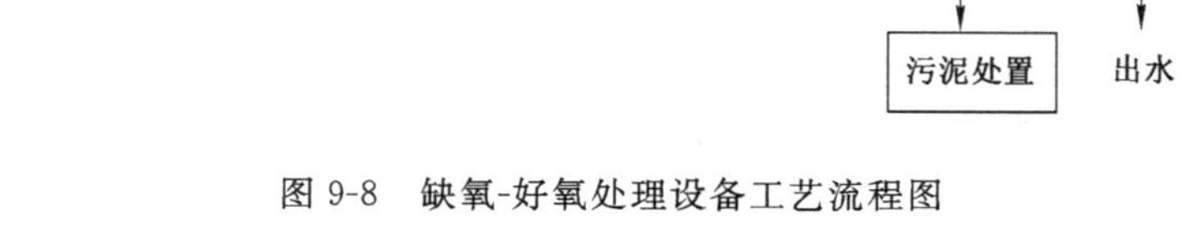

图 9-8　缺氧-好氧处理设备工艺流程图

这种工艺一般不设初沉池。缺氧池停留时间为 2～3 h，好氧池为 6～7 h，总停留时间为 8～10 h。沉淀池污泥回流，回流污泥中携带的硝态氮在缺氧池中还原脱氮。缺氧池中 BOD_5 负荷应小于 0.18 kg BOD_5/(kg SS · d)；好氧处理负荷同前述。

② 厌氧-缺氧-好氧脱氮除磷处理设备

该种处理工艺的流程如图 9-9 所示。

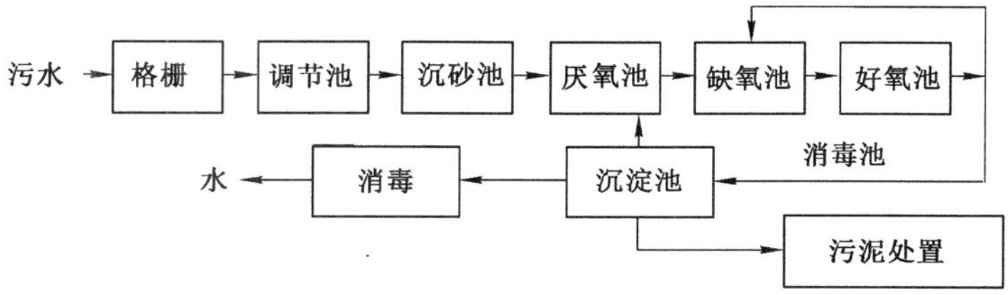

图 9-9　厌氧-缺氧-好氧脱氮除磷处理设备工艺流程图

厌氧-缺氧-好氧处理过程、沉淀池和消毒池组合在一个设备中，厌氧-缺氧-好氧的停留时间比为 1∶1∶3，总体停留时间为 10 h 左右，缺氧池的污泥负荷一般为 0.1 kg BOD_5/(kg SS · d)。从原理上讲，这种设备的处理效率高，但管理水平要求也高，结构复杂。

上述各类设备，当进水活性污泥浓度(SS)为 250～500 mg/L，COD 为 500～600 mg/L，BOD_5 在 150～450 mg/L 时，出水可相应达到 20 mg/L、80 mg/L 和 20 mg/L。多级好氧处理设备能将 NH_3-N 转化为硝态氮，缺氧-好氧组合的处理设备还可以脱氮。当进水 NH_3-N 浓度在 35 mg/L 左右时，出水 NH_3-N 浓度约为 10 mg/L，可达到排放标准。

(3) 干厕及化粪池

① 干厕

在一些干旱或半干旱地区的公路施工营地或已建成的公路服务设施内，如果使用人口较少，则修建干厕不失为一种因地制宜的环保措施。干厕中沉积的粪便经长时间的自然厌氧消化后是最好的农田肥料，而其上部清液也可作农田肥液用。

② 化粪池

化粪池的最初使用是对未建城市污水处理厂的城镇建筑排放的粪便污水进行初步的处理，以减轻污水对环境的污染。分散的住宅小区或无法排入城市污水处理厂的建筑物排水(生活污水)通常也采用化粪池处理。

化粪池投资低，管理方便，但出水一般难以达到《污水综合排放标准》(GB 8978)的要求。

相对于干厕而言，化粪池适用于水冲式厕所排水或设有水冲式厕所的建筑排水的处理。在我国一些高速公路沿线的附属设施，如服务区、收费站管理区等生活污水处理中，多数采用化粪池处理。

化粪池处理污水的机理为：污水从一端流入后，在池内缓慢流动，污水中的悬浮固体得以沉淀分离，贮存于底部，在常温下进行厌氧消化。由于污泥的消化过程完全是在自然条件下进行的，因此效率低，历时长，一般需 6～12 个月，相应所需污泥储存容积较大。上部流动的污水则在池内停留 12～24 h 后排出，化粪池主要去除了污水中的悬浮物，对溶解性有机污染物的去除有限，出水难以达到排放标准，通常作为生活污水初步处理的设施。

为解决常规化粪池出水水质较差的缺陷，近年一些单位研究开发了改良式化粪池，将折板式厌氧反应器或厌氧滤池的工作原理应用于化粪池，使常规化粪池上清液得以充分地与厌氧污泥接触，提高了溶解性有机物的分解去除效率。改良后的化粪池除具有施工简便、易于管理、无需动力、不占地方（埋地）等常规化粪池的优点外，还能有效改善出水水质，一般可以达到《污水综合排放标准》二级的水平，适用于受纳水体对排水水质要求较为宽松的场合。

由于化粪池出水一般难以达到排放标准的要求，因此在生活污水处理的工艺组合上，常将化粪池与其他处理工艺相组合。公路交通沿线的附属设施距城市较远，其环境特征有利于污水土地处理及稳定塘处理的实施，所以可作为化粪池的后处理工艺。

（4）污水土地处理

污水土地处理系统包括慢速渗滤系统、快速渗滤系统、地表漫流系统、湿地系统和地下渗滤系统（地下灌溉系统）等。

污水慢速渗滤系统亦即污水灌溉农田系统，适用于渗水性良好的壤土和砂质壤土及蒸发量小、气候湿润的地区。污水经布水后垂直向下缓慢渗滤，依靠土壤-微生物-农作物系统对污水进行净化，农作物可充分利用污水中的水肥营养素。该系统被认为是土地处理系统中最适宜的方法。其控制因素是场地、灌溉方法、灌水率、管理、耕作情况及污水所需的预处理等。

实践证明，利用污水灌溉农田，有利于植物营养素的循环，有利于污水中水肥资源的利用和提高农作物的产量，并能获得腐殖质，改良土壤结构。因此，利用污水灌溉农田，其经济效益十分显著。但是，若使用不当，则会造成农作物减产，恶化土壤结构，农作物遭受污染而品质下降，传播疾病、危害人体健康，污染环境和破坏自然生态系统的平衡。因此，必须充分认识污水灌溉可能带来的不良后果。其关键在于控制用于农灌污水的水质，使之符合《农田灌溉水质标准》（GB 5084），以满足农作物正常生长、保护农田土壤、保护地下水源和保证产品质量的要求，从而达到保护农业生态环境和人体健康、合理使用水肥资源等多方面综合目标。

（5）稳定塘

稳定塘是一种构造简单、管理维护容易、处理效果稳定可靠的污水处理方法。稳定塘可以作为化粪池的后续处理，也可单独使用。当公路附属设施附近有取土坑（或洼地）可以利用时，可将取土坑（或洼地）适当整修作为稳定塘处理附属设施排水。稳定塘对污水中污染物的去除机理是，污水在塘内经较长时间的停留和贮存后，通过微生物（细菌、真菌、藻类、原生动物等）的代谢活动与分解作用，对污水中的有机污染物进行生物降解，最后达到稳定。

稳定塘分为厌氧塘、兼性塘、好氧塘和曝气塘 4 种。其中前 3 种塘对污染物的去除都是在自然的条件下进行的，所以，污染物的分解速率低，所需池容积较大。曝气塘是设有曝气充氧设备的好氧塘或兼性塘，适用于土地面积有限，不足以建成完全以自然净化为特征的塘系统的场合。

厌氧塘有效水深一般在 3.0～5.0 m，塘内处于厌氧状态，有机物在厌氧微生物的代谢作用下缓慢降解，最后转化为甲烷，并释放出 H_2S 及其他致臭物。它一般在进水 BOD_5 大于 300 mg/L 时采用，旨在充分利用厌氧反应高效低耗的特点降低有机负荷，改善原污水的可生化降解性，保障后续塘的有效运行。因此，该塘的设计不以出水达到常规二级处理水平为目的，而以用尽可能少的占地面积达到尽可能高的有机物去除率为宗旨，其常置于组合塘系统的前端。

兼性塘是应用最为广泛的一类塘，有效水深为 1.2～2.5 m。兼性塘内存在着好氧层、兼性层和厌氧层 3 个区域。好氧层在塘的上层，阳光能透入，藻类光合作用旺盛，溶解氧充足，好氧微生物在这个区域内进行生化代谢活动。兼性层在塘的中间，藻类光合作用减弱，溶解氧不足，白天处于好氧状态，而夜间则处于厌氧状态，兼性微生物占优势。塘的底部厌氧微生物占主导，对沉淀池底的污泥进行酸性发酵和甲烷发酵。兼性塘适宜处理 BOD_5 在 100～300 mg/L 之间的污水。由于厌氧、兼性和好氧反应功能同时存在其中，既可与其他类型的塘串联构成组合塘系统，也可以自成系统来达到出水达标排放的目的。因此，其设计目标既可是尽可能多地去除有机物以保证后续塘的正常运行(高负荷)，也可以是直接确保出水达到排放标准(低负荷)。

好氧塘的深度较浅，有效水深一般小于 1 m，通常采用 0.5 m，阳光可以透入池底。在阳光照射下，藻类通过光合作用而释放大量的氧，加之塘表面由于风力的搅动而进行的自然复氧，使塘内保持良好的"好氧"条件。好氧异养性微生物通过生化代谢活动，对有机污染物进行氧化分解，代谢产物 CO_2 供作藻类光合作用所需要的碳源。藻类利用 CO_2、H_2O、无机盐及光能合成其细胞质，并释放出氧气。好氧塘适宜处理 BOD_5 小于 100 mg/L 的污水，通常与其他塘(特别是兼性塘)串联组成塘系统，在部分气温适宜的地区，也可以自成系统。其功能和设计目标是使塘出水水质至少达到常规二级处理水平。

9.5.3　洗车及机修废水处理

大型洗车场废水除含有石油类物质外，还含有大量泥砂颗粒物。另外，大型洗车场废水都要求循环使用。冲洗车体用水和冲洗底盘用水水质也有所不同，要求处理的程度也不同。所以，洗车废水处理除了除油外，还要与沉淀、过滤工艺相组合，以达到循环使用的目的。

汽车维修站及加油站的污水，常含有泥砂和油类物质。油类物质不溶于水，在水中的形态为浮油或乳化油。乳化油的油滴微细，且带有负电荷，需破乳混凝后形成大的油滴才能除去。汽车维修站及加油站的含油污水以浮油为主，通常采用隔油池进行处理。隔油池是指用自然浮上法去除可浮油的构筑物。目前常用的隔油池有平流式隔油池和斜板式隔油池 2 类。平流式隔油池的结构如同平流式沉淀池一样，其去除浮油的原理是：当污水进入隔油池后，密度小于水而粒径较大的可浮油粒便浮于水面，而相对密度大于 1 的重质油和可沉固体则沉向池底。在隔油池的出水端设置有集油管，将浮油收集去除。平流式隔油池可去除油粒的最小粒径为 100～150 μm。由于利用了浅层沉降原理，斜板式隔油池可分离去除的油粒最小粒径降为 60 μm 左右，且所需容积仅为平流式隔油池的 1/4～1/2。

9.5.4　公路地表径流水污染控制

公路地表径流水污染控制包括公路施工场地地表径流水污染控制和公路路面径流水污染控制。

公路施工场地地表径流所含污染物以泥砂颗粒物为主，对地表水体的污染主要是：① 造成水质浑浊，降低水的透明度；② 固体物质大量沉积于河底，会改变原有底栖生物的生活环境，对水生生物造成危害；③ 公路施工过程中含有大量泥砂颗粒物的地表径流排入水体，还会影响河流水文条件，降低河流泄洪能力。公路施工场地地表径流控制常用的措施是设置土工布围栏和土沉淀池以及及时地实施工程护坡、修筑排水沟和恢复地表植被等措施。

一般说来，公路路面径流不会对水体和土壤造成大面积的污染，但当公路距自然保护区、水源保护地、水产养殖区或对水质有特殊要求的水体较近时，应考虑路面径流对水环境的污染。路面排水不能直接排入这些水体，必要时可在路边设置沉淀池进行沉淀处理后排放或利用天然洼地、池塘、湿地等收集处理路面径流。路面径流水中污染物以无机固体颗粒为主，所含的有机污染物 COD 与 BOD_5 比值约为 6∶1，可生物降解性较小，其处理应以物理法为主。

路面径流水污染属于面源污染的范畴。目前，西方发达国家对面源污染非常重视，美国自 20 世纪 70 年代初就开始了大规模的包括公路路面径流在内的面源污染调查研究及治理，开发了许多用于公路面源污染防治的技术及方法。概况来讲，公路路面径流污染治理技术可归纳为植被控制、湿式滞留池、渗滤系统及湿地 4 个方面。

1. 植被控制

植被控制是一种利用地表密植的植物对地表径流中的污染物进行截流的方法，它能够在地表径流输送的过程中将污染物从径流中分离出来，使到达受纳水体的径流水质获得明显的改善，从而达到保护受纳水体的目的。地表的植被不但有助于减小径流的流速，提高沉淀效率，过滤悬浮固体，提高土壤的渗透性，而且能够减轻地表径流对土壤的侵蚀，常常是一种有效的径流污染控制方法。

植被控制包括植草渠道和漫流 2 种。植草渠道即在输送地表径流的沟、渠中密植草皮以防止土壤侵蚀并提高悬浮固体的沉降效率。经国外专家研究，在较为平缓的坡度（$<5\%$）上种植高于地面至少 15 cm 的草，保持植草渠道内较小的流速（<46 cm/s），可取得良好的去除效率。地表漫流是过滤带理论的应用，它是在坡度较小的带状地面密植草皮使水流发散成为面流，从而过滤污染物质并提高土壤渗透性能的一种方法。

研究证明，地表植被去除污染物的机理为：吸附、沉淀、过滤、共沉淀和生物吸收过程。重金属、氮、磷的去除主要与渗透损失、地表贮留有关。草是植被控制中最常用的植物，它对污染物的去除效率比其他植物（如灌木、树等）高得多。草的种类和密度，叶片的尺寸、形状、柔韧性和结构等会影响污染物的去除效率。被植被覆盖的地表的面积大小影响污染物去除的效率及下渗量。

植草绿化的路肩、边坡和边沟对公路路面径流中的一些污染物质都有良好的去除效果。

2. 湿式滞留池

湿式滞留池是池中平时保持有一定水量的滞留池，是去除地表径流污染最实用有效的方法之一。湿式滞留池的效率取决于滞留池的规模、流域面积和暴雨特征等。水在滞留池中的停留时间是影响去除效率的关键因素。滞留池去除颗粒状污染物的基本机理是沉淀，但一些滞留池对一些可溶性营养物质也有很好的去除效果，如可溶性磷、硝酸盐及亚硝酸盐氮，其机理可能是由于湿式滞留池中的生物作用。

湿式滞留池不同于干式滞留池。干式滞留池中平时无水，主要是用于暴雨径流量控制，可消减洪峰流量，由于其滞留时间通常为几个小时，一般不足以使细小的悬浮物沉淀下来（已证明地表径流中的污染物主要与细小颗粒有关），且前一次地表径流的沉积物有可能在后一次的降雨中被冲出，使后一次的处理效果降低，所以，长期的总的效果不如湿式滞留池好。

3．渗滤系统

渗滤系统是使地表径流雨水暂时存储起来，并渗透到地下的一种暴雨径流控制方法。渗滤系统在美国的许多地方都作为一种处理暴雨径流的可选方案，可单独使用，也可与其他常规方法结合使用。渗滤系统通常包括渗坑、渗渠及渗井。设计良好的渗滤系统对路面径流中的污染物有很好的去除作用，渗滤系统适宜用于：

① 土壤或下层土壤有很好的可渗透性。

② 地下水位低于渗滤系统最低点至少 3 m。

③ 入流中的悬浮固体含量小。

④ 渗滤过程中有足够的存储空间存储地表径流。

在我国，渗滤系统的设计实施主要是用于暴雨径流量的控制及地下水的补充，对径流水中污染物的去除只是其附带的功效。如西安至宝鸡高速公路沿线设置了几十座渗坑，其主要作用是控制路面暴雨径流即路基排水，同时又可补充西安市越来越少的地下水，并控制污染。

渗滤系统不同于过滤系统。过滤广泛用于公路施工期或植被形成期对泥砂颗粒物的临时截留。常用的过滤系统有稻草捆、沙袋、滤布栏、砾石和沙滤器。过滤可使上游来水得到沉淀，去除大的悬浮颗粒，但由于对细小颗粒效果差，所以对路面径流的污染控制效果不佳。

4．湿地系统

地下水位在地表或接近地表、土地被一层潜水淹没或种植水生植物的土地均称为湿地。饱和浸润是湿地演化过程的主导因素。湿地是一种复杂的生态系统，通常出现在陆地与水体的交界处，其特征通常是：植物生长茂盛，对营养的需求量大，分解速率高，沉积物及生化基质的氧含量低，生化基质具有大的吸附表面。

湿地是一种高效的控制地表径流污染的措施，它可以同化入流中大量的悬浮物或溶解态物质。去除污染物的主要机理是沉淀截留和植物吸附。湿地不同于滞留系统的特征有：水层浅，利用植物作为污染物去除的机制，强调水流缓慢，强调面流。不同的地理位置、气候、水力参数和湿地类型都会大大影响污染物的去除效率，在很多地方，湿地处理系统并不可行。

湿地系统可分为人工湿地和天然湿地。地下水位位于地表或接近地表的滞留池，或有充足空间形成一浅水层的洼地，都可以人工建筑成湿地系统。湿地处理系统的开发是一项复杂的工作，尚未得到统一的认识，特别是天然湿地系统的开发利用更需谨慎。

第10章 固体废弃物污染及控制技术

10.1 固体废弃物分类及特点

10.1.1 公路工程施工固体废弃物分类

公路工程产生的固体废弃物按照来源可以分为4类：一是各种弃渣、弃土，如路基工程开挖和刷坡弃渣、隧道工程开挖弃渣、桥涵工程弃渣、施工便道弃渣、取土场清表弃土等；二是废弃建筑材料，如混凝土、砂浆、石灰、碎砖、碎石、废沥青混合料、废钢筋和废木料，施工和生活营地的建筑物，当采用特殊施工工艺和材料时还可能产生煤矸石、橡胶和外加剂等废弃物；三是生活垃圾；四是滑坡、崩塌和泥石流等产生的渣土。

10.1.2 公路工程施工固体废弃物特点

(1) 点多线长

各种固体废弃物遍布生活区、工作区、料场、拌合场、桥涵施工区和隧道施工区和施工便道等，这些地点分布相当分散，点多、线长、面广、量大。

(2) 成分复杂

公路工程施工产生的固体废弃物(尤其是建筑材料)在种类、含量和物性等方面有很大差别，给收集、分拣和处理带来很大困难。

(3) 影响时间长

废弃物产生并存在于整个施工过程中，如果处理不当，则会对沿线环境的影响在工程结束后还会持续很长一段时间。

10.1.3 公路工程施工固体废弃物的危害

(1) 侵占土地

固体废弃物不利用时需要占地堆放，堆积量越大，占地越多。据估算，一般每堆积1万t废弃物，约占地1亩(1亩=666.7 m^2)。公路工程废弃物的堆积也是沿线零散分布，占地面积相应大得多。在土地资源日益紧张的今天，固体废弃物占地的矛盾日益突出。同时，大量废弃物的堆积，也严重破坏了地貌、植被和自然景观。

(2) 污染土壤

不加任何防渗处理的固体废弃物堆放和填埋，其中的有害成分经过风化、雨林、地表径流的侵蚀渗入土壤之中，使土壤毒化、酸化、碱化，从而改变了土壤的性质和土壤结构，影响土壤微生物的活动，妨碍植物的生长，而且其污染面积往往超过所占土地面积的数倍。

(3) 污染水体

固体废弃物随天然降水和地表径流进入江河湖泊，或随风飘迁落入水体使地面水污染，随渗沥液进入土壤使地下水污染，直接排入河流、湖泊或海洋，又会造成更大的污染，还会造成河道堵塞。

(4) 污染空气

固体废弃物一般通过如下途径污染大气：① 一些有机固体废弃物在适宜温度和湿度条件下被微生物分解，释放出有害气体；② 以细粒状存在的废渣和垃圾会随风飘散，造成大气粉尘污染；③ 采用焚烧法处理固体废弃物而产生大气污染。

(5) 诱发崩塌、山体滑坡等

在地质和地貌条件较差的山区修建公路时，路堑开挖产物或废混凝土乱弃或堆积，极易造成山体崩塌、落石甚至滑坡，给人员和公路设施造成危害。

(6) 其他危害

其他危害如燃烧、人身伤害、交通堵塞等。

10.2　固体废弃物的处理与处置技术

10.2.1　固体废弃物的处理和处置原则

公路施工产生的固体废弃物的处理和处置应贯彻减量化、资源化、无害化的原则。从污染源头开始，通过优化设计、改进或采用先进的生产和施工工艺，尽量减少废弃物的产生。对于产生的固体废弃物，应尽可能加以回收、加工利用或在现场循环利用。

(1) 减量化。减少固体废弃物的数量、体积、种类、危险性等。

(2) 资源化。采取一定的管理措施和工艺措施从固体废弃物中回收物质和能源，加速物质和能量的循环，创造经济价值广泛的技术方法。固体废弃物资源化途径包括以下 4 种：① 直接利用，例如公路施工通过土石方调配可以直接利用挖方做填方。② 物质回收，即处理废弃物并从中回收指定的二次物质，如建筑材料的回收。③ 物质转换，即利用废弃物制取新形态的物质。④ 能量转换，即从废物处理过程中回收能量，包括热能和电能。

(3) 无害化。对已产生又无法或暂时不能综合利用的固体废弃物，经过物理、化学或生物方法，进行对环境无害或低危害的安全处理、处置，达到对废物的消毒、解毒或稳定化，以防止并减少固体废弃物的污染危害。

10.2.2　固体废弃物处理的基本方法

一般来说，固体废弃物的处置方法包括海洋处置和陆地处置 2 大类。海洋处置方法有海洋倾倒和远洋焚烧；陆地处置方法有土地耕作、永久处置(驻留地贮存)和土地填埋，其中公路工程应用最多的是堆置和填埋处理技术。无论哪类处置方法，都应该采取对环境无害或低危害的处理措施。

从固体废弃物的处理过程来说，其主要处理方法有物理处理、化学处理、生物处理、热处理和固化处理。

(1) 物理处理。通过浓缩或相变化来改变固体废弃物的结构，使之成为便于运输、贮存、利用或处置的形态。具体方法包括压实、破碎、分选、增稠和脱水等。物理处理也往往作为回收固体废弃物中有价值物质的重要手段加以采用。

(2) 化学处理。采用化学方法破坏固体废弃物中的有害成分而达到无害化，或将其转变为适于进一步处理、处置的形态。具体方法包括氧化、还原、中和、化学沉淀和化学溶出等。

(3) 生物处理。利用微生物分解固体废弃物中可降解的有机物，从而达到无害化或综合利用。固体废弃物经过生物处理后，在容积、形态和组成等方面均发生重大变化，因而便于运输、贮存、利用和处置。生物处理包括好氧处理、厌氧处理和兼性厌氧处理。

(4) 热处理。经过高温破坏和改变固体废弃物的组成和内部结构，同时达到兼容、无害化或综合利用的目的。热处理方法包括焚烧、溶解、湿式氧化以及焙烧、烧结等。

(5) 固化处理。采用固化基材将废弃物固定或包覆起来以降低对环境的危害，因而能较安全地运输和处置。固化处理的对象主要是危险废弃物和放射性废弃物。

10.2.3 公路工程固体废弃物的堆置和填埋处理技术

公路工程施工产生的固体废弃物中最大量当属于路基、隧道等工程开挖产生的弃渣，以及取土场清表和特殊地质条件下滑坡、崩塌、泥石流等产生的弃渣。这类废弃物的回收再利用有着严格的条件和要求，大多数情况下进行堆置和填埋处理。生活垃圾和部分不能回收的建筑材料也做如此处理。在堆置和填埋固体废弃物的时候应注意以下几点：

(1) 施工过程中产生的固体废弃物应运到合理地点，不得任意堆放，更不能淤塞河道。对于桥梁筑岛围堰施工，应注意围堰在施工结束后的清除工作，避免阻塞河道。

(2) 固体废弃物堆放位置应尽量远离江河湖泊，防止固体废弃物直接排入河流、湖泊或海洋污染水体，或渗沥液进入土壤使地下水污染。沿河岸、过水山谷的弃渣场挡护结构高度应在 50 年(或更长)一遇的水位线以上，并要求对其基础做相应的防护。

(3) 固体废弃物的堆置尽量减少占地面积，避免对堆放地地貌、植被和自然景观的破坏。

(4) 容易发生崩塌、滑坡、落石的区域绝对禁止堆放固体垃圾，以免诱发地质灾害。

(5) 固体废弃物的堆放应做好固化、覆盖、排水等措施。弃渣场在弃渣前先做初步挡护再进行弃渣，弃渣要分层压实，弃渣结束后，再重新按设计要求修建浆砌片石挡土墙、护脚，防止其扩散，增大污染面积。弃渣边坡面及弃渣场顶部应平整，边坡要求采用绿化工程防护，以避免雨水冲刷造成水土流失。

(6) 固体废弃物堆放坡度大于它的休止角，防止出现落石、崩塌等危害。

(7) 预制厂、贮料场、生活区等硬化区域以及位于征地界外的施工便道在工程完成后撤出场地前必须按照要求进行破碎、清除和复耕，不应该简单地浅层掩埋。

(8) 固体废弃物堆置不应该妨碍当地交通，不应对人员造成人身伤害。

(9) 有毒、有害弃渣场要采用填埋措施处理，并按要求制作防渗工程。防渗工程要求采用水平防渗和垂直防渗相结合的工艺。有害弃渣，填埋深度应大于 100 cm，并用水泥墩作永久、明显的标志和简要说明。

10.3　固体废弃物的回收和再利用

10.3.1　我国固体废弃物的回收和再利用现状

固体废弃物的回收和再利用既能够减轻环境污染，又能减少自然资源和能源的消耗，具有显著的社会、经济和环境效益，符合可持续发展的要求。与发达国家相比，从整体来说我国固体废弃物的回收和再利用率很低，对于公路工程施工产生的固体废弃物，由于具有分散性、局部地点数量少、目前的高投入、粗放型经营等特点，其回收和再利用完全是一个新的课题。回收和加工利用固体废弃物，本身成本并不高。但是，主要有以下原因造成我国目前固体废弃物回收利用率较低的现状：

政策和法律法规不到位。目前我国固体废弃物回收处理制度还没有建立起来，对于建筑垃圾的搬运、堆放、填埋和利用等均无法可依或有法不依，建筑垃圾费收取困难。而在日本早在 1977 年就颁布了《再生骨料和再生混凝土使用规范》及一系列配套的鼓励政策，此后相继出现了许多以利用建筑垃圾为目的的加工厂。据日本建设省的统计，到 1995 年，日本废弃混凝土的利用率已达到 65%。

技术和管理水平落后，与发达国家比较有相当大的差距。成规模的废弃物加工处理及设备制造企业还非常缺乏，加工利用主要依靠某些企业作为降低成本的掺配原料自发进行。

相对廉价的天然骨料。由于对天然骨料的开采缺乏必要的限制，矿产资源税税率较低，使废石料、废旧混凝土的综合利用成本远高于使用天然骨料。

10.3.2　公路工程固体废弃物的回收和再利用

对公路工程固体废弃物直接利用。例如，公路施工通过土石方调配可以直接利用挖方做填方。

对隧道的弃渣综合利用，可对施工单位在招标时就要求配有碎石加工设备，或由专门碎石加工单位选择合适场地对弃渣中可用于混凝土工程中的石块进行处理。对于尾渣还可以用于路基，填筑部分块石用于挡墙等工程，尽量加以利用。对于附近便道、管理站房等场地也可以用弃渣填筑。施工时间上，可安排隧道施工先于其他项目，便于对弃渣的充分利用。对于回收利用价值不大的固体废弃物，可以收集起来，选择立交区、服务区集中堆放，或覆盖素土，种植花草树木绿化，或砌成假山石等，既美化了环境，又消除了公害，可谓一举两得。

公路工程施工产生的固体废弃物中一般混凝土和砂浆占 45%～60%，碎砖、碎石、废沥青混合料、废木料、废钢筋占 20%～30%，其他废料占 5%～10%，大多数属于无机废弃物、一般废弃物。

公路工程废弃物能够运至处理厂进行处理和回收利用的主要是废旧混凝土和沥青混合料、钢材、木料。对于公路工程施工产生的固体废弃物，如何正确处理并尽可能地加以再利用，化害为利，是摆在公路建设者面前的一个重要课题。由于公路工程施工产生的固体废弃物成分复杂，而且往往混合在一起，所以必须进行分拣才能够分类处理和再利用。

对于固体废弃物的分选，一般分为 2 大阶段：现场分选和处理厂分选。现场分选主要是指在施工现场对固体废弃物进行分选，部分废弃物可直接加以利用，部分废弃物可以流入二级市场,其他如废木料可以回收。处理厂分选是当废弃物运至处理厂后进行的分类与处理过程。固体废弃物回收利用一般流程如图10-1所示。

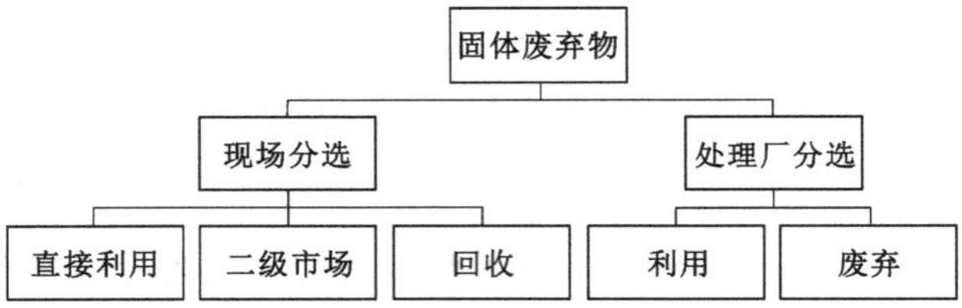

图10-1 固体废弃物回收利用一般流程

10.3.3 公路工程典型固体废弃物的再利用处置技术

1. 废旧混凝土的回收利用技术

公路工程施工产生的废旧混凝土主要是:灌注桩超灌后废弃的桩头、运输过程中撒落的混凝土、施工后剩余的混凝土、旧路面或结构物拆除等产生的废旧混凝土。

对于能够现场循环利用的固体废弃物尽量利用,以减少处理成本。例如:混凝土桩头破碎后做承台、系梁底模;桥梁上部结构模板平整度较差不适宜继续使用时可修正后用于浇筑系梁、承台等地下结构。但钢筋的现场循环利用必须证明其满足结构强度或工艺要求。

在日本等发达国家,对废弃混凝土的处理以工厂化为主:将混凝土回收后破碎成直径约40 mm的粒状,采用300 ℃的高温加热,使粒料相互混合、摩擦,骨料及骨料外围黏附的水泥组分变成粉末完全分离,所产生的水泥组分用于地基的改进材料,分离出的骨料可与天然骨料一样用于结构物,达到100%的回收利用。

在我国废旧混凝土的回收利用率很低,一般是现场简单粗放型的回收利用,例如破碎后做基础混凝土浇筑的底模,基坑回填等。

(1) 工厂化废旧混凝土回收利用的生产工艺与一般流程

废旧混凝土收集后在处理厂集中堆存,大块用吊车夯击,再配合人工锤击,分离出钢筋,送冶炼厂再生。碎混凝土块用铲车归拢,经过粗碎、中碎、磁选、筛分和冲洗等处理后,分类贮存,以备利用。其流程如图10-2所示。

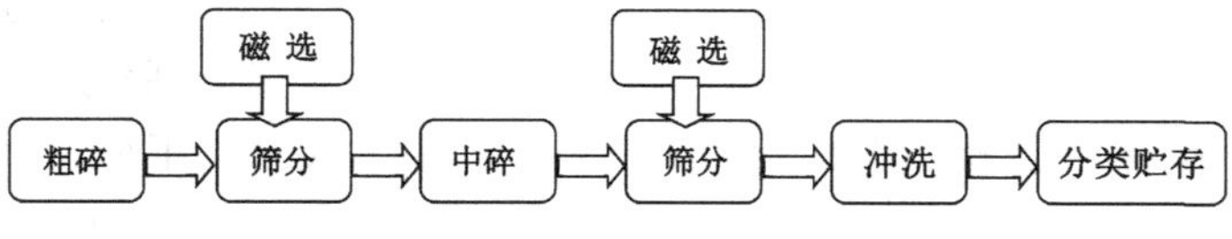

图10-2 废旧混凝土回收处理流程

一般来说,粗碎采用颚式破碎机,控制出料粒度在100 mm以下,筛分宜采用振动筛,以便于筛除不易破碎的其他非混凝土杂物。中碎的出料粒度控制在40 mm,筛分宜选用圆筒筛,目的是将碎混凝土分选成不同粒级的碎骨料。

除铁采用电磁除铁器。由于分离出的钢筋不可避免会黏附着混凝土残余物,通过酸洗可以除去。但在通常情况下,这些残余物对冶炼不会产生有害影响,对于那些对原材料纯净度要求不高的冶炼企业来说,往往不需要单独的酸洗工序。

破碎后的混凝土碎粒,表面可能黏附着覆灰,需要用水冲洗干净。

按照我国《建筑用卵石、碎石》(GB/T 14685)规定，对再生混凝土骨料的粒度，可以筛选成 10～20 mm、16～31.5 mm、20～40 mm、31.5～63 mm、40～80 mm 的单粒级，也可以组合成 5～10 mm、5～16 mm、5～20 mm、5～25 mm、5～31.5 mm、5～40 mm 的连续粒级。筛子的孔径分别为 90 mm、75 mm、63 mm、53 mm、37.5 mm、31.5 mm、26.5 mm、19 mm、16 mm、9.5 mm、4.75 mm、2.36 mm。如果还同时制取再生混凝土砂，筛孔还可以继续增加 1.18 mm、0.6 mm、0.3 mm、0.15 mm 的筛子。再生混凝土砂的颗粒级配必须位于《建设用砂》(GB/T 14684)中的 3 个级配区的任意 1 个级配区内。

用废混凝土制得的再生骨料，外观上一般呈多棱状，绝大多数为表面黏附着砂浆的石子，少部分为完全裸露的石子，还有一部分为独立的砂浆碎块。其颗粒表观密度 2 340～2 490 kg/m^3，略低于普通石子；吸水率 3.8%～9.7%，且粒级越小，吸水率越高。

与天然骨料相比，再生骨料具有孔隙率高、密度较小、吸水性较强和骨料强度较低等特点。

(2) 再生骨料混凝土

以废混凝土制成的粗、细骨料，用水泥胶结形成再生骨料混凝土。再生混凝土的生产工艺与普通混凝土基本相同。

① 配合比设计

再生骨料混凝土的强度，不像普通混凝土那样与水灰比存在良好的线性关系。据研究，如果按普通混凝土的设计方法，制得的混凝土强度离散标准差 σ 高达 13 MPa，而普通混凝土一般仅为 4.0～6.0 MPa。然而研究人员通过大量统计发现，用 100%的再生骨料配制的混凝土，强度与水灰比之间存在良好的线性拟合性，所不同的是，其骨料系数与普通混凝土有所区别。按照普通混凝土强度公式：$f_{28}=Af_c(C/W-B)$，普通混凝土碎石的 $A=0.46$，$B=0.07$，卵石的 $A=0.48$，$B=0.33$，而再生混凝土骨料的 $A=0.37$，$B=-0.007\,2$。

② 再生混凝土性质

研究结果表明，用破碎的旧混凝土骨料代替普通的砂、石骨料，在相同配合比参数条件下，所配制的再生混凝土具有需水量大，流动性差、强度与弹性模量低，收缩率高、抗冻性差的不足，但同时也有拌合物的黏聚性、保水性易于满足，体积密度变小、韧性较好等优点。其原因主要在于废混凝土再生骨料存在着一定量的硬化砂浆，这些砂浆具有较高的开口孔隙率和微裂纹，吸水率增大，在相同拌合用水的情况下更难以产生流动性，而增加用水量，就势必降低强度和弹性模量。另外，由于再生骨料表面粗糙，振实较难，因而混凝土中形成较多的开口孔隙，致使其收缩率增大，抗冻性减弱。但研究发现，对于不同等级的混凝土，再生骨料的影响情况是有差别的。据张亚梅等人的研究结果，按照普通混凝土的配合比配制 C20 混凝土，再生骨料混凝土的早期强度与后期强度均高于普通混凝土，但拌合物的流动性下降较大。其配合比与强度测试结果分别如表 10-1 和图 10-3 所示。

表 10-1 再生骨料混凝土配合比与物理特性

样品编号	配合比						坍落度/mm	体积密度/(kg/m^3)
	水泥	普通砂	石子	碎混凝土粒	水	粉煤灰		
A0	364	690	1 138	0	200	0	100	2 436
A50	364	600	569	569	200	0	100	2 368

表 10-1(续)

样品编号	配合比						坍落度/mm	体积密度/(kg/m³)
	水泥	普通砂	石子	碎混凝土粒	水	粉煤灰		
A100	364	600	0	1 138	200	0	50	2 268
AF0	255	690	1 138	0	200	109	200	2 440
AF50	255	600	569	569	200	109	100	2 310
AF100	255	600	0	1 138	200	109	70	2 240

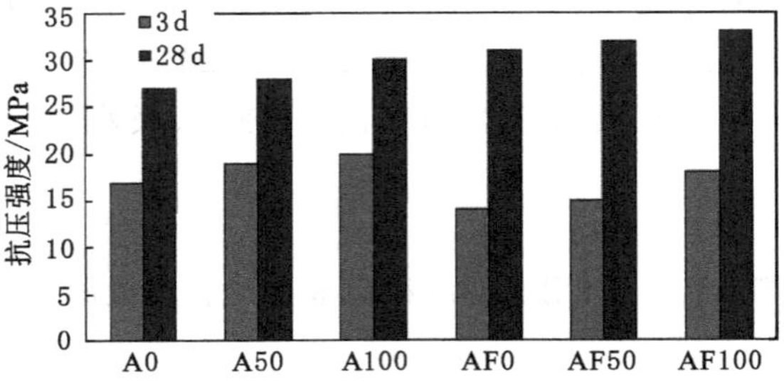

图 10-3　C20 普通混凝土和再生混凝土的强度比较

可能是由于废混凝土骨料的吸水率高，在相同拌合用水的情况下，骨料在客观上降低了水泥浆的有效水灰比，使得水泥石更加密实。

对于 C30、C40 中高强度混凝土，采用预吸水工艺，即将骨料预先吸水呈饱和面干状态，或在加水时根据骨料的吸水率增加一部分附加用水量。研究表明，随着再生骨料掺量的增加，新拌混凝土的流动性与硬化混凝土的强度和弹性模量均有所下降，但通过掺加粉煤灰与高效减水剂可以得到极大改善，甚至各项指标均可优于普通骨料的混凝土。

与配合比相同的基准混凝土相比，再生混凝土的抗拉、抗弯、抗压强度及弹性模量均有不同程度的降低，而干缩量和徐变量增加，抗渗性、抗硫酸盐侵蚀性、抗磨性和抗冻融性差，限制了其进一步应用，但通过适当措施可以改善相关性能。

(3) 再生骨料混凝土技术特点和应用前景

① 采用适当的配合比，或掺加一些特殊的改性材料，用废混凝土碎石做骨料再生混凝土在技术上是完全可以实现的。

② 公路工程施工产生的废旧混凝土具有零散、线长的特点，需要收集和集中进行处理，相对增加了成本，但综合考虑废旧混凝土的收集、运输、破碎、填埋和环境损害以及保护地质景观、节约矿产资源等因素，其整体效益是合理的。

③ 对再生骨料和再生混凝土基本性能的研究是废旧混凝土回收利用的前提和基础，应根据再生骨料的特点和结构要求决定再生骨料的使用范围。例如，对于预应力混凝土、抗冻或抗渗混凝土，如果没有可靠的试验证明，则不可以采用再生骨料，而基础、路面和非承重结构等低强度混凝土可以采用再生骨料。

④ 再生骨料的各项性能指标应符合《普通混凝土用砂、石质量及检验方法标准》(JGJ 52)的规定。

⑤ 公路工程废旧混凝土的再生利用课题需要进一步作深入、系统的研究。

2. 钢材的回收利用

公路工程施工产生的废钢铁主要包括钢材制作加工产生的下脚料和废混凝土破碎拆除的钢筋，性质比较单一，收集后需要经过简单的分选，以剔除夹带的杂质，清洗表面油脂、砂浆、砂砾和混凝土等，然后在钢铁厂入炉冶炼。

施工中不满足结构使用和施工工艺要求的钢材或下脚料必须作为废钢铁加以回收处理，不允许在工程中循环利用。

目前我国固体废弃物的资源化处理至少应具备另外 3 个特征：一是产生量具备一定规模；二是开发利用企业能够从中获得经济效益；三是在回收、加工及利用过程中对人类健康和生态环境不构成新的危害。从宏观上来说，为进一步促进固体废弃物的再利用，应当立即着手立法，限制天然骨料的无限扩张性开采和建筑垃圾的随意堆放，通过税费调节，使得处理和回收利用建筑垃圾的综合社会效益变成直接的经济效益；加快编制再生骨料和再生混凝土的有关通用设计规程和有关材料、施工和验收标准；开展对废旧混凝土破碎机械与破碎技术的研究，建立再生骨料生产厂和利用再生骨料的混凝土搅拌站或预制品加工厂，以充分利用废旧混凝土。从公路工程来说，固体废弃物的回收利用的施工技术、施工工序和施工方法需要有针对性地加以研究，并研究提高其经济效益的途径，推动固体废弃物的处理向着目的化、正规化、规模化、产业化的方向发展。

第11章 公路工程环境管理

11.1 公路规划与环境影响评价

在公路规划阶段要重视生态基础资料的调查研究，在做好工程分析和技术、经济分析的同时，认真做好生态影响分析。规划不仅要有工程技术人员参加，还应包括环境和生态保护专家，体现综合、总体决策。

国家的有关文件指出，像高速公路这样规模大、等级高、投资大的大型基础建设项目，都必须由建设单位委托具有甲级资格证书的环境评价单位编制项目的环境影响评价报告书。报告书的目的是对项目选线穿越区域的合理性、项目施工期和营运期给环境带来的不利和有利影响进行预测、分析，作出客观、全面和科学的评价，并针对建设项目对沿线环境的影响提出相应的环境保护措施，以便最大限度地减少工程对周围环境的不利影响，同时从环境保护的角度论证公路选线的合理性及建设的可行性，为项目选线、工程的施工和营运期环境管理提供指导，使公路建设在发挥巨大社会经济效益的同时增强其环境效益。

环境影响评价为进行环境保护设计和采取环保措施提供依据，主要内容包括建设用地地质灾害评估、编制水土保持方案和环境影响评价报告等并将报告书中的环境防治措施贯彻到初步设计和施工图设计中；从城乡生态环境质量的要求考虑，促使高速公路的规划选线合理，采石场、采土场以及弃土场布局恰当；使高速公路尽量少穿越居民稠密区、自然保护区和其他生态敏感区，尽量少占良田，以保护土地资源，减少对公路沿线及土石料场、弃土堆等处原有植被、地貌的破坏，绕避不良地质地段、国家公园、自然保护区、湿地、热带森林、专用地、特殊驻地、考古或历史遗迹、文化设施、具有潜在噪声污染和重新安置人口的密集区域、饮用水源（湖泊、水库等）；根据项目对环境的影响特点选择环境保护控制要素；做到公路主体工程与环境工程同时设计、同时施工、同时投入使用（“三同时”原则）。

在项目可行性研究阶段和设计阶段，必须根据公路工程项目的具体情况编制环保工作计划。但工程实施前期的环境影响评估和环保工作计划往往含有某种程度的主观性、不确定性和风险性，而且影响程度的轻重可能会因人、时、地而有很大的差异，需要仔细调查研究、多方沟通交流。

11.2 公路设计环境保护

11.2.1 实地踏勘和资料收集

公路项目设计前必须充分踏勘调查，并在结合区域路网及地形、地质、水文等情况进行综合分析的前提下，与环保部门、公路沿线人民政府、城市规划部门、人大代表、受影响群众等进行协商讨论，使路线走向尽量避绕大的村庄、学校、医院等环境敏感点，以减少公路建设对其产生的不利影响。根据掌握的资料作出合理的路线设计和提出有针对性的环境保护、污染(或破坏)预防和处理方案。缜密的勘查工作是保障施工期环境保护计划完善和不产生重大工程变更的重要步骤。实地踏勘和资料收集内容包括：

(1) 收集当地地形、地貌、地质构造的图纸和说明书等第一手资料并进行分析判释，结合路线所经地域进行实地踏勘核查、补充、修正，全面掌握实际情况，减少盲目性。

(2) 了解当地同行业或相关行业对各项工程勘察设计图表资料、科研论文、技术总结，尤其是经验证的数据和成败得失的经验，加以借鉴与参考。

(3) 路线路网分布、地形、地质条件：包括上跨和下穿公路等级和净空高度、下穿铁路、管线交叉、河流通航条件及设计洪水频率、地震基本烈度等。

(4) 路线走向、主要技术标准、工程规模和工程分布：包括互通(分离)立交、隧道、桥梁、涵洞、征用土地、拆迁工程数量、土石方及其他材料数量等。

(5) 取土场分布、主要建筑材料供应及运输条件、能源：包括土、砂石料、钢材、木材、水泥、沥青、水、电力等，以及用于施工车辆通行的陆路和水路条件。

(6) 沿线生态敏感点和控制地物：包括城镇及规划、村庄、文物古迹、医院、疗养院、学校、道路、河流、水库等。

(7) 投资估算和资金筹措、工期安排。

(8) 本地区气象条件。

通过调查、分析和定性与定量相结合的方法进行评价，进行环境保护设计，并提出环境保护技术措施。必要时选取路段进行少量试验工程，取得经验，再加以总结、改进和推广。

11.2.2　公路设计环境保护措施

公路设计的指导思想在逐渐演变和发展，从过去的安全经济为主到现在越来越注重环境保护和景观协调，尽量不破坏自然环境和景观。这就要求提高设计人员环境保护意识，树立可持续发展理念，将环保思想贯穿于设计工作的始终。公路设计在考虑满足公路运输技术要求，进行功能设计的同时，还须考虑符合国家有关环境保护、土地管理和水土保持等法规要求；在项目的环境影响评价报告书完成后，结合工程建设条件、交通需要和地区经济发展等研究工程对环境的影响，以维持生态平衡、降低环境污染为宗旨，以敏感点为主，点线结合，保护沿线环境。

(1) 公路选线

为降低施工期环境破坏，在设计时应妥善处理好主体工程与环保之间的关系，尽可能地从路线方案、技术指标的运用上合理设置，从根本上减少环境破坏的来源，而不过多地依赖环保工程来弥补。

选线原则：① 围绕生态和社会环境保护这一主题进行路线多方案论证比选；② 技术指标与地形条件相互协调；③ 根据地质条件进行选线。

公路选线、方案比选、变更设计方案时，应当与当地城镇规划相协调，遵循“靠而不近、离而不远”的原则，既不干扰、破坏城镇规划，又便于车辆进出城镇，应避开学校、医院、名胜古迹、自然保护区、湿地和鸟类栖息地、精密仪器及军事设施等环境敏感区，尽量少砍伐林地和占用优良牧草地。对于无法远离居民区的高速公路，应从设计上提出减少或消除施工期气、水、声等施工公害的措施。

(2) 设计中的环境保护措施

具体设计中的环境保护措施就是预测施工期内将产生的污染和破坏，在设计中提出具体措施，达到综合治理的目的。

① 正确处理公路建设与自然景观和人文景观的关系。对自然环境、人文景观影响较大的工程，应综合考虑工程和景观因素进行多方案比选。

对环境影响较大的高速公路项目主要以填方路基为主要形式，相当多的高填方路堤占地面积大，使用土方量多，需要征用更多的土地和增加更远的运距来借取土方，同时带来相当多的环境问题。对于高填方路堤，要与纵向桥方案进行分析比较，从工程可靠度、工程造价、环境保护、方便施工及利于养护等方面进行论证。例如，在西安—汉中高速路前期课题研究中建议填方高度超过 12 m 的路段，应与纵向桥方案进行综合比较；纵向桥方案综合造价不超过高路堤方案 10%时，优先考虑纵向桥方案。

对于深挖路堑，应从自然环境、稳定性、施工难度、工程造价和营运维护等方面与隧道方案进行比选，目前一般建议挖方深度超过 25 m 时应与隧道方案进行比较，超过 30 m 时应采用隧道形式。例如，西安—汉中高速路课题研究建议隧道方案造价不超过路基方案 30%时，优先考虑隧道方案。

② 设计能够适应实际地形地貌，灵活采用多种路基形式，如分幅、错幅、半边桥等，以整体式与分离式路基相结合，减少大填大挖，减少工程量，降低造价，在山区减少切山点数、切削量和切山裸露面积，减少对山区景观的影响，使路线与环境融为一体。

③ 在路基设计方面，根据勘探与钻探资料，进行稳定性分析，尤其对于软基的处理必须分析成因、性质和物理力学指标，防止施工及运行过程中路基失稳造成病害。

④ 桥梁桥位的选择应考虑桥梁所处地形、地物、地貌，以及工程地质情况和水文条件，例如桥梁跨越沟谷时选择桥位要考虑到排洪、防滑等要求，在变迁性河段桥位要选择在河槽相对稳定的狭窄河段上，绕避泥石流地区等。

桥梁基础型式设计避免对当地的生态环境和地质环境造成不良影响，防止产生大量弃方、山前坡脚大开挖，避免桥墩对河床过水断面压缩形成桥前局部壅水和局部冲刷。

⑤ 设计中通过设置由排水沟、边沟、截水沟、纵向排水涵、急流槽、拦水带、中央分隔带、纵向排水沟和横向排水管等组成自成体系的排水系统，将路基、路面、边坡及坡面顶上的水排至路基外，避免冲刷路基，污染农田。

⑥ 设计应注意对沿线水体的保护：不得占用城镇居民区的饮用水源，应绕越、避让饮用水源；对于满足灌溉及养殖水产品条件的水库、鱼塘等也要注意避让，须通过时宜将路线布设于水体下游，并采用绿化等隔离防护措施保护水质免受污染；桥址位于水库库区时，应合理比选桥型与跨径，减少水中作业区域和时间；对有重要经济、旅游、保健价值的水体，如温泉、矿泉和瀑布等，公路更要注意避让。

路线设计应注意保护自然水流，尽量不改变水流的方向，不压缩过水断面，更不得堵塞、阻隔水流。设计路线排水系统时，要注意水流方向，路面水、边沟水排入一定的水域，不得随意排入公路两侧的水体或土壤中，以免污染周围的水土资源。

⑦ 公路主体工程绿化应视沿线路基形式、路段所处环境条件、绿化功能、公路路容景观及诱导视线等要求，逐个路段进行设计。

路基边坡防护原则上不留破坏天然边坡痕迹，防护设计坚持以生态防护为主、生态防护与结构防护并举的方针。填方边坡一般采用铺满草皮或浆砌片石菱形骨架内铺草皮防护，过水库、水塘路段用浆砌片石护面。对于需要收缩边坡的路段设置浆砌片石挡土墙。挖方边坡防护形式的选择根据具体的地质情况及边坡高度逐段确定，采用各种适宜的形式，如铺草皮防护、浆砌片石骨架防护、浆砌片石护面墙、锚杆挂网边坡加固、抗滑桩等。在设计中根据实际情况通过比较有选择地采用锚杆边坡防护、浆砌片石护面墙、挡土墙等结构，可以收缩边坡，减少路基开挖面积，降低对自然环境的破坏程度。对切山点设计恢复景观的方案(包括植被恢复)。在陡峭的山区采用阶梯形开挖面以减少切坡量，种植灌木和攀缘植物。对坡度较缓可以植草的切坡进行植草绿化。路堤边坡应种当地优势种群草皮。

公路两侧绿化除考虑路基防护、水土保持外，还应考虑公路景观及环保作用，如降噪、防治空气污染等，在条件许可时尽量扩大绿化带宽度。坡脚至排水沟间宜植灌木，排水沟至路界可乔、灌木结合，并与当地防护林相配合。绿化物种选择时，应避免采用对当地植物和作物产生病虫和生态入侵危害的物种。

中央分隔带绿化应具有夜间行车防眩功能，宜种植高 1.2～1.5 m 的常绿灌木或花灌木，品种应能抗病虫害、耐干旱、迅速生长且形体美观。

互通式立交区的绿化除平面绿化外还应作垂直绿化，形成全方位的立体绿化区。一般匝道内侧区以种灌木为主，减少植草面积，以增加其生态效益，并可减少管护工作及费用。服务区、停车场、管理所及收费站等地的绿化应与这些设施的规划、建筑相协调，宜种植草坪、花卉及观赏树木。

环境保护林带应采用枝繁叶茂的常绿树种，乔、灌木结合，种植密度适宜。为保证绿化栽植的成活率，应对各路段地区的土壤、气候条件等作详细调查，选择绿化树种要做到“适地适树”。尽量采用本土物种绿化，避免形成生态入侵，尤其是大型隧道的隧道口的掩饰绿化，尽可能地采用当地物种模拟自然植被，使得公路沿线的景观与自然景观相协调。

⑧ 在设计中设立动物通道是常见的保护动物活动的方式。但应注意，动物通道的设立应建立在对公路沿线动物生存环境和生态行为科学分析的基础上，根据动物周围的自然环境和与之相适应的生活习性，选择合适的动物通道，使公路建设对环境和动物的影响降至最低。

动物通道有桥梁下方、隧道上方、涵洞、通道和上通道(如天桥等)。在隧道口附近可设置“动物诱导栅栏”给周边野生动物以安全生存空间的信号。

(3) 社会环境保护设计

① 设计前仔细调查和收集公路沿线的土地资源、农田水利设施、建筑物风格和分布、道路和交通状况、行政区划和人文景观等社会环境现状及远景发展规划。

② 处理好路线与现有和规划的水利、电力、公路等设施之间的关系，减少工程之间的干扰，适应地形、地物，注意与周围环境和自然景观的协调，减少拆迁，少占良田。特别注意跨越河流、铁路，以及与主要道路或农机道路、高压电缆交叉情况。必须广泛听取规划、水利、交通、铁路、电力部门和当地政府甚至村民意见，并反复比选后提出各控制点的标高。对于被交叉道路应进行上跨、下穿方案的分析比较。充分考虑道路排水、农田灌溉和区域排洪的要求，小桥、涵洞设置不打扰原灌溉系统，注意与当地农业灌溉系统配合，结合渠道改移合理布置。

③ 路线设计高程的控制：路基高度的确定主要受高等级公路与被交道路、机耕路、人行通道对通行高度的要求控制，即被交道路的路面高程尽量不低于原地面标高，以免导致局部路段因积水而影响交通。另外，根据地区经济发展和人民生活的需要，对个别高程偏低的路段要进行针对性的防排水设计处理。

④ 预防下穿道路的积水：在交叉工程设计中，下穿道路在进入下挖段之前，通过设置泄水口或排水沟将两侧汇集的地表水引走。下挖段道路的纵断面最低点处设置集水井，以汇集下挖段内的表面水后引排出去。适当增大路肩的横向坡度，使下挖段路面表面水迅速向两侧排流。增大洞口内下挖段的边沟过水断面，可以减少该路段出现积水的概率。采用加盖混凝土板的边沟，可方便行车和行人的通行。在地下水位高的地区，下穿道路在自流排水有困难时，要采用水泵排水。有条件的，尽量做到下穿道路的地面硬化。对于地下水位高的地区，要求制作防渗层，避免因地下水外渗造成下穿道路的积水。

⑤ 纵向桥方案桥梁的桥长和跨径应设置合理，不明显压缩河流和减少过水面积，做到不淤、不堵，保证泄洪能力。

⑥ 拆迁安置和防护：路线尽量绕避村镇和环境敏感点建筑物，减少建筑物拆迁和移民数量。当路线必须进入居民区或对环境敏感点有干扰时，应作出防护和拆迁安置方案的比较，找出最佳方案。

⑦ 充分考虑沿线居民的出行，根据行政区划、居民聚集区、道路状况、人群和车辆流量等情况设置人行通道、人行天桥和涵洞，或增加附属设施以利于人民群众的生活和生产。

11.3 公路施工环境管理

11.3.1 施工环境监测

随着环境保护要求的日益提高，公路施工过程中对于环境保护的要求和管理也日趋严格和规范，例如 2019 年 12 月 1 日开始实施的《公路路基施工技术规范》(JTG/T 3610—2019)中第 10 章对路基施工期环境保护作出了明确规定(见附录)。公路施工过程中，应根据公路项目的特点和路线经过地区的环境特征，针对施工过程可能产生的不利影响，对公路沿线环境和水土保持进行监测监控。公路工程施工期间需要监测监控的环境有：声环境、空气污染、水环境和水土流失。

通过开展公路监测，及时了解公路在施工期的各种工程行为对环境保护目标所产生影响的范围和程度，确定实际的影响程度，核实环境保护措施的有效性和适当性，确认和评价预期不利影响的程度、范围，采取相应的对策，减轻或消除对环境产生的影响。

通过对工程水土保持设施的运行状况及水土流失防治效果的监测，及时掌握工程建设所引起的水土流失状况以及对工程区域生态环境的影响程度，为工程建设的水土流失防治工作提供科学依据，同时为提高水土流失防治效果提供技术管理依据和补充措施的设计依据；根据监测结果适时调整环境保护实施方案，为确定环保措施的实施时间和实施方案提供依据。

环境监测可以委托具有资质的环境监测单位进行，其监测结果具有法律效力。环境监理工程师和施工单位下设的实验室也可以根据自身能力对一些常规的项目进行现场监测，其监测结果不具备法律作用，可作为施工、监理、业主各建设单位以及地方环保和水保部门进行监督管理的参考，但监测历时、监测方法、数据分析和执行标准等应按国家有关标准、规范执行。

环境监测有定期监测、随机监测和定点监测 3 种形式。根据公路施工环境破坏随机性和流动性强、范围广的特点，如路面摊铺、路基施工等工序，随机监测更加便于对施工过程中的环境问题进行高频次、大数量的控制。定点监测监控则适应于大型桥梁、隧道等时间跨度大、污染易发生的工程，拌合站、便道等相对固定点，或者沿线受影响的一些环境敏感点。

环境监测结果应做好数据记录，必要时编制监测报告，报送业主、总监办、工程设计和行政主管部门等单位。可能产生重大后果或需要及时处理的环境污染或破坏需要随时监测，及时报告，以便迅速作出处理。

(1) 声环境监测技术

声环境监测技术主要是指对于施工场 200 m 之内的声敏感建筑物的环境噪声监测方法。包括以下内容：

① 监测点：设在临施工面一侧第一排建筑物之前不小于 1 m 处。

② 监测项目：用噪声仪监测环境噪声，以等效 A 声级表示。

③ 频次：在施工设备运转的时间段内，每个敏感点每周监测 2 次，昼间 1 次，夜间(22:00～次日 6:00 之间)1 次。

④ 监测仪器：精密声级计(或精度为二型以上的积分式声级计)自动监测仪器，性能符合《电声学　声级计》(GB/T 3785)系列标准的要求。

(2) 空气污染监测技术

空气污染监测技术主要是指对于施工现场 200 m 之内的大气敏感点，包括施工便道经过处、各类拌合站(场)200 m 之内的学校、医院、居民集中住宅点等的监测方法。主要包括以下内容：

① 监测项目：总悬浮颗粒物 TSP、PM10、PM2.5；氮氧化物(以 NO_2 计)。

② 频次：空气污染监测应根据施工工序安排并结合气象条件进行，在污染工序施工时或污染设备运转的时间段内，一般每个敏感点每周监测 2 次，昼间 1 次，夜间(22:00～次日 6:00 之间)1 次。

③ 监测时间：空气污染物监测应与气象观测同步进行。沥青烟监测在沥青混凝土拌合站生产期间进行。每个期间至少监测 5 d 并保证 3 d 有效数据，每天至少 4 次(北京时间 7:00、11:00、14:00、19:00)。TSP 监测应在车辆运行时间段内分上、下午进行，上、下午各 2 次。

④ 监测仪器：

风速和风向：风速表、风向标；

TSP、PM10、PM2.5、NO_2：采样器(采样夹、滤膜、镊子、网托)、吸收管、电子天平等。

(3) 水环境监测技术

水环境监测技术主要是指对于施工现场 200 m(或 1 000 m)之内的被监测水体的水质状况进行监测的方法。主要包括以下内容：

① 采水样点：施工桥位下游 50～150 m 的范围内，垂线点位数量应视水面宽度而定，通常为 3 点(左、中、右)，水深 0～50 cm。对大江、大河可设在施工桥位下游 200～500 m 范围

之内，采水垂线可视水面宽度增加点位。同时应视水的深度分层采样。

② 监测项目：pH 值、石油类、化学需氧量（COD_{cr}）、悬浮物（SS）、高锰酸盐指数、溶解氧等。

③ 监测频次：施工期应根据施工工序和工艺制定，对于存在水体污染隐患的工序应在此工序内对受影响水体连续监测。

④ 监测时间：在每个工序施工期间连续监测，每半天各采水样 1 次。

⑤ 监测仪器：

pH 值：pH 值计、玻璃电极；

高锰酸钾指数：25 mL、250 mL 锥形瓶，沸水浴装置；

COD_{cr}：回流装置、加热装置、25 mL 酸式滴定管；

石油类：非分散性红外测油仪、玻璃仪器等。

（4）水土流失监测

在公路工程施工期间对工程永久占地区域内的开挖、填土（石）情况进行调查，并对工程临时占地弃渣场、料场开挖料和弃渣情况进行监测调查，暴雨后，观测水土流失及水土保持设施运行以及破坏情况。对弃渣场的工程安全措施进行检查，并在暴雨过后对水保设施运行破坏情况进行调查分析，定期检查植物生长情况。

11.3.2 环境监理

（1）环境监理职责

环境监理是公路工程建设环境保护工作的另一个重要执行机构。其职责一是对公路建设项目执行环境影响评价制度情况的现场监督检查；二是对执行“三同时”制度情况的现场监督检查。

（2）环境监理依据与范围

环境监理的依据是国家与当地有关环境保护的法律、法规，国家和交通运输部有关标准、规范，图纸、合同、制度以及各种相关文件。监理的范围是与公路项目施工相关的全部区域、各阶段、各项工程的环境影响。

（3）环境监理工作方式

环境监理必须根据施工计划和工序，结合施工工艺特点，制定完整的监理程序、工作计划和环保措施，确定施工过程中的环境监理要点，在实施过程中逐项落实。监理制度完整，监理资料齐全。

环境监理位于第一线，通过全线现场巡视、旁站、检查、督促和协调，掌握工程动态，能够预见和随时处理施工中突发的环境问题。环境监理也可以对施工中的环境进行监测。但限于目前全国有很多公路交通部门尚未建立起有资质的环境监测体系或监测机构，监理可以委托当地有资质的环境监测中心（站）承担。

（4）环境监理体制

从目前我国公路建设现状来看，环境监理工作主要是采用单独环境监理或者纳入工程监理之中。随着国家新的监理制度的运营，公路工程项目的环境监理逐步与工程监理相融合，将环境监理纳入现有的工程施工监理体系，与质量、进度和计划监理相互平行。

附录 《公路路基施工技术规范》(JTG/T 3610—2019)中关于环境保护的具体要求

10 路基施工环境保护

10.1 一般规定

10.1.1 路基施工应遵守国家土地管理、水土保持、环境保护、生态保护、资源利用、能源利用、循环经济的有关法律法规,合理利用资源和能源,控制污染,保护环境。

条文说明:国家现行涉及环境保护的主要法律、法规有《中华人民共和国环境保护法》《中华人民共和国环境影响评价法》《中华人民共和国水土保持法》《中华人民共和国水土保持法实施细则》《中华人民共和国固体废物污染环境防治法》《中华人民共和国大气污染防治法》《中华人民共和国环境噪声污染防治法》《中华人民共和国水污染防治法》《中华人民共和国水污染防治法实施细则》《中华人民共和国草原法》《中华人民共和国森林法》《中华人民共和国野生动物保护法》《中华人民共和国野生植物保护条例》《建设项目环境保护管理条例》《中华人民共和国自然保护区条例》《中华人民共和国文物保护法》《中华人民共和国节约能源法》《公路、水路交通实施〈中华人民共和国节约能源法〉办法》《中华人民共和国循环经济促进法》《中华人民共和国清洁生产促进法》等。

10.1.2 工程开工前,应对施工现场的地形、地质、水文、气象、生态环境条件以及既有结构物状况进行调查,根据国家有关建设项目环境保护管理的规定以及节约资源、节约能源、减少排放等相关法规和技术标准,结合工程特点、设计要求和施工环境,编制并实施工程施工环境保护措施与节能减排技术方案。

10.1.3 公路路基施工组织设计,应结合工程实际按环境保护设计的各项要求,针对施工中可能造成的环境破坏和不利影响制定具体防止措施和方案,并实施。公路路基施工组织设计应包括下列与环境保护有关的内容:

1. 土地利用和水土保持措施;
2. 生态保护与恢复措施;
3. 水资源保护与废弃物污染控制措施;
4. 空气污染控制措施;
5. 噪声与振动控制措施;
6. 节能减排措施;
7. 既有结构物保护措施;
8. 文物保护措施。

条文说明:施工工法和工艺的选择,需要充分考虑边坡开挖、填筑堆载、振动、噪声、粉尘、污水等可能对环境产生的影响。

10.1.4 路基施工中,应重视对农田水利和环境的保护,节约土地,少占耕地,临时占用土地应及时做好复垦工作。施工便道、施工场地等临时工程的规划应尽量利用既有道路、荒地等,减少对环境的影响。

10.1.5　自然保护区、森林、草原、湿地及风景名胜区的路基施工方案应有利于生态保护和生态恢复。

10.1.6　施工机械设备选型应符合环保规定,首选低噪声、低振动、低排放的节能环保型机械设备。在使用中应定期保养、维护,减少油料跑、冒、滴、漏对环境的影响。

10.2　土地资源利用与水土保持

10.2.1　路基施工应严格控制临时占地的数量。

10.2.2　路基施工应控制和减少对原地貌、地表植被、水系的扰动和损毁,保护原地表植被、表土及结皮层。

10.2.3　路基土石方调配宜移挖作填,充分利用挖方材料,节约土地。不能利用的弃方应集中堆放和处理。施工组织设计应符合现行法律、法规的相关要求。

10.2.4　路基施工水土保持应符合下列规定:

1. 施工便道应控制在规定范围内,减小施工扰动范围。临时道路在施工结束后应进行迹地恢复。

2. 主体工程动工前,应剥离熟土层并集中堆放,施工结束后宜作为复耕地、林草地的覆土。

3. 减少地表裸露的时间,遇暴雨或大风天气应加强临时防护。雨期填筑土方时应随挖、随运、随填、随压,避免产生水土流失。

4. 临时堆土及料场加工的成品料应集中堆放,设置沉沙、拦挡等措施。

5. 开挖土石和取料场地应先设置截排水、沉沙、拦挡等措施后再开挖。不得在指定取土场以外的地方乱挖。

6. 土、砂、石、渣料在运输过程中应采取保护措施,防止沿途散溢,造成水土流失。

10.2.5　取、弃土场选址,应按设计文件要求并应符合下列规定:

1. 取、弃土场选址应符合区域性环境规划和当地的土地利用规划,取、弃土场选址应符合城镇、景区等规划要求,并与周边景观相互协调。

2. 取、弃土场应不占或少占林地、耕地或园地;应远离江河、湖泊和水库生态管理范围,远离野生动物迁移通道;宜选荒山、荒坡或荒地。

3. 严禁在崩塌和滑坡危险区、泥石流易发区内设置取土场。

4. 取土场在山区、丘陵区选址,应分析诱发崩塌、滑坡和泥石流的可能性。

5. 在河道取砂砾料的应遵循河道管理的有关规定。

6. 弃土场选址不得影响周边公共设施、工业企业、居民点等的安全。

7. 弃土场涉及河道的,应符合治导规划及防洪的规定,不得在河道、湖泊管理范围内设置弃土场。

8. 严禁在对重要基础设施、人民群众生命财产安全及行洪安全有重大影响的区域布设弃土场。

9. 弃土场不宜布设在流量大的沟道,否则应进行防洪论证。

10. 弃土场在山丘宜选择荒沟、凹地、支毛沟,平原区宜选择凹地、荒地,风沙区应避开风口和易产生风蚀的地方。

10.2.6 取、弃土场平面及断面设计，应符合本规范第4.15.1条和第4.15.2条的规定，并应符合下列规定：

1. 取、弃土场的平面布置及断面(轮廓)设计应有利于边坡稳定和工后的恢复利用。

2. 陡坡路堤和深路堑地段的弃土，应置于山坡下侧，并间断堆填，保证弃土内地面水可顺利排出。

3. 弃土场的支挡结构应根据弃土或弃石等堆放的数量、位置和地形特点，选择合理的结构形式并进行专门设计，以有效控制水土流失。

10.2.7 施工过程必须有临时防护措施。临时防护工程设计应符合现行《开发建设项目水土保持技术规范》(GB 50433)的规定。

10.2.8 开挖、填筑、排弃的场地应采取拦挡、护坡、截(排)水等防治措施。

10.2.9 公路路基施工应缩短临时占地使用时间。施工迹地应及时进行土地整治，采取水土保持措施，恢复其使用功能。

10.3 生态保护与生态恢复

10.3.1 路基施工前应对沿线生态环境进行调查，评价施工对生态环境可能造成的影响。

10.3.2 路堤填筑、路堑开挖及取弃土，均应根据路基施工进度有计划地进行表土剥离，并进行保存。表土最小剥离厚度应根据国家现行环境保护标准相关规定确定。表土堆存高度应不超过2 m，必要时应采取设置排水沟等相应保护措施，防止水土流失。

10.3.3 施工前，应根据环境保护标准相关规定采取相应措施对位于路基范围内的珍稀植物进行保护。

10.3.4 公路通过林地时，应注意保护用地范围以内的林木，并严格控制林木的砍伐数量，严禁砍伐道路用地范围之外不影响行车安全的林木。

10.3.5 公路经过草原和草甸时，应注意保护腐殖土和地表植被，限制路侧取土。取土场和弃土场宜选择在植被生长差的地方，集中设置。

条文说明：地表腐殖土中富含植物生长所必需的营养成分和种子及根系，是植物赖以生存的条件。腐殖土经过上万年的物理化学及生物作用才形成，是一种有限的自然资源。工程实践证明，在公路建设中先将腐殖土挖移并保护，工后回填绿化，是恢复生态环境十分迅速、经济、有效的方法。

10.3.6 公路经过湿地时，施工废料暂时放置地应设置在湿地之外，施工结束后应及时处理。

10.3.7 在草、木密集的地区施工时，应遵守护林防火规定。

10.3.8 在国家或地方重点保护野生动物出没路段进行路基施工时，应设置预告、禁止鸣笛等标志，并应根据野生动物的种类、习性及迁徙季节、路线和活动规律，合理安排施工计划，为动物横向过路设置必要的通道。

10.3.9 生态恢复应符合下列规定：

1. 取弃土工程结束后，取弃土场应及时进行必要的回填、整平、压实，地面坡度一般应小于5°，并利用储存的表土进行复垦。施工结束后应对开挖面恢复植被。

2. 公路施工结束后，应对施工临时占地、施工营地、临时道路、设备及材料堆放场地等进行有计划的复垦。复垦后，应尽量保持原有地貌和景观。原属性为农田的应复耕。

3. 项目区的裸露地，适应种植林草的应恢复植被。

条文说明：生态恢复是指通过人工设计和恢复措施，在受干扰破坏的生态系统的基础上，恢复和重新建立一个具有自我恢复能力的健康的生态系统（包括自然生态系统、人工生态系统和半自然半人工生态系统）。

复垦是指公路建设过程中，对因挖损、塌陷、压占等造成破坏的土地采取整治措施，使其恢复到可供利用状态的活动。

10.4　水资源保护与废弃物污染控制

10.4.1　在施工及生活区域应设置相应的场地堆放生产及生活废弃物，并定期处理。污水处理产生的污泥，应运至指定堆放场地。

10.4.2　生产污水和生活污水不得随意排放。施工过程中，各种排水沟渠的水流不得直接排放到饮用水源、农田、鱼塘中。

条文说明：生产污水主要包括清洗施工机械设备的污水或废油以及地基处理施工中溢出的浆液。生活污水主要包括人类生活中使用的各种厨房用水、洗涤用水和卫生间用水所产生的排放水。这两类水如直接排放，会污染水质、土质，影响人们的饮用水源和鱼类的生存、农作物的生长，因此采取必要的净化措施处理后，方可排放。

10.4.3　岩溶水发育地段，路基修筑不应切断岩溶（地下和地表）水的径流通道，不得造成阻水、滞水或农田缺水。

10.4.4　严禁采用有害物质超标的工业废渣作为路基填料。

条文说明：利用工业废渣作为填料或外加掺料时，使用前进行有害物质的含量测试，避免有害物质超标，污染环境。

10.5　空气污染控制

10.5.1　路基施工过程中应采取措施控制废气排放和扬尘，并应符合国家环境空气质量标准的相关规定。

表1在全国范围内实施，表2由国务院环境保护行政主管部门或省级人民政府根据实际情况，确定具体实施方式。

表1　环境空气污染物基本项目浓度限值

序号	污染物项目	平均时间	浓度限值		单位
			一级	二级	
1	二氧化硫（SO_2）	年平均	20	60	$\mu g/m^3$
		24 h平均	50	150	
		1 h平均	150	500	
2	二氧化氮（NO_2）	年平均	40	40	
		24 h平均	80	80	
		1 h平均	200	200	
3	一氧化碳（CO）	24 h平均	4	4	mg/m^3
		1 h平均	10	160	

表 1(续)

序号	污染物项目	平均时间	浓度限值		单位
			一级	二级	
4	臭氧(O_3)	日最大 8 h 平均	100	160	μg/m³
		1 h 平均	160	200	
5	颗粒物(粒径小于或等于 10 μm)	年平均	40	70	
		24 h 平均	50	150	
6	颗粒物(粒径小于或等于 2.5 μm)	年平均	15	35	
		24 h 平均	35	75	

表 2 环境空气污染物其他项目浓度限值

序号	污染物项目	平均时间	浓度限值		单 位
			一级	二级	
1	总悬浮颗粒物(TSP)	年平均	80	200	μg/m³
		24 h 平均	120	300	
2	氮氧化物(NO_x)	年平均	50	50	
		24 h 平均	100	100	
3	铅(Pb)	年平均	0.5	0.5	
		季平均	1	1	
4	苯并[a]芘(BaP)	年平均	0.001	0.001	
		24 h 平均	0.002 5	0.002 5	

10.5.2 机械设备及运输车辆的废气排放应符合国家和地方政府的相关规定。

10.5.3 路基施工堆料场、拌合站、材料加工厂等宜设于主要风向的下风处的空旷地区,远离居民区和学校。当无法满足上述要求时,应采取必要的环保措施。

10.5.4 施工便道应采取洒水降尘措施。在便道与既有道路交叉口处应设专人负责清扫和管理。

10.5.5 粉状材料运输、堆放和使用,应符合下列规定:

1. 粉状材料运输应采取防止材料散落或扬尘污染措施。干粉状材料宜采用袋装或罐装方式运输。

2. 粉煤灰、石灰等材料不应露天堆放。

3. 采用粉状材料作为路基填料或对路基填料进行现场改良施工,应避免在大风天作业,并应采取有效措施防止粉尘污染。

10.5.6 不得焚烧生活和生产垃圾。在场地清理时,不得焚烧杂草和树木。

10.6 噪声和振动控制

10.6.1 路基施工机动车辆和机械设备,应加强维修和保养,保持技术性能稳定,防止环境噪声污染。

10.6.2 公路施工组织设计应对环境敏感点附近路段施工期间产生强噪声辐射的施工

机械作业时间、施工方式等做出规定。施工场界声级应符合现行《建筑施工场界噪声限值》(GB 12523)的规定。

10.6.3 在居民聚集区或噪声敏感区,因特殊需要必须连续作业且在施工过程中场界环境噪声有可能超过排放标准的,应制定环境噪声污染防治措施。

条文说明:对噪声超过限值规定的,可采取调整作业时间、优化施工机械设备组合、改变施工方法、增加消声装置、布设临时性的噪声隔挡等噪声污染防治措施。

10.6.4 强振机械设备宜采取消声、隔音、安装减振衬垫等减振降噪技术措施。

10.6.5 在居民聚居区或其他振动敏感建筑物附近进行强夯、冲击压实施工作业时,应对可能造成危害的建筑物进行监控,并采取振动隔离措施。

10.6.6 爆破作业点距敏感建筑物近时,应采取控制爆破炸药用量和控制开挖进尺数量来减轻振动。

10.7 文物保护

10.7.1 在文物保护区周围进行施工时,应制定相应的保护措施,严禁损毁文物古迹。

10.7.2 施工中发现文物时,应暂停施工,保护好现场,并立即报告当地文物管理部门研究处理,不得隐瞒不报或私自处置。

参考文献

[1] 高廷耀,顾国维,周琪.水污染控制工程[M].4版.北京:高等教育出版社,2016.
[2] 贺启环.环境噪声控制工程[M].北京:清华大学出版社,2011.
[3] 交通运输部安全与质量监督管理司.高速公路路堑高边坡工程施工安全风险评估指南(试行)[M].北京:人民交通出版社,2015.
[4] 交通运输部工程质量监督局.公路桥梁和隧道工程施工安全风险评估制度及指南解析[M].北京:人民交通出版社,2011.
[5] 交通运输部公路科学研究院.公路工程质量检验评定标准 第一册 土建工程:JTG F80/1—2017[S].北京:人民交通出版社,2017.
[6] 李淑芹,孟宪林.环境影响评价[M].2版.北京:化学工业出版社,2018.
[7] 李素鹏.ISO风险管理标准全解[M].北京:人民邮电出版社,2012.
[8] 李薇.公路隧道施工安全技术[M].昆明:云南科技出版社,2014.
[9] 林肇信,刘天齐,刘逸农.环境保护概论[M].修订版.北京:高等教育出版社,1999.
[10] 罗云.现代安全管理[M].北京:化学工业出版社,2016.
[11] 沈建明.项目风险管理[M].北京:机械工业出版社,2013.
[12] 宋永娟.公路工程项目风险管理分析与研究[D].北京:北京邮电大学,2012.
[13] 孙成双,韩喜双.建设项目风险管理[M].北京:中国建筑工业出版社,2013.
[14] 田平,钟建民,钱晓鸥.公路环境保护工程[M].3版.北京:人民交通出版社,2016.
[15] 王晓宁,盛洪飞.道路交通环境保护[M].北京:中国建筑工业出版社,2012.
[16] 伟珂.工程项目风险管理[M].北京:人民交通出版社,2008.
[17] 吴忠标.大气污染控制工程[M].北京:科学出版社,2019.
[18] 余建星.工程风险评估与控制[M].北京:中国建筑工业出版社,2009.
[19] 俞素平,李素梅.基于集对分析的隧道设计安全风险评估研究[J].重庆交通大学学报(自然科学版),2014,33(4):38-43.
[20] 俞素平.公路施工安全风险评估的网络分析法研究[J].地下空间与工程学报,2013,9(1):216-222.
[21] 俞素平.交通土建工程安全风险评估与控制[M].厦门:厦门大学出版社,2017.
[22] 张蕾.固体废弃物处理与资源化利用[M].徐州:中国矿业大学出版社,2017.
[23] 张玉芬.道路交通环境工程[M].北京:人民交通出版社,2001.
[24] 赵剑强.公路交通与环境保护[M].北京:人民交通出版社,2002.
[25] 中交第一公路勘察设计研究院有限公司.公路环境保护设计规范:JTG B04—2010[S].北京:人民交通出版社,2010.